21世纪高等教育计算机规划教材

多媒体课件设计与制作（第2版）

Development of Multimedia Couresware

隋春荣 宋清阁 主编

陈思思 霍丽娜 李海颖 张江宵 副主编

人民邮电出版社

北京

图书在版编目（CIP）数据

多媒体课件设计与制作 / 隋春荣，宋清阁主编. -- 2版. -- 北京 : 人民邮电出版社，2016.12
21世纪高等教育计算机规划教材
ISBN 978-7-115-43592-7

Ⅰ. ①多… Ⅱ. ①隋… ②宋… Ⅲ. ①多媒体课件－高等学校－教材 Ⅳ. ①G436

中国版本图书馆CIP数据核字(2016)第223779号

内容提要

本书系统而全面地介绍了多媒体课件设计与制作的理论，以及目前较为流行的课件制作的软件功能和用法。主要内容包括：多媒体课件设计与制作基础、多媒体 CAI 课件素材的采集与制作、PowerPoint 课堂演示型多媒体课件制作、Flash 动画型多媒体课件制作、Dreamweaver 网络型多媒体课件制作、多媒体课件后期处理及测试与发布等。

本书采用“知识性和技能性相结合”的模式，边讲解边举例，图文并茂，步骤清晰，一目了然。本书所涉及的软件均采用最实用的版本；实例内容新颖、典型，实用性、指导性强；各章末配有精心设计的习题和实验操作内容；注重培养学生的实际操作能力。通过本书的学习，学生可以轻松地掌握多媒体课件设计与制作的理论及相关软件的应用。

本书可作为本科、高职高专院校师范类公共基础课的教材，还可作为成人教育及相关培训班的教材，也可供广大计算机爱好者学习和阅读参考。

◆ 主　　编　隋春荣　宋清阁
副 主 编　陈思思　霍丽娜　李海颖　张江宵
责任编辑　武恩玉
执行编辑　刘　尉
责任印制　沈　蓉　彭志环

◆ 人民邮电出版社出版发行　　北京市丰台区成寿寺路 11 号
邮编　100164　　电子邮件　315@ptpress.com.cn
网址　http://www.ptpress.com.cn
北京科印技术咨询服务有限公司数码印刷分部印刷

◆ 开本：787×1092　1/16
印张：15.75　　　　2016 年 12 月第 2 版
字数：412 千字　　　2025 年 1 月北京第 10 次印刷

定价：39.80 元

读者服务热线：(010)81055256　印装质量热线：(010)81055316
反盗版热线：(010)81055315

前 言

“多媒体课体设计与制作”是师范类专业公共基础课。随着信息技术的飞速发展，高校课程体系和内容的改革也在不断深化，多媒体课件设计与制作课程在内容上力求贴近应用、全面广泛，在形式上力求深入浅出，图文并茂。

本书为《多媒体课体设计与制作》教材的第 2 版，在第 1 版的基础上进行了较大的更新。首先本书所用的软件全部为当前较新的版本，其次在教材后添加了一章综合实例，并且对上机实验中的实例进行了修整。

本书系统而全面地介绍了多媒体课件设计与制作的理论，以及目前较为流行的课件制作的软件功能及用法。全书共 7 章。第 1 章为多媒体课件设计与制作基础，第 2 章为多媒体 CAI 课件素材的采集与制作，第 3 章为 PowerPoint 课堂演示型多媒体课件制作，第 4 章为 Flash 动画型多媒体课件制作，第 5 章为 Dreamweaver 网络型多媒体课件制作，第 6 章为多媒体课件后期处理及测试与发布，第 7 章为综合实例制作，最后还附有 10 个上机实验。

本书由隋春荣、宋清阁担任主编，第 1 章由隋春荣编写，第 2 章由甘莉莉编写，第 3 章由宋清阁编写，第 4 章由陈思思编写，第 5 章由霍丽娜编写，第 6 章由李海颖编写，第 7 章由张江霄编写；附录实验由隋春荣、董婧文编写，其中附录实验三、四由董婧文编写，其余为隋春荣编写。本书由隋春荣、宋清阁、李海颖等负责校对工作。

编者的电子邮箱地址为 suichr@163.com。

编 者

2016 年 6 月

目 录

第1章 多媒体课件设计与制作基础

多媒体课件设计与制作是一个系统工程，首先要理解多媒体课件的内涵，在具备足够的软件和硬件环境的条件下，依据规范的操作流程方可形成具有应用价值的课件。本章主要介绍多媒体课件的概念、多媒体课件设计制作的过程及多媒体课件开发环境等多媒体课件设计与制作的基础知识。

1.1 多媒体课件的概念

“多媒体”一词译自英文 multimedia，它由 multiple 和 media 复合而成。

媒体，是英文 Media 的中译名，指用于传递与获取信息的中介物、媒介物、工具或技术手段等，报纸、书刊、电报、电话、幻灯、投影、录音、广播、电影、电视、计算机等工具都属于媒体。

所谓多媒体是计算机技术领域中约定俗成的术语，意指文本（字）、图形（片）、声音、视频图像等多种信息符号以及处理和呈现这些信息符号的媒介技术。由于计算机本身也是一类信息工具（媒体），所以在计算机技术领域中的“多媒体”就成为有别于“媒体”的专门术语。

在多媒体教学中，通常将用于执行教学任务的多媒体软件称为多媒体课件（multimedia courseware），简称课件。即多媒体课件是根据教学大纲的要求和教学的需要，经过严格的教学设计，并以多种媒体的表现方式和超文本结构制作而成的课程软件。毫无疑问，它属于教学软件，它与课程内容有着直接的联系。多媒体课件的内容可多可少，一个大的多媒体课件可以包括一门完整的课程内容，可运行几十课时；小的多媒体课件只运行 10～30 分钟，也可能更少时间。

多媒体课件具备以下几个特点。

（1）丰富的表现力。多媒体课件可以做到：更加自然、逼真地表现多姿多彩的视听世界，对宏观和微观事物进行模拟，对抽象、无形事物进行生动、直观的表现，对复杂过程进行简化再现等。这样，就使原本艰难的教学活动充满了魅力。

（2）良好的交互性。多媒体课件不仅可以在内容的学习使用上提供良好的交互控制，而且可以运用适当的教学策略，指导学生学习，更好地体现出“因材施教的个别化”教学方式。

（3）极大的共享性。网络技术的发展，多媒体信息的自由传输，使得教育在全世界交互、共享成为可能。以网络为载体的多媒体课件，提供了教学资源的共享。多媒体课件在教学中的使用，改善了教学媒体的表现力和交互性，促进了课堂教学内容、教学方法、教学过程的全面优化，提高了教学效果。

1.2 多媒体课件的制作过程

高质量的多媒体课件的开发是一项复杂的系统工程。一般来说，多媒体课件的开发分以下几个阶段：选择课题、教学设计、文字稿本编写、制作稿本编写、素材制作编辑合成、调试打包、试用评价与修改、应用与推广，由此构成多媒体课件开发的过程，如图 1-1 所示。

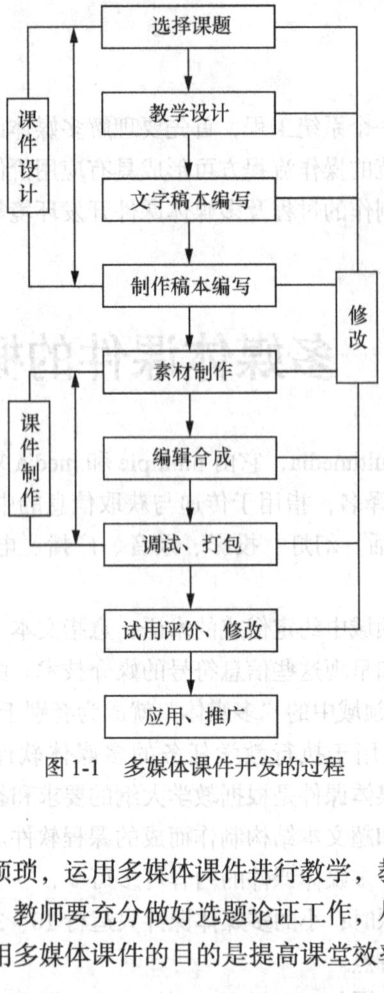

图 1-1 多媒体课件开发的过程

1. 选择课题

多媒体课件制作过程比较烦琐，运用多媒体课件进行教学，教师投入的工作量比较大，选择课题是整个课件开发的第一步，教师要充分做好选题论证工作，尽量避免不必要的投入。因此，必须要高度重视选题工作，采用多媒体课件的目的是提高课堂效率、优化课堂教学结构、增加课堂教学信息量。

首先，选材立意时要考虑课件的开发价值，即课件开发的必要性。如果采用传统的教学手段就能够达到良好的教学效果，就没必要花大量的精力去开发课件。因此，在确定课件开发主题时，要选择那些学生难以理解、教师不易讲解清楚的重点和难点问题，特别是要选择那些能充分发挥图像和动画效果的、不宜用语言和板书表达的内容；对于那些课堂上较易讲解的内容，就完全没必要采用多媒体课件的方式。对于那些没有演示实验或不易进行演示的教学内容，如数学理论推导、物理中的分子运动、生物中的微循环等比较抽象的概念或难以见到的现象，老师在讲授时，如果辅以生动的动画演示，不仅能直观地表现抽象的内容，而且能给学生以视觉刺激，激发他们的学习积极性。另外，要注意课件的内容不能仅局限于一堂课的内容，应当根据课堂教学实际进行丰富和扩展。

其次，选材立意时要考虑课件的开发所需条件，即课件开发的可行性。首先，多媒体课件开发设计需要一定的物质条件。这个物质条件不仅仅包括硬件设施，还有各种各样的应用软件。另外，多媒体课件开发要有相应的技术要求，开发人员除应具有学科专业知识外，还应具有所应用硬件和软件的操作技能。

2. 教学设计

教学设计是制作多媒体课件的前提，课件效果的好坏、课件是否符合教学需求，关键在于教学设计。做好教学设计工作，要运用系统论的观点和方法，依照教学目标，分析教学中的问题和需求，确定解决问题的有效步骤，选择相应的教学策略和教学资源，确定教学知识点的排列顺序，设计适当的教学环境，安排教学信息与反馈呈现的内容及方式，以及人机交互的方式等。具体工作应包括以下内容。

（1）教学内容分析

在多媒体 CAI 课件制作之前，应对教学内容做详细分析，以便选择多媒体课件的教学模式、组织结构、扩展深度、教学风格等。分析教学内容，主要做到以下两点：选择和组织单元，进行知识点的划分；构建知识点间的网络关系。

教学内容分析的结果，为多媒体课件提供了明确的教学内容组织结构体系，形成知识结构流程图。它决定了多媒体课件的主要内容和基本结构，是整个多媒体课件制作的基础。

（2）学习者的特点分析

对学习者的分析，包括学习准备情况和学习风格。具体分为学习者一般特征分析、学习者学习风格的分析、学习者初始能力和教学起点的确定。针对不同年龄段、不同基础知识水平甚至不同专业知识的大、中、小学生制作的多媒体课件，应适应各自应用对象的特点和学习规律。对于小学生，他们的思维处于从形象思维到抽象思维的过渡期，因此，在小学低年级教学中，多媒体课件宜采用形象直观的教学表现方法；而在高年级教学中，多媒体课件应适当增加抽象思维和逻辑思维方面的教学和练习。

（3）教学目标描述

通过对教学对象和教学内容的分析，确定了完成教学目标所必须掌握的各个知识点。在此基础上，我们应阐明学习者在教学活动中要达到的学习结果或标准。规范化的教学目标阐述应包括 4 个要素：对象、行为、条件和标准。教学目标的阐明确定了多媒体课件制作的主导思路，对多媒体课件的制作具有重要的指导意义。

（4）教学模式的确定

在分析了教学内容和学习者特点，确定了教学目标之后，应根据教学条件选择适当的教学模式，如集体授课、分组讨论、自学或实验等。教学模式的选择将直接影响多媒体课件的制作结构、内容呈现方式等。不同类型的多媒体课件应与不同的教学模式相结合，才能达到理想的教学效果。

（5）教学媒体的选择

在计算机辅助教学中媒体是指信息的表现形式，如文本、图形、图像、动画、视频、声音等。每一种媒体都有自己的特点，擅长表现某一类信息，同时每一种媒体又有自己所不能表现的方面。没有过时的媒体，也没有万能的媒体，只有遵循多媒体优化组合的原则，充分发挥各媒体的不同优势，做到形式和内容的协调，方可达到理想的教学效果。

（6）教学效果评价

在利用课件进行教学的过程中，教师应及时检查教学效果，包括学生掌握的程度、存在的问题和缺陷，以便及时强化和补救，这就要在课件中设计形成性评价模块（如提出问题模块、学生可能性回答模块和及时给出评价和反馈的模块等）。

3. 文字稿本编写

文字稿本是以教学设计为依据，按照教学过程的顺序描述每一个环节的教学内容及其呈现方式的一种形式。文字稿本是多媒体课件“教什么”“如何教”和“学什么”“如何学”的文字描述，完整的文字稿本包括学习者特征分析、教学目标的描述、知识结构分析、问题的编写等。文字稿本无规定格式，但包含的内容基本一致；可用卡片的形式进行描述。图 1-2 所示为文字稿本卡片的一般格式。

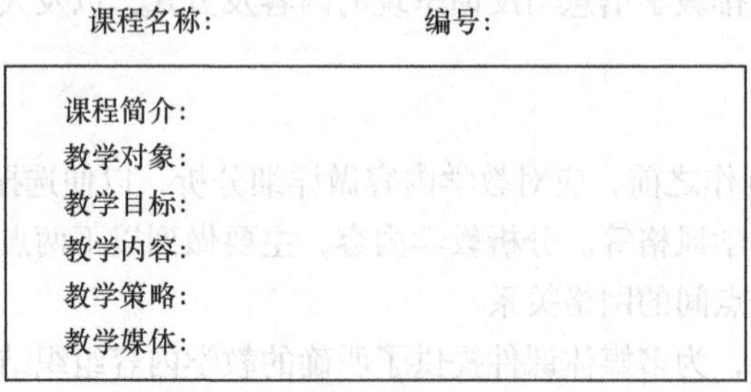

图 1-2　文字稿本卡片的一般格式

4. 制作稿本编写

制作稿本实际上是课件的系统设计以文字来描述的一种形式，是课件制作的直接依据。主要内容是划分知识单元，设计出每个知识单元的教学功能模块，进而设计每个功能模块对应的屏幕界面。制作稿本的形式应依据知识点的教学要求和设计者的制作风格而定。图 1-3 所示为制作稿本编写的通用卡片。

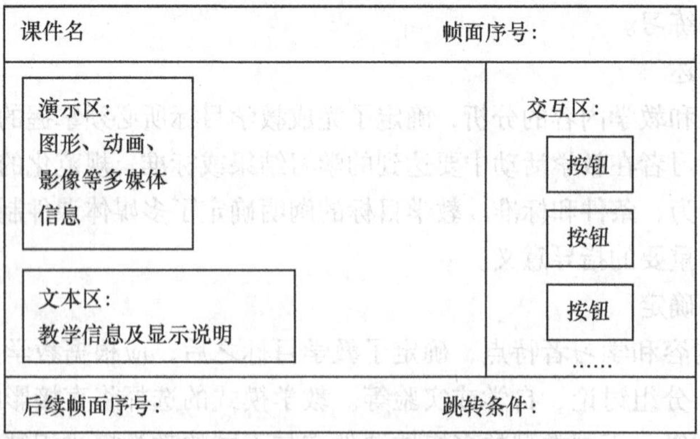

图 1-3　制作稿本编写的通用卡片

（1）知识单元的分析

知识单元的分析包括知识单元的划分和知识单元的屏数及各屏之间的关系分析。

知识单元的划分：不同的知识单元在屏幕设计和链接关系上有区别，因此知识单元的划分是非常重要的工作。划分的准则一是考虑知识内容的属性，即按照加涅的学习内容分类，可分为事实、概念、技能、原理、问题解决等；二是考虑知识内容之间的逻辑关系。如因果关系的知识内容应划分为不同的知识单元。

知识单元的呈现是由若干屏幕来完成的，屏数的确定可参考文字稿本中与该知识单元相对应的内容及互相之间的关系来确定。

（2）屏幕的设计

屏幕设计一般包括屏幕版面设计、显示方式设计、颜色搭配设计、字体形象设计、修饰美化设计等。用来进行多媒体教学的软件，其屏幕设计要求比一般多媒体产品的要求更高，除了追求屏幕的美观、形象、生动之外，还要具有较强的教学性，符合教学需要。

屏幕版面设计通常将屏幕划分为若干功能区，使得同一个课件中各种类型的信息都有相对固定的位置，以避免学生花时间在屏幕上寻找相关的教学内容而影响学习效率。图 1-2 所示为屏幕设计的一般格式，它应该随着信息容量和教学目标的变化而做相应的调整。

教学信息呈现区域，主要呈现知识内容、演示说明、举例验证、问题提问等。在安排教学信息的呈现区域时，重点是对各种可视信息，如文本、图形、图像、动画进行定位和大小设计。整个教学信息呈现区域，在屏幕版面上应处于醒目的位置，并占有较大的面积。

交互作用区域，交互作用区域根据学生操作习惯，一般位置是在右侧、下方或右下角。

显示方式设计是根据教学顺序和学生的认识规律，设计屏幕版面上各部分显示的方式。此外，设计者还应考虑颜色搭配设计、字体形象设计、修饰美化设计等方面，总体上要体现整洁、美观、大方。

5. 素材制作

稿本写好后，应根据系统的要求，着手准备稿本中涉及的各种素材，包括说明文字、配音、图片、图像、动画、视频等。有些素材可以直接在素材库软件中找到；没有的素材，需要通过一些软件自己加工编辑而得到。素材的准备是课件制作中工作量最大、最烦琐的环节，课件制作人员在时间安排上要充分考虑到这一点。在课件制作过程中，媒体素材制作是一个比较重要的环节。我们在第 2 章将详细介绍。

6. 编辑合成

素材准备好后，用多媒体制作软件把各种素材按照稿本的要求组合起来，形成一个有机的整体。如果发现稿本的某些设计不太理想，还可以相应地修改稿本，反复地修改、调试，以使课件符合教学的要求。多媒体课件著作工具有很多，本书将在多媒体课件开发环境一节中简单介绍几种。

7. 调试打包

为了使这个作品能跨平台运行及提高运行时的速度，一般都要将作品进行调试并编译成可执行的应用程序（*.EXE 文件），即平时所讲的“打包”。

打包是指将制作出的课件输出成 32 位的应用程序或网页等形式，以便课件可以脱离制作平台而独立运行。程序正式打包前，一般都要进行优化。要做好源程序的备份，并且做好其他一切准备工作。在复制到光盘上时，要注意将所需要的外部文件都复制到光盘。刻录成原始光盘后，还要进行一次全面测试，防止因为复制到光盘后，发生了某些变化而使得程序不能够运行，或者是因为文件配置不合，而导致程序运行速度过慢。最后，要对光盘上的文件组织结构进行优化。如文件结构非常松散，就会导致程序运行速度变慢。最后是将打包后的内容刻录到光盘中去，或发布到网上，课件的制作工作就完成了。

8. 试用评价与修改

在课件制作过程中，要不断地对课件进行评价和修改工作，评价和修改是课件制作过程中的重要组成部分，也是课件质量的保证。评价包括形成性评价和总结性评价，并且是属于面向学习资源的评价。形成性评价是在课件开发的过程中实施的评价，它为提高课件质量提供依据，目的在于改进课件的设计，使之更加符合教学的需要，便于提高质量和性能；总结性评价是在课件开发结束以后进行的评价，其目的是对课件的性能、效果等做出定性、定量的描述，确认课件的有效性和价值，为课件更新提供改进意见，并总结课件制作经验。在课件制作过程，要根据评价结果合理地进行修改，以进一步提高课件质量和效果。

9. 应用与推广

课件制作完成后，用户可以用以下几种方式来发布自己的作品：磁盘、光盘和网络。

多媒体课件经过多次修改完善后，就可以投入使用，除自己在教学中使用外，还可以进行交流、推广或发行。教师在实际教学中使用课件后，可能会发现这样或那样的不足，因此，课件投入使用后并不是万事大吉了，还需要不断地收集课件在教学应用中的反馈信息，不断地对课件进行修改、完善与升级，使之更加适合教学的要求，达到实用、好用之目的。

1.3 多媒体课件的开发环境

本节介绍多媒体课件开发的软、硬件环境。多媒体硬件系统是由计算机的所有物理设备组成。多媒体课件制作软件环境包括操作系统和著作工具。

1.3.1 多媒体课件制作的硬件环境

多媒体硬件系统是由计算机的所有物理设备组成，主要包括高速的 CPU、大容量的存储器、高分辨率的彩色显示器、大容量的硬盘存储器、光盘驱动器 CD-ROM、高性能的显示卡和声卡等；还可以配置图形扫描仪、数字照相机、视频采集卡和摄像头等。目前的多媒体硬件系统，可以很容易地做到以下基本配置：CPU 是 Pentium Ⅲ 或 Pentium 4，内存为 1GB DDRII 533，硬盘为 160GB SATA（7200 转/分）硬盘，显示器的分辨率为 1024px × 768px、彩色识别位数为 24 位真彩色，声卡的量化位数为 32 位，光盘驱动器 CD-ROM 的数据传输速率在 40 倍速以上，集成吉比特网卡，等等。

由于声音和视频等多媒体信息都与时间有关，因此多媒体计算机系统应具有实时压缩和解压缩的功能。通常采用硬件和软件结合的方式，在声卡和视频采集卡内包含可以进行实时压缩和解压缩的芯片。这样，多媒体计算机系统即可实时地进行多媒体信息的采集与播放。

1.3.2 多媒体课件制作的软件环境

1. 多媒体课件制作的操作系统

多媒体的操作系统具有对多媒体设备的驱动和控制、协调窗口软件的各种操作、多媒体数据转换和同步控制，以及实时多任务处理功能。它支持多媒体数据格式，支持图形、图像、声音和影像的用户接口功能，具有对设备的可扩充功能等。本书采用微软公司的 Windows 7 操作系统。

2. 多媒体课件制作工具

多媒体课件制作工具是帮助多媒体应用系统开发人员制作多媒体课件的软件工具。它包括多媒体素材制作工具（即多媒体素材的采集与编辑软件）和多媒体程序设计工具（也叫多媒体程序设计软件或多媒体著作工具）。多媒体素材制作工具将在第 2 章中详细说明。

多媒体著作工具是指能够集成处理和统一管理多媒体信息，使之能够根据用户的需要生成多媒体产品的工具软件。它们将图形、文本、动画、声音和视频等不同类型的信息等组合在一起，并进一步提供一个导向结构，使多媒体系统的设计者具有一个良好的集成环境，帮助设计者将各种内容与不同的功能结合在一起，组成一个结构完整的系统。多媒体著作工具有以下几种类型。

（1）基于卡片或页面的多媒体著作工具

PowerPoint 是 Microsoft Office 系列组件之一，是一种以页面制作为基础的多媒体集成工具，能够制作出各种形式的电子演讲稿、多媒体演示课件、幻灯广告，是应用最广泛的幻灯片制作工具。本书主要讲解 PowerPoint 2010。用户用它能够制作出集文字、图形、图像、声音以及视频剪辑等多媒体元素于一体的演示文稿，把自己所要表达的信息组织在一组图文并茂的画面中，用于介绍公司的产品、展示自己的学术成果。同类的基于页面的多媒体创作工具还有 Asymetrix 公司的 ToolBook、北大方正的方正奥思（Founder Author Tool）等。

FrontPage 编制的网页课件有较易操作的界面（与上网浏览网页完全相同），一门课程或一堂课的脉络结构（知识结构）可以在主页上用菜单（树形菜单或弹出菜单）或导航条的形式清楚地表明，可以列出教学目的、内容、重点难点、引言、概念性质、例题、练习、小结、作业等。FrontPage 被公认为是最好的入门级的网页编辑工具。Dreamweaver 采用浮动面板的设计风格，使得 Dreamweaver 的直观性与高效性是 FrontPage 所无法比拟的。Dreamweaver 被公认为是高级网页制作的首选工具。本书以 Dreamweaver CS6 为例进行讲解。

（2）基于时间的多媒体著作工具

Flash 是优秀的矢量动画编辑软件，是基于时间线的多媒体制作工具。它支持动画、声音、视频以及交互，具有强大的多媒体编辑功能，尤其适合制作用于在网络上传输的交互型课件。由于它动画制作容易，在某些方面甚至优于 Director，并且所作的动画文件容量小，放缩时不会失真，适合网络传输，因此在网络上应用广泛，所以已被广泛地用于课件制作，并且是目前最为热门的交互式动画课件制作软件，本书以 Flash CS6 为例。

Director 是 Macromedia 公司一款基于时间的功能强大的平面动画制作和多媒体创作软件，和其他工具相比，它的动态特性更为突出。Director 是以可视的时间轴来确定事件出现的顺序和对象演示的时段，即数据和事件是以时间顺序来组织的。它的多轨编辑方式，在按时间序列控制多媒体同步上有独到之处，特别适合利用自身的功能创作动画。这类工具软件还有 Action 等。

（3）基于图标的多媒体著作工具

Authorware 是 Macromedia 公司开发的一款多媒体集成软件，是一种基于图标的多媒体创作工具。它提供直观的可视化编程界面，通过图标、流程线来编辑和控制程序走向，将各种多媒体素材集成在一起，形成具有较强的人机交互功能的多媒体演播系统。Authorware 被广泛应用于教育、娱乐、广告等领域。基于图标的多媒体创作工具还有 Aimtech 公司的 IconAuthor。

（4）基于程序设计语言的多媒体著作工具

以传统程序设计语言作为多媒体集成工具，也是多媒体创作中常用的一种方法。目前，运行于 Windows 环境下的 Microsoft 公司的 Visual Basic，是专业开发人员喜欢选用的多媒体程序设计语言。它提供了直观的可视化的用户界面设计方法，采用面向对象、事件驱动的编程机制，在创建多媒体、图形界面等应用程序上非常方便快捷，特别适合于控制和计算要求较高的复杂产品开发。但 VB 涉及到代码编程，因此对创作人员要求较高，适合于专业开发人员。

小　结

本章主要介绍了多媒体课件的概念、多媒体课件设计与制作的主要步骤，以及多媒体课件制作的环境。具体包括如下几方面内容。

（1）多媒体课件的概念：多媒体课件是根据教学大纲的要求和教学的需要，经过严格的教学设计，并以多种媒体的表现方式和超文本结构制作而成的课程软件。

（2）多媒体课件设计与制作的主要步骤：一般来说，多媒体课件的开发分以下几个阶段，选择课题、教学设计、文字稿本编写、制作稿本编写、素材制作编辑合成、调试打包、试用评价与修改、应用与推广。

（3）多媒体课件制作的环境：多媒体课件开发包括软件环境和硬件环境。多媒体硬件系统是由计算机的所有物理设备组成。它主要包括高速的 CPU、大容量的存储器、高分辨率的彩色显示器、大容量的硬盘存储器、光盘驱动器 CD-ROM、高性能的显示卡和声卡等。还可以配置图形扫描仪、数码照相机、视频采集卡和摄像头等。多媒体课件制作软件环境包括操作系统和著作工具。通常，PC 采用微软公司的 Windows 7 等操作系统。多媒体著作工具有以下几种类型：基于卡片或页面的多媒体著作工具、基于时间的多媒体著作工具、基于图标的多媒体著作工具和基于程序设计语言的多媒体著作工具。

习　题

一、填空题

1. 多媒体课件设计与制作的主要步骤一般来说，分以下几个阶段：________、________、________、________、________、________和________。

2. 多媒体硬件系统是由________。它主要包括________、________、________、________、________，还可以配置________、________、________、________。

3. 多媒体课件制作工具是帮助多媒体应用系统开发人员制作多媒体课件的软件工具。它包括________和________。

4. 多媒体著作工具有以下几种类型：________、________、________和________。

5. 多媒体课件需具备以下特点：________、________、________。

二、简答题

1. 什么是多媒体课件？

2. 简述多媒体课件设计制作的步骤。

3. 多媒体课件设计与制作的软件和硬件要求有哪些？

第 2 章 多媒体 CAI 课件素材的采集与制作

多媒体 CAI 课件中一般包含文本类、图形（图像）类、音频类、视频类、动画类 5 大类媒体信息。人们习惯上将这些媒体信息称为“素材”。人们在制作多媒体课件产品中往往需要大量的素材，而这些素材往往不是现成的，需要自己去获取。在多媒体教学系统的设计与制作过程中，多媒体素材的准备是一个十分重要的环节。不同的素材需要不同的采集方法和软件。

2.1 文本素材的采集与制作

各种媒体素材中文本素材是最基本的素材，文本素材的处理包含文本的采集、录入、格式化、编辑等加工处理。

2.1.1 文本素材的格式和获取

1. 文本素材获取

文本素材获取也就是文本素材采集的途径，有多种采集方式。文本素材一般都是根据教学需要进行编写的，但是如果作为教学资料，文字的数量会很多，用户可以在一些电子书籍或网页中获取。除上述方法外，最常见的是录入文字和扫描文字。

（1）录入文字

在具有文字处理功能的软件中，通过某种输入方式，将头脑中的想法或纸张上的文稿输入计算机，生成数字化文字，就是录入文字。录入文字有 3 种方式。

键盘录入：最常用的方式。常用的中文输入方法有“搜狗拼音”输入法、“五笔字型”输入法和“微软拼音”输入法等。

手写录入：需要配置手写板和相应的软件。常规的手写录入系统由一个手写笔、一块手写板和手写识别软件三部分组成。与键盘录入相比，手写录入的最大特点就是操作简单，只要会写字即可录入文字。

语音录入：需要配置话筒和相应的软件（如 ViaVoice）。

（2）扫描文字

如果印刷品上的文稿字体比较规范，可以通过扫描识别将其转变成数字化文字来采集文字素材，从而免除录入文字的操作。

2. 文本素材的格式

目前，多媒体课件多以 Windows 为系统平台，Windows 系统下的文字文件格式较多。

（1）Txt：是一种纯文本格式，可适用于任何一种文字编辑软件和机型的需要。

（2）Doc：Word 文字处理软件的存储格式，大多数软件环境都兼容 doc 格式。

（3）Rtf：Rich Text Format 的缩写，用于各种文字处理软件之间的文本交换，其特点是保持原文字设置不变。

（4）Wri：是 Windows 系统下的写字板应用程序所支持的文件格式。

（5）Wps：Wps 文字处理软件的存储格式，其通用性受到一定限制。

选用文字素材文件格式时，要考虑多媒体制作工具软件是否能识别这些格式，以避免准备的文字素材无法插入到制作工具软件中。纯文本文件格式（*.txt）可以被任何程序识别，Rich Text Format 文件格式（*.rtf）的文本也可被大多数程序识别。

2.1.2 文本的艺术加工与编辑

多媒体 CAI 课件中的艺术字制作有很多种方法，也有专门的制作软件，比如 CorelDRAW、Photoshop 及 PhotoStyler 等。本章讲解一个动态的 3D 文本的制作。

1. 3D 文本制作软件介绍

COOL 3D 是 Ulead 公司出品的一个专门制作文字 3D 效果的软件，我们可以用它方便地生成具有各种特殊效果的 3D 动画文字。COOL 3D 的主要用途是制作主页上的动画，它可以把生成的动画保存为 GIF 和 AVI 文件格式。

最新版本 COOL 3D 3.5 版较以前又增加了许多新功能，如矢量绘图工具、快速输入 3D 几何物体、更多震撼效果、创新的汇入功能可导入其他软件制作的 DirectX 3D 模型、高效的物件管理、GIF 动画最佳化、新增 Flash 和 RealText 3D 输出、更精确的动画控制、更快的预览速度等。其中最主要的新增功能就是可以很轻松地在目前非常流行的 2D 矢量动画工具——Flash 动画里创作出精彩鲜活的 3D 矢量动画图形。从而克服了在 Flash 中由于没有真正的 3D 工具，因而不能直接生成三维的文字和图像的缺憾。

2. 3D 文本的简单制作

（1）COOL 3D 基本操作

COOL 3D 基本界面包括工具栏、演示窗口、百宝箱、属性栏等，如图 2-1 所示。其中工具栏的使用又是尤为重要的，它又包括标准工具栏（如图 2-2 所示）、动画工具栏（如图 2-3 所示）、几何工具栏（如图 2-4 所示）、位置工具栏（如图 2-5 所示）、文字工具栏（如图 2-6 所示）、对象工具栏（如图 2-7 所示）以及对象管理器（如图 2-8 所示）。

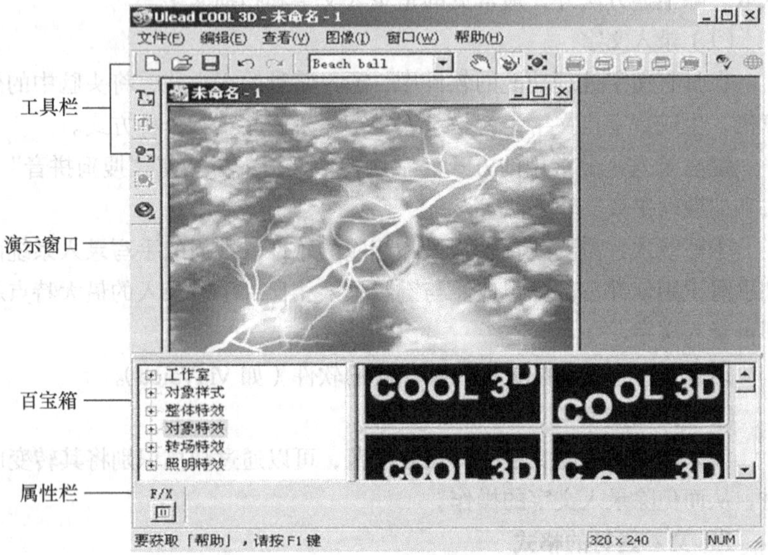

图 2-1 COOL 3D 的工作界面

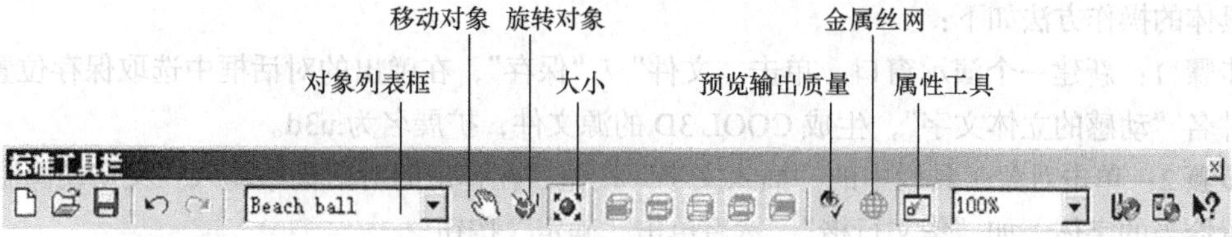

图 2-2　标准工具栏

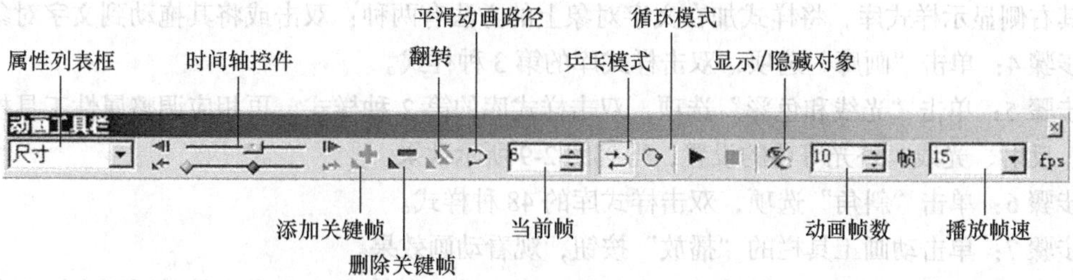

图 2-3　动画工具栏

图 2-4　几何工具栏

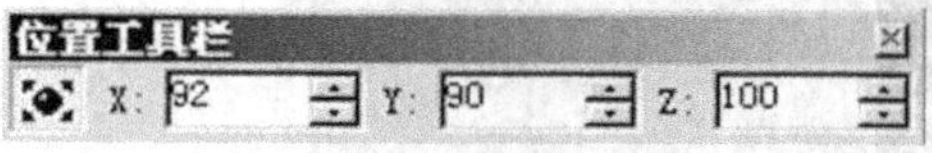

图 2-5　位置工具栏

图 2-6　文字工具栏

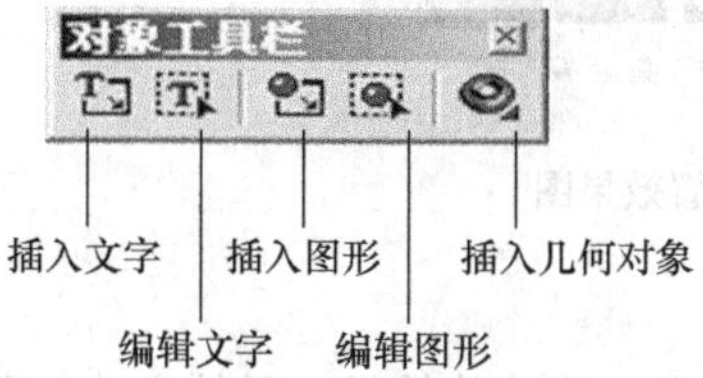

图 2-7　对象工具栏

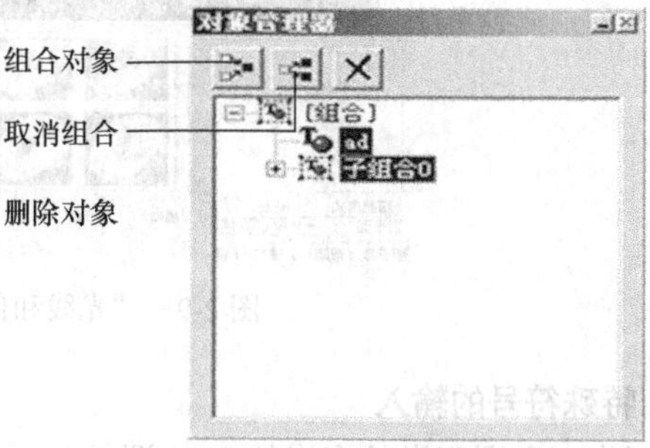

图 2-8　对象管理器

（2）三维文字动画制作

三维文字动画制作具体操作步骤如下。

步骤 1：启动 COOL 3D 或新建源文件。

步骤 2：在文字插入对话框中输入文字并设置字体、字号、风格等文字格式。

步骤 3：在演示窗口中设置关键帧，在关键帧上对文字等对象进行移动、旋转、放缩等编辑操作。

步骤 4：利用百宝箱或“编辑”菜单对文字等对象添加特效。

步骤 5：利用动画工具栏调试动画。

步骤 6：保存源文件或导出动画。

（3）制作动感立体文字实例

具体的操作方法如下：

步骤 1：新建一个演示窗口，单击“文件”/“保存”，在弹出的对话框中选取保存位置，输入文件名“动感的立体文字”，生成 COOL 3D 的源文件，扩展名为.u3d。

步骤 2：单击对象工具栏中的“插入文字”按钮，在弹出的对话框中输入“文字动画制作”，并设置恰当的字体，如“华文行楷”，然后单击“确定”按钮。

步骤 3：双击百宝箱中的“对象样式”，展开对象样式列表，有四类对象样式，单击某一类，则在其右侧显示样式库，将样式加在文字对象上的方法有两种：双击或将其拖动到文字对象上。

步骤 4：单击“画廊”选项，双击样式库的第 3 种样式。

步骤 5：单击“光线和色彩”选项，双击样式库的第 2 种样式，再相应调整属性工具栏中的表面、反射、光线、外光等项的设置，得到图 2-9 所示效果。

步骤 6：单击“斜角”选项，双击样式库的 48 种样式。

步骤 7：单击动画工具栏的“播放”按钮，观看动画效果。

步骤 8：单击“文件”/“创建动画文件”/“GIF 动画文件...”，在弹出的对话框中输入文件名和保存位置，其他选项取默认值，单击“确定”按钮，生成动画文件。

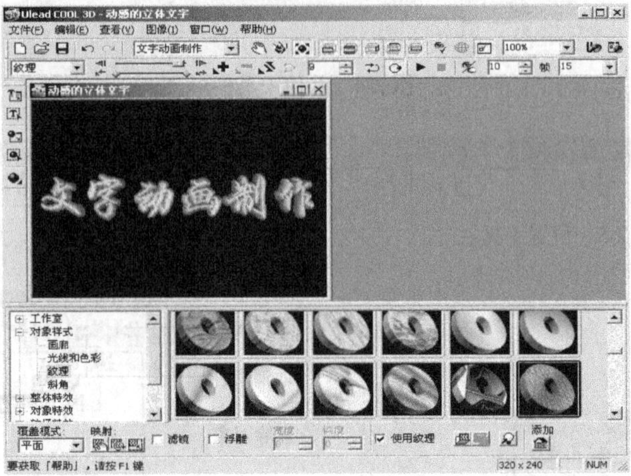

图 2-9　“光线和色彩”选项设置效果图

3. 特殊符号的输入

在制作理科课程类的多媒体 CAI 课件时，往往需要输入一些特殊符号，具体方法如下。

选择【插入】/【符号】或【特殊符号】命令，然后根据课件设计要求选择图中相应的特殊符号，比如在制作电学课程类的 CAI 课件时，需要输入“Ω”符号，则用鼠标单击图 2-7 中的“Ω”，再单击“插入”按钮即可。

2.2 音频素材的采集与制作

音频（Audio）即通常我们所说的“声音”，是以声波的形式，通过人的视觉传递教学信息的媒体，是为多媒体 CAI 课件画面所表达的主题思想服务的。在多媒体 CAI 课件中，教学音频信息是一种最基本的、最常用的、最重要的教学媒体，应用较为广泛。

2.2.1　多媒体 CAI 课件数字音频素材的种类及教学功能

1. 多媒体 CAI 课件中音频素材的种类

多媒体 CAI 课件中教学音频信息主要有 3 大类型：语音、音效和配乐。通常这 3 种声音相互配合，产生富有立体感的听觉效果，使画面内容或主题思想得到烘托和渲染。

2. 多媒体 CAI 课件音频信息的教学功能

（1）语音的教学功能

多媒体 CAI 课件中的语音是指人们说话的声音，一般分为解说和旁白等。为了减少声音信息在传播中的损失，语言的表达要言简意赅，解说要紧扣主题，并且声音要清晰流畅，不能含糊不清；语音的节奏要及时、准确、恰到好处，通过强弱、高低、快慢的交替变化，使教学软件整体节奏丰富而且多变，在重点内容处节奏放慢，非重点内容处适当加快，做到松弛结合，从而使软件的整体具有较强的艺术感染力。

（2）音效的教学功能

在多媒体 CAI 课件中，音效信息即是声音效果，如医学类有关介绍心脏功能的教学软件，就有意放大心脏的跳动声，使人感觉明显。因此，在使用音效时，要结合表现的内容，进行精心选择，并可以适度进行夸张，但是声音的强弱设计要合适，变异处理要接近真实，否则将会影响教学内容的真实性。

（3）音乐的教学功能

音乐就是我们日常所说的乐音，在大多数的多媒体 CAI 课件中，音乐主要是为了烘托气氛，也叫作背景音乐。音乐素材的选择，首先要根据教学内容表达的基调和节奏的需要，不同的教学内容，选择不同的乐曲，以表达不同的意境，配合不同的节奏。一般情况下，为配合前景解说的音乐，应选择一些清新、舒缓、悠扬的曲目，通常有解说时，将配乐的音量调得很低，解说结束时，配乐逐渐加强，且注意音乐所表达的情绪，要与解说内容协调一致。

2.2.2　音频信息的数字化处理及文件格式

1. 音频信息的数字化处理原理

（1）音频的数字化过程

在制作多媒体 CAI 课件中，各种教学相关的声源（如话筒、磁带录音、无线电和电视、广播、CD 等）所产生的音频信息都可以进行数字化。数字化的音频常被称为是一种“采样”的声音。音频的数字化过程包括采样和量化这两个步骤。采样是先对连续的声音信号进行采集，叫“取样”，就是每隔一段时间间隔读一次声音的幅度，又称为时间方向上的量化。量化是将采样得到的在时间上连续的信号（通常为反映某一瞬间声波幅度的电压值）加以数字化，使其变成在时间上不连续的信号序列，即通常的 A/D 变换。例如，在 0～10V 之间电压有无穷多个数，但只用 0，1，2，3，…，9 共 10 个数来近似表示，像 0.15，0.001 这一类小数就可用 0 表示。显然，用来表示一个电压值的数位越多，其分辨率和质量就越高。如国际标准的语音编码采用 8 位，对应着 256 个量化级；而量化（即分辨率）为 16 位，则对应 65536 个量化级。

（2）数字音频质量与文件大小

总的来说，对音频质量要求越高，则为了保存这一段声音的相应文件就越大，也就是文件的存储空间就越大。采样频率（SampleRate，用 f_s 表示）、样本大小（BitPerSample，用 BPS 表示，即每个声音样本每秒的比特数）和声道数，这 3 个参数决定了音频质量及其文件大小。常见的音频质量与数据率如表 2-1 所示。

采样频率就是每秒钟采集多少个声音样本。它反映了多媒体计算机抽取声音样本的快慢。在多媒体中，CD 质量的音频最常用的 3 种采样频率是：44.1kHz、22.05kHz、11.025kHz。

样本大小又称量化位数，反映多媒体计算机度量声音波形幅度的精度。其每秒的比特数越多，度量精度越高，声音的质量就越高，而需要的存储空间也相应增大。

众所周知，立体声文件比单声道的音质要强很多，而其文件大小也为单声道的两倍。随着科学技术的发展，声音转换成数字信号之后，计算机很容易处理，如压缩（Compress）、偏移（Pan）、环绕音响效果（SurroundSound），等等。声音质量与数据率如表 2-1 所示。

表 2-1　声音质量与数据率

质量	采样频率（kHz）	样本精度（bit/s）	单/立体声	数据率（kb/s）	频率范围（Hz）
电话	8	8	单道声	8	200～3400
AM	11.025	8	单道声	11	20～15000
FM	22.05	16	立体声	88.2	50～7000
CD	44.1	16	立体声	176.4	20～2000
DAT	48	16	立体声	192	20～2000

（3）数字音频的压缩

音频数字化后需要占用很大的空间。解决音频信号的压缩问题是十分必要的。然而压缩对音质效果又可能有负作用。为实现这两方面的兼顾，原 CCITT（国际电报电话咨询委员会）推荐 PCM 脉冲编码调制。它用离散脉冲表示连续信号，是一种模拟波形的数字表示法。此外，还有一种更有效的压缩算法，即自适应差分脉冲编码调制（ADPCM），该算法已被作为 G.721 标准向全世界推荐使用。这是一种使用自适应量化和自适应预测的波形编码技术。采样经过自适应差分脉冲编码调制后，数据或文件所需的存储空间可以减少一半。

2. 数字化音频文件的格式

在多媒体 CAI 课件制作中，常使用的数字化音频文件主要有如下几种格式。

（1）波形文件

Windows 所使用的标准数字音频称为波形文件，文件的扩展名是 .wav，记录了对实际声音进行采样的数据。在适当的硬件及计算机的控制下，使用波形文件能够重现各种声音，无论是不规则的噪声，还是 CD 音质的声乐，无论是单声道还是立体声，都可以做到。多数声卡都能以 16 位量化级、44.1kHz 的采样频率（CD 音质）录制和重放立体声声音。波形文件的主要缺点是产生的文件太长，不适合长时间记录。如果应用系统使用 CD 音质的波形文件配音，声音内容应尽可能简洁。

常用的软件压缩方法主要有 ACM 和 PCM 等。另一方面，一般人的讲话声使用 8 位量化级、11.025kHz 采样频率就能较好地还原，因此，波形文件在应用中也不少见。波形文件可以嵌在其他 Windows 应用系统中使用。可由计算机对其进行处理和分析，如放慢或加快放音速度，将声音重新组合或抽取一些片段单独处理等，Windows 中的“录音机”就是一个方便的工具。

（2）MIDI 文件

MIDI 音频是多媒体计算机产生声音（特别是音乐）的另一种方式，可以满足长时间播放音乐的需要。MIDI 文件（扩展名为.mid）并不对音乐进行采样，而是将每一个音符记录为一个数字，MIDI 标准规定了各种音调的混合及发音，通过输出装置就可以将这些数字重新合成为音乐。与波形文件相比，MIDI 文件要小得多。MIDI 格式缺乏重现真实自然声音的能力，不能用在需要语音的场合（这时要与波形文件合用）。此外，MIDI 只能记录标准所规定的有限种乐器的组合，而且回放质量受声卡上合成芯片的严重限制，难以产生真实的音乐演奏效果。近年国外流行的声卡普遍采用波表法进行音乐合成，使 MIDI 音乐的质量大大提高（效果接近 CD 音质），但波表卡仍较昂贵。

（3）CD 音频

符合 MPCZ 标准的 CD-ROM 驱动器不仅可以读取 CD-ROM 盘的信息，还能播放数字 CD 唱盘（CD-DA），这样多媒体计算机就能够利用已经非常成熟的数字音响技术来获得高质量的音频——CD 音频。CD 音频也是一种数字化声音，以 16 位量化级、44.1kHz 采样频率的立体声存储，可完全重现原始声音，每片 CD 唱片能记录约 74min 这种质量的音乐节目。它拥有“天籁之音”的美誉。

（4）MPEG Layer 3 文件

它是目前最流行的声音文件格式之一，因其压缩率大，在网上音乐、网络可视电话等方面应用十分广泛，但音质与 CD 唱片相比要差一些。该文件的扩展名为.mp3。MP3 格式诞生于 20 世纪 80 年代的德国，MP3 是 MPEG-1 标准中音频层的一部分。MPEG-1 音频层还有 MPEG Layer 1、MPEG Layer 2，它们的扩展名分别是.mp1 和.mp2。MP3 的压缩比大约是 10∶1，也就是说一分钟数据量大约为 1MB。

2.2.3　数字音频的采集与制作

1. 数字化音频的采集方法

多媒体 CAI 课件中的数字化音频素材一般可通过以下方法获取。

（1）自行制作

自行制作的数字化音频素材主要是解说、音效和声音。制作的方法也有两种：一是通过计算机声卡，用麦克风录制，具体方法是将麦克风插入声卡的 Mic In 的端口，打开多媒体计算机上的录音软件，调整音量等参数，即可进行录制；二是用录像或录音设备将音频素材先录制下来，然后通过声卡的 Line In 端口输入声音信号，进行音频信号的 A/D 转换，也叫作采集，采集下来的音频信号即转换为数字信号。两种方法均存储成波形文件，再在多媒体编辑工具中调用。

（2）从素材库或网站中获取音频

Internet 资源丰富，许多门户网站都提供了专门的音乐检索频道。百度和 Google 搜索引擎都设置了音乐搜索专栏，以便用户搜索音乐资源。许多用户拥有专门的本地或者远程音频素材库，从中可以获取音频素材，例如，公司的音乐网站、宿舍楼的音乐 FTP 站点等。目前，从素材库或网站获取声音文件已经成为获取音频素材的最普遍的方式。

（3）购买已有的各种音频素材库产品

在制作多媒体 CAI 课件时，音乐和音效大都是通过收集已有的音频素材库产品而获得，而语音则是通过自行制作而得到。

2. 制作数字化音频的环境

制作数字化音频文件必须具有一定的软硬件条件，主要包括用于音频输入输出以及存储的设备，如声卡、话筒、电缆、磁带播放机、CD 播放机、MIDI 适配器、MIDI 键盘、CD-ROM 驱动器和硬盘等。软件主要是用于处理波形音频，常用的编辑软件有：Microsoft 的 Wave Edit、Creative 的 WaveStudio 以及 Adobe Systems 的 Adobe Audition（原 CoolEdit）等。

（1）硬件环境

音频数据的编辑要由 CPU 来完成，它要求 CPU 运行速度快；声音文件非常大，所以要配备大容量的硬盘以便记录、编辑声音。

音频卡（又简称声卡）如声霸卡、语音卡等，用于多媒体计算机的典型音频卡都可以播放 8 位和 16 位的数字音频文件。

话筒和电缆、好的录音源和好的传音设备是产生高质量声音的关键，但如果要用话筒来录制所有的声音，就要买好的话筒，它能对最终录制的声音产生巨大的影响。另外，在为音频设备选购电缆时，不要买廉价品，便宜的电缆绝缘包皮很薄，会受设备上静电的影响，从而破坏音频设备的声音质量。

（2）软件环境

在选择数字音频制作软件时，首先要知道软件具有什么功能，有些软件具有记录和编辑波形的标准功能，有些软件除了具有标准功能外，还具有一些常用的功能，如声道混合、频率分析等。常用的数字音频制作软件除了 Windows 自带的“录音机”程序外，目前广泛使用的音频处理软件还有 GoldWave、Wave Edit、Adobe Audition、豪杰超级音频解霸等。

3. 常用音频处理软件

在声音编辑软件中尽量选择专业声音编辑软件，它们不仅可以进行长时间的录音，还支持对声音的进一步编辑，如声音的截取、音色、音调的调整等。比较好的软件有 Adobe Audition、GoldWave、Cakewalk、Sound Forge、Soud Edit 等。这些音频编辑软件的功能包括录音、存储声编辑声音（如剪切、复制、粘贴）、加入特殊效果、合成声音等。下面以 Adobe Audition 为例进行讲解。

（1）Adobe Audition 的功能

使用 Adobe Audition 可以录制音频文件；轻松地在音频文件中进行剪切、粘贴、合并、重叠声音操作；Adobe Audition 还提供有多种特效，如放大、降低噪音、压缩、扩展、回声、延迟、失真、调整音调等，最多可支持 128 个音轨。

另外，它还可以在多种文件格式之间进行转换。

（2）Adobe Audition 操作界面

Adobe Audition 的操作界面分为单轨波形界面和多轨波形界面，分别如图 2-10 和图 2-11 所示，主要由标题栏、菜单栏、工具条、状态栏、编辑区等组成。

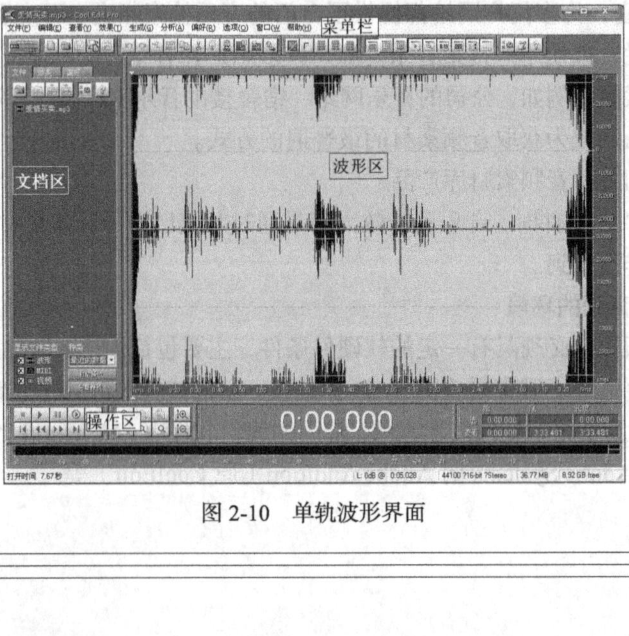

图 2-10　单轨波形界面

图 2-11　多轨波形界面

（3）Adobe Audition 菜单栏和工具栏

Adobe Audition 的菜单栏因为界面不同而有所不同，在多轨界面中菜单栏有 7 项，包括文件菜单、编辑菜单、查看菜单、插入菜单、效果菜单、选项菜单、帮助菜单，多轨界面的菜单用于不同轨迹的音量、位置调整、声音插入、剪切复制等混音合成编辑。在单轨界面中，菜单栏有 10 项，包括文件菜单、编辑菜单、查看菜单、效果菜单、生成菜单、分析菜单、偏好菜单、选项菜单、窗口菜单和帮助菜单，它们的主要任务是进行录音、编辑、设置等，工具栏也是在不同的界面下而有所不同，如图 2-12 所示。

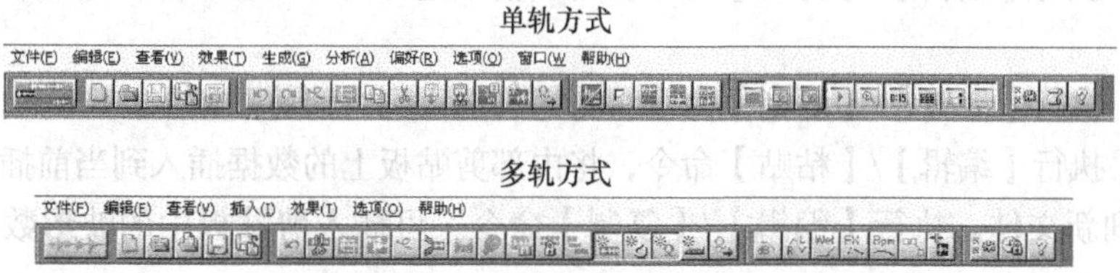

图 2-12　不同轨道下的工具栏和菜单栏

（4）音频的录制

步骤 1：安装好声卡，将话筒与声卡的 MIC IN 连接或将线性输入设备如录音机、CD 唱机等输出端与声卡的 LINE IN 接口正确连接。

步骤 2：启动 Adobe Audition 程序，单击左上角或按【F12】键切换到“波形编辑界面”，执行菜单栏【文件】/【新建】命令，弹出对话框。在对话框中设置采样频率、量化位数、声道数后，单击“确定”按钮。比如在“采样率”列表框中选择“44100”，在“声道”列表框中选择“立体声”，在“采样精度”列表框中选择“16 位”选项，如图 2-13 所示。

步骤 3：噪声采样。录下一段空白的噪声文件，不需很长，选择【效果】/【噪声消除】/【降噪器】命令，选择噪声采样，单击“关闭”按钮，如图 2-14 所示。

步骤 4：然后单击操作区中的红色录音按钮，通过麦克风开始录音。

步骤 5：录制完毕后，录制的声音首先要进行降噪，虽然录制环境要保持绝对的安静，但还是会有很多噪声。选择【效果】/【噪声消除】/【降噪器】命令，上面已经进行了环境的噪声采样，此时只需要单击“确定”按钮即可，降噪器就会自动消除录制声音中的环境噪声。

步骤 6：最后执行【文件】/【保存】命令，可选择相应的类型保存声音文件。

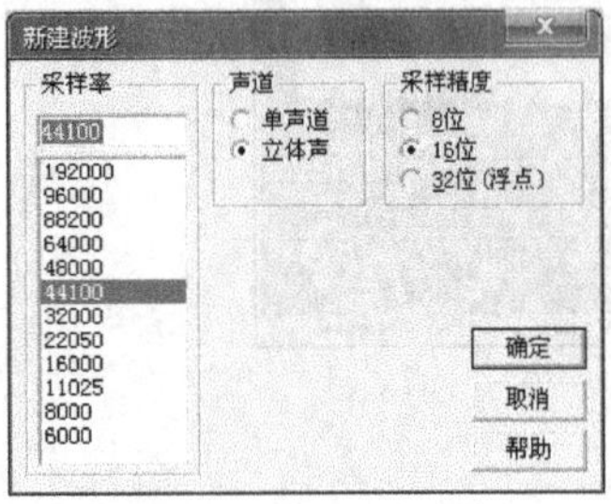

图 2-13　新建波形

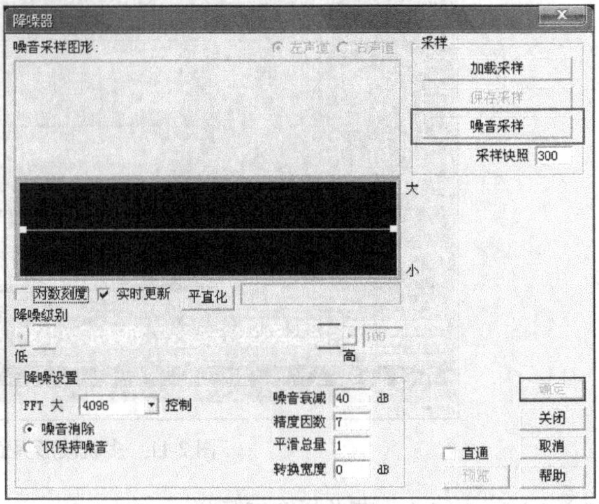

图 2-14　降噪器

（5）音频的基本编辑

在 Adobe Audition 中，不管进行什么操作，都要首先选择需要处理的区域，如果不选，Adobe Audition 则认为要对整个音频文件进行操作。

① 删除。选好要操作的选区，执行【编辑】/【删除所选区域】命令或直接按【DEL】键就可删除当前被选择的音频片段，这时后面的波形自动前移。

② 剪切。执行【编辑】/【剪切】命令，将当前被选择的片段从音频中移去，并放置到内部剪贴板上。

③ 拷贝。执行【编辑】/【复制】命令，将拷贝选区到内部剪贴板上。

④ 粘贴。执行【编辑】/【粘贴】命令，将内部剪贴板上的数据插入到当前插入点位置。

⑤ 粘贴到新文件。执行【编辑】/【复制】命令，可插入剪贴板中的波形数据创建一个新文件。

⑥ 拷贝到新文件。执行【编辑】/【粘贴为新的】命令，创建一个新文件，插入被选择的波形数据。

⑦ 混合粘贴。执行【编辑】/【混合粘贴】命令，可以在当前插入点混合剪贴板中的音频数据或其他音频文件数据。

（6）音频特殊效果编辑

在“效果”菜单中包含丰富的音效处理效果，它是 Adobe Audition 的核心部分，主要有以下几种。

① 反相：将波形沿中心线上半部分和下半部分进行调换。

② 倒置：将选择的波形开头和结尾反向。

③ 静音：将选中的波形做静音处理。

④ Direct X（效果插件）中都支持 Direct 的效果插件。

⑤ 变速/变调：用来改变音频的时值和音调。

⑥ 波形振幅：它可以有动态处理、渐变、空间回旋等扩展选项。

⑦ 常用效果器：包括合唱、延时、回声等扩展选项。

⑧ 滤波器：可以产生加重低音、突出高音的效果。

⑨ 降噪：降低甚至消除波形中的各种噪声。

2.2.4 数字化音频素材文件格式的转换

1. 音频素材格式的转换

音频转换工具有很多，上节讲的 Adobe Audition 也可以进行相应的音频格式转换，下面以常用的百度音乐（原千千静听）为例。

在多媒体 CAI 课件制作中，常需要 MP3 格式或 WAV 格式音频。利用百度音乐（原千千静听）将 MP3 的音频素材转换成 WAV 格式的音频素材的具体步骤如下。

步骤 1：首先打开百度音乐（原千千静听），在右上角中点击工具箱里的“格式转换”，如图 2-15 所示。

图 2-15 “转换格式”菜单

步骤 2：这时就弹出了格式转换的处理框，然后选择“添加文件”，浏览并找到你要转换的音乐文件，这里可支持同时导入多个文件。

步骤 3：在处理框的左下方的“输出格式”和“输出品质”我们可以分别选择我们所需要的格式和音乐品质好坏，点击“更改目录”则可以让我们更换输出文件的位置。

步骤 4：在弹出的“转换格式”对话框中（如图 2-16 所示），选择输出格式为“wave 输出文件”，并可对输出比特、采用频率以及输出位置等做出相应的设置。

图 2-16 “转换格式”对话框

步骤 5：做好设置以后，单击“开始转换”按钮即可。

2. CD 数字音频素材的采集

将 CD 上的教学音频素材采集成 MP3 格式的音频素材，运行“CD 抓轨”程序（抓轨软件很多，比如 Exact Audio Copy），在功能设置上调整压缩属性。选择要抓取的音频文件，将 CD 上的教学音频素材采集成 WAV 格式的音频素材，只需将功能设置的保存格式改为 WAV 格式即可。

3. 采集 VCD 碟上的教学音频素材

在多媒体 CAI 课件制作中，往往需调用 VCD 上的教学音频素材，但有很多 VCD 的文件是不能直接拷贝的，使用“抓轨程序”就可以将一段 VCD 或部分 VCD 文件抓取到硬盘上面了。具体采集方法与步骤与CD数字音频素材的采集中介绍的内容相同。

4. 采集MP3光碟上的教学音频素材

如果被采集教学音频素材的光盘格式是MP3光碟，虽然采集出的文件是以DAT为扩展名的，但是必须抓轨来播放这个文件。此时这个文件实际上是将所选轨道中的MP3采集成了一个音频文件。采集方法也与CD数字音频素材的采集中介绍的内容相同。

2.3 静图素材的采集与制作

静图素材是多媒体CAI课件中最重要的媒体形式，也是学生最易感知和接受的表达方式。一幅图像可以形象、生动、直观地表现出大量的信息，它是分析教学内容，解释概念及现象最常使用的媒体形式。

2.3.1 静图素材的数字化处理及文件格式

1. 计算机中图像的数字化处理过程

因为计算机只能处理数字信息，要使我们日常生活中的图形和图像（模拟的）在多媒体计算机中进行处理，就必须将模拟图像转换为数字格式的图像。这种将模拟图像转换成数字图像的过程称为图像的数字化。其过程分两步，如下所述。

（1）采样（取样或抽样）：在模拟图像上按一定规律采集一定数量的点的数据的过程。

具体过程：以一定间隔将图像在水平方向和垂直方向上分割成若干个小区域，每个小区域即是一个采样点，即对每一小区域只采集一组数据，每一个采样点对应于计算机屏幕上的一个像素，采样的结果将使整幅图变成每行有M个像素，每列有N个像素，全图是$M \times N$个像素点的集合。

（2）量化（数量化）：用一定的数据来表示每个采样点的颜色、亮度等信息。

图像经量化后会丢失大量信息，但是，由于人眼的局限性，如果选择适当的采样间隔和量化的灰度级数，误差可以忽略不记。

2. 数字化图像的颜色模式（图像模式）

根据数字化图像在内存中的存储方式，图像模式可分为3种：黑白模式、灰度模式和彩色模式。

（1）数字化黑白图像

最简单的一种图像，每个像素只包含黑白两种信息，一个像素对应一个位，占用存储空间少。它有两种类型：线条图和半色调图。

线条图（line art）是一种简单的黑白图像（如铅笔或钢笔的素描图），或者是机械蓝图等单一颜色的彩色图。

半色调图（halftone）是一种模拟灰度图像的黑白图（如报纸和杂志上的摄影图片）。注意：黑白图和灰度图不是一种类型。黑白图只有黑白两色，用点的多少来表示黑白；灰度图不仅包含黑色和白色，还包含实际的灰色调。

（2）数字化灰度图像

每个像素包含黑白两色和实际的灰色调，一个像素对应多个位。

（3）数字化彩色图像

每个像素的颜色是用红、绿、蓝三原色的强度来表示。彩色图像模式在理论与应用方面很适合现代家用多媒体计算机用户的需要，但数据量大，需很大的存储空间与较强的处理能力。如：一幅分辨率为 1024 × 768 的 24bit 的彩色图像就需要 2.4MB 的存储空间。

3. 静图素材的文件类型及格式

（1）静态文件的分类

根据图像记录的方法，静态文件可分为矢量图和位图两种。

矢量图形：利用数学原理中段的描述为起点、方向和长度而呈现的图像。

特点：图片由对象组成，每个对象为独立实体，每个实体都有自己的属性（色彩、形状、外框、尺寸以及其呈现在屏幕上的位置等），可控制修改。分辨率是独立的，即输出设备以其最高分辨率呈现。文件所占容量小，易放大、缩小、旋转，且不失真。图像精度高，可制作 3D 图像，适于美工插图与工程绘图。但无法精确地描写自然界景象，也不易在不同的软件间交换文件。

位图图像（绘图图像）：由一连串排列好的像素创建出来的图像。

特点：图像由个别的独立点——像素组成。由于每个像素都个别着色，图像效果好。但是，像素之间是连续的，所以无法独立控制。位图图像适合于表现比较细致、层次和色彩比较丰富、包含大量细节的图像，常常用在照片或绘图图像中，但无法制作真正的 3D 图像，且占用较多的存储空间。

分辨率：分辨率是位图图像的重要因素。

分辨率是显示图像文件细节容纳能力的信息，同时包括输入、输出与显示设备的细节表现程度。分辨率对于所绘制的位图成品输出质量与文件大小产生影响。位图图像的输出质量由事先选择的分辨率决定，在绘制位图之前需做一些考虑，但是，当输出设备的分辨率低于图像分辨率时，由输出设备的分辨率决定。

（2）数字化静图的常用文件格式

由静图的像素信息转换而形成的数据文件称为图像文件，数字化图形与图像文件在计算机中的存储格式主要有以下几种。

① BMP（Bit Map）格式。BMP 格式是标准的微软 Windows 软件的图形和图像基本的位图格式，是一种与设备无关的图像文件格式。该格式与 DIB（Device Independent Bitmap）格式等价，支持黑白图像、16 色和 256 色伪彩色图像及 RGB 真彩色图像，色彩丰富，是多媒体 CAI 课件中使用最为广泛的静图文件格式之一。其不足之处是数据量大，需存储空间大。如：一张 5 英寸的照片，以 300dpi（dot per inch，每英寸像素点）分辨率和 24 位真彩扫描存储，需占据 4MB 存储空间。

② GIF（Graphics Interchange Format）格式。GIF 格式是 Internet 上 WWW 中的重要文件格式之一。该格式支持黑白图像、16 色和 256 色彩色图像，主要用于在不同的图像处理平台上进行图像交流和传输。由于它同时支持静态和动态两种形式，使用压缩方法，压缩比高，文件长度较小，因此，在网络式多媒体 CAI 课件中受到普遍欢迎。其不足之处是不支持真彩色。

③PSD（Photoshop）格式。PSD 是 Adobe 公司开发的专门用于支持 Photoshop 的默认文件格式，专业性较强。PSD 格式能够保存图像数据的每一个细节，包括层、附加的模板通道以及其他内容，所以，此格式的图像文件特别大，需转换成其他格式存盘。

④ JPG（JPEG）格式。JPG 格式是所有压缩格式中最卓越的，使用有损压缩方案，支持灰度图像、RGB 真彩色图像和 CMYK 真彩色图像。文件占据存储空间少，压缩比可调。一张 5 英寸的照片，以 300dpi 分辨率和 JPG 格式存储，只占据 100KB 到 1000KB 的存储空间（视压缩率不同而不同）。它是多媒体 CAI 课件制作中最常用的，特别是制作网络式 CAI 课件，使用更加广泛。

⑤ TIF（Tagged Images File Format）格式。TIF 格式最早是为扫描仪图像设计的，属工业标准格式，支持所有图像类型。文件分成压缩和非压缩两大类。非压缩的文件是独立于软硬件的，具有良好的兼容性，又可选择存储压缩，在处理真彩色图像时直接存储三原色的浓度值，而不使用彩色映射，广泛使用于扫描仪和文字识别中。

⑥ WMF（Windows Meta File）格式。WMF 格式是比较特殊的图元文件格式，是位图和矢量图的一种混合体，在平面设计领域应用十分广泛。在 Windows 系统中，许多剪贴画（Cliparts）就是以该格式存储的。在流行的多媒体课件创作工具中，如 PowerPoint 及方正奥思等都支持这种格式的静图文件格式。

⑦ EPS（Encapsulated Post Script）格式。EPS 格式支持多个平台，是专门为存储矢量图而设计的，能描述 32 位图形，分为 Photoshop EPS 格式和标准 EPS 格式。在平面设计领域，几乎所有的图像、排版软件都支持 EPS 格式。

2.3.2 数字化静图素材的采集与制作

数字图像的采集与制作方法有很多种，但常用的主要有以下几种。

（1）使用扫描仪扫入图像

使用彩色扫描仪可将照片、印刷图片、美术作品等扫描到计算机，使它们变成通用的数字图像；使用高分辨率的彩色扫描仪可以获取质量很高的数字图像。

（2）使用数字照相机拍摄图像

数码设备拍摄的照片能方便地输入计算机。如今的数码设备（数码相机、照相手机、DV 等）已相当普及，像素也越来越高。因此，可以随时随地采集图像素材，并保存到计算机中。

（3）捕捉屏幕静止图像

使用屏幕截图软件截取屏幕图像。最常用的屏幕捕捉图像的方法是在 Windows 操作系统下用键盘上的 PrintScreen 键，如下所述。

PrintScreen：抓取当前屏幕画面。

Alt+PrintScreen：抓取当前活动窗口的屏幕画面。

（4）截取 VCD、DVD 的画面

利用视频播放软件或者抓轨软件可以将 VCD、DVD 中的图片和视频进行截取。如在超级解霸中按下“截图”按钮，可以将当前播放画面中的图像截取下来以一个文件的形式存放。

（5）从网站中获取图像

一些网站专门收集素材，并按一定的类别放置，用户登录到这些网站后就很容易下载到所需要的图像素材。例如图酷网：http://www.tucoo.com，还可以利用搜索引擎来找到所需要的素材。

（6）利用软件创作图像

利用专门的创作软件来创建所需要的电子图像，比如 Photoshop、方正奥思等。

2.3.3 数字化静图素材的编辑

数字化静图素材的编辑主要是根据课程教学内容及多媒体课件的设计与创作的需要，对通过上述途径与方法采集与制作成的图形和图像进行浏览和裁剪、缩放、移动、效果增强、旋转等艺术加工，以及文件格式转化等处理工作。这些操作编辑工作最常借助的是 Adobe Phostoshop 以及 Windows 操作系统自带的画图、ACDSee 等软件。

下面以 Potoshop CS6 为例进行介绍。

1. Photoshop CS6 主要功能

Photoshop 在平面设计领域中应用十分广泛，例如我们常见的商品包装设计、标志设计、广告宣传设计、海报设计和企业形象设计等。此外，一些生动漂亮且充满艺术效果的书籍封面也是各类图像软件广泛应用于桌面出版的充分体现。Photoshop 在桌面出版上的应用更有其独到之处，其强大的表现力，在桌面出版中发挥得淋漓尽致。

（1）绘图功能，它提供了许多绘图及色彩编辑工具。

（2）图像编辑功能，包括对已有图像或扫描图像进行编辑，例如放大和裁剪等。

（3）创意功能，许多原来要使用特殊镜头或滤光镜才能得到的特技效果用 Photoshop 软件就能完成，也可产生美学艺术绘画效果。

（4）扫描功能，使用 Photoshop 可以与扫描仪相连，从而得到高品质的图像。

2. 基本概念与基本知识

（1）有关图像处理的几个名词

色调：表示颜色的种类，如红、橙、黄、绿、蓝、紫等色彩。而黑、白以及各种灰色属于无色系。

饱和度：表示颜色的纯净程度。

亮度：指色彩所引起的人眼对明暗程度的感觉。

对比度：指图像中的明暗变化或亮度大小的差别。

模糊：指通过减少相邻像素的对比度平滑图像。

锐化：通过增加相邻像素之间的对比度突出图像。

边缘柔化：对在图像上所加的一个物体的边缘进行的柔化。

灰度系数：图像中间颜色的对比度。

渐变填充：使填充区域从一种颜色逐渐改变到另一种颜色。

（2）Photoshop 的图像模式

Photoshop 的图像模式由 Mode 菜单设定，其中最常用的有 4 种模式：黑白二值图、灰度图，RGB 彩色图、CMYK 彩色图。

黑白二值图中只能有黑、白两色，常用于线图。

灰度图中有黑到白的各种灰度层次，常用 8 位的灰度。

RGB 彩图用 RGB（红、绿、蓝）3 种颜色的不同比例配合合成所需要的任意颜色，适于显示器屏幕显示的彩图。

CMYK 彩图模式用于彩图印刷。RGB 模式的彩图在印刷时某些颜色可能出现与设计色偏差。

（3）Photoshop 支持多种图像文件格式

Photoshop 支持多种图像文件格式，其中常用的有 PSD、BMP、EPS、TIFF、JPEG、GIF 格式。

（4）层

层是 Photoshop 的“核心人物”。一个 Photoshop 创作的图像可以想象成是由若干张包含有图像各个不同部分的不同透明度的纸叠加而成的。每张“纸”称为一个“图层”。由于每个“层”以及层内容都是独立的，用户在不同的层中进行设计或修改等操作不影响其他层。利用“层”控制面板可以方便地控制层的增加、删除、显示和顺序关系。图像设计者对绘画满意时，可将所有的图层“粘”（合并）成一层。

（5）通道

Photoshop 用通道来存储色彩信息和选择区域。颜色通道数由图像模式来定，例如对 RGB 模式的图像文件，有 R、G、B 3 个颜色通道，对 CMYK 模式的图像文件，则有 C、M、Y、K 四色通道，灰度图由一个黑色通道组成。用户在不同的通道间做图像处理时，可利用“通道控制面板”来增加、删除或合并通道。

（6）路径

路径工具可以创建任意形状的路径，利用路径绘图或者形成选区进行选取图像。路径可以是闭合的，也可以是断开的。

在“路径”控制面板中可对勾画的路径进行填充路径、给路径加边、建立删除路径等操作，还可方便地将路径变换为选区。

3. Photoshop CS6 的窗口

（1）Photoshop CS6 窗口界面

Photoshop CS6 应用程序窗口由菜单栏、文档窗口、控制面板和工具箱等部分组成，如图 2-17 所示。

（2）菜单结构

Photoshop 菜单包括文件、编辑、图像、图层、文字、选择、滤镜、视图、窗口和帮助菜单选项。

（3）工具箱

工具箱中每一种工具都提供了特定的用途，大体上可分为：选区工具、绘图工具、编辑工具、填充工具、色彩工具、文字工具、观察工具 7 大类，如图 2-18 所示。

图 2-17　Photoshop 主界面

图 2-18　工具箱

4. 控制面板

控制面板是 Photoshop CS6 提供的一种很有特色且非常有用的功能，用户可随时利用控制面板来改变或执行一些常用的操作。

使用鼠标按住控制面板的标题栏，可以将控制面板移动到屏幕上的任何位置。利用窗口菜单命令可决定显示或隐藏各种控制面板。包括“导航器”控制面板、“信息”控制面板、“选项”控制面板、“颜色”控制面板、“色板”控制面板、“画笔”控制面板、“路径”控制面板、“图层”控制面板、“通道”控制面板、“历史”控制面板等。

5. 图像的色彩调整

色彩调整在图像的修饰中是非常重要的一项内容，它包括对图像色调进行调节、改变图像的对比度等。

在“图像”菜单下“调整”子菜单中的命令都是用来进行色彩调整的，如图 2-19 所示。

【例 2-1】 花朵颜色的更改。

将图 2-20 所示黄色花朵的颜色替换成紫色。

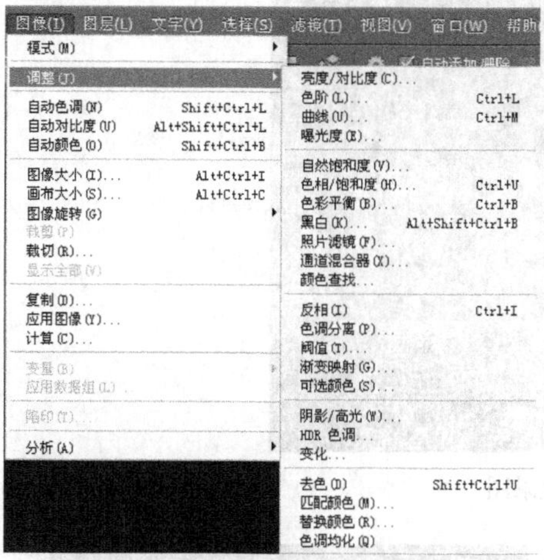

图 2-19 “调整”菜单

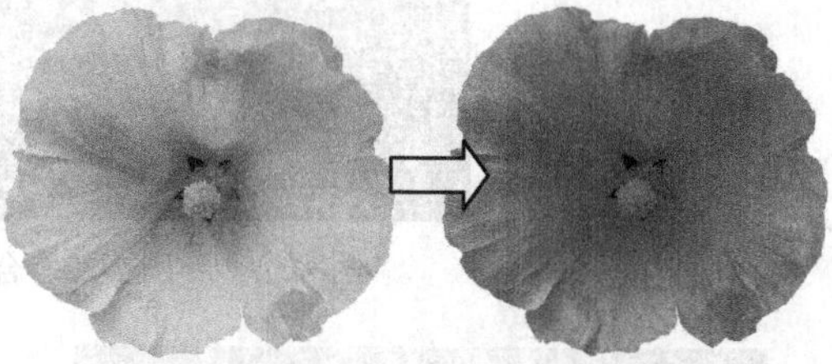

图 2-20 更改花朵颜色

步骤 1：执行【图像】/【调整】/【替换颜色】命令，弹出图 2-21 所示“替换颜色”对话框。

步骤 2：在对话框中设定“颜色容差”值，以确定所选颜色的近似程度。

步骤 3：选择“选区”或“图像”选项中的一个，在预览框中显示蒙版，被蒙版区域为黑色，未蒙版区域为白色。“图像”在预览框中显示。

步骤 4：选用对话框中的吸管工具，在图像或预览框中选择所要替换的颜色。使用带“+”号的吸管工具，添加区域；使用带“–”号的吸管工具，去掉某区域。

步骤 5：在“替换”选项组中拖移“色相”“饱和度”和“明度”滑块（或在文本框中输入数值），使所选花朵区域的颜色为紫色。

步骤 6：单击“确定”按钮，花朵颜色成为紫色。

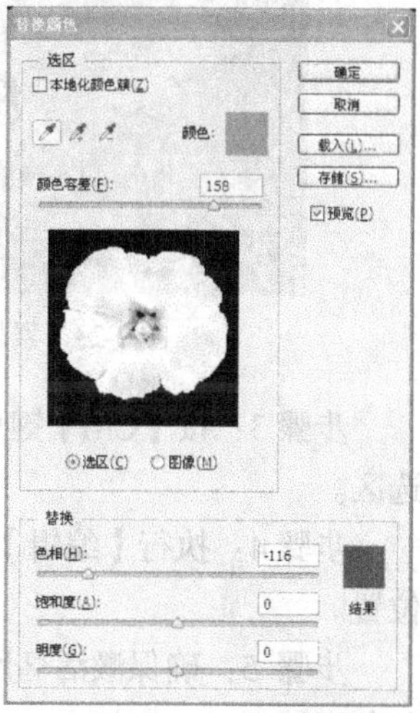

图 2-21 替换颜色

6. 滤镜

滤镜专门用于对图像进行各种特殊效果处理。图像特殊效果是通过计算机的运算来模拟摄影时使用的偏光镜、柔焦镜及暗房中的曝光和镜头旋转等技术，并加入美学艺术创作的效果而发展起来的。

Adobe Photoshop 自带的滤镜效果有将近 20 组之多，每组又有多种类型。

滤镜的应用很简单，首先选中需要进行滤镜处理的图像，执行“滤镜”菜单命令，再选择某个滤镜命令，便完成滤镜的应用。

【例 2-2】 鸟在空中飞。

利用素材“大海.jpg”和“鸟.jpg”进行合成，创建图 2-22 所示的效果。

步骤 1：打开“鸟.jpg”文件（如图 2-23 所示），执行【选择】/【全选】命令，然后执行【编辑】/【拷贝】命令。

步骤 2：打开“大海.jpg”文件（如图 2-24 所示），执行【编辑】/【粘贴】命令，将飞鸟图像文件粘贴到“大海”文件中。

图 2-22　合成效果图

图 2-23　素材“鸟.jpg”

图 2-24　素材“大海.jpg”

步骤 3：按【Ctrl】键单击“图层”控制面板中“鸟”图层，即选择层中所有不透明的区域为选区。

步骤 4：执行【编辑】/【变换】/【缩放】命令，将选择区域缩放至合适大小，并移动至合适位置。

步骤 5：确保激活鸟所在的图层，使用“魔术棒工具”在图像鸟周围的蓝色区域单击，选取蓝色区域。

步骤 6：执行命令【图层】/【图层蒙板】/【隐藏选区】命令，如图 2-25 所示。

步骤 7：选择工具箱中“文字工具”，在图像区中单击，输入“自由翱翔”，单击“确定”按钮后在图像区域中显示文字对象，然后在“样式”面板中选择“双环发光”样式，如图 2-26 所示。若文字对象位置不合适，可用移动工具将其移动到合适位置。

步骤 8：拼合所有图层，存储图像文件。

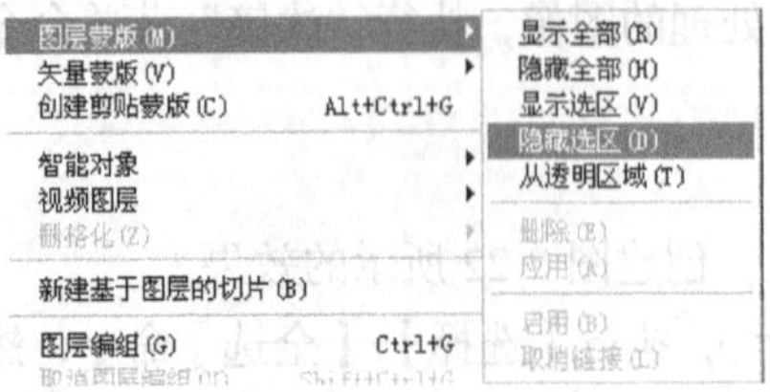

图 2-25　隐藏选区

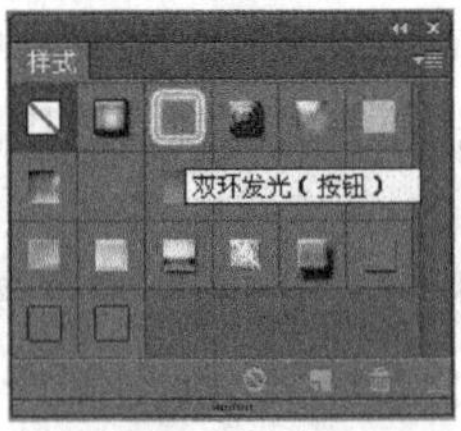

图 2-26　双环发光

2.4　活动图像素材的采集与制作

在教学过程中许多微观和宏观的课程内容，学习者不便观察，可以通过多媒体 CAI 课件中的活动图像来表现。合理地使用活动图像素材不仅能增强多媒体 CAI 课件的艺术性，而且能使多媒体 CAI 课件具有良好的教育性，激发学习者的学习兴趣，提高教学效果。

2.4.1　活动图像素材的数字化处理及文件格式

1. 活动图像素材的种类

多媒体 CAI 课件中的活动图像素材包括动画（Amimation）和数字化视频影像（Digital Video）两大类，它们都是由一系列的静止画面按一定的顺序排列而成的，其中静止画面称为帧，画面的每一帧与相邻帧略有不同。当帧画面以一定的速度连续播放时，由于视觉的暂留现象，便产生了连续的动态效果。

动画和视频影像的主要区别在于图像的产生方式。动画的每帧图像必须通过一些工具软件对活动图像素材进行编辑制作而成，而视频影像则要经过视频信号源（如电视、录像及摄像等）经数字化后产生的图像和相应的同步声音的混合处理。动画是用人工合成的方法对课程教学内容中真实世界的一种模拟，而视频影像则是对课程教学内容中真实世界的记录。

为了使动画和视频影像播放流畅，无跳跃感，播放速度应达 25 帧/s 以上（例如 PAL 制式的视频图像），而若要表现丰富的色彩，则要求画面颜色至少是 256 色，理想状态应能显示 64KB～16MB 颜色。为了能表现图像的细节，分辨率应达到 VGA（640 × 480）标准。而在一定的显示内存下，播放速度、颜色数以及分辨率往往互相制约，应该综合考虑。

关于动画制作会在第 4 章进行详细的介绍，本节主要介绍数字视频的相关内容。

2. 视频影像的种类及数字化处理

（1）视频影像的种类

现阶段的视频影像主要有模拟视频影像和数字视频影像两大类。

模拟视频影像是基于模拟技术以及图像的广播与显示所确定的国际标准的显示形式，如人们日常观看的电视和录像节目等。模拟视频影像具有成本低和还原度好等优点。但它的最大缺点是经过长时间的存放之后，视频质量将大大降低，而且经过多次复制之后，图像的失真就会很明显。而数字视频影像可以弥补这些缺陷，它不仅可以无失真地进行无限次复制，还可以对视频进行创造性的编辑，如特技效果等。

多媒体 CAI 课件中视频影像是数字视频，一般是模拟视频影像信号输入计算机进行数字化视频影像的编辑，最后制成数字视频影像素材。也有视频影像由数字摄像机拍摄下来，从信号源开始，就是无失真的数字视频影像素材。

（2）视频影像的数字化处理原理

视频影像的数字化是指在一段时间内，以一定的速度对模拟视频影像信号进行捕捉，并加以采样后，形成数字化数据的处理过程。通常的视频影像信号都是模拟的，在进入多媒体计算机前必须进行数字化处理，即 A/D 转换和彩色空间变换等。视频影像信号数字化是对视频影像信号进行采样捕获，其采样深度可以是 8 位、16 位或 24 位等。数字视频影像信号从帧存储区内到编码之前，还要由窗口控制器进行比例裁剪，再经过 D/A 变换和模拟彩色空间变换，但通常将这一系列工作统称为编码。采样深度是经采样后每帧所包含的颜色位，然后将采样后所得到的数据保存起来，以便对它进行编辑、处理和播放。

视频影像信号的采集就是将模拟视频影像信号经硬件数字化后，再将数字化数据加以存储。在使用时，将数字化数据从存储介质中读出，并还原成图像信号加以输出。对视频影像信号进行数字化采样后，则可以对数字视频影像进行编辑，如复制、删除、特技变换和改变视频格式等。

（3）数字化视频影像文件的格式

数字化视频影像文件的常用格式主要有以下几种。

① FLC、FLI 格式。包含视频图像所有帧的单个文件，采用无损压缩，画面效果清晰，但其本身不能储存同步声音，不适合用来表达课程教学内容中的真实场景。

② AVI 文件。AVI（Audio-Video Interleaved）称为音频-视频影像交错文件，可将视频和音频信号混合交错地储存在一起，这种交错存放的好处是避免不必要的文件信息搜寻，压缩比较高。AVI 为文件的扩展名，也简称 AVI 文件，它是 Video for Windows 视频应用程序中使用的格式。

③ MOV 文件。MOV 是 Apple 公司在 Quick Time for Windows 视频应用软件中使用的视频影像文件，属 Quick Dmebrwdows 文件格式，是 Macintosh 平台下常见的数字视频影像格式，使用有损压缩方法，Quick Time 提供广阔的应用范围和优越的压缩画质。该视频应用软件要在 Macintosh 系统中运行，现在已经移植到 Microsoft 的 Windows 环境下，导致 QuickTime 格式的视频文件（扩展名为.MOV）的流行。

④ MPG 文件。MPG 文件是微型多媒体计算机上的全屏幕活动视频影像的标准文件，也称为系统文件或隔行数据流。它是基于 MPEG 方式压缩的数字视频影像格式，通过记录每帧间的差异信息（帧间压缩）来代替记录整幅画面内容，当画面只有小部分变动时，视频影像文件的数据就会大幅度降低。VCD 使用 MPEG-1 压缩方式，DVD 使用 MPEG-2 压缩方式。

一般需要有专门的带压缩功能的硬件才能制作这种文件，播放时也要有相应的解压缩硬件支持，或是在带有图形加速功能的显示适配器的配合下，采用软件解压缩的方法。

⑤ DAT 文件。DAT 是 Video CD 或 Karaoke CD（市场流行的另一种 CD 标准）数据文件的扩展名，这种文件的结构与.MPG 文件格式基本相同，播放时需要一定的硬件条件支持。标准 VCD 的分辨率只有 350 × 240，与 AVI 或 MOV 格式的视频影像文件不相上下。由于 VCD 的帧频要高得多，加上 CD 音质，所以整体的观看效果比较好。

2.4.2 活动视频影像素材的制作与采集

1. 动画设计制作的方法与技巧

多媒体 CAI 课件中所用到的动画设计制作，应力求真实，造型要符合教学内容的要求，尽可能准确地表现内容，比喻和夸张要恰当、合理，不能随意臆造。尽量采用彩色少的位图素材，一般 256 色对于动画已足够用了，避免使用真彩色图像和角色，以节省存储空间。对加入伴音的动画，注意保持声画同步，尽量采用 MIDI 音乐，少用 WAVE 声音。在动画播放时，要求可控性好，能进行实时控制，便于仔细观察和分析。

具体的制作详见后面 flash 课件的制作。

2. 活动视频影像素材的采集方法与技巧

在多媒体 CAI 课件中，视频影像素材是通过专用视频采集卡或捕捉卡获得的，视频采集卡将视频源输入的模拟视频信号转换成数字信号，数字化的视频数据的存储量非常大，如果采集的视频的帧速率越高，平面尺寸越大，颜色数越多，数据量就越大。因此，在设计制作教学软件时，不能大量采用，通常只选择与教学内容密切相关，且对突破教学难点和重点至关重要的部分视频信息。

掌握采集视频信息容量的大小，可按下式计算：

文件大小（字节）= 帧大小 × 帧速率（帧/s）× 时间（s）

图像帧的大小（字节）= 图像宽度 × 图像高度 × 图像深度/8

例如，对于 VGA（640 × 480）的分辨率，24 位真彩色，NTSC 制（30 帧/s）视频标准，则需要 26.4MB/s 的传输率，而采集 1 min 的数字视频，则要 1584MB 的存储空间。因此无论采用哪种方式获取活动视频影像素材到计算机，都必须进行数据压缩。

一般的方法是使用一块与微型多媒体计算机相连接的具有视频输入、输出标准接口的视频采集卡，该采集卡在采集软件（例如 Premiere）配合下，通过硬件方式完成对视频的压缩。

安装了带有视频输入接口的视频采集卡到计算机主板的扩展插槽后，视频影像的获取方法就是用各种视频源了。主要有如下选项。

（1）利用摄像机：可以利用各种形式的（如摄像管或 CCD）摄像机实时摄制。

（2）利用录放像机：利用录放像机播放已经事先摄制或转录到录像带中的内容。

（3）利用 VCD 或 DVD：用计算机播放应具有相应的播放软件和视频抓帧软件，例如使用“超级解霸 3000”。

（4）电视节目：现在的许多彩色电视机都有视频输出接口，因此可利用电视机直接采集电视节目中的内容。

（5）屏幕视频捕捉：该功能可以对计算机操作过程中的屏幕变化情况实时捕捉 AVI 格式的影像文件，共享软件 Hyper Cam 就是常用的一个屏幕视频捕捉软件。

（6）从网上下载。

2.4.3　活动数字视频影像素材的编辑

通过各种方法得到的活动数字视频影像的播放效果不一定能满足应用的要求，可以利用视频编辑软件工具对其进行编辑，也就是通常所说的非线性编辑。使用得比较广泛的编辑软件是 Adobe 公司的 Premiere（一般与视频捕捉卡配套提供），该软件的功能强大，一般能满足各种需要，且能为被编辑的素材增加各种效果。但它需要较高的多媒体计算机硬件配置，并且专业性较强。因此如果需一些基本的采集和编辑工作，可以采用较容易使用的“会声会影”。

1. 非线性编辑工具的基本要求

无论选用哪种视频采集和编辑工具，其主要的功能要求如下。

（1）能够将录像节目中的一些无关紧要的信息裁剪掉。

（2）能将数字视频信息与其他信息进行混合。例如，可以与动画、静态图像以及其他视频信息混合。

（3）可以调整录像的次序，类似于录像的加工编辑。

（4）利用滤波功能给数字视频中的图像帧增加特殊效果。例如，可以增加模糊效果或者改变色度和亮度，还可以在帧与帧之间增加过渡特技。

（5）可以用来增加一些标题信息。这一功能常用来表示该视频影像片断的主题，或者注明作者和版权信息，非常有用。

（6）视频编辑软件均带有一个较好的界面。例如，都有类似于录像机的播放控制按钮，有时间行显示等。

（7）视频编辑软件往往能支持通用的多种媒体格式。

（8）视频编辑软件至少可将所有编辑结果保存为一个标准的 AVI 文件。这种文件也是多媒体项目最终使用的视频文件。

2. 活动数字视频影像素材文件格式的转换

从前面的介绍可知，视频影像媒体文件的格式较多，一些多媒体创作工具不能支持所有格式的视频文件，这就需要将原有的视频文件格式转换成需要的格式。另外对于相同的 AVI 格式和 MPG 格式文件，前者要比后者所占磁盘空间大得多，因而对于过去保存的和一些简易视频捕捉卡采集的 AVI 文件，最好能转换成 MPG 格式文件。

常见的视频编辑软件都有此功能，打开以后进行另存即可。也可在相应的软件中进行批处理，比如会声会影、Premiere 等都可以。

3. 会声会影软件的使用

会声会影是一套专为个人及家庭所设计的影片剪辑软件。创新的影片制作向导模式，只要 3 个步骤就可快速制作出 DV 影片，即使是入门新手，也可以在短时间内体验影片剪辑的乐趣；同时操作简单、功能强大的会声会影编辑模式，从捕获、剪接、转场、特效、覆叠、字幕、配乐到刻录，让用户全方位剪辑出高质量的影片，下面以“会声会影 X5”制作电子相册为例进行讲解。

（1）软件界面如图 2-27 所示。

1—步骤面板，包括捕获、编辑和分享按钮，这些按钮对应视频编辑过程中的不同步骤。
2—菜单栏，包含文件、编辑、工具和设置菜单，这些菜单提供了不同的命令集。
3—播放器面板，包含预览窗口和导览面板。
4—素材库面板，包含媒体库、媒体滤镜和选项面板。
5—时间轴面板，包含工具栏和项目时间轴。

图 2-27 会声会影界面

（2）软件工作流程。

捕获——图片、声音、视频，可以通过 DV、摄像头等。

编辑——对视频、图片等添加效果，比如转场、滤镜、装饰等。

覆叠——画中画效果，使作品不会太单调。

标题——添加字幕。

音频——配上音乐或者解说等。

分享——输出、存储。

（3）操作实践

① 捕获素材。

（a）素材来源：DV 摄像、数码照片、网络素材、摄像头等。

（b）导入素材。运行“会声会影 X5”，选择编辑选项卡，在素材库中存储了制作影片所需的全部内容：视频素材、照片、项目模板、转场、标题、滤镜、色彩素材和音频文件，如图 2-28 所示。

图 2-28　加载素材和素材管理

在弹出的“导入媒体文件”对话框中浏览至照片文件所在文件夹中，可将所有照片一次性导入。导入后的照片会加进“会声会影 x5”的图像素材库中。同样可以导入视频、音频、flash 动画等素材。

管理素材：素材管理器——新建子文件夹，如 A，可以将素材添加到视频下的 A 文件夹中。同样可以对图片、音频等进行管理。

② 编辑内容。在故事板视图下，将图片逐一拖至编辑轨道中的空白格中（或者选中素材，单击鼠标右键，选择插入到视频轨），接下来单击左下角的“时间轴视图”按钮，切换到时间轴模式，在视频轨道上调整单张照片的长度，方法是：先单击视频轨道中的图片素材，将它选定，然后拖动图片素材首尾的黄色修整拖柄，以改变图片播放的时间长度。默认的播放时间是 3s，一般可延长到 5～10s，最好能配合音乐的节奏。

③ 效果——添加特效，美化画面。一张张地看照片比较单调，这时候转场、滤镜、字幕和配音都可以派上用场了，它们能让相册变得更加生动。

（a）使用转场效果。转场效果是相册不可缺少的，这样可使照片之间的切换过渡更富有变化和情趣，避免硬切换。选择主菜单中的“效果”命令。在右上角的素材库中即可显示转场效果。具体包括滚动、擦拭、淡化、三维、果皮等（如图 2-29 所示）。使用时先从素材库的下拉列表中选择类型，然后在素材库中选择一种转场效果，并将它拖放到时间轴轨道上的两个素材之间。

转场效果可以在“选项”面板中进行设置，改变转场所用的色彩、方向等。

（b）使用视频滤镜制作专业效果。一般来说，相册中很少使用视频滤镜，但有时使用滤镜可以产生一些特殊的动态和视觉效果。

使用滤镜时，可从素材库的下拉列表中选择“视频滤镜”，全部的滤镜即可在素材库中显示出来，从中选择需要的视频滤镜，并将它拖放到时间轴轨道中的片段之上。如果要调整滤镜的设置，可在时间轴轨道上选择添加了滤镜的素材，在“滤镜”选项面板中，你可使用其中的某个预设值，也可单击“自定义滤镜”按钮，然后在弹出的“滤镜设置”对话框中改变滤镜的设置。

“会声会影 X5”的滤镜有功能强大的设置选项，以“气泡”滤镜为例，可在“原图”窗口中，拖动“播放”滑块，浏览到要设置的帧。单击“添加关键帧”按钮，将它添加为关键帧，再设置对话框下面密度、大小、变换、反射的数值，改变气泡相应的属性，如果各关键帧之间的数值不一样，就会产生气泡变化的效果，当然还可以改变它的颗粒属性。

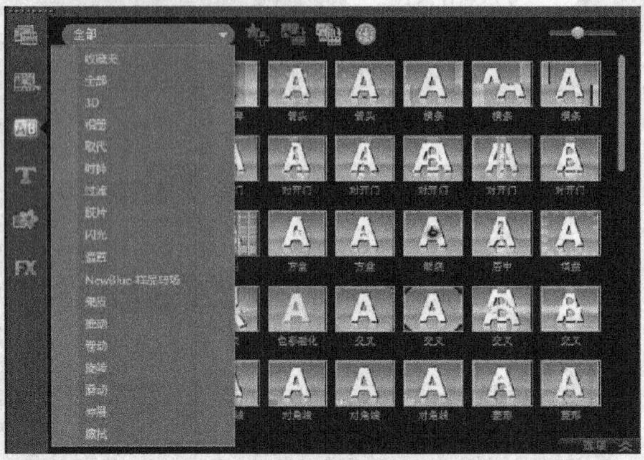

图 2-29　转场特效

（c）画面的摇动与缩放。这项功能可对静止画面进行局部放大或缩小，并可产生镜头平移、拉近及推远的效果。

它的使用也非常简单，先在时间线轨道上选定要处理的图片素材，在窗口上会出现“图像”选项面板。选中“摇动和缩放”单选项，即可在下面的“预设”下拉列表中选择一种预设的平移与缩放方式。

如果选择下面的“自定义平移与缩放”按钮，会弹出“摇动与缩放”对话框，如图 2-30 所示。

图 2-30　“摇动和缩放”对话框

首先选择“开始”标签，定义起始画面的位置、暂停时间、放大比率及透明度，然后再定义结束画面或中间画面，这样会因画面的位置、大小、透明度的不同而产生特写、缩放、镜头移动及淡入/淡出效果。

④ 覆叠（实现画中画效果）。虽然视频滤镜和转场效果会使我们的相册看起来更加生动，但通常照片本身不能移动位置，而且只能一张一张地显示，未免有点呆板，这时就可考虑使用覆叠轨道，用画中画的形式让照片动起来。

先在视频轨道上放入一段背景视频，转入“覆叠”步骤，将照片拖入覆叠轨道，然后选定照片，单击“动画和滤镜”选项面板，在这里设置覆叠轨道上图片运动的方向、淡入/淡出、旋转等。还可以在预览图口中将它缩放到适当的大小，并调整好在画面中的位置。此时进行预览，就可以看到在背景的动态视频下，覆叠轨道中的图片会以运动的方式进行展示，这样的画面是不是既丰富又生动呢？

⑤ 标题——加入字幕。相册中自然也少不了标题和字幕。“会声会影 X5”的字幕式样更为多样，包括自然路径、淡入、飞翔、掉落、摇摆、快显、旋转、缩放等。

先将轨道中的播放指针移至要加入字幕的位置。选择“标题”步骤。然后双击预览窗口，在窗口中输入文字，并在面板中设置字幕的长度，文件的字体、字号、颜色、字体风格、对齐方式等，单击“边框/阴影/透明度”按钮，可对标题文字进行进一步的美化。勾选“动画”复选框，还可以设置标题动画的“类型”。编辑完成后，标题会自动加在播放指针位置的标题轨上，它的长度也可像视频一样调整。

⑥ 加入音频。音乐是相册中一个非常重要的元素，应该根据相册的内容来选择音乐，使之和相册的风格相吻合。音乐文件的格式可以是常见的 MP3、WAV、CDA、RM 或 WMA 格式。

转入“音频”步骤，将音乐文件导入到音频素材库，并将它拖至音乐轨中，然后根据视频轨道的长度来调整音乐的长度。如果要加入自己录制的旁白，可在左上角的“旁白”面板中单击“录音”按钮，调整好话筒的音量后，即可开始录制。录制好的声音可自动加至声音轨道中。

⑦ 分享。所有的编辑工作完成后，就可以开始输出影片了。和早期的版本相比，“会声会影 X5”在 MPEG 编码质量上有了很大的提高，已经接近专业软件的水平了。

创建视频文件之前，先选择“分享”步骤，然后单击左上角的“创建盘片”或“创建视频文件”按钮，选择相应的制式以及格式即可。

2.5 教学心得及常见问题解答

2.5.1 教学心得

多媒体课件的开发分以下几个阶段：选择课题、教学设计、文字稿本编写、制作稿本编写、素材制作编辑合成、调试打包、试用评价与修改、应用与推广。而其中多媒体素材的编辑合成是最为复杂和最为耗时的。

多媒体素材大体可以分为五大类：文本类、图像图形类、音频类、视频类、动画类。每种素材的收集和编辑都需要相关的软件，所以本章涉及到的软件和内容较多，需要学生了解相关软件的用途，对部分软件进行个别化以及有针对性的讲解。

根据本章的教学内容，建议对音频或视频制作进行相应的讲解，其他软件了解即可，或者学生自学。

2.5.2 常见问题及解答

一、Aodbe Audition 软件无法安装？

硬盘版安装程序大小在 300MB 左右，绿化版 150MB 左右。建议大家使用安装版本，因为安装版本要比绿化版稳定。但是我们经常会发现我们的安装程序在有些计算机上竟然无法正常安装，比如双击“Setup.exe”这个文件竟然没有反应。这是因为“Setup.exe”文件失效。我们可以在安装包里找到“Components.msi”文件，这个文件的文件类型描述是“Windows Installer”软件包，我们可以双击这个文件，这样我们就可以进入安装程序的启动界面，按步骤进行安装了。如果还是安装不了，可能出现“Windows Installer 服务未开启或版本太旧”这个对话框，这时我们可以进入“计算机管理—服务和计算机管理”，在下方小列表内选择第一项“服务”，在其中找到“Windows Installer”一项，双击打开其属性，查看服务状态，如果处在停止状态，那单击启动，并将启动类型设置为自动，重新启动机器并重新安装 Audition。如果还出现“Windows Installer 服务未开启或版本太旧”这个对话框，那请到网站上下载一个最新版本的 Windows Installer 安装程序进行安装，安装完后依照上面的设置再检查一遍，重新启动计算机，安装软件。如果还是安装不了，重新去下载一个 Audition 的安装程序吧！

二、为什么屏幕显示和打印出来的效果相差很大？

在 Photoshop 中我们通常在 RGB 模式下编辑图像，但打印机使用的是 CMYK 颜色体系，RGB 所能表示的颜色数是多过 CMYK 的，所以有些颜色能在屏幕上看到，打印机却不能正确还原，它会自动选取最相近的颜色来替换。另外，显示器的显示也会有一定的误差，这可以通过校正显示器来修正。

三、Action 和滤镜有什么区别？

Action 只是 Photoshop 的宏文件，它是由一步步的 Photoshop 操作组成的，虽然它也能实现一些滤镜的功能，但它并不是滤镜。而滤镜本质上是一个复杂的数学运算法则，也就是说，原图中每个像素和滤镜处理后的对应像素之间有一个运算法则。

小　结

本章主要介绍了多媒体 CAI 课件素材的采集与制作，从文本素材、音频素材、静态素材、活动图像素材 4 个方面来阐述，具体如下。

（1）文本素材的采集与制作：包括文本素材的格式和获取、加工与编辑，以及 3D 文本的制作。

（2）音频素材的采集与制作：包括多媒体 CAI 课件数字音频素材的种类及教学功能、音频信息的数字化处理及文件格式、数字化音频的采集与制作、数字化音频素材文件格式的转换。

（3）静图素材的采集与制作：包括静图素材的数字化处理及文件格式、数字化静图素材的采集与制作、数字化静图素材的编辑。

（4）活动图像素材的采集与制作：包括活动图像素材的数字化处理及文件格式、活动视频影像素材的制作与采集、活动数字视频影像素材的编辑。

习　题

一、填空题

1. 文本素材获取的方法中最常见的方法之一是录入文字，那么录入的 3 种方法分别是________、________、________。

2. Adobe audition 的工作界面为 2 个，它们分别为________、________。

3. 为了使动画和视频影像播放流畅，无跳跃感，播放速度应达________帧/s 以上，而要能表现丰富的色彩，则要求画面颜色至少是________色。

4. 多媒体 CAI 课件中教学音频信息主要有 3 大类型，通过它们之间互相配合产生富有立体感的听觉效果，它们分别是________、________、________。

5. CD 质量的音频最常用的 3 种采样频率是________、________、________。

6. 根据数字化图像在内存中的存储方式，图像模式可分为________、________、________ 3 种。

7. MPG 文件是微型多媒体计算机上的全屏幕活动视频影像的标准文件，而其中 VCD 使用________压缩方式，DVD 使用________压缩方式。

二、问答题

1. 计算机中图像的数字化处理过程是怎样的？
2. 简述一下位图和矢量图之间的区别。
3. 简述一下会声会影的工作流程及步骤。

三、上机练习

1. 用 COOL 3D 软件制作动画标题“飞扬的青春”，如图 2-31 所示。

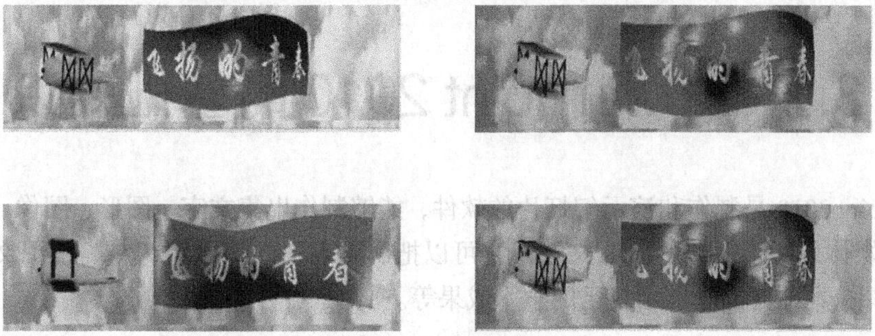

图 2-31　艺术字效果

2. 利用话筒录制一段声音，并利用 Adobe audition 去除噪音。
3. 利用百度音乐或者其他相关软件把 MP3 转换为 WMV 格式。
4. 利用会声会影制作一个电子相册或者个人 MTV。
5. 使用 Photoshop 制作成 3 种以上的艺术字（比如火焰字、立体字等）。

第3章 PowerPoint 课堂演示型多媒体课件制作

PowerPoint 2010 和 Word 2010、Excel 2010 等应用软件一样，是 Microsoft 公司推出的 Office 2010 系列产品之一。PowerPoint 2010 主要用于设计制作专家报告、教师授课、产品演示、广告宣传等电子版幻灯片。它制作的演示文稿可以在计算机屏幕或投影机中进行播放。

PowerPoint 2010 是最常用的课堂演示型多媒体课件制作工具，它操作简单，易于掌握。

3.1 PowerPoint 2010 的基础知识

PowerPoint 2010 是制作和演示幻灯片的软件，能够制作出集文字、图形、图像、声音以及视频剪辑等多媒体元素于一体的演示文稿，它可以把所要表达的信息组织在一组图文并茂的画面中，用于介绍公司的产品、展示自己的学术成果等。

3.1.1 PowerPoint 2010 的启动与退出

在使用 PowerPoint 2010 制作演示文稿前，必须先启动 PowerPoint 2010。当完成演示文稿制作不再需要使用该软件编辑演示文稿时，就可以退出 PowerPoint 2010。

1. 启动 PowerPoint 2010

启动 PowerPoint 2010 的方式有多种，用户可根据需要进行选择。常用的启动方式有如下几种。

（1）通过【开始】菜单启动：单击“开始”按钮，在弹出的菜单中选择【所有程序】/【Microsoft Office】/【Microsoft Office PowerPoint 2010】命令即可启动。

（2）通过桌面快捷图标启动：若在桌面上创建了 PowerPoint 2010 快捷图标，双击图标即可快速启动。

多媒体课件设计与制作

专家点拨：在“开始”菜单的 PowerPoint 2010 启动选项上单击鼠标右键，在弹出的快捷菜单中选择【发送到】/【桌面快捷方式】命令，即可在桌面上创建快捷图标。

2. 退出 PowerPoint 2010

当制作完成或不需要使用该软件编辑演示文稿时，可对软件执行退出操作，将其关闭。退出的方法是：在 PowerPoint 2010 工作界面标题栏右侧单击“关闭”按钮或选择【文件】/【退出】

命令或双击“快速访问工具栏”中的 P 图标即可退出 PowerPoint 2010。

3.1.2 PowerPoint 2010 工作界面

启动 PowerPoint 2010 后，出现图 3-1 所示的工作界面。

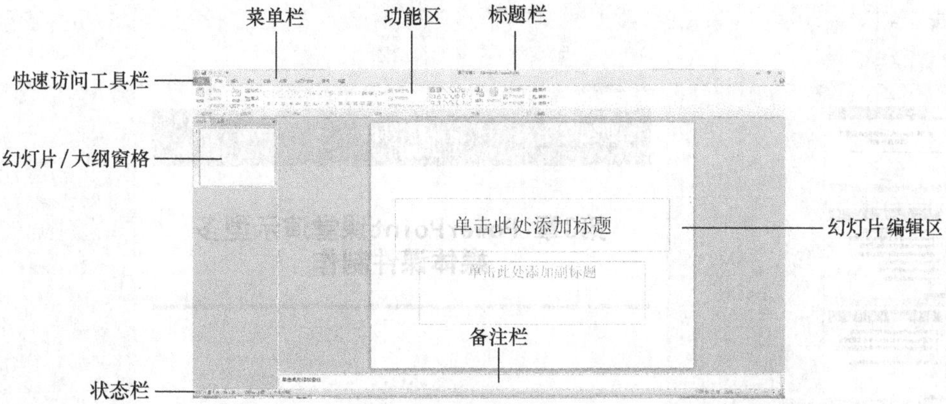

图 3-1 PowerPoint 2010 工作界面

PowerPoint 2010 工作界面各部分的组成及作用如下。

标题栏：位于 PowerPoint 工作界面的最上方，它用于显示演示文稿名称和程序名称，最右侧的 3 个按钮分别用于对窗口执行最小化、最大化和关闭操作。

快速访问工具栏：该工具栏上提供了最常用的“保存”按钮、“撤销”按钮和“恢复”按钮，单击对应的按钮可执行相应的操作。另外，双击 P 图标可以快速关闭该工具。

菜单栏：包括【文件】和其他的功能菜单。选择某个功能菜单可切换到相应的功能区。

功能区：在功能区中有许多自动适应窗口大小的工具栏，不同的工具栏中又放置了与此相关的命令按钮或列表框。

“幻灯片/大纲”窗格：用于显示演示文稿的幻灯片数量及位置，通过它可方便地掌握整个演示文稿的结构。在“幻灯片”窗格下，将显示整个演示文稿中幻灯片的编号及缩略图；在“大纲”窗格下列出了当前演示文稿中各张幻灯片中的文本内容。

幻灯片编辑区：是整个工作界面的核心区域，用于显示和编辑幻灯片，在其中可输入文字内容、插入图片和设置动画效果等，是使用 PowerPoint 制作演示文稿的操作平台。

备注栏：位于幻灯片编辑区下方，可供幻灯片制作者或幻灯片演讲者查阅该幻灯片信息或在播放演示文稿时对需要的幻灯片添加说明和注释。

状态栏：位于工作界面最下方，用于显示演示文稿中所选的当前幻灯片以及幻灯片总张数、幻灯片采用的模板类型、视图切换按钮以及页面显示比例等。

3.1.3 PowerPoint 2010 视图方式

PowerPoint 2010 中共有 6 种不同的视图方式：普通幻灯片视图、大纲视图、浏览视图、阅读视图、备注视图和放映视图。

1. 普通幻灯片视图

普通幻灯片视图是系统默认的视图模式，由 3 部分构成：大纲栏（主要用于显示、编辑演示文稿的文本大纲，其中列出了演示文稿中每张幻灯片的页码、主题以及相应的要点）、幻灯片栏

（主要用于显示、编辑演示文稿中幻灯片的详细内容）以及备注栏（主要用于为对应的幻灯片添加提示信息，对使用者起备忘、提示的作用，在实际播放演示文稿时，读者看不到备注栏中的信息）。在该视图状态下，用户既可以在幻灯片编辑区编辑幻灯片，也可以在幻灯片左侧的大纲窗格中浏览幻灯片、调整幻灯片前后位置或剪切、复制幻灯片。普通视图如图 3-2 所示。

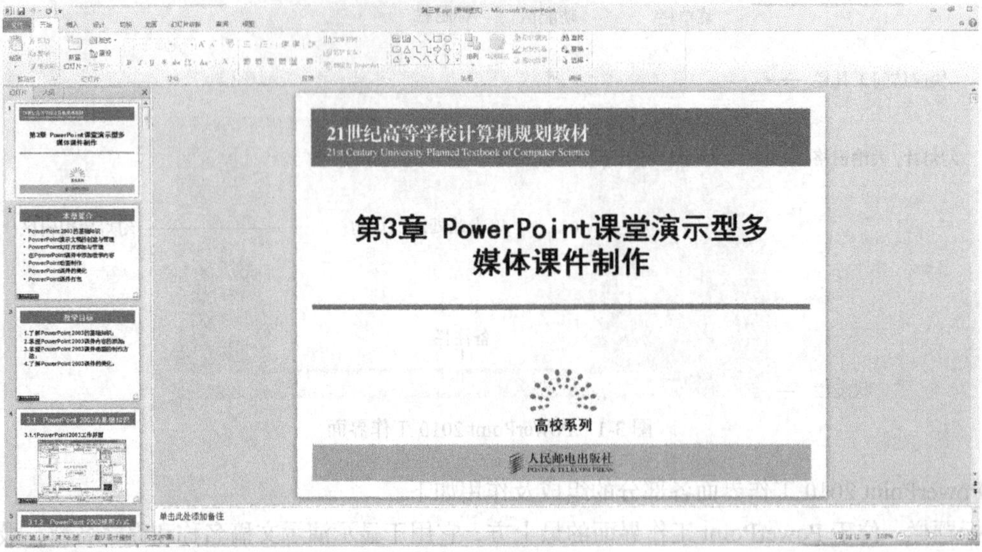

图 3-2　普通视图

2. 大纲视图

大纲视图主要用于查看、编排演示文稿的大纲。和普通幻灯片视图相比，其大纲栏和备注栏被扩展，而幻灯片栏被压缩。在这种状态下，既可以在幻灯片编辑区对其进行编辑，也可以在左边的幻灯片大纲视图下进行编辑；但只是编辑显示文稿的文本内容，不显示图片或其他多媒体信息。大纲视图如图 3-3 所示。

图 3-3　大纲视图

多媒体课件设计与制作

专家点拨：普通视图包括幻灯片视图和大纲视图两种形式，可以在幻灯片/大纲视图窗格中进行转换。

3. 浏览视图

在幻灯片浏览视图中，可以在屏幕上同时看到演示文稿中的所有幻灯片，这些幻灯片是以缩略图显示的。这样，就可以很容易地在幻灯片之间添加、复制、删除和移动幻灯片以及选择动画切换，还可以预览多张幻灯片上的动画。浏览视图如图 3-4 所示。

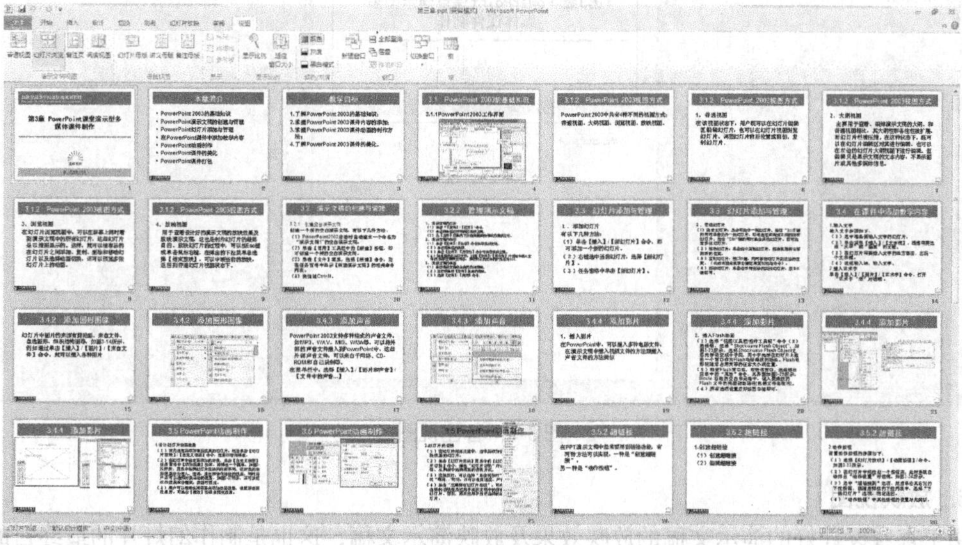

图 3-4　浏览视图

4. 阅读视图

该视图仅显示标题栏、阅读区和状态栏，主要用于浏览幻灯片的内容。在该模式下，演示文稿中的幻灯片将以窗口大小进行放映。阅读视图如图 3-5 所示。

图 3-5　阅读视图

5. 备注视图

备注视图与普通视图相似，只是没有“幻灯片/大纲”窗格，在此视图下幻灯片编辑区中完全显示当前幻灯片的备注信息。备注视图如图 3-6 所示。

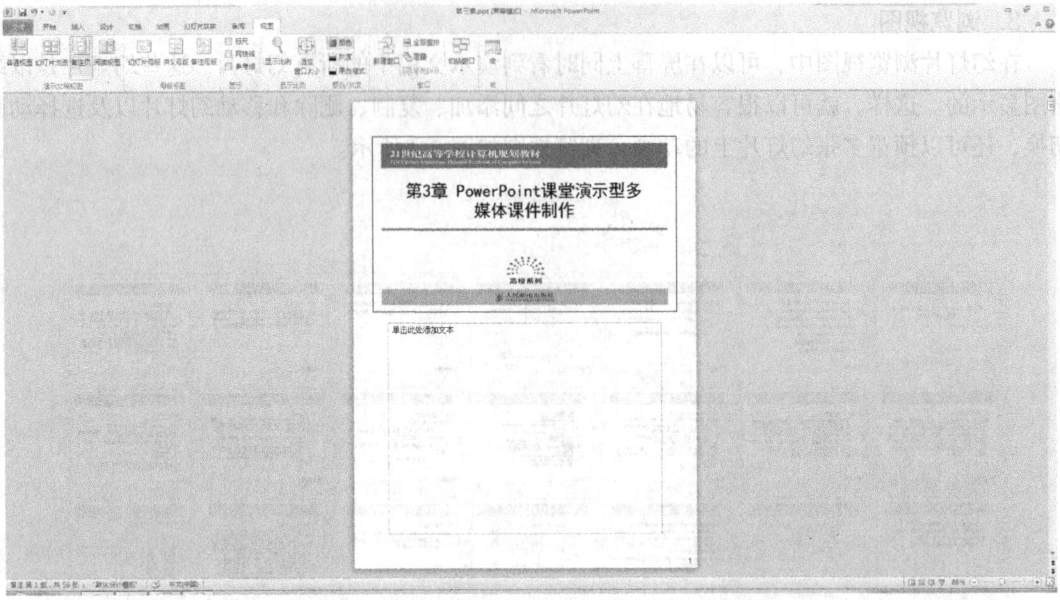

图 3-6　备注视图

6. 放映视图

用于查看设计好的演示文稿的放映效果及放映演示文稿，这也是制作幻灯片的最终目的。放映幻灯片的过程中，可以按【Esc】键或单击鼠标右键，在弹出的下拉菜单中选择“结束放映”命令，中断当前的放映，返回到普通幻灯片视图状态下。放映视图如图 3-7 所示。

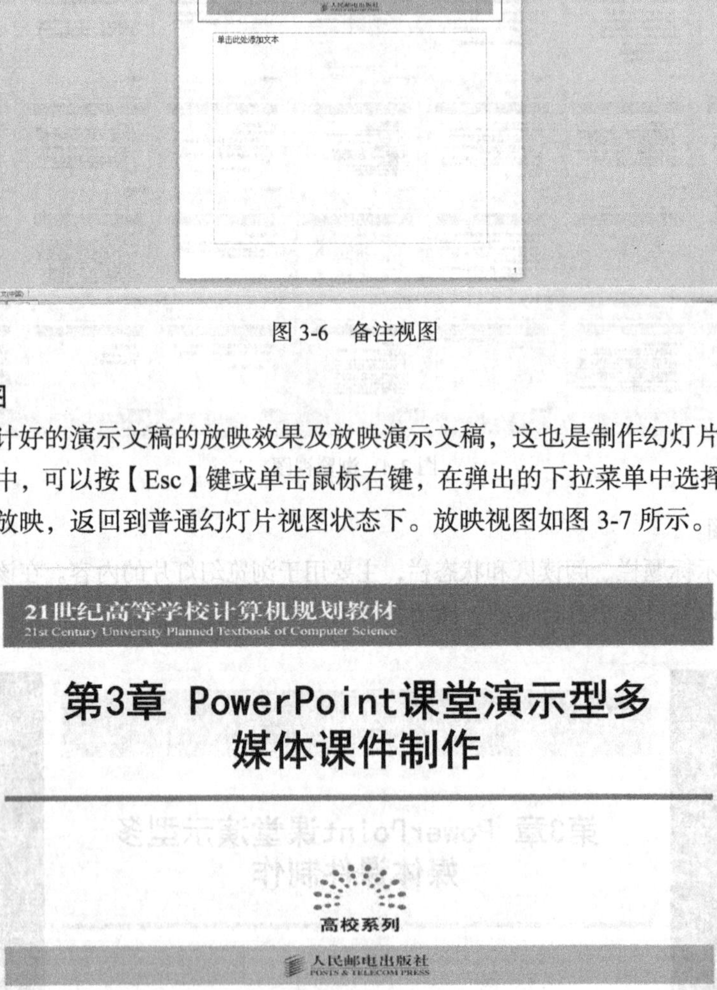

图 3-7　放映视图

多媒体课件设计与制作

专家点拨：选择【视图】/【文档视图】命令，在其中单击相应的按钮也可切换到对应的视图模式下。

3.2　演示文稿的创建与管理

演示文稿的制作是 PowerPoint 最基本的操作，它一般包括创建演示文稿和管理演示文稿。

3.2.1　创建演示文稿

1. 创建空白演示文稿

创建一个新的空白演示文稿，有以下几种方法。

（1）PowerPoint 2010 启动时自动建立一个命名为“演示文稿 1”的空白演示文稿。

（2）选择【文件】/【新建】命令，在“可使用的模板和主题”列表框中单击“空白演示文稿”图标，再单击“创建”按钮，即可创建一个新的空白演示文稿，如图 3-8 所示。

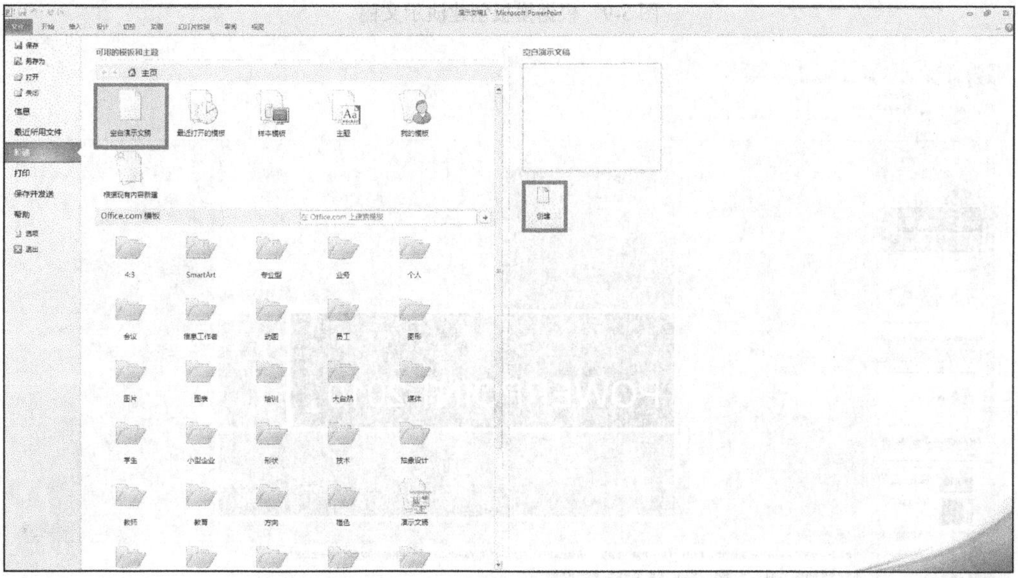

图 3-8　利用【文件】命令创建空白演示文稿

（3）按【Ctrl+N】组合键可创建空白演示文稿。

2. 根据模板创建演示文稿

PowerPoint 2010 除了能够创建空白演示文稿外，还可以根据模板设计专业、美观的演示文稿，具体操作如下。

（1）选择【文件】/【新建】命令，在“可使用的模板和主题”列表框中单击“样本模板”图标，在打开的样本模板中选择自己需要的模板，再单击“创建”按钮，即可创建一个新的模板演示文稿，如图 3-9 所示。

（2）在创建好的模板演示文稿中，根据需要修改相应内容即完成了一个新的演示文稿的制作，如图 3-10 所示。

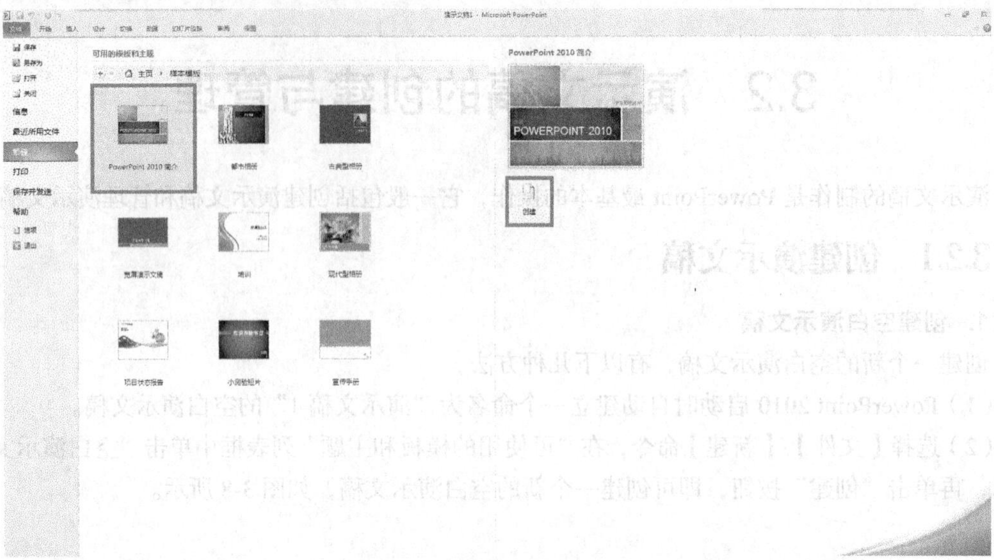
POWERPOINT 2010

图 3-9　根据模板创建演示文稿

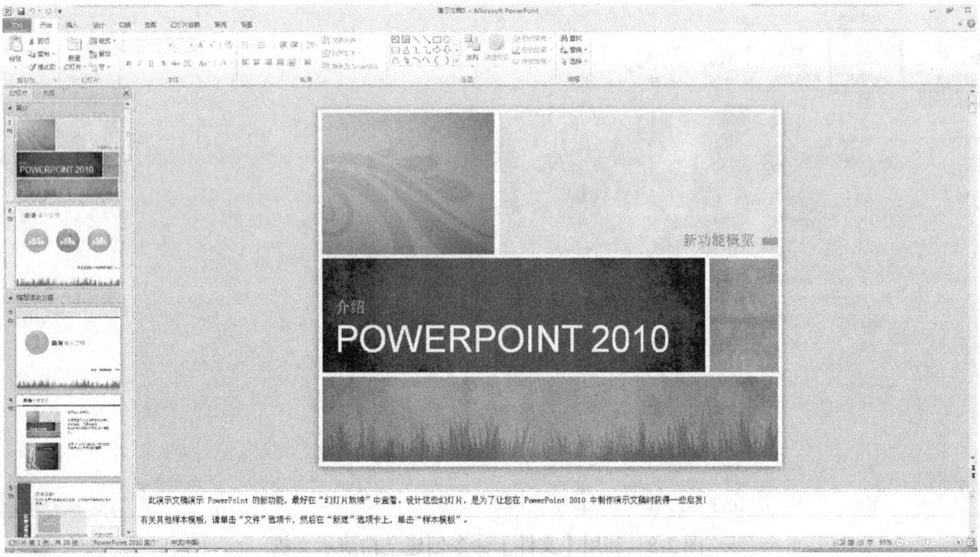
新功能概览
介绍
POWERPOINT 2010

图 3-10　编辑模板演示文稿

3.2.2　管理演示文稿

演示文稿的管理主要包括演示文稿的打开、保存及退出。

1. 演示文稿的打开

方法 1：选择【文件】/【打开】命令，根据提示打开演示文稿。

方法 2：在“自定义访问工具栏”中选择“打开”，将“打开”命令设置到工具栏中，如图 3-11 所示，再单击左上角快速访问工具栏中的按钮，打开需要的演示文稿。

2. 演示文稿的保存

方法 1：单击【文件】/【保存】命令保存演示文稿。

方法 2：单击左上角快速访问工具栏中的按钮保存。

方法 3：选择【文件】/【另存为】命令可保存演示文稿。

方法 4：如果是改名保存文件，则单击【文件】/【另存为】命令，打开“另存为”对话框中输入文件的保存位置和文件名，系统默认的文件的扩展名为.pptx。

3. 演示文稿的退出

方法 1：单击演示文稿右上角的关闭按钮。

方法 2：双击左上角快速访问工具栏中的按钮。

方法 3：单击左上角快速访问工具栏中的按钮，在打开的下拉列表中选择【关闭】命令。

方法 4：选择【文件】/【关闭】命令。

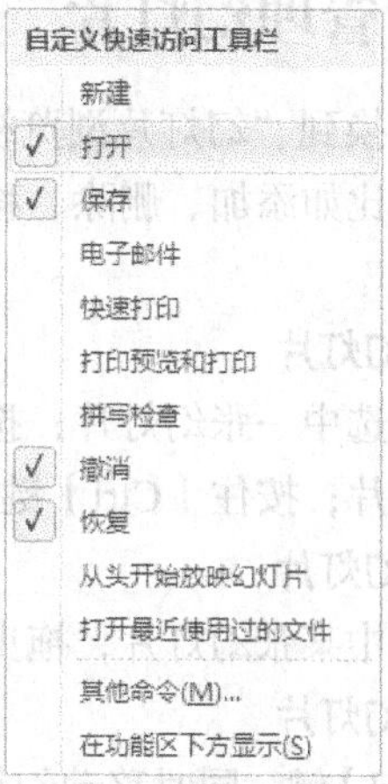

图 3-11　自定义快速访问工具栏

3.3　幻灯片的添加与管理

幻灯片是 PowerPoint 的基本组成单位，演示文稿中的每一页就称为一张幻灯片，每张幻灯片都是演示文稿中既相互独立又相互联系的内容。

3.3.1　添加幻灯片

添加幻灯片有以下几种方法。

方法 1：在“幻灯片/大纲”窗格处，单击鼠标右键，选择“新建幻灯片”选项。

方法 2：选择【开始】功能区中的“新建幻灯片”按钮，在下拉菜单中选择需要的版式进行添加，如图 3-12 所示。

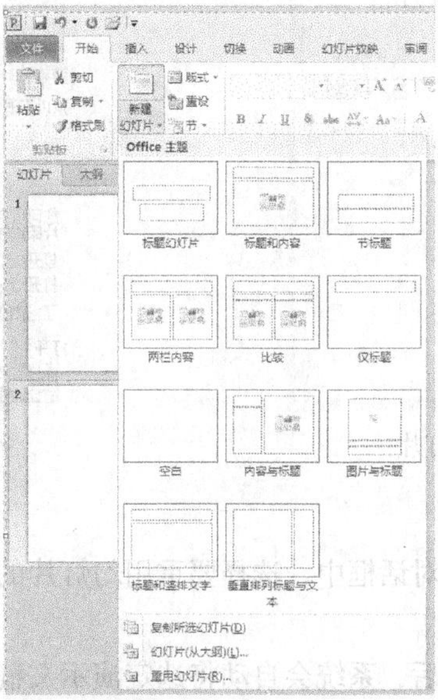

图 3-12　新建幻灯片

3.3.2 管理幻灯片

首先，切换到“幻灯片浏览视图”或“普通视图”。在这两种视图状态下，可以对幻灯片进行操作管理，比如添加、删除、移动、复制幻灯片，还可以设置幻灯片的切换方式。具体分为以下几类操作。

1. 选定幻灯片

单击，可选中一张幻灯片；按住【Shift】键的同时单击另外一张幻灯片，即可选定这两张之间的所有幻灯片；按住【Ctrl】键的同时单击其他幻灯片，即可选定多张不连续的幻灯片。

2. 移动幻灯片

单击，选中某张幻灯片，拖曳鼠标将它移到新的位置。

3. 复制幻灯片

按住【Ctrl】键，同时移动幻灯片到适当的位置（或者直接单击鼠标右键，使用【复制】/【粘贴】命令）。

4. 删除幻灯片

单击，选中待删除的幻灯片，按【Delete】键即可。

5. 重用幻灯片

PowerPoint 2010 比 PowerPoint 2003、PowerPoint 2007 版新增了一个功能叫作“重用幻灯片”。当用户需要重复使用某个演示文稿的某张幻灯片或幻灯片库中的某张幻灯片时，就可以通过该功能来实现，具体操作如下。

步骤 1：选择“开始”功能区中的“新建幻灯片”按钮，在展开的下拉列表中单击【重用幻灯片】命令，如图 3-13 所示。

步骤 2：在打开的“重用幻灯片”任务窗格中，单击“浏览”按钮，在展开的下拉列表中单击“浏览文件”选项，如图 3-14 所示。

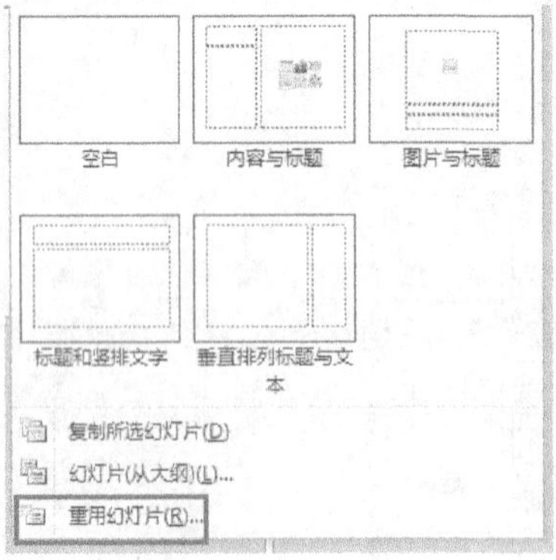

图 3-13 重用幻灯片

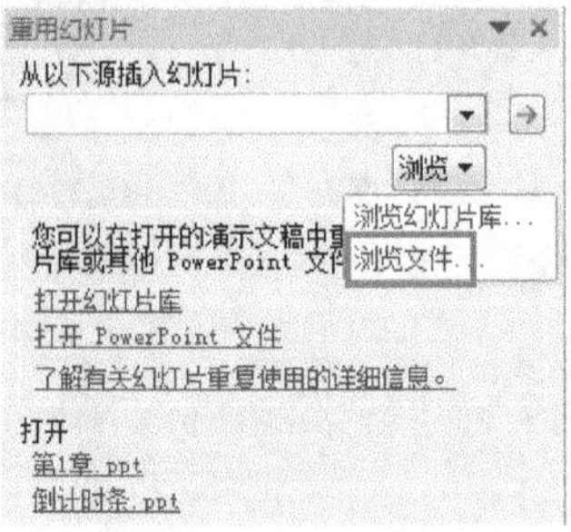

图 3-14 浏览文件

步骤 3：在弹出的“浏览”对话框中，选择要重用幻灯片的演示文稿，单击“打开”按钮，如图 3-15 所示。

步骤 4：单击“打开”按钮后，系统会自动将选定演示文稿中的幻灯片导入到当前幻灯片的“重用幻灯片”任务窗格的列表框中，如图 3-16 所示。

图 3-15　选择演示文稿

图 3-16　导入要重用幻灯片的缩略图

步骤 5：在列表框中单击需要重用的幻灯片浏览图，即可实现对选定幻灯片的重用，如图 3-17 所示。

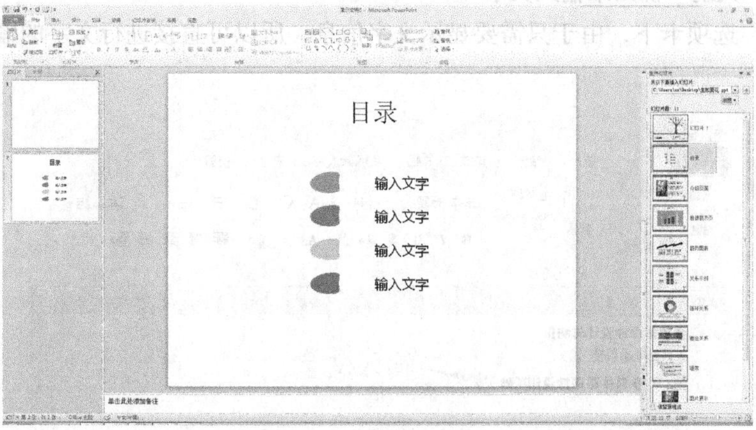

图 3-17　重用幻灯片的效果

3.4 在课件中添加教学内容

为使演示文稿具有较强的表现力，可以在PowerPoint中添加文字、图片、艺术字、影片与声音、视频等。

3.4.1 添加文字

1. 输入文字

幻灯片中需要有文字作为标题、解说或者备注等内容。将文字输入到演示文稿中的方法有多种，可以直接在占位符中输入文字，也可以利用“大纲”视图来输入文字，还可以利用“文本框”来输入文字。

（1）在占位符中输入文字

在大多数的幻灯片中都包含有占位符，占位符是一种带虚线边缘的框，它是幻灯片内容的存储空间。

步骤1：选择要输入文本的占位符，光标显示为可输入状态，如图3-18所示。

步骤2：直接在占位符内输入文字信息即可，如图3-19所示。

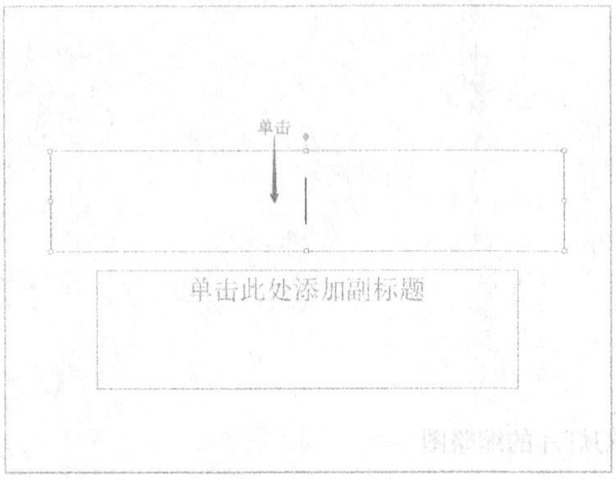

图3-18 单击占位符

图3-19 输入文字信息

（2）利用“大纲”视图来输入文字

在“大纲”选项卡下，由于只需要显示文字信息，所以可直接进行文字的输入，如图3-20所示。

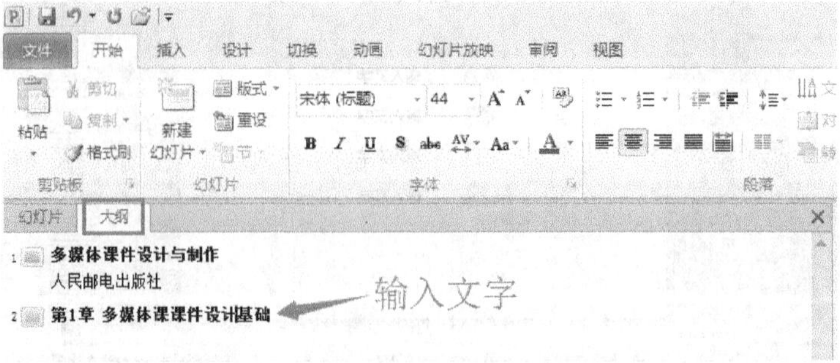

图3-20 利用“大纲”输入文字信息

（3）利用“文本框”输入文字

步骤 1：选中准备要输入文字的幻灯片。

步骤 2：选择菜单【插入】/【文本框】命令，根据需要选择“横排文本框”或“垂直文本框”，如图 3-21 所示。

图 3-21　选择“横排文本框”

步骤 3：在幻灯片中单击需要插入文字的地方，出现一个文本框。

步骤 4：选择输入法，输入文字，如图 3-22 所示。

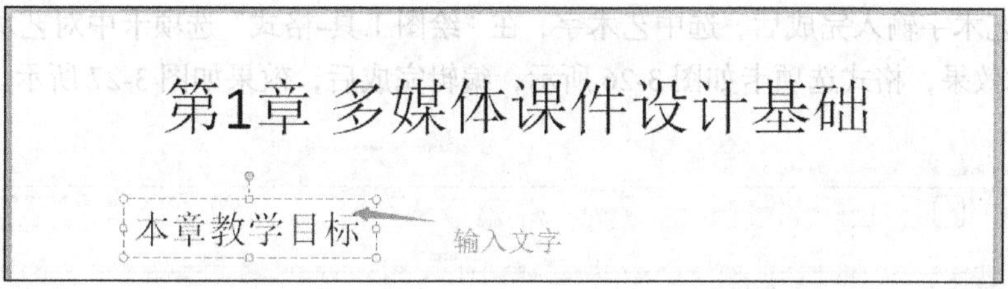

图 3-22　输入文字

2. 插入艺术字

艺术字是使用现成效果创建的文本。使用艺术字可以给文字加上弧形或圆形等特殊形状或阴影，从而产生生动的艺术效果。

步骤 1：选择【插入】/【艺术字】命令，在展开的库中选择艺术字样式，如图 3-23 所示。

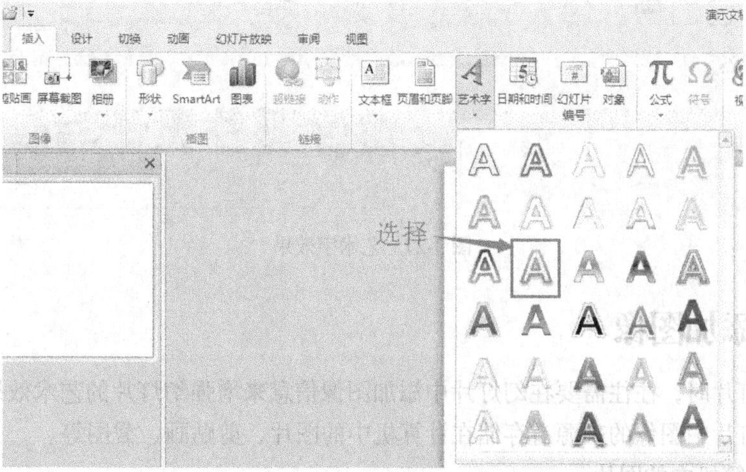

图 3-23　艺术字样式

步骤 2：此时，在幻灯片中自动插入了一个艺术字占位符“请在此放置您的文字”，如图 3-24 所示。

请在此放置您的文字

图 3-24　艺术字占位符

步骤 3：删除艺术字占位符中的原有内容，输入所需要的文字内容，如图 3-25 所示。

多媒体课件设计与制作

图 3-25　输入艺术字

步骤 4：艺术字输入完成后，选中艺术字，在“绘图工具-格式”选项卡中对艺术字进行编辑，实现相应艺术效果，格式选项卡如图 3-26 所示，编辑完成后，效果如图 3-27 所示。

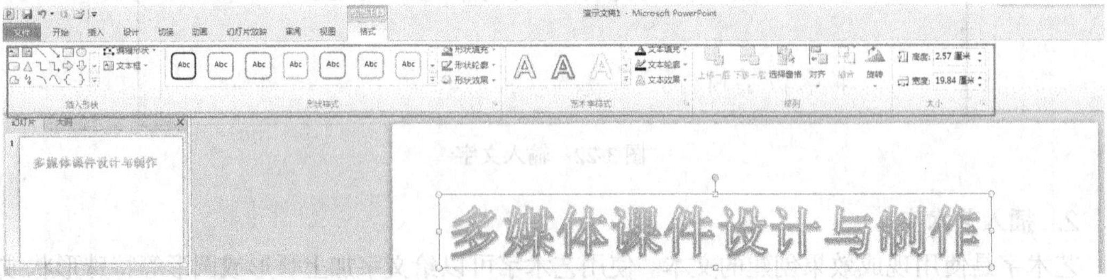
多媒体课件设计与制作

图 3-26　格式选项卡

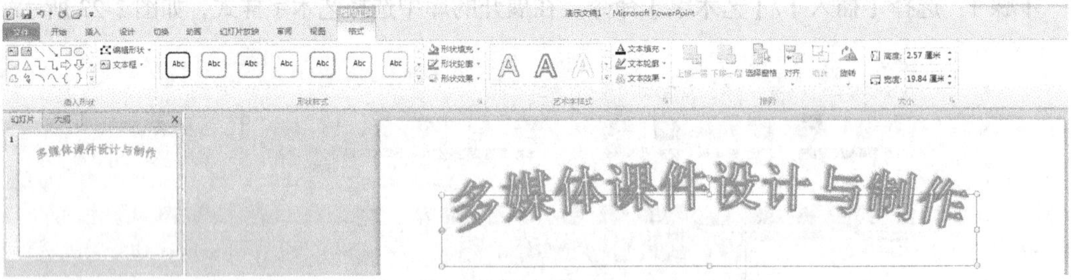
多媒体课件设计与制作

图 3-27　艺术字效果

3.4.2　添加图像

在制作幻灯片时，往往需要在幻灯片中添加图像信息来增强幻灯片的艺术效果，给读者留下深刻印象。幻灯片中图像的来源有存储在计算机中的图片、剪贴画、截图等。

1. 插入计算机中的图片

幻灯片能插入什么格式的图片呢？只要是 Office 支持的格式，都能插入到 PowerPoint 中。除常见的 BMP、WMF、JPG、TIF 等格式外，PowerPoint 还有一个新增功能，就是可以在幻灯片中插入 GIF 格式的动画图片。

步骤 1：选择【插入】/【图像】/【图片】命令，如图 3-28 所示。

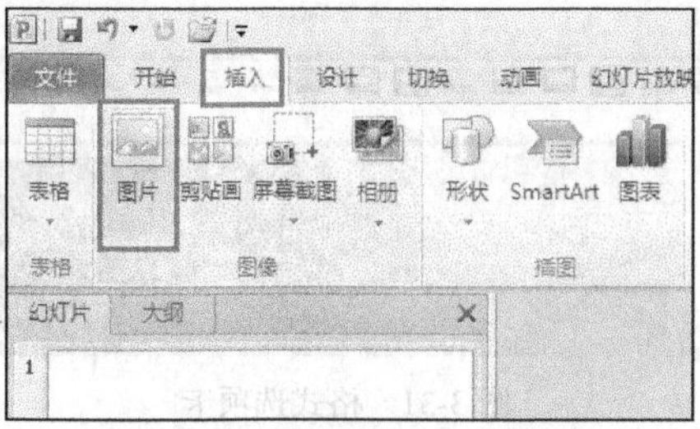

图 3-28　单击“图片”按钮

步骤 2：在弹出的“插入图片”对话框中选择要插入的图片，然后单击右下角的“插入”按钮，也可以直接双击选择的图片，如图 3-29 所示。图片被插入后，效果如图 3-30 所示。

图 3-29　选择要插入的图片

图 3-30　插入图片

步骤 3：图片被插入后，如果需要对图片进行编辑，可以在“绘图工具-格式”选项卡中进行，实现相应的效果，“格式”选项卡如图 3-31 所示，编辑完成后，效果如图 3-32 所示。

2. 插入剪贴画

剪贴画是 PowerPoint 组件中内置的一种图片，用户可以根据需要选择适当的剪贴画插入到幻灯片中。

图 3-31　格式选项卡

图 3-32　图片效果

步骤 1：选择【插入】/【图像】/【剪贴画】命令，如图 3-33 所示。

步骤 2：在弹出的“剪贴画”对话框中，输入要搜索的文字，此处输入“女孩”二字，单击“搜索”按钮，在剪贴画列表中将列出相关的图片，选择理想的剪贴画即可，如图 3-34 所示。

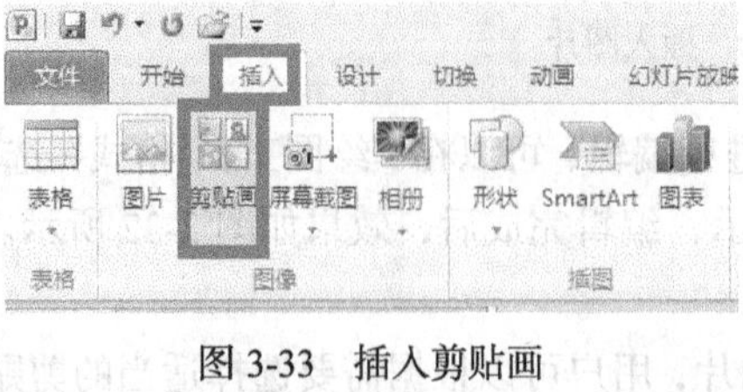

图 3-33　插入剪贴画

图 3-34　搜索剪贴画

步骤 3：在幻灯片中显示出插入的剪贴画，如图 3-35 所示。进行图片格式效果编辑，如图 3-36 所示。

图 3-35　插入剪贴画

图 3-36　剪贴画效果

3. 截取屏幕上的图像

除了以上两种插入图片的方法之外，PowerPoint 2010 还提供了另外一种插入图片的方法，即直接截取屏幕上的图像。用户可以截取当前打开的屏幕图像到幻灯片中，并且可以随意截取图像的大小和尺寸。

图 3-37　选择屏幕截图

步骤 1：选择【插入】/【图像】/【屏幕截图】/【屏幕剪辑】命令，如图 3-37 所示。

步骤 2：此时，屏幕显示为灰色，单击拖动鼠标选择要截取的区域，选中的区域会恢复正常亮度显示，选择好区域后，释放鼠标，选择的屏幕区域会以图片形式插入到所选择的幻灯片中，如图 3-38 所示。用户仍可对插入的截图进行效果编辑，编辑方法在此不再赘述。

图 3-38　插入屏幕截图

3.4.3　添加音频

PowerPoint 2010 支持多种格式的声音文件，如 mp3、wav、mid、wma、aif、au 等。可以将

外部的声音文件插入到 PowerPoint 中。这些外部声音文件，可以来自于本地的计算机，也可以自己录制。

下面介绍在演示文稿中插入声音效果的方法。

步骤 1：在菜单栏中，选择【插入】/【媒体】/【音频】/【文件中的音频】命令，如图 3-39 所示。

图 3-39　插入影片和声音

步骤 2：弹出“插入音频”对话框。在这个对话框中，寻找要插入到演示文稿中的声音文件，比如这里选择“梦的点滴.mp3”，如图 3-40 所示。

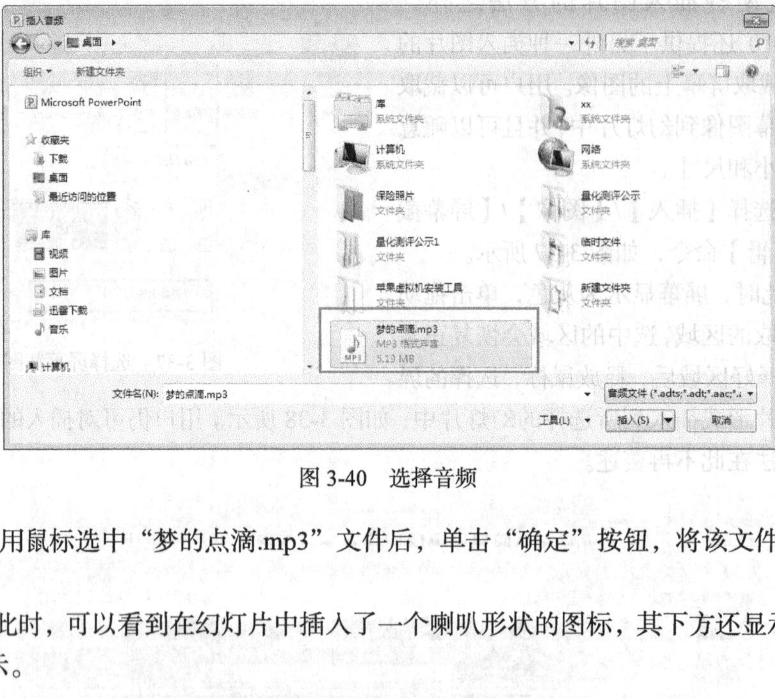

图 3-40　选择音频

步骤 3：用鼠标选中“梦的点滴.mp3”文件后，单击“确定”按钮，将该文件插入到演示文稿中。

步骤 4：此时，可以看到在幻灯片中插入了一个喇叭形状的图标，其下方还显示一个工具条，如图 3-41 所示。

图 3-41　音频插入成功

步骤 5：单击工具条中的“播放”按钮，音乐开始自动播放。单击“暂停”按钮，则停止播放。

3.4.4　添加视频

1. 插入视频

在 PowerPoint 中，可以插入多种视频文件，在演示文稿中插入视频文件的方法与插入音频文件的方法类似，在此不再赘述。

2. 插入 Flash 动画

在 PowerPoint 中嵌入 Flash 动画，可以为演示文稿加入矢量动画和互动效果，嵌入的 Flash 电影能保持功能不变，按钮仍然有效。具体操作步骤如下。

步骤 1：首先打开计算机上的 PowerPoint 2010，单击“自定义快速访问工具栏”中的扩展按钮，选择“其他命令”进入 PowerPoint 选项，如图 3-42 所示。

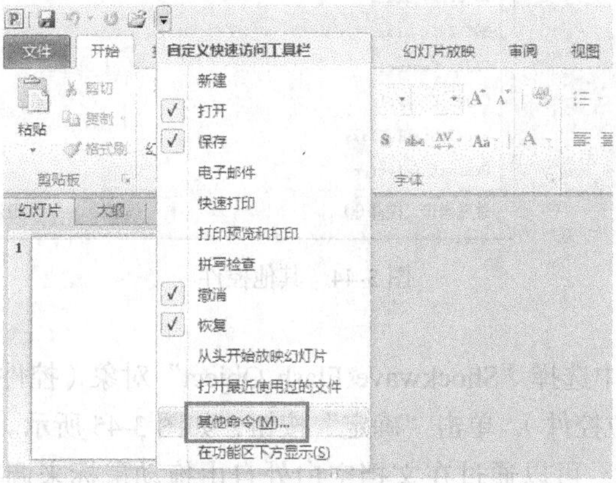

图 3-42　其他命令

步骤 2：选择“自定义功能区”，在右侧勾选“开发工具”，单击“确定”按钮，如图 3-43 所示。

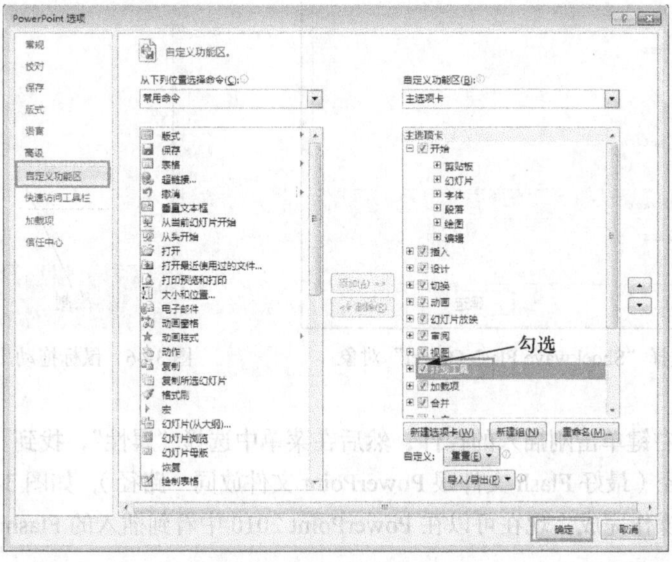

图 3-43　PowerPoint 选项设置

步骤 3：选择“开发工具”，单击“其他控件”，进入“其他控件对话框”，如图 3-44 所示。

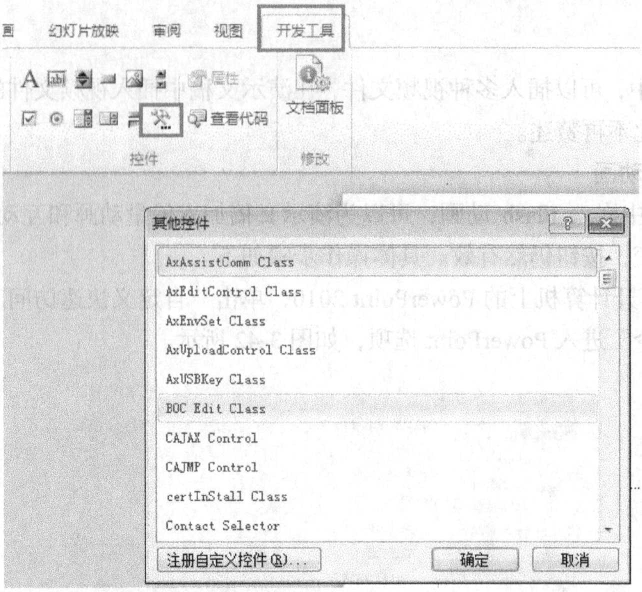

图 3-44　其他控件

步骤 4：在控件列表中选择“Shockwave Flash Object”对象（控件列表内容很多，用户可以按键盘“s”键，快速定位控件），单击“确定”按钮，如图 3-45 所示。

步骤 5：控件插入后，可以通过在文档空白处自由拖动鼠标来调整 Flash 控件的大小，如图 3-46 所示。

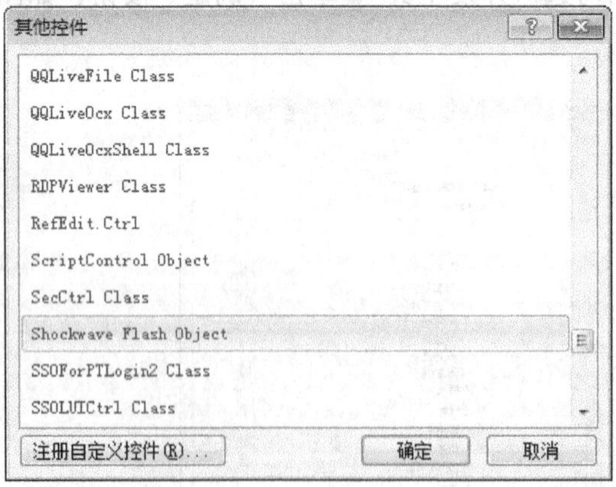

图 3-45　选择“Shockwave Flash Object”对象

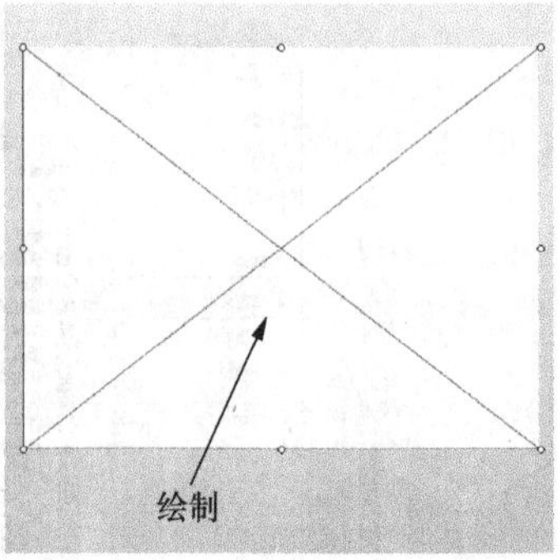

图 3-46　鼠标拖动出视频播放的窗口

步骤 6：鼠标右键单击刚插入的控件，然后在菜单中选择“属性”，找到“Movie”项，输入要插入 Flash 的路径（最好 Flash 文件跟 PowerPoint 文件放同一路径），如图 3-47 所示。

步骤 7：整个操作完成，现在可以在 PowerPoint 2010 中看到插入的 Flash 动画了，如图 3-48 所示。

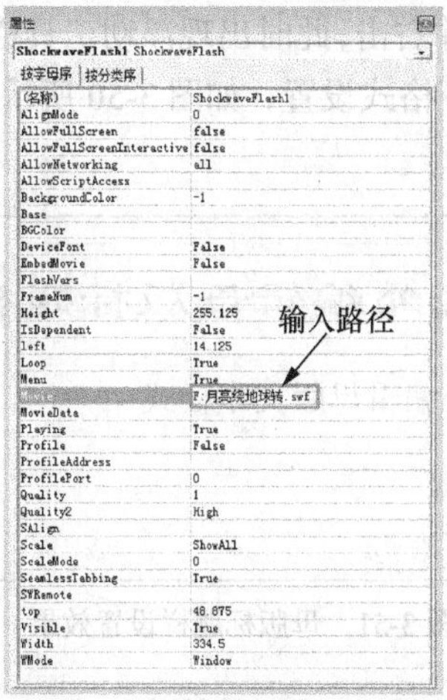

图 3-47　输入视频播放的路径

图 3-48　播放 Flash 动画

3.5　课件的美化

在 PowerPoint 中，制作完成的课件还可以通过多种方式来进行美化，比如，使用母版使幻灯片具有统一的风格；通过背景设置，使幻灯片具有统一的布局；配色方案可以为幻灯片着色；主题设计可以使幻灯片具有完整、专业的外观。

3.5.1　使用母版

所谓“母版”就是一种特殊的幻灯片，它包含了幻灯片文本和页脚（如日期、时间和幻灯片编号）等占位符，这些占位符控制了幻灯片的字体、字号、颜色（包括背景色）、阴影和项目符号、样式等版式要素。

母版通常包括幻灯片母版、讲义母版、备注母版 3 种形式。下面，我们就来看看“幻灯片母版”是如何操作的。

幻灯片母版通常用来统一整个演示文稿的幻灯片格式，一旦修改了幻灯片母版，则所有采用这一母版建立的幻灯片格式也随之发生改变。母版的设置步骤如下。

步骤 1：启动 PowerPoint 2010，新建一个空白演示文稿。

步骤 2：执行【视图】/【母版视图】/【幻灯片母版】命令，进入“幻灯片母版视图”状态，母版中的各个区域如图 3-49 所示。

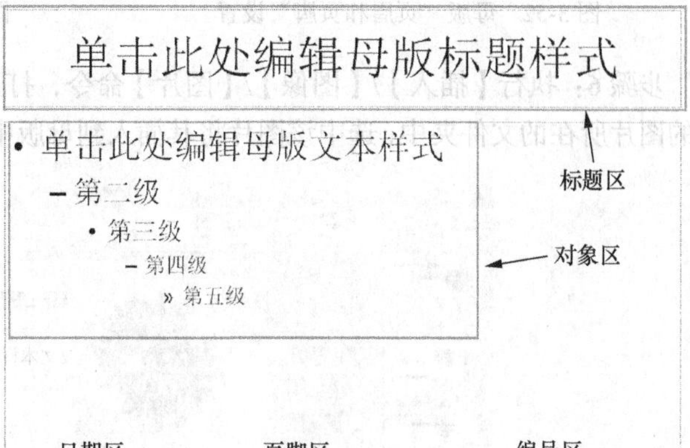

图 3-49　幻灯片母版

步骤 3：选择第 1 张幻灯片母版，然后选择标题占位符并右击，此时出现浮动工具栏。选择“字体”选项，打开“字体”对话框，进行字体、字号、颜色等格式设置，如图 3-50 所示，设置完成后效果如图 3-51 所示。

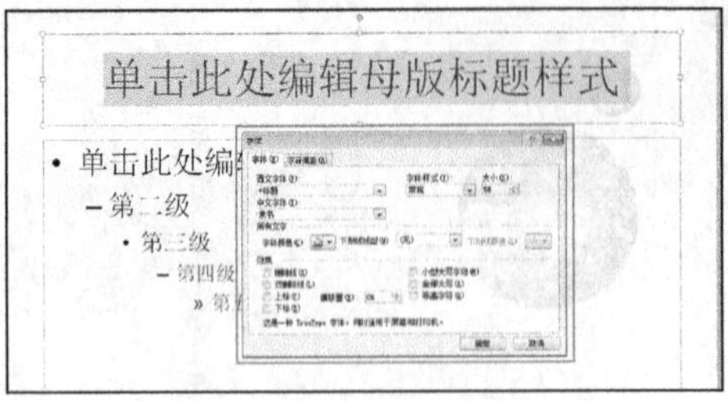

图 3-50　母版标题栏设置

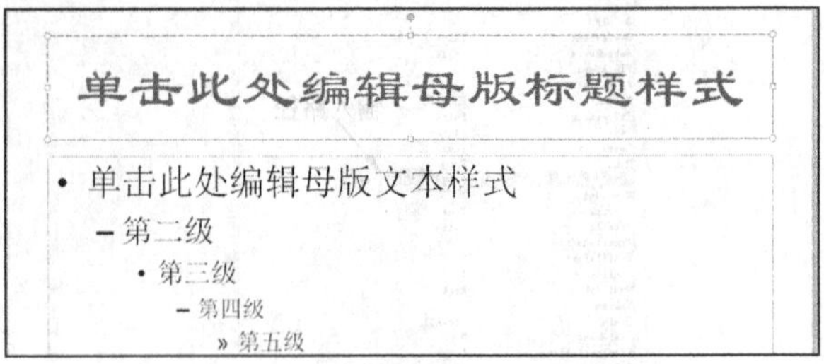

图 3-51　母版标题栏设置效果

步骤 4：同理，按照步骤 3，对母版的文本字体进行设置，这里不再赘述。

步骤 5：执行【插入】/【页眉和页脚】命令，打开“页眉和页脚”对话框，切换到“幻灯片”标签下，即可对日期区、页脚区、数字区进行格式化设置，如图 3-52 所示，设置完成后效果如图 3-53 所示。

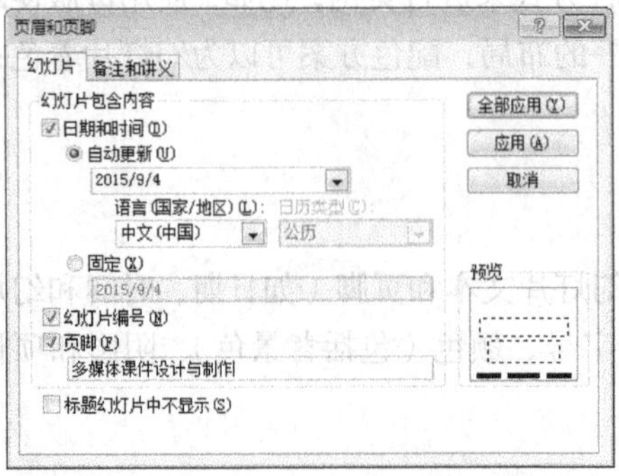

图 3-52　母版“页眉和页脚”设置

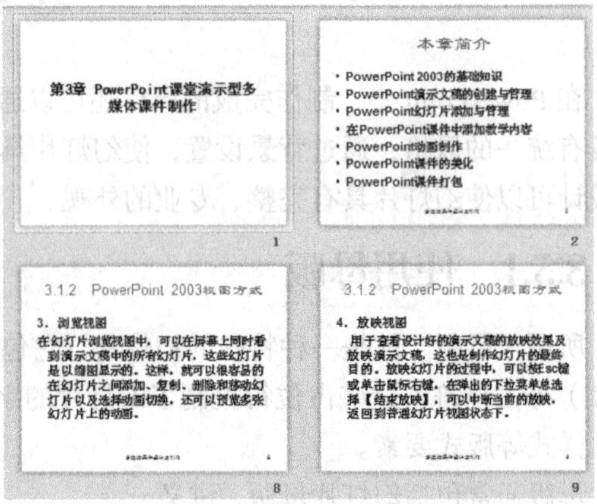

图 3-53　母版“页眉和页脚”设置效果

步骤 6：执行【插入】/【图像】/【图片】命令，打开“插入图片”对话框，定位到事先准备好的图片所在的文件夹中，选中该图片将其插入到母版中，并放置在合适的位置，如图 3-54 所示。

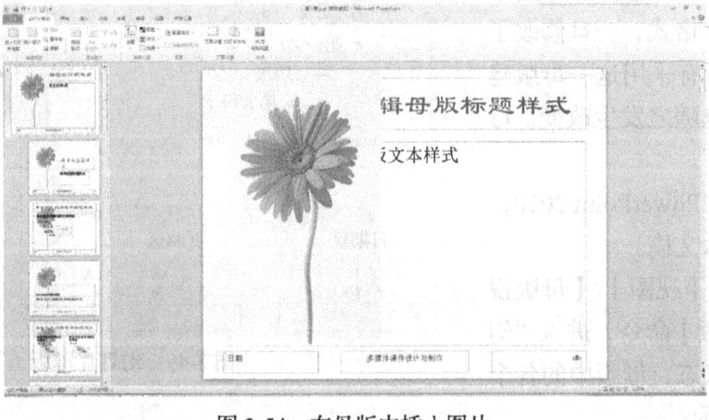

图 3-54　在母版中插入图片

步骤 7：全部设置完成后，单击“幻灯片母版视图”功能区中的“关闭母版视图”按钮退出，幻灯片母版制作完成，效果如图 3-55 所示。

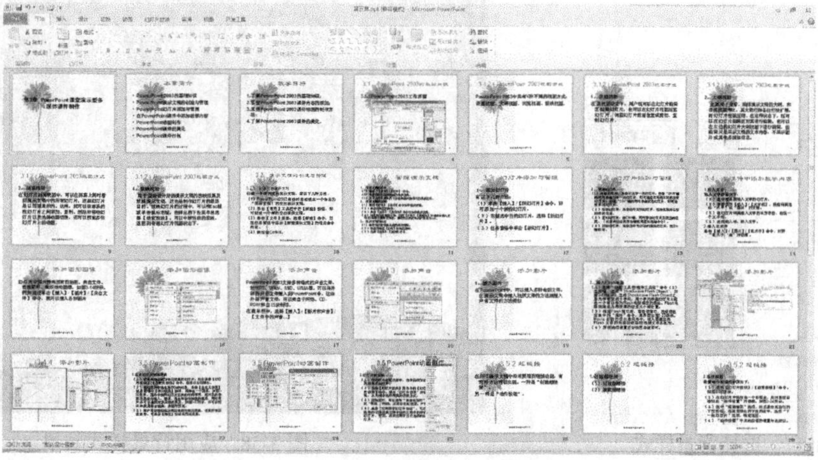

图 3-55 设置好的母版效果

多媒体课件设计与制作

专家点拨：母版与主题的区别

母版是一类特殊的幻灯片，它能控制基于它的所有幻灯片，对母版的任何修改会体现在很多幻灯片上，所以每张幻灯片的相同内容往往用母版来做，以提高效率；而主题是演示文稿中的特殊一类，它主要用于提供文稿的格式、配色方案、母版样式及产生特效的字体样式等，应用设计主题可以快速生成风格统一的演示文稿。

3.5.2 幻灯片的背景设置

幻灯片的背景指的是幻灯片的底色，PowerPoint 默认的幻灯片背景为白色。为了提高演示文稿的可视性，我们往往要改变幻灯片的背景，PowerPoint 2010 提供了两种设置背景的方法，一种是直接应用内置的背景样式；另一种是自定义背景样式。

1. 应用背景样式

背景样式是系统内置的一种背景效果，它包括深色和浅色两种背景，背景样式会随着用户当前所选择的主题样式的变化而变化。下面就来介绍如何应用背景样式。

步骤 1：新建一空白演示文稿，任意选择一种主题样式，查看幻灯片最初的背景效果，如图 3-56 所示。

步骤 2：在“设计”选项卡中单击“背景样式”按钮，从展开的库中选择任意一种给出的背景样式，如图 3-57 所示。

图 3-56 幻灯片最初的背景效果

步骤 3：此时，幻灯片已应用了所选择的背景样式，效果如图 3-58 所示。

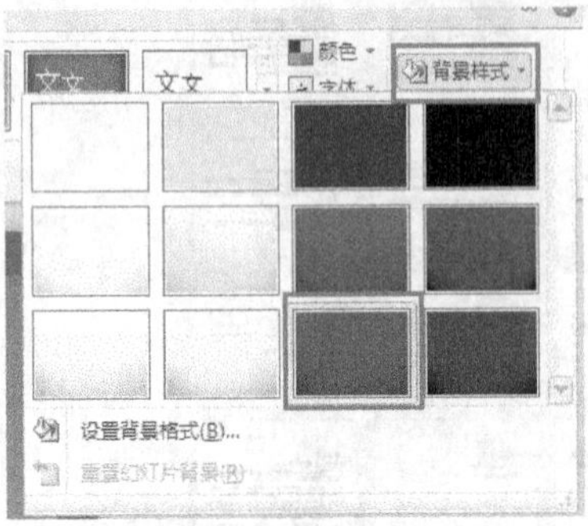

图 3-57　选择背景样式

图 3-58　应用背景样式效果

2. 自定义幻灯片背景

自定义幻灯片背景是用户在不满意预置的背景样式情况下进行的，自定义幻灯片背景可以采用 4 种方式：纯色填充、渐变填充、图案填充以及图片或纹理填充。

选择【设计】/【背景样式】/【设置背景格式】命令，如图 3-59 所示，打开“设置背景格式”对话框，如图 3-60 所示。对话框中给出了自定义设置背景的 4 种填充方式，用户可根据需要选择一种填充方式进行背景设置，操作步骤在此不再赘述。

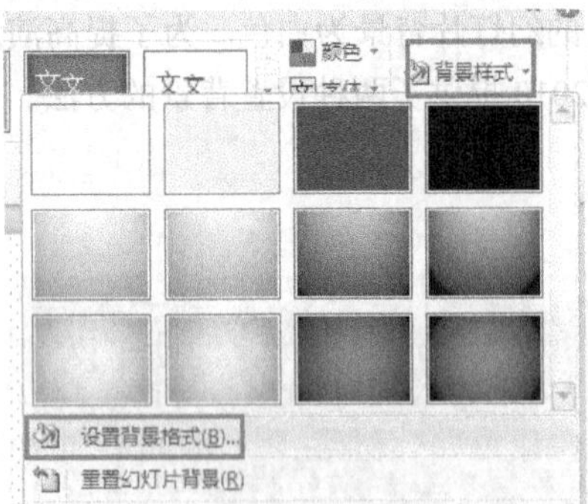

图 3-59　选择“设置背景格式”

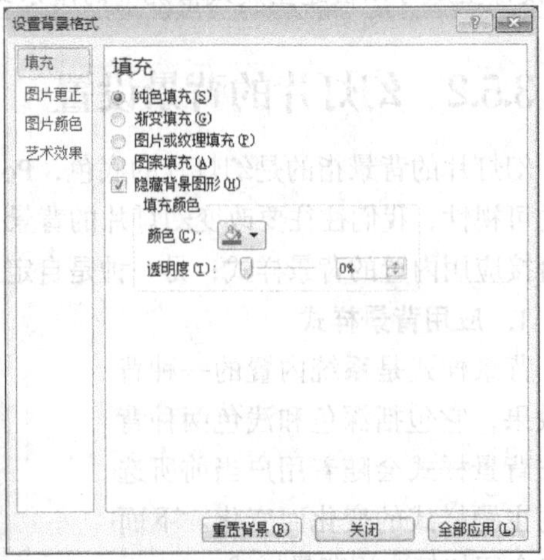

图 3-60　“设置背景格式”对话框

3.5.3　幻灯片的主题

使用 PowerPoint 2010 创建演示文稿的时候，可以通过使用主题功能来快速美化和统一每一张幻灯片的风格。主题的设置方法如下。

步骤 1：打开演示文稿，选择“设计”选项卡中的“主题”，打开“所有主题”对话框，如图 3-61 所示，从中选择某一主题即可，效果如图 3-62 所示。

图 3-61　“所有主题”对话框

图 3-62　应用主题

步骤 2：如果想使用提供主题之外的存储在本机中的其他主题，则可以单击“所有主题”中的“浏览主题”按钮，如图 3-63 所示。会弹出图 3-64 所示对话框，可在对话框中选择一种设计主题，选好后单击“应用”按钮，新主题即可应用在当前演示文稿的所有幻灯片中，效果如图 3-65 所示。

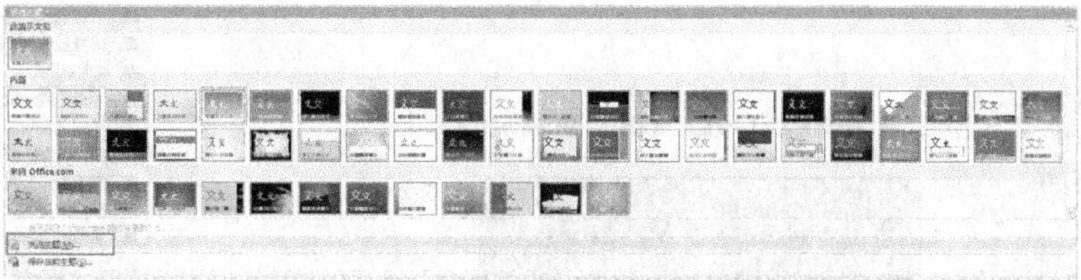

图 3-63　浏览主题

图 3-64　“浏览主题”对话框

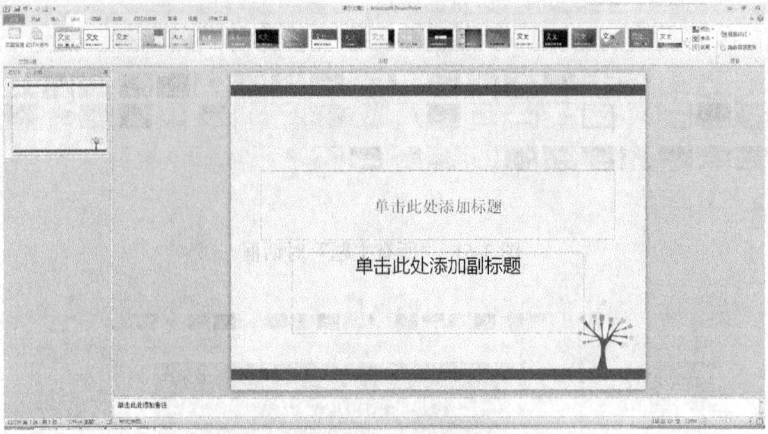

图 3-65　应用新主题

3.5.4　幻灯片主题的配色方案

幻灯片主题的配色方案中包括幻灯片的背景、文本和线条、阴影、标题文本、填充、强调文字、强调和超级链接、强调和尾随超级链接等 8 项对象的颜色。配色方案的调整操作如下。

步骤 1：打开演示文稿，选定要调整配色方案的那张幻灯片，如图 3-66 所示。

步骤 2：选择【设计】/【颜色】命令，打开“内置”对话框，这里选择“穿越”配色方案，如图 3-67 所示。

图 3-66　“设置背景格式”对话框

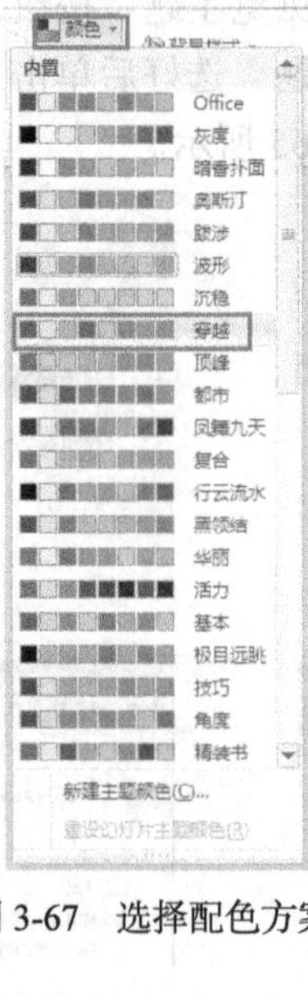

图 3-67　选择配色方案

步骤 3：选定好配色方案后，当前幻灯片的配色方案就改变为所选定的方案，如图 3-68 所示。

步骤 4：如果用户对内置的配色方案不满意，则可以自定义主题的配色方案，选择“内置”中的“新建主题颜色”，如图 3-69 所示，打开“新建主题颜色”对话框，对各个属性进行相应设置，保存后即可应用，如图 3-70 所示。

步骤 5：保存后的主题颜色会显示在“颜色”中的“自定义”颜色里，可为其他演示文稿所应用，如图 3-71 所示。

图 3-68　应用配色方案

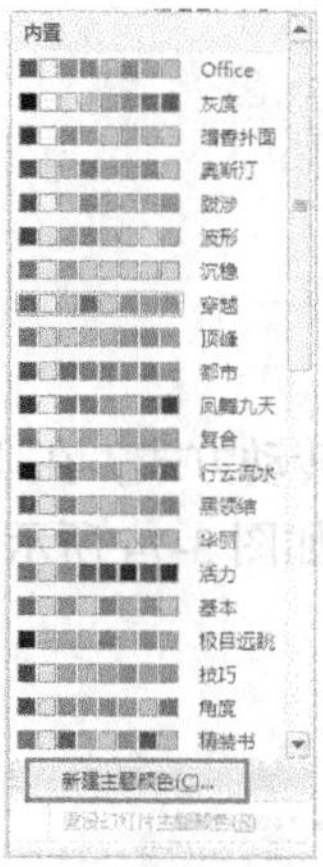

图 3-69　新建主题颜色

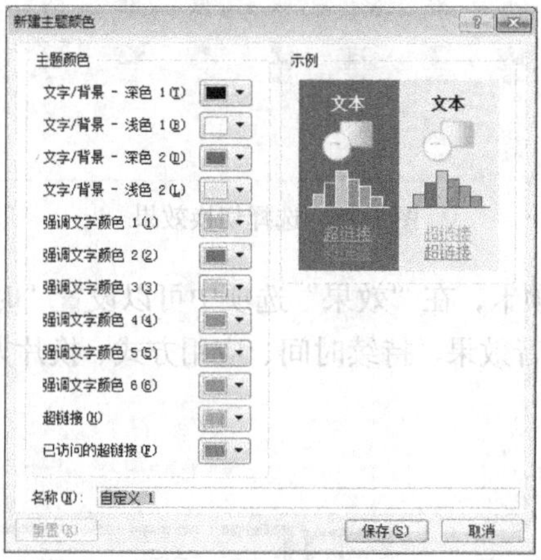

图 3-70　“新建主题颜色”对话框

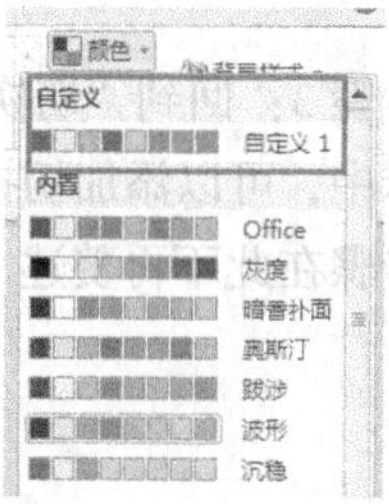

图 3-71　保存主题颜色

3.6　PowerPoint 动画制作

带有动画效果的幻灯片可以让演示文稿更加生动活泼，可以控制信息演示流程，并重点突出最关键的数据。

3.6.1　演示文稿的动画设置

在 PowerPoint 中用户可以设置出丰富多彩的动画效果，主要有两类动画形式，一种是幻灯片的切换效果，第二种是为幻灯片中的对象添加动画。

1. 添加切换效果

当完成演示文稿的创建后，用户可以为演示文稿中的幻灯片添加切换效果，实现从一张幻灯片到另一张幻灯片的动态转换，让演示文稿中的幻灯片更加连贯。添加幻灯片切换效果时可以设置自动切换，也可以设置切换时的声音。具体操作步骤如下。

步骤 1：打开演示文稿，选中要添加切换效果的幻灯片，然后在“切换”选项卡中单击“切换到此幻灯片”组块的下拉按钮，如图 3-72 所示。

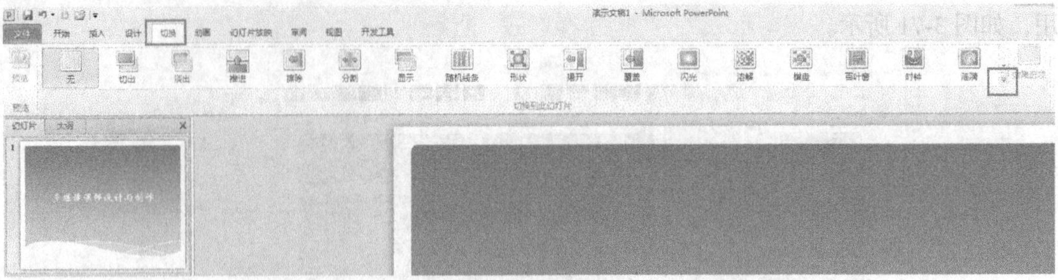

图 3-72 查看切换效果

步骤 2：在展开的切换效果库中选择需要的切换方式，这里选择“时钟”效果，如图 3-73 所示。

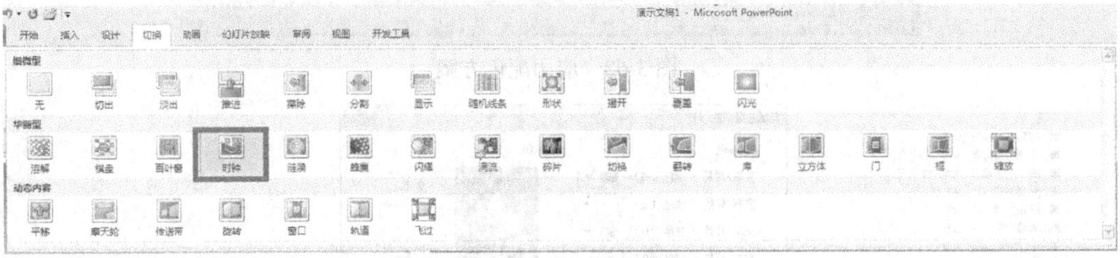

图 3-73 选择切换效果

步骤 3：回到“切换”选项卡，在“效果”选项中可以设置“时钟”的转动方式，在“计时”选项卡中，可以添加切换的声音效果、持续时间、应用方式、换片方式等，如图 3-74 所示。具体设置步骤在此不再赘述。

图 3-74 设置其他属性

2. 为幻灯片中的对象添加动画

除了为每张幻灯片添加切换效果之外，还可以为每张幻灯片中的不同对象添加动画效果，就是使幻灯片中的每个对象不是一次全部显示，而是按照某种规律，以动画的方式逐个显示。

在 PowerPoint 2010 中为用户提供了 4 种动画效果，分别是进入动画、强调动画、退出动画和动作路径动画，下面以“添加进入动画”为例来介绍为对象添加动画的操作步骤。

步骤 1：打开演示文稿，选中第 1 章幻灯片中的标题所在的文本框（选中文本框就相当于选中了文本框中的对象），如图 3-75 所示。

步骤 2：在“动画”选项卡中单击“动画”组块下拉按钮，如图 3-76 所示，即可展开更多的预设动画效果。

步骤 3：在展开的库中可以看到许多预设的动画效果，在这里选择“进入”选项组中的“飞入”效果，如图 3-77 所示。

步骤 4：可以为已经添加的动画效果进行其他效果设置，单击“动画”选项卡右下角的“显示其他效果选项”按钮，如图 3-78 所示。打开“飞入”的效果选项，如图 3-79 所示，在该效果选项中，可以对动画的“效果”“计时”“正文文本动画”3 个选项进行相关设置。

图 3-75 选中文本框

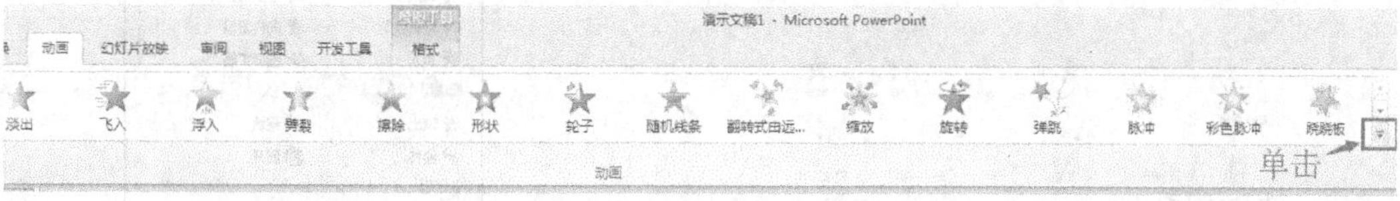

图 3-76 展开更多的动画效果

图 3-77 选择“飞入”效果

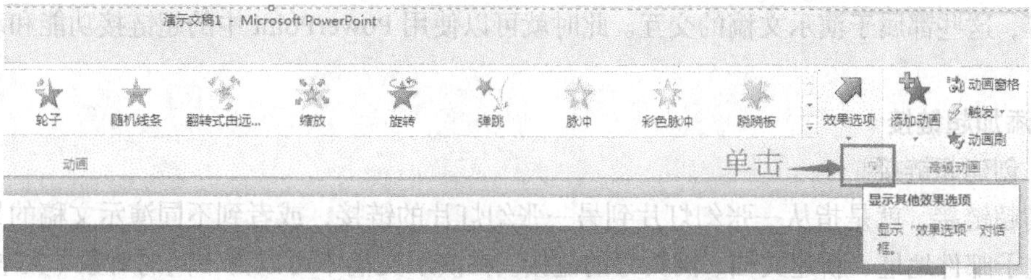

图 3-78 单击“其他效果选项”按钮

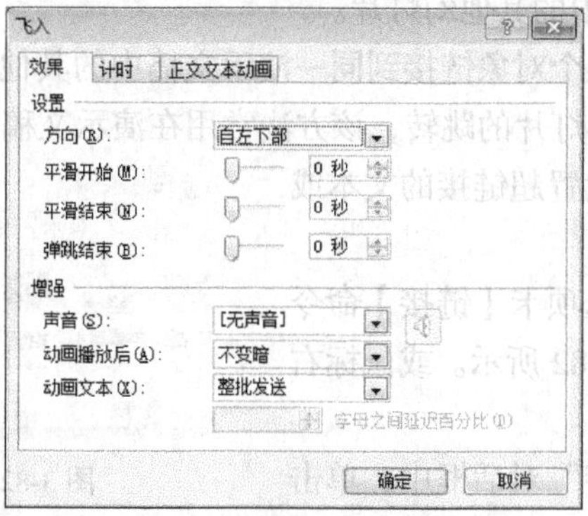

图 3-79 “飞入”效果选项

多媒体课件设计与制作

专家点拨：关于“其他效果选项”

“其他效果选项”是对已经选择的动画进行更高级的效果设置，选择的动画方式不同，打开的相应效果选项的具体设置类别也不同。

步骤 5：若需要选择更多的进入效果，则可在展开的动画库中单击“更多进入效果”选项，如图 3-80 所示。打开“更多进入效果”对话框，如图 3-81 所示，从中选择某一种进入效果即可。

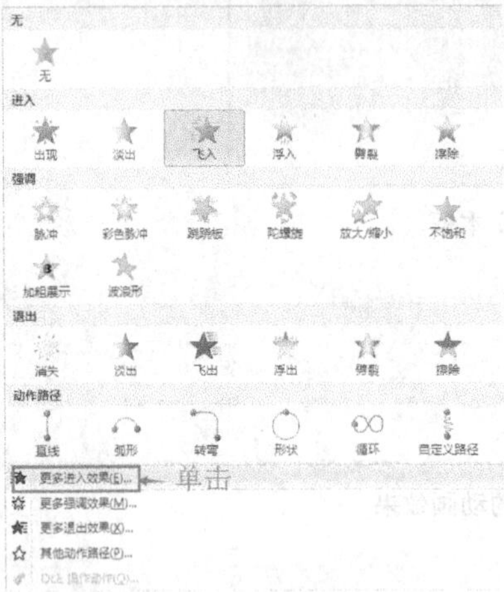

图 3-80　选择“更多进入效果”选项

图 3-81　“更多进入效果”对话框

3.6.2　演示文稿的交互设置

用户在创建演示文稿时，有时会根据内容跳转到特定的幻灯片，或者引用另外一个演示文稿的内容等，这些都属于演示文稿的交互。此时就可以使用 PowerPoint 中的超链接功能和动作按钮来实现。

1．添加超链接

（1）创建超链接

所谓超链接，就是指从一张幻灯片到另一张幻灯片的链接，或者到不同演示文稿的另一张幻灯片、电子邮件地址、新建文档、网页等的链接。在演示文稿中可以为不同的对象（文本、图片、图形等）添加超链接，从而实现演示文稿的交互式放映。

① 链接到同一演示文稿中的其他幻灯片。

就是将一张幻灯片中的某个对象链接到同一演示文稿中的其他幻灯片中，实现同一演示文稿中从一张幻灯片到另外一张幻灯片的跳转，该方法常用在演示文稿的目录页面中。

步骤 1：选择希望用于设置超链接的文本或对象。

步骤 2：选择“插入”选项卡【链接】命令中的【超链接】命令，如图 3-82 所示。或鼠标右键选择【超链接】命令。

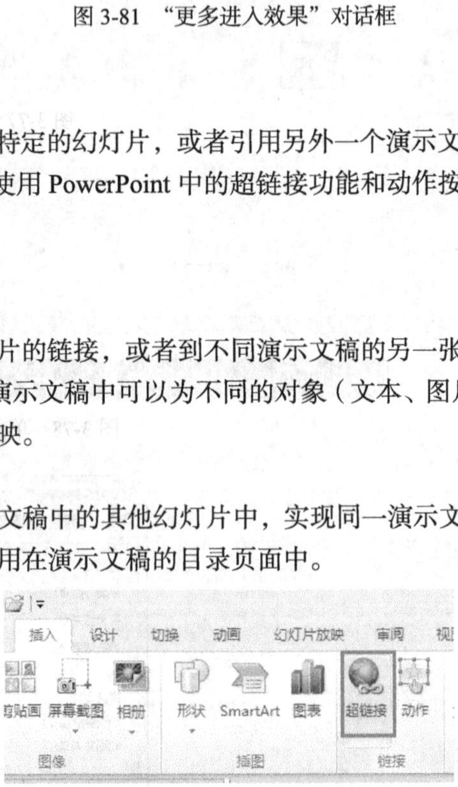

图 3-82　选择“超链接”命令

步骤 3：在“插入超链接”对话框中，单击“本文档中的位置”选项，在列表中选择希望看到的幻灯片，如图 3-83 所示。

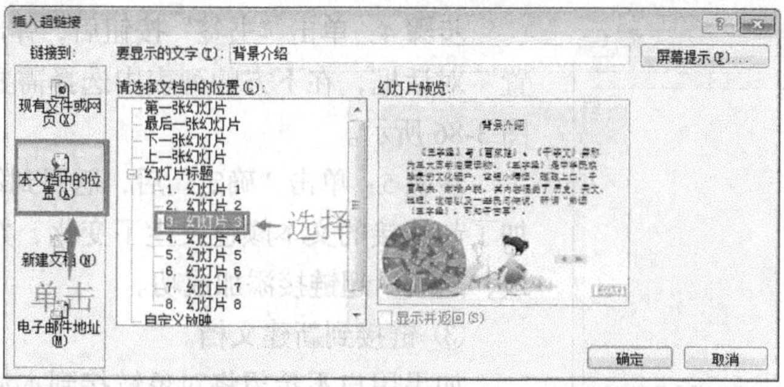

图 3-83　插入本文档中的超链接

步骤 4：单击“确定”后，返回到幻灯片中，会看到添加了超链接的文本颜色发生了变化，并且添加了一条下划线，这表示超链接添加成功，如图 3-84 所示。

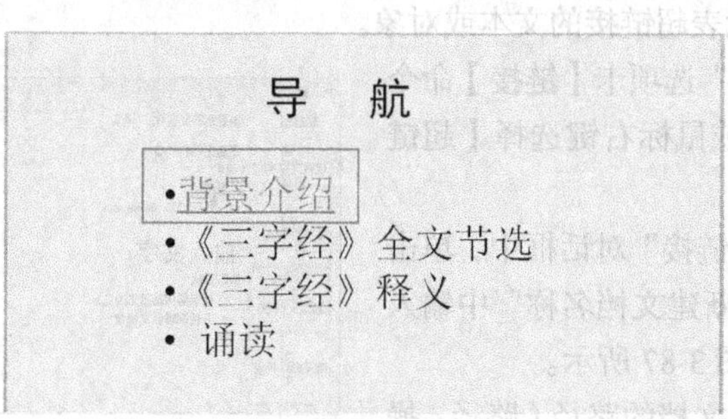

图 3-84　添加超链接成功

步骤 5：切换到放映视图，当鼠标置于有超链接的文本上时，鼠标变为手形，单击即可链接到指定幻灯片。

② 链接到其他演示文稿中的幻灯片。

链接到其他演示文稿中的幻灯片是指在创建超链接时，将演示文稿中的对象链接到另外一个演示文稿中的幻灯片。

步骤 1：选择希望用于设置超链接的文本或对象。

步骤 2：选择“插入”选项卡【链接】命令中的【超链接】命令，或鼠标右键选择【超链接】命令。

步骤 3：在“插入超链接”对话框中，单击“现有文件或网页”选项，在列表中选择要链接的演示文稿，然后单击右侧的“书签”按钮，如图 3-85 所示。

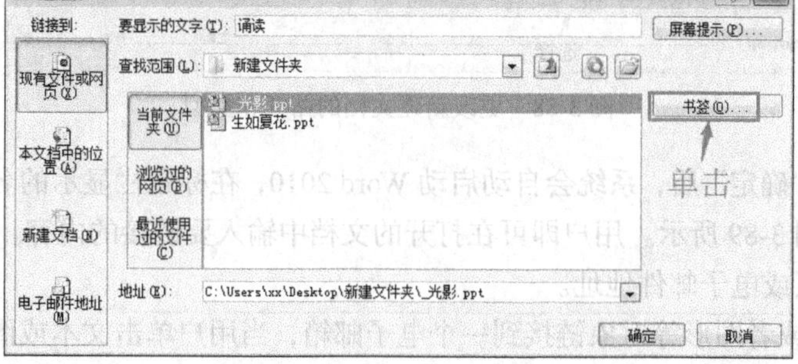

图 3-85　插入文本超链接

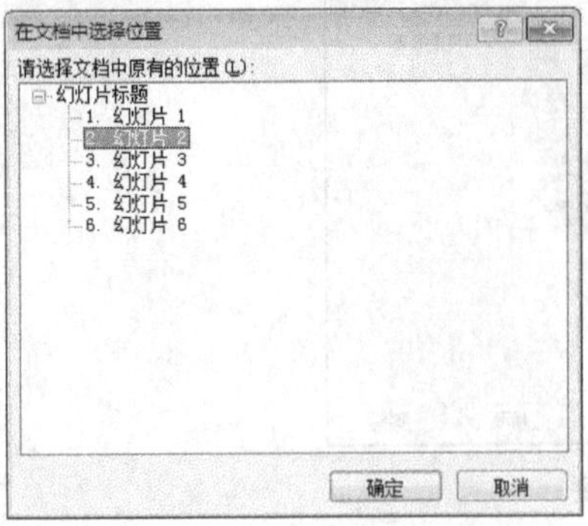

图 3-86　选择要链接到的幻灯片

步骤 4：单击“书签”按钮后，弹出“在文档中选择位置”对话框，在下方的列表中选择需要的幻灯片即可，如图 3-86 所示。

步骤 5：单击“确定”后，返回到幻灯片中，会看到添加了超链接的文本颜色发生了变化，并且添加了一条下划线，这表示超链接添加成功。

③ 链接到新建文档。

如果用户不希望将对象链接到本演示文稿或其他演示文稿，而是希望将其链接到新建的 Word 或 Excel 文档中，则可以使用链接到新建文档功能，并且可以对链接到的新建文档进行编辑。

步骤 1：选择用于代表超链接的文本或对象。

步骤 2：选择“插入”选项卡【链接】命令中的【超链接】命令，或鼠标右键选择【超链接】命令。

步骤 3：在“插入超链接”对话框中，单击“新建文档”选项，在“新建文档名称”中输入要新建文档的名称，如图 3-87 所示。

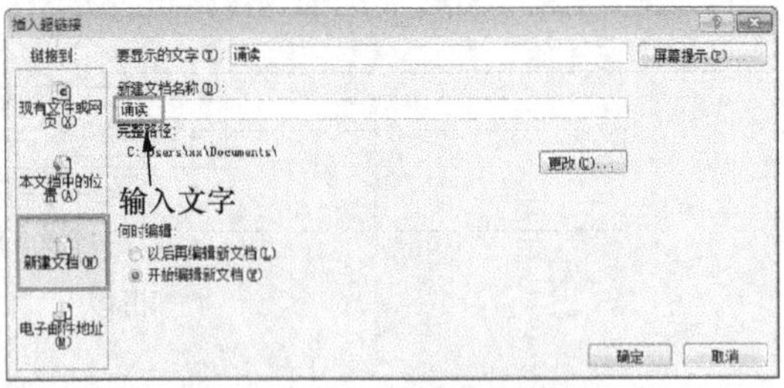

图 3-87　输入新建文档的名称

步骤 4：若要更改新文档的路径（路径：操作系统用来定位文件夹或文件的路径，例如 C:\House finances\March.doc），单击“更改”按钮，打开“新建文档”对话框，选择保存路径和文件类型，单击“确定”即可，如图 3-88 所示。

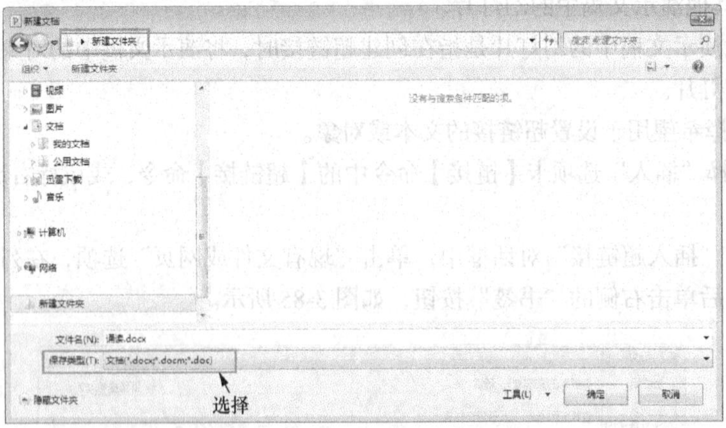

图 3-88　更改新建文档的路径和类型

步骤 5：单击“确定”后，系统会自动启动 Word 2010，在标题栏显示的名称即为新建文档的名称“诵读”，如图 3-89 所示。用户即可在打开的文档中输入要链接的内容。

④ 链接到网页或电子邮件地址。

若用户将文本或者图形等对象链接到一个电子邮箱，当用户单击文本或图形等对象时，即可快速地打开电子邮件窗口，并将链接到的地址作为发送地址。

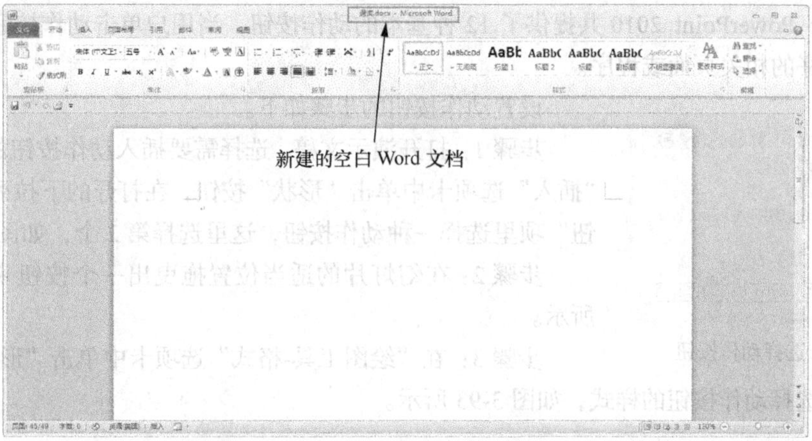

图 3-89　新建的文档

步骤 1：选择用于代表超链接的文本或对象。

步骤 2：选择“插入”选项卡【链接】命令中的【超链接】命令，或鼠标右键选择【超链接】命令。

步骤 3：在“插入超链接”对话框中，单击“电子邮件地址”选项，在“电子邮件地址”栏中输入所需的电子邮件地址，或者在“最近用过的电子邮件地址”栏中选取所需的电子邮件地址，在“主题”栏中，输入电子邮件消息的主题，如图 3-90 所示。

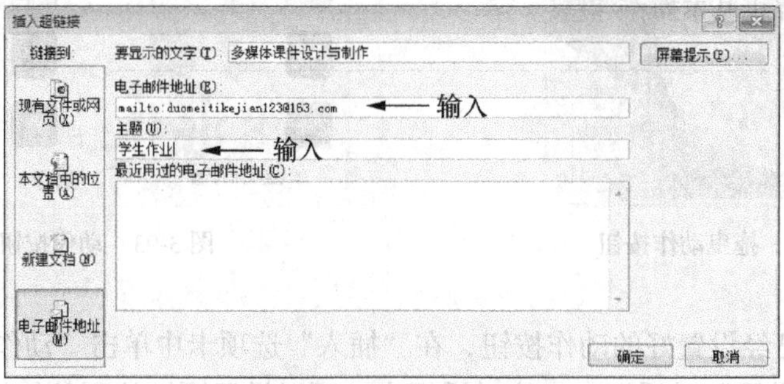

图 3-90　电子邮件地址

步骤 4：单击“确定”按钮即可完成电子邮件的链接。

多媒体课件设计与制作

专家点拨：计算机上必须已安装演示文稿正在查看的关联的电子邮件程序才能浏览电子邮件。如果事先没有安装，在点开链接后系统会给出相应提示，根据提示进行相关操作即可。

（2）编辑超链接

① 编辑超链接：鼠标指针指向已经链接好的“超链接”，单击鼠标右键，在弹出快捷菜单中选择【编辑超链接】命令，弹出“编辑超链接”对话框，可对超链接进行编辑。

② 取消超链接：将鼠标指针指向已经链接好的“超链接”，单击鼠标右键，在弹出快捷菜单中选择【取消超链接】命令，此时即可取消已经链接好的“超链接”。

2. 添加动作按钮

在 PowerPoint 2010 里，不仅可以使用超链接来实现幻灯片之间的跳转，还可以通过动作按钮来实现该功能。比如使用动作按钮可以在幻灯片间进行任意跳转，或者打开相应程序、播放声音、播放视频等。PowerPoint 2010 共提供了 12 种基本的动作按钮，当用户单击动作按钮时，就可以跳转到设置好的相关页面或程序。

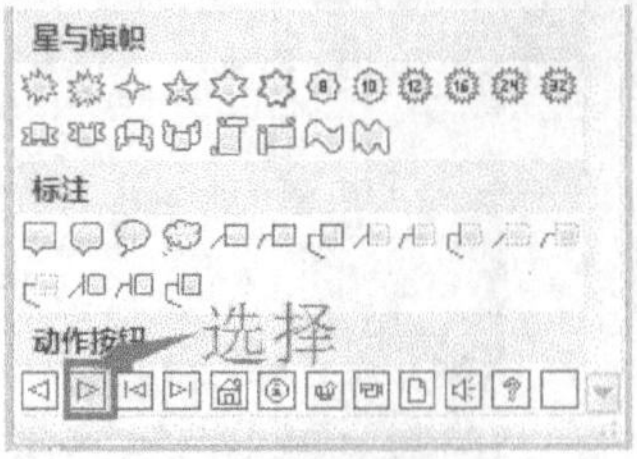

图 3-91　选择动作按钮

设置动作按钮的步骤如下。

步骤 1：打开演示文稿，选择需要插入动作按钮的幻灯片，在“插入”选项卡中单击“形状”按钮，在打开的下拉列表“动作按钮”项里选择一种动作按钮，这里选择第 2 个，如图 3-91 所示。

步骤 2：在幻灯片的适当位置拖曳出一个按钮来，如图 3-92 所示。

步骤 3：在“绘图工具-格式”选项卡中单击“形状样式”，在展开的库中选择动作按钮的样式，如图 3-93 所示。

图 3-92　拖曳动作按钮

图 3-93　动作按钮样式

步骤 4：选择已经设置好的动作按钮，在“插入”选项卡中单击“动作”按钮，如图 3-94 所示，弹出“动画设置”对话框。在该对话框中，可以设置要链接到的幻灯片的具体位置，也可以设置播放时的声音，如图 3-95 所示，设置完成后单击“确定”按钮即可完成对动作按钮的设置。

步骤 5：“动作按钮”中其他按钮的设置与此类似，不再赘述。

图 3-94　点击动作按钮

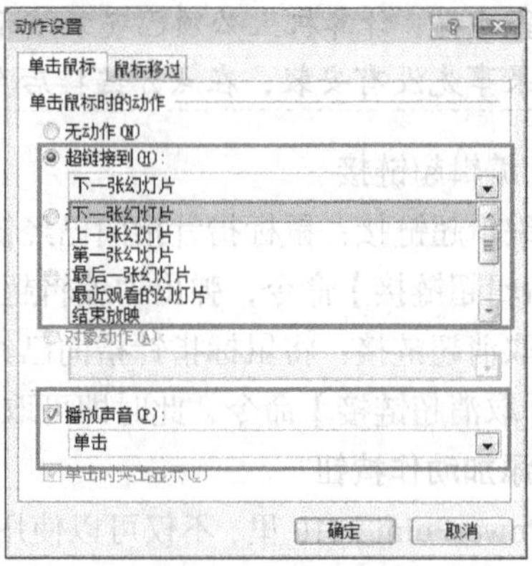

图 3-95　动作设置

3.7　演示文稿的放映与打包

3.7.1　演示文稿的放映

演示文稿的放映就是演示文稿中的幻灯片以全屏视图方式进行播放。在放映幻灯片之前，首先需要设置幻灯片的放映方式，包括选择放映的类型、更改放映选项、设置换片方式等。准备工作完成后，就可以开始放映幻灯片了，幻灯片的放映方式包括多种，可以从头开始播放，也可以从当前幻灯片开始放映，还可以自定义放映，还可以采用广播幻灯片的方式放映。这些放映前和放映中的具体设置，可以通过“幻灯片放映”选项卡中的“设置”和“开始放映幻灯片”来实现，如图 3-96 所示，用户可根据需要和操作提示进行相应设置。

图 3-96　“幻灯片放映”选项卡

多媒体课件设计与制作

专家点拨：如何终止演示文稿的放映？

方法 1：按【Esc】键；

方法 2：放映过程中单击鼠标右键，选择“结束放映”；

方法 3：放映过程中单击屏幕左下方的按钮，选择“结束放映”。

3.7.2　演示文稿的打包

PowerPoint 演示文稿制作完成后，往往不是在同一台计算机上播放，如果仅仅将制作好的 PowerPoint 演示文稿复制到另一台计算机上，而该机又未安装 PowerPoint 应用程序，或是 PowerPoint 程序版本不一致，或是屏幕分辨率不同，或是文档中使用的链接文件或 TrueType 字体在该机上不存在，则无法保证 PowerPoint 演示文稿的正常播放。

因此，一般应在制作 PowerPoint 演示文稿的计算机上将其打包，这样再将它复制到其他计算机上播放时就不会出现问题，而且还可以在没有安装 PowerPoint 程序的计算机上播放。

将演示文稿打包的具体步骤如下。

步骤 1：打开已经制作完成的 PowerPoint 演示文稿。

步骤 2：选择“文件”选项卡中的【保存并发送】命令，如图 3-97 所示。

步骤 3：选择“将演示文稿打包成 CD”选项。再单击右侧的“打包成 CD”按钮，如图 3-98 所示。

步骤 4：打开“打包成 CD”对话框，在“将 CD 命名为”选项文本框里输入打包后的文件名称，如图 3-99 所示。

步骤 5：也可在“选项”按钮中进行打包的高级设置，单击“选项”按钮，打开其对话框。设置“打开每个演示文稿时所用密码”和“修改每个演示文稿时所用密码”，如图 3-100 所示。

步骤 6：点击“确定”后会出现对话框让再次输入密码进行确认。

图 3-97　保存并发送

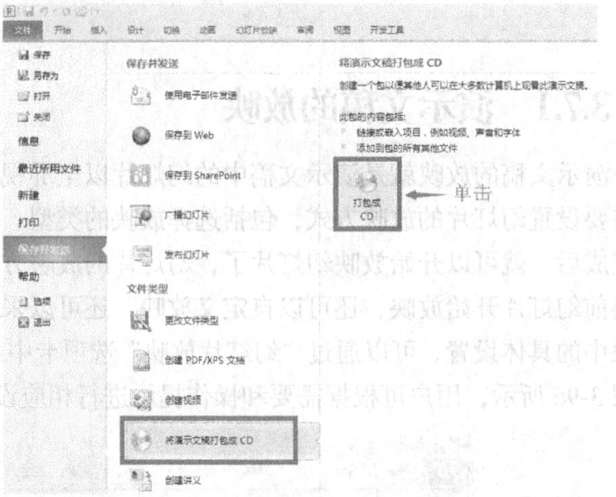

图 3-98　打包成 CD

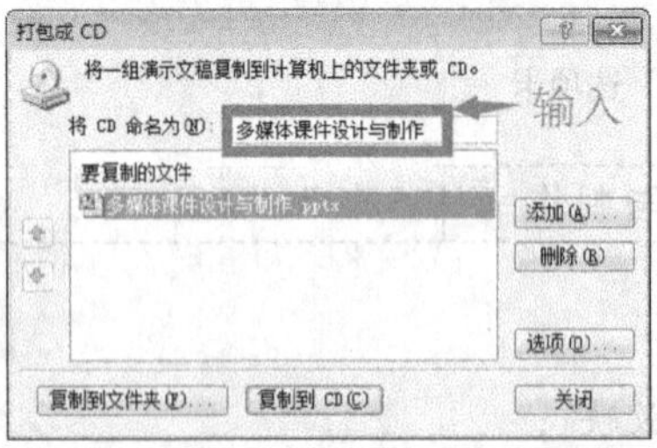

图 3-99　输入打包后名称

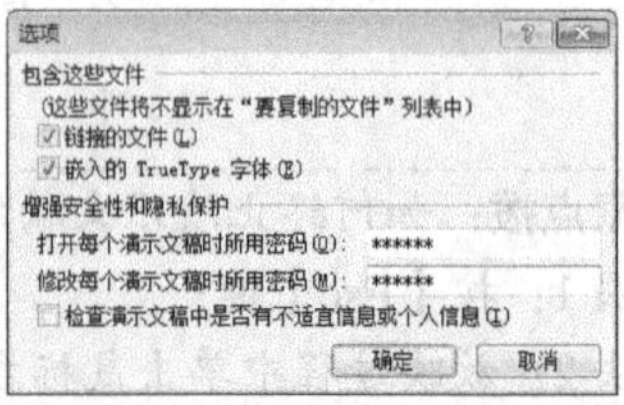

图 3-100　设置打开和修改密码

步骤 7：密码确认后回到“打包成 CD”对话框，单击“复制到文件夹”按钮，如图 3-101 所示，打开“复制到文件夹”对话框，如图 3-102 所示，可以对要复制到的文件夹进行命名和路径的设置。

步骤 8：“复制到文件夹”属性设置完成后单击“确定”按钮，会在屏幕上弹出图 3-103 所示的提示框，单击“是”按钮。

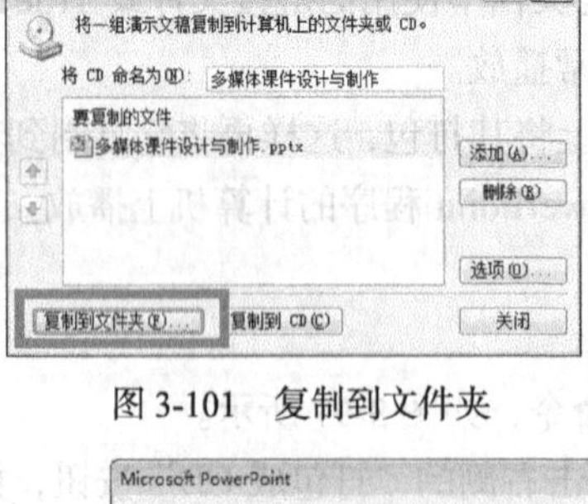

图 3-101　复制到文件夹

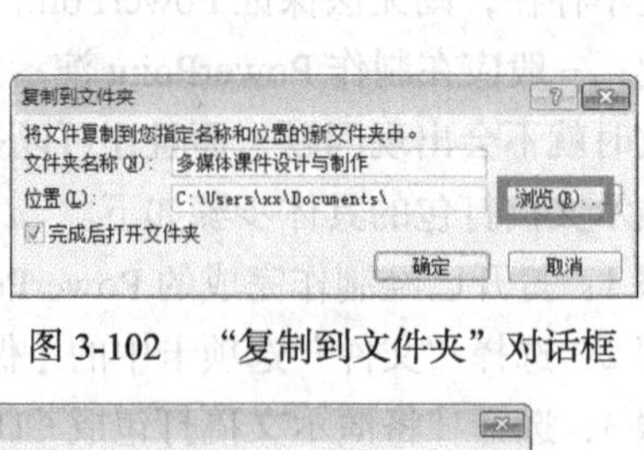

图 3-102　“复制到文件夹”对话框

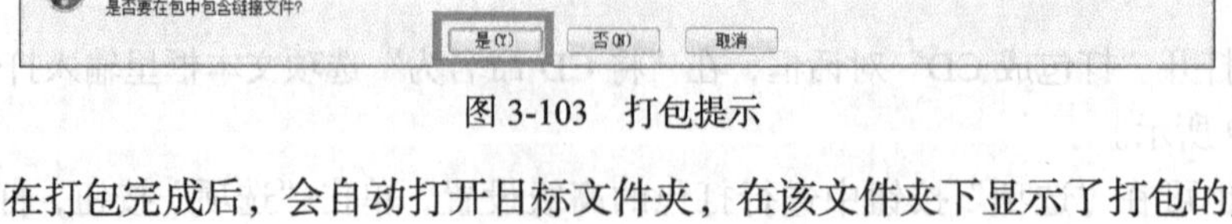

图 3-103　打包提示

步骤 9：在打包完成后，会自动打开目标文件夹，在该文件夹下显示了打包的文件及相关文件，如图 3-104 所示。

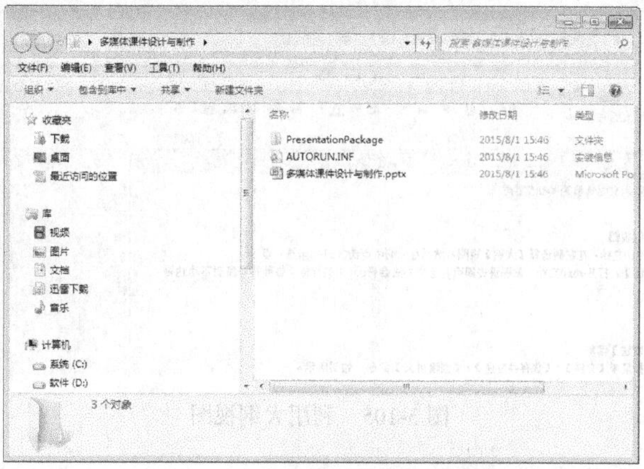

图 3-104　显示打包后的文件夹选项

3.8　教学心得及常见问题解答

3.8.1　教学心得

PowerPoint 是 Office 工具组中最常用工具之一，不管是目前在校生的学习还是日后的工作中，都会经常用到。

学生在大一阶段已经对计算机基础知识有了初步学习和掌握，并且大部分学生已经通过了计算机一级考试，大家对 PowerPoint 的知识应该比较熟悉。但在之前的教学过程中发现大部分学生对这部分内容掌握得还不是特别好，学生普遍在应用上比较差。

所以在对本章的教学中，对学生之前已经掌握的最基础的理论知识稍作介绍，重点介绍课件的美化和动画的制作及其他日常应用，凸出该工具的的应用性和实用性。

3.8.2　常见问题及解答

一、如何将 PPT 演示文稿转换为 Word 文档?

PowerPoint 和 Word 之间的相互转换是工作、学习中经常遇到的一个问题，将 PPT 演示文稿转换为 Word 文档在不使用软件转换的情况下，有两种方法可以解决这个问题。

方法 1：利用大纲视图

打开 PowerPoint2010 文档，在左侧选择“大纲”视图，然后在大纲中按【Ctrl+A】组合键全选，单击右键“复制”，打开 Word 文档，粘贴进去即可。这个办法会将 PPT 中的行标、各种符号原封不动地复制下来，如图 3-105 所示。

方法 2：利用发送菜单

步骤 1：选择菜单【文件】/【保存并发送】/【创建讲义】命令，如图 3-106 所示。

步骤 2：在“创建讲义”选项中，会给出几种样式，根据自己的需要进行选择即可，如图 3-107 所示。

步骤 3：单击“确定”按钮即完成了从 PPT 到 Word 的转换。

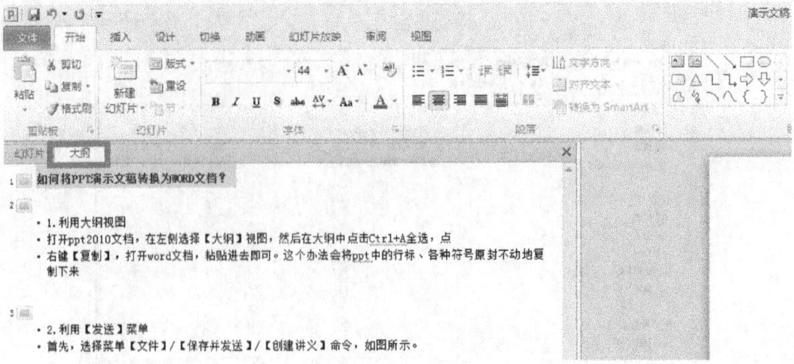

图 3-105　利用大纲视图

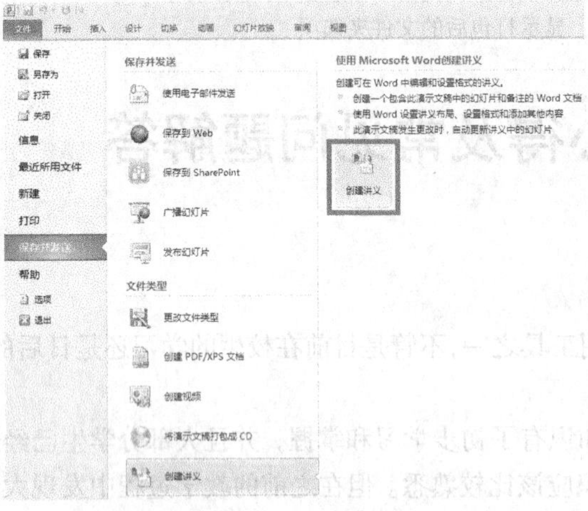

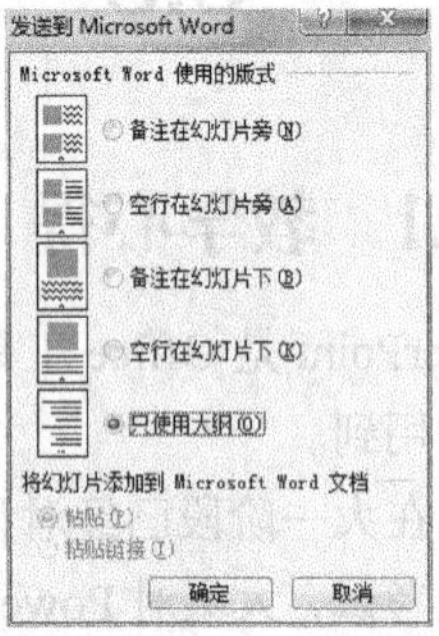

图 3-106　创建讲义　　　图 3-107　创建讲义的几种样式

二、如何对演示文稿进行加密？

为了让自己制作的演示文稿不被他人修改，可对演示文稿进行加密，具体操作如下。

步骤 1：选择菜单【文件】/【信息】/【保护演示文稿】，如图 3-108 所示。

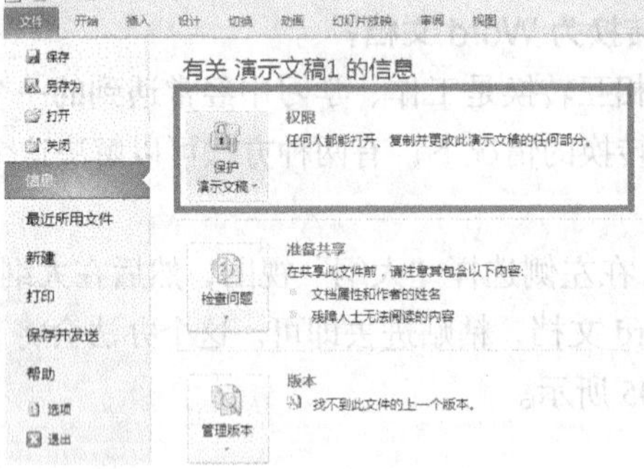

图 3-108　保护演示文稿

步骤 2：在弹出的菜单中选择【用密码进行加密】，如图 3-109 所示。

步骤 3：输入打开文件的密码，如图 3-110 所示。

步骤 4：单击【确定】后，出现“确认密码”对话框，再次输入刚才的密码，如图 3-111 所示。

步骤 5：再次单击【确定】后，密码设置成功，如图 3-112 所示。

步骤 6：重新打开演示文稿时，会出现输入密码的对话框，如图 3-113 所示。这时需输入密码才可以将该演示文稿打开。

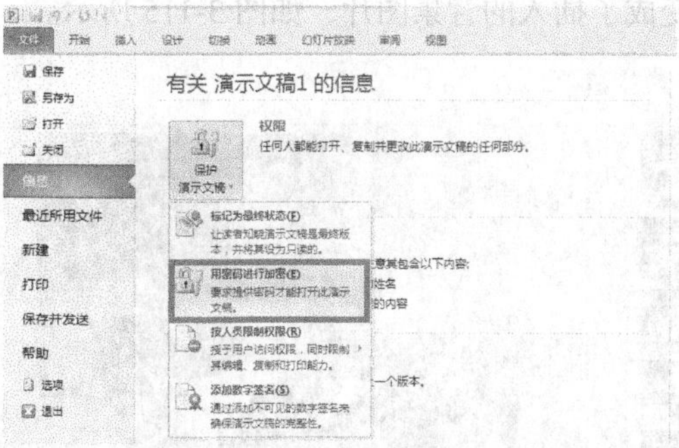

图 3-109　用密码进行加密

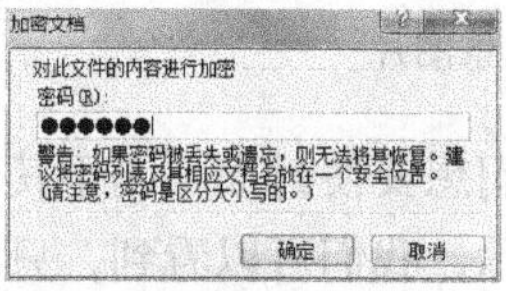

图 3-110　输入密码

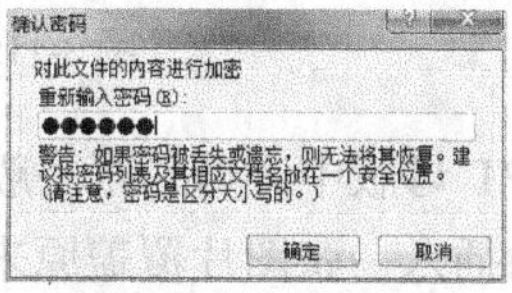

图 3-111　确认密码

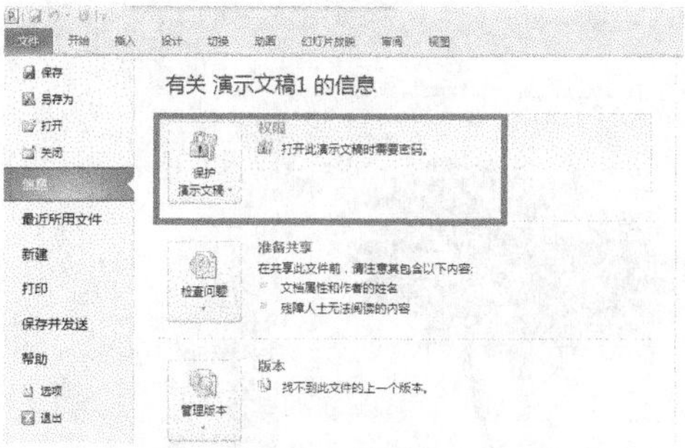

图 3-112　密码设置成功

图 3-113　输入密码以打开文件

三、PPT 母版中的背景如何修改与设置?

PPT 母版可以为幻灯片设置统一的格式，从而使幻灯片看起来更加美观、整齐。但有时候为了某些特殊效果，比如设置首页幻灯片跟其他页背景不同，在对幻灯片应用了母版之后，我们仍需要对其进行修改与设置，具体操作如下。

步骤 1：在母版视图状态下，从左侧的预览中可以看出，PowerPoint 2010 提供了 12 张默认幻灯片母版页面，如图 3-114 所示。其中第一张为基础页，对它进行的设置，自动会在其余的页面上显示。

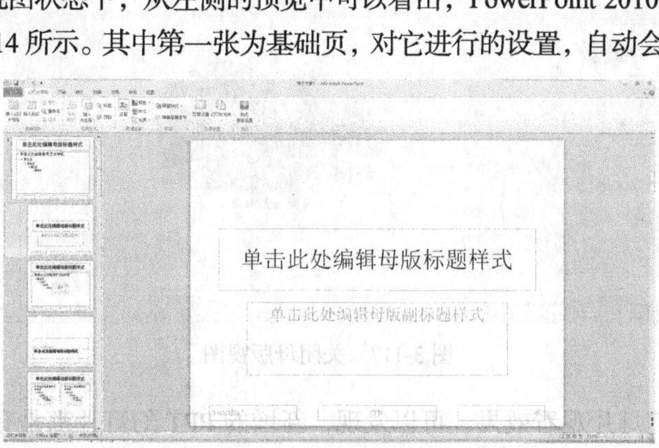

图 3-114　母版视图

步骤 2：选择菜单【插入】/【图片】命令，为第一张 PPT 页面插入一张制作好的背景图片。此时，所有的幻灯片全部变成了插入的背景图片，如图 3-115 所示。

图 3-115　为母版第一页插入背景图片

步骤 3：PPT 母版中，第二张一般用于封面，所以我们想要使封面不同于其他页面，只在第二张母版页单独插入一张图片覆盖原来的，如图 3-116 所示，我们可以看到，只有第二张发生了变化，其余的还是保持原来的状态。

图 3-116　为母版第二页插入背景图片

步骤 4：在第二张 PPT 母版中插入了图片后，关闭母版视图，回到普通视图，发现 PPT 已经默认添加了封面，而这个封面在此无法被修改，如图 3-117 所示。

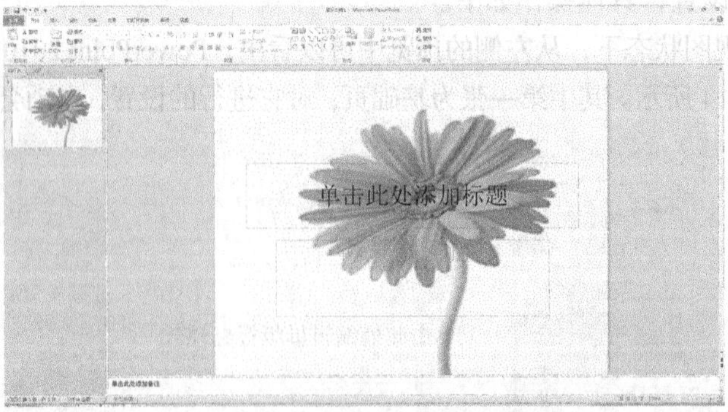

图 3-117　关闭母版视图

步骤 5：再添加幻灯片观看效果，可以发现，新增的 PPT 幻灯片都是有背景图片的，也就是我们刚刚在第一张母版中插入的图片，如图 3-118 所示。

图 3-118　添加幻灯片

四、PPT 如何实现丰富的动画效果？

动画效果是 PPT 的一个重要应用，可以通过【动画】菜单来实现，先在动画效果中选择任意一种动画形式，然后根据属性栏进行特殊效果的设置，如图 3-119 所示。

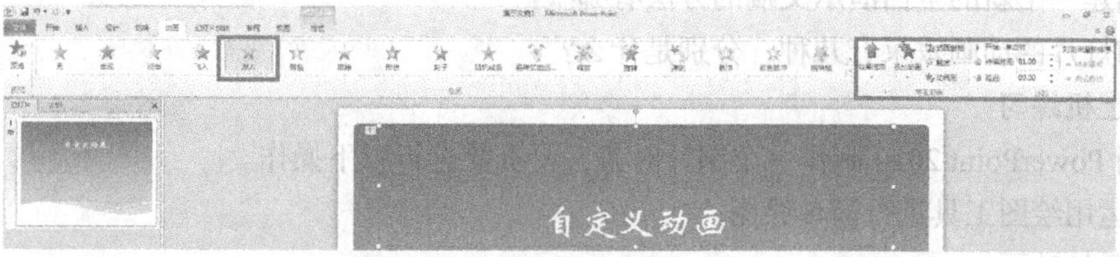

图 3-119　动画属性

设置“高级动画”和“计时”属性，能制作出丰富多彩的动画效果，这里不再赘述。

小　　结

本章主要介绍了 PowerPoint 课堂演示型多媒体课件制作的方法，具体包括以下几部分内容。

（1）PowerPoint 2010 的基础知识。包括它的工作界面和 6 种视图方式：普通幻灯片视图、大纲视图、浏览视图、阅读视图、备注视图、放映视图。

（2）演示文稿的创建和管理。包括如何创建一个空白演示文稿及对文稿的基本管理。

（3）幻灯片的添加与管理。包括添加幻灯片与管理幻灯片。

（4）在课件中添加教学内容。这是本章的一个重点，从如何添加文字、添加图像、添加音频、添加视频等几个方面来阐述。

（5）PowerPoint 动画制作。这是本章的第二个重点，从动画设置和交互设置两方面来介绍。

（6）课件的美化。包括如何使用母版、幻灯片的背景设置、配色方案、主题设计。

（7）演示文稿的放映与打包。包括演示文稿的几种放映方法和打包。

（8）教学心得及常见问题解答。包括近几年的教学心得，并就教学中学生经常出现的几个常见问题进行了解答。

习　题

一、填空题

1. PowerPoint 中用于演示的文件叫作________，其扩展名为________。

2. 在 PowerPoint 演示文稿放映过程中，想终止放映，需要按键盘上的________键。

3. 在 PowerPoint 中，在普通“幻灯片”视图下，要选择连续的多张幻灯片，应先单击起始的幻灯片，然后按住________键不放，单击最后一张幻灯片。

4. 在一个演示文稿中________（能、不能）同时使用不同的主题。

5. 选择【幻灯片放映】/【设置放映方式】命令，在“设置放映方式”的对话框中有 3 种不同的放映幻灯片方式，它们分别是________、________、________。

二、简答题

1. 创建一个新的空白演示文稿的方法有哪些？

2. 幻灯片的动画效果有几种，分别是什么？

三、上机练习

1. 用 PowerPoint 2010 制作一个倒计时条，要求能进行以下操作。

（1）运用绘图工具进行简单绘图。

（2）添加动画。

效果如图 3-120 所示。

2. 用 PowerPoint 2010 制作“选择题”，要求能进行以下操作。

（1）添加动画。

（2）使用动画触发器。

界面效果如图 3-121 所示。

图 3-120　倒计时条

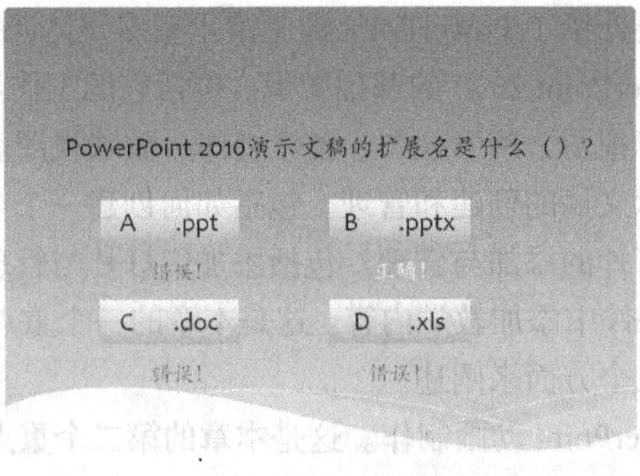
PowerPoint 2010演示文稿的扩展名是什么（）？
A　.ppt
B　.pptx
错误！
正确！
C　.doc
D　.xls
错误！
错误！

图 3-121　选择题

第4章 Flash动画型多媒体课件制作

Adobe Flash CS6 是用于创建动画和多媒体内容的强大的创作平台，其操作简单、功能强大、易学易用、浏览速度快等特点深受广大动画设计人员的喜爱。Adobe Flash CS6 设计身临其境，而且在台式计算机和平板电脑、智能手机和电视等多种设备中都能呈现一致效果的互动体验。新版 Flash Professional CS6 附带了可生成 Sprite 表单和访问专用设备的本地扩展。可以锁定最新的 Adobe Flash Player 和 AIR 运行时以及 Android 和 iOS 设备平台。在多媒体课件制作方面，Flash 跟其他课件制作工具相比，具有更强的综合设计能力，同时开发出来的课件具有媒体多样化、交互能力强、共享性强等特点。使用设计合理的 Flash 动画多媒体课件，不仅有助于学科知识的表达和传播，还有利于学生加深对所学内容的理解，提高学习兴趣和学习效率。

4.1 Flash 课件制作概述

本节主要学习 Flash 软件的操作、特点、应用等方面的知识，使读者对 Flash 有一个初步的认识，为以后的学习打下良好的基础。

4.1.1 Flash 制作课件的特点和优势

- 缩放不变形

Flash 制作的动画是矢量图形，而矢量图像的清晰度与分辨率无关，所以对 Flash 制作的动画进行缩放时，其图像的质量是不会受影响的。

- 交互性较强

一个优秀的多媒体课件要具有及时响应学习者提交请求的功能，尽力做到课件的交互性好，指导性强。在 Flash 中提供了动作脚本语言 ActionScript，它是一种面向对象的编程语言，像其他脚本语言一样具有丰富的语言元素，包括常量、变量、运算符、表达式、函数、属性、动作、对象等。灵活地运用动作脚本语言，加上 Flash 强大的动画功能，我们完全可以制作出具有良好交互性和开放性的课件。

- 便于在网络上传输

Flash 动画采用的是矢量图技术，利用 Flash 制作的课件具有在网络上播放流畅、数据量小、色彩鲜明等特点。播放采用流式技术，因此动画是边下载边播放，这样可以保证整个教学过程流畅自然。

- 跨平台播放

采用 Flash 制作的网络课件，无论在哪种操作系统中打开，观看者看到的内容都是一样的。并且可以在不同的应用程序中调用，如 Authorware、PowerPoint 等。

- 视觉效果丰富

Flash 可以将音乐、动画、声效、交互方式融合在一起，具有崭新的视觉效果，比传统的动画更加容易与灵巧，更加精彩夺目。不可否认，它已经成为一种新时代的艺术表现形式。

- 成本低廉

Flash 动画制作的成本非常低，使用 Flash 制作的动画能够大大地降低人力、物力资源的消耗。同时，在制作时间上也会大大减少。

- 自我版权

在制作完成 Flash 动画后，可以把生成的文件设置成带保护的格式，这样更好地维护了设计者的版权利益。

4.1.2 Flash 操作界面

启动 Adobe Flash CS6，首先显示图 4-1 所示的启动界面。它主要由菜单栏、开始页、工具箱、时间轴、属性面板等构成。

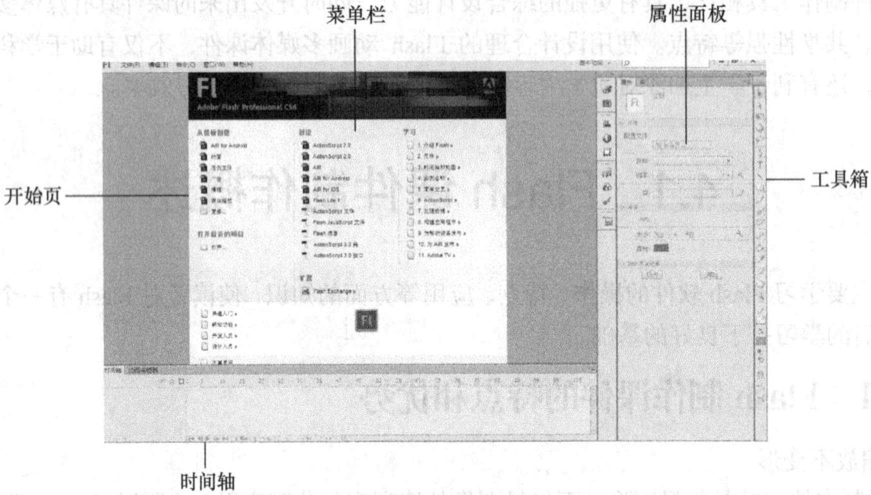

图 4-1 启动界面

1. 菜单栏

菜单栏主要包括 11 个菜单，位于工作界面的顶端，每个菜单又包含了若干子菜单项，如图 4-2 所示。

图 4-2 菜单栏

- 文件：该菜单主要用于对文件进行操作。主要包括文件的打开、关闭、保存、导入和导出、发布、页面设置和打印等常用操作。
- 编辑：该菜单主要对 Flash 文档和图像进行各种编辑操作。主要包括撤销和重复编辑操作、复制和移动操作、选择对象、查找和替换对象，以及对帧、元件的操作和参数设置等。
- 视图：该菜单主要用于控制文档的显示效果。主要操作包括转到其他场景、缩放场景显示比例、预览模式、显示或隐藏工作区和对齐对象的辅助工具等。

- 插入：该菜单主要用于执行向文档中插入元件、帧、图层和场景，并添加时间轴特效。
- 修改：该菜单用于对文档中的对象、场景甚至动画本身的特性进行修改，侧重于修改动画中对象的属性，包括变形、排列、对齐以及对位图、元件的修改等。
- 文本：该菜单用于编辑文本。主要包括文字的字体、大小和样式的设置，不同文本的对齐方式和间距，对文本进行拼写和检查等。
- 命令：该菜单主要用于管理保存新命令，然后多次重复使用该命令，管理与运行通过“历史”面板保存的命令。
- 控制：该菜单包含了动画的播放控制功能和测试功能，在编辑状态下控制文档的播放进程等。
- 调试：该菜单主要用于调试影片。
- 窗口：该菜单主要用于控制各种面板的显示和隐藏。
- 帮助：该菜单提供 Adobe Flash CS6 的各种帮助信息。

2. 开始页

在开始会话或在应用程序窗口中未打开文档时使用“开始页”可以轻松地访问文档，学习课程，并使用最新的文档更新帮助系统。“开始页”包含以下区域。

- 打开最近的项目：用于查看最近打开的文档。
- 打开：用于显示“打开文件”对话框。
- 创建新文档：通过提供的文件类型（如动作脚本或文档）列表，可以快速打开新文件。
- 从模板创建：列出用于创建新文档的最常用模板，并允许用户从列表中进行选择。
- 扩展链接到 Flash Exchange 站点：用于下载附加应用程序和信息。

3. “工具”面板

“工具”面板包含了创作 Flash 元件以及绘图中最常用的工具。“工具”面板分为 4 个部分：“工具”区域包含绘图、上色和选择工具；“查看”区域包含在应用程序窗口进行缩放和平移的工具；“颜色”区域包含用于笔触颜色和填充颜色的功能键；“选项”区域包含用于当前所选工具的功能键，功能键影响工具的上色或编辑操作，如图 4-3 所示。

图 4-3 “工具”面板

4. “属性”面板

“属性”面板包括文档的名称、大小、背景色、帧频、播放器类型、脚本类型和版本等信息，如图 4-4 所示。在“属性”面板中单击“🔧”按钮，打开图 4-5 所示的“文档属性”对话框，在其中可以设置文档的大小、背景颜色和帧频等内容。

5. “时间轴”面板

时间轴用来通知 Flash 显示图形和其他项目元素的时间，也可以使用时间轴指定舞台上各图层的分层顺序。时间轴上的每一个小格称为一个帧，它是 Flash 动画中最小的单位。在时间轴的左边是图层区，右边分别为播放头、帧、时间轴标尺以及状态栏，如图 4-6 所示。

6. 工作区

工作区主要包括文档信息栏和舞台，如图 4-7 所示。

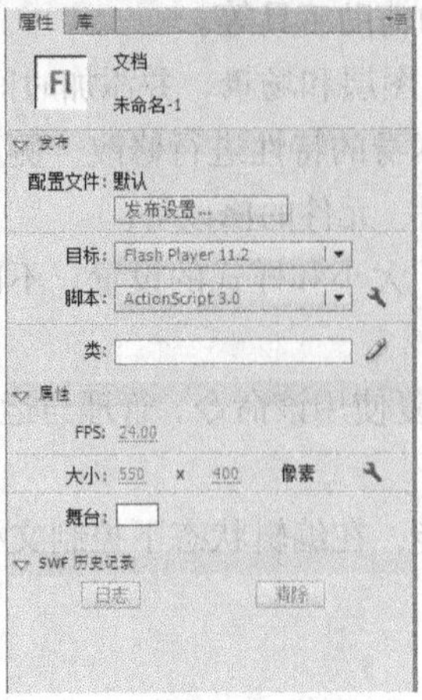

图 4-4 “属性”面板

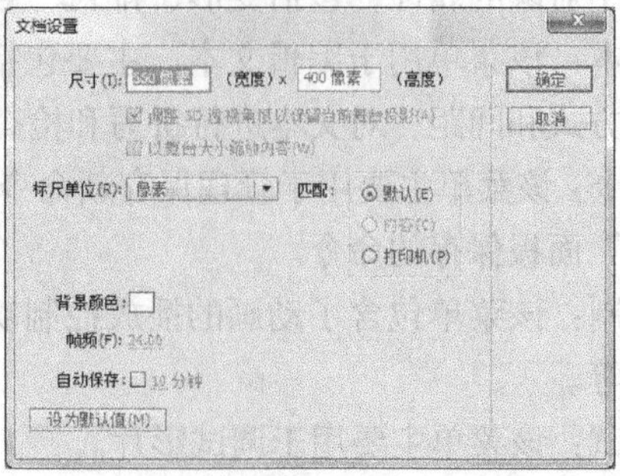

图 4-5 “文档属性”对话框

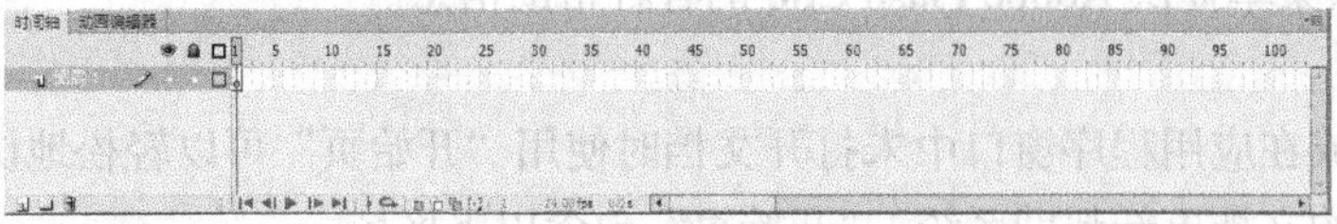

图 4-6 “时间轴”面板

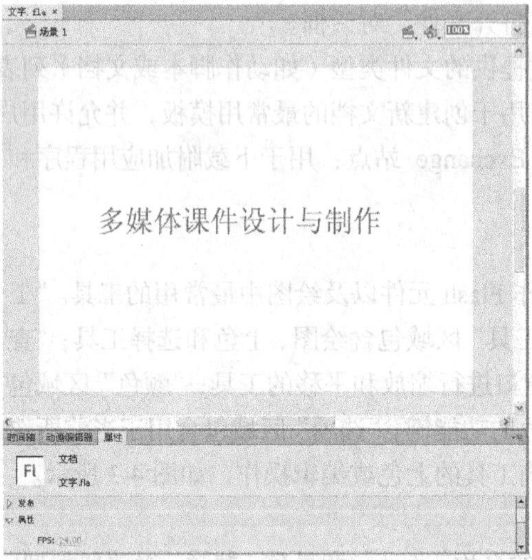

图 4-7 工作区

- 文档信息栏：包括显示和隐藏时间轴按钮、向上按钮、文档中编辑对象关系显示、编辑场景、编辑元件，工作区的设置菜单。
- 舞台：它是绘图工作区的主要组成部分，是放置动画内容的矩形区域，这些图形内容包括矢量图形、文本框、按钮、导入的位图图形或视频剪辑。Flash 各种活动都发生在舞台上，在舞台上看到的内容就是导出的影片被观众看到的内容。

4.1.3 文档管理

1. 新建文件

创建新文档有两种常用的方法：一种是执行菜单中的【文件】/【新建】命令，在“常规”选项卡中，选择“ActionScript 3.0”或者“ActionScript 2.0”选项，单击“确定”按钮，如图 4-8 所示；另一种是在“开始页”里的“新建”中，单击“ActionScript 3.0”或者“ActionScript 2.0”按钮。

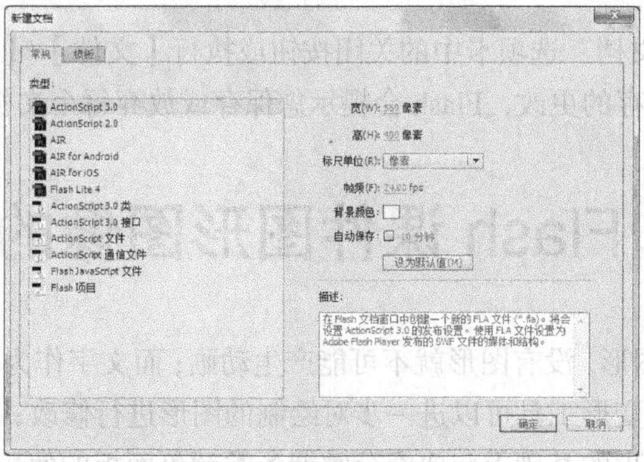

图 4-8 “新建文档”对话框

2. 打开文件

在“开始页”里，单击“打开最近的项目”选项卡中的“打开”选项，在“打开”对话框中选择文档打开。另外执行菜单中的【文件】/【打开】命令，或单击主工具栏中的“打开”按钮或者使用组合键【Ctrl+O】，弹出“打开”对话框，定位到文件，单击“打开”按钮也可以打开文件，如图 4-9 所示。

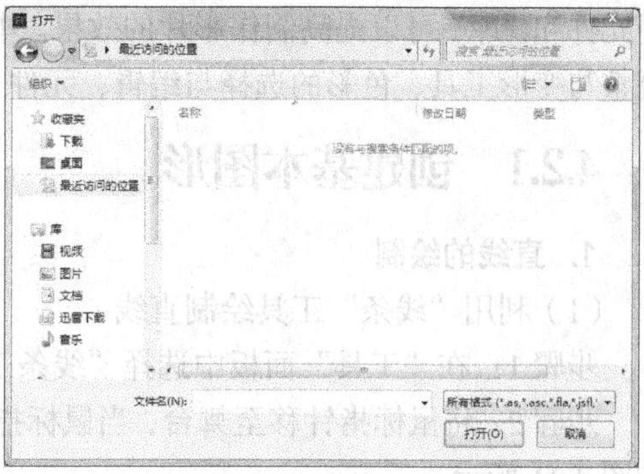

图 4-9 “打开”对话框

3. 设置文件属性

在文档打开的情况下，执行菜单中的【修改】/【文档】命令，打开“文档属性”对话框，如图 4-5 所示。

- 尺寸：输入指定舞台大小的“宽”和“高”，以像素为单位。默认文档大小为 550 像素 × 400 像素，最小为 1 像素 × 1 像素，最大为 2880 像素 × 2880 像素。
- 匹配：用来设置舞台大小匹配的对象。
- 打印机：可将舞台大小设置为最大的打印区域。
- 内容：可将舞台大小设置为与舞台上的内容匹配，当舞台上没有内容时，此项不可选。
- 默认：可将舞台大小设置为默认大小。
- 背景颜色：设置文档的背景颜色，打开“背景颜色”下拉列表，可以从调色板中选择颜色。
- 帧频：在文本框中输入帧频，可以设置每秒显示的动画帧的数量。
- 标尺单位：设置舞台大小的单位，包括英寸、点、厘米、毫米和像素。

通过“属性”面板更改文档的属性。

4. 保存文件

执行【文件】/【保存】菜单命令，可以用当前名称和位置保存 Flash 文档，并覆盖已有文件的当前版本，当文档为新建文档，并且未被保存时，则会弹出“另存为”对话框，进行文档的保存设置。

执行【文件】/【另存为】命令，打开“另存为”对话框，单击“保存”按钮，保存文档。

- 保存在：设置文件的保存位置。

● 文件名：设置保存文档的文件名。

● 保存类型：设置保存的版本。

5. 关闭和退出 Flash

单击文档标题栏、“文档”选项卡中的关闭按钮或执行【文件】/【退出】命令，关闭文档。如果打开的文档包含未保存的更改，Flash 会提示您保存或放弃每个文档的更改。

4.2 Flash 课件图形图像的绘制

Flash 动画的基础是图形，没有图形就不可能产生动画；而文字作为传达信息的工具，在课本、课件中必不可少；调整和变形工具可以进一步对绘制的图形进行修改；色彩是课件素材表现力的重要因素，在掌握搭配原理的基础上，要充分掌握各类颜色面板的使用；元件作为 Flash 课件素材中的一种特殊组件，可以在动画中重复调用，一旦创建就会被添加到“库”资源中，合理地使用元件和“库”可以提高制作影片的效果。本节我们将主要学习基本图形的绘制方法、文本工具、调整与变形工具、色彩的选择与编辑、元件、库与实例操作等内容。

4.2.1 创建基本图形

1. 直线的绘制

（1）利用“线条”工具绘制直线

步骤 1：在“工具”面板中选择“线条工具” 。

步骤 2：将鼠标指针移至舞台，当鼠标指针变成十字形，如图 4-10 所示，即可开始绘制直线，如图 4-11 所示。

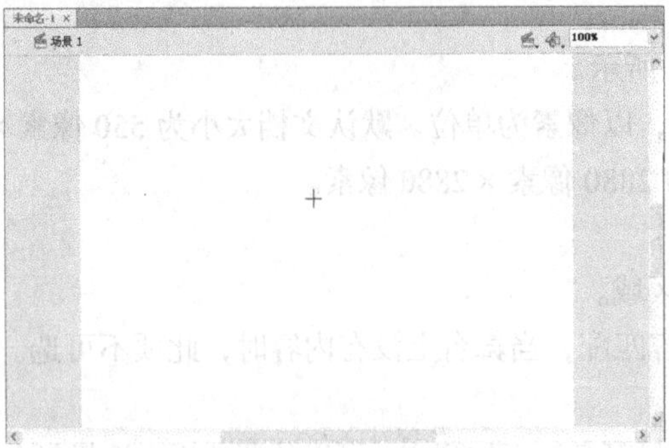

图 4-10 “线条工具”鼠标指针状态

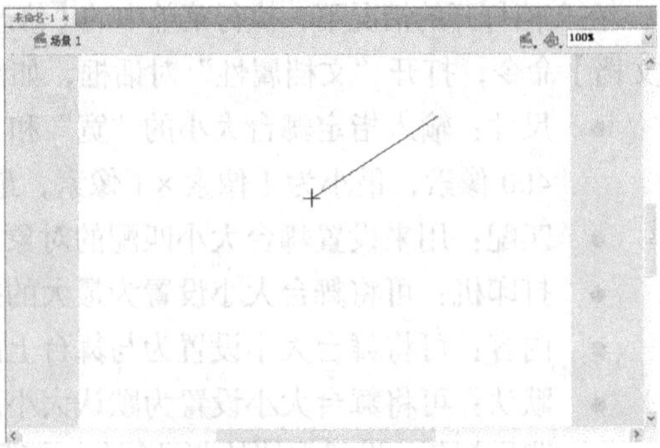

图 4-11 “线条工具”绘制直线

步骤 3：按住鼠标左键并拖动，然后在舞台中拖动鼠标即可绘制直线，按住 shift 键拖动鼠标可以绘制水平、垂直和 45° 的斜线。

（2）利用“钢笔工具”绘制直线

步骤 1：在“工具”面板中选择“钢笔工具” 。

步骤 2：将鼠标指针定位在直线段的开始点并单击，定义第一个锚点。

步骤 3：在直线段的结束位置单击，完成一条直线的绘制。按住【Shift】键单击将绘制与水平线成 45° 倍数角的直线。

步骤 4：继续单击创建其他直线段，如图 4-12 所示。

步骤 5：闭合或开放形状，完成路径的绘制。

- 开放路径的绘制：选择“钢笔工具”，单击空白区域某一点作为路径的一端，单击最后一个锚点。
- 闭合路径的绘制：将“钢笔工具”放置到第一个锚点上，当位置正确时，“钢笔工具”旁边会出现一个小圆圈，单击或拖动即可闭合路径，如图 4-13 所示。

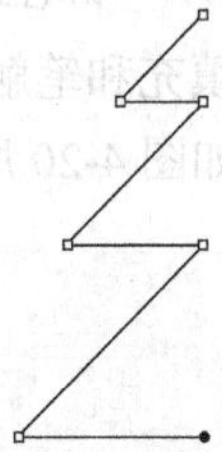

图 4-12　绘制直线

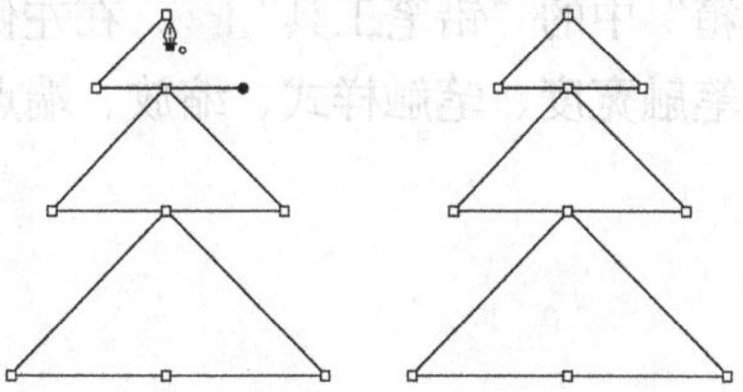

图 4-13　闭合路径

2. 曲线的绘制

（1）利用“钢笔工具”绘制曲线

步骤 1：在“工具”面板中选择“钢笔工具”。

步骤 2：将鼠标指针定位在曲线开始点并单击，定义第一个锚点，并且钢笔尖变为箭头，如图 4-14 所示。

步骤 3：向将要绘制曲线段的方向拖动鼠标。按下【Shift】键拖动可以将该工具限制为绘制 45° 的倍数。拖动鼠标，将会出现曲线的切线手柄，如图 4-15 所示。

步骤 4：释放鼠标按钮。切线手柄的长度和斜率决定了曲线段的形状，可以在以后移动切线手柄来调整曲线。

步骤 5：将鼠标指针定位在曲线段结束的地方，按下鼠标按键，然后朝相反的方向拖动来完成线段。同时按下【Shift】键拖动，会将该线段限制为倾斜 45° 的倍数。

步骤 6：将鼠标指针定位在下一段曲线结束的位置上，可以完成下一段曲线的绘制，如图 4-16 所示。

图 4-14　定位曲线开始锚点

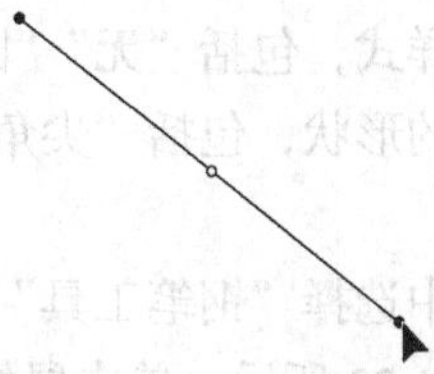

图 4-15　曲线的切线手柄

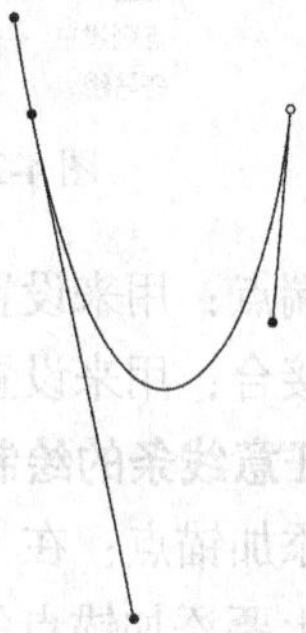

图 4-16　曲线绘制

（2）利用“铅笔工具”绘制曲线

利用“工具箱”中的“铅笔工具”，在绘图工作区按下鼠标左键并拖动，便可以绘制任意线和形状，如图 4-17 所示，效果就像用真正的铅笔一样，使用方法灵活。选择“工具箱”中的“铅笔工具”，在“工具箱”下方的选项部分将显示图 4-18 所示的选项栏。按钮用于绘制互不干扰的多个图形，下方按钮的下拉菜单，如图 4-19 所示，用来设置铅笔工具的 3 种绘图模式。

- 直线化：系统会将独立的线条连接，接近直线的线条将自动拉直，摇摆的曲线将按直线处理。
- 平滑：系统会对曲线进行轻微的平滑处理，减少抖动造成的误差，端点接近的线条彼此可以连接。
- 墨水：系统不做任何平滑、拉直或连接处理，此模式可以最大限度地保持实际绘出的线条形状。

图 4-17 “铅笔工具”绘图效果

选择“工具箱”中的“铅笔工具”，在左侧的“属性”面板的“填充和笔触”面板中可以设置笔触颜色、笔触宽度、笔触样式、缩放、端点类型和接合类型等，如图 4-20 所示。

图 4-18 选项栏

图 4-19 下拉选项

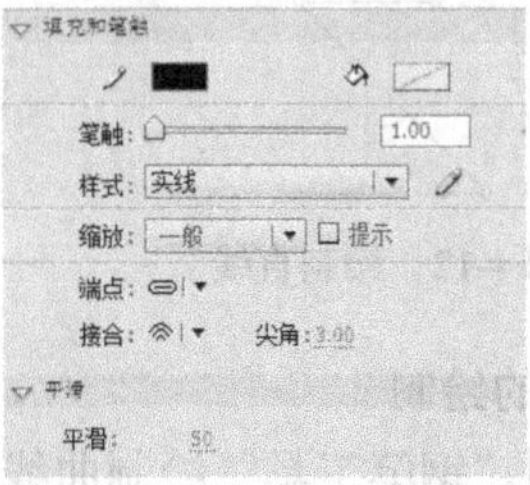

图 4-20 “填充和笔触”面板

- 笔触颜色：单击后，在弹出的“颜色样本”面板中设置笔触的颜色。
- 笔触宽度：通过拖动滑块，或直接在文本框中输入的方式来设置笔触的宽度。
- 样式：单击后，弹出图 4-21 所示的线条样式。单击右侧的“编辑笔触样式”按钮，弹出图 4-22 所示的“笔触样式”对话框，用来设置笔触样式。

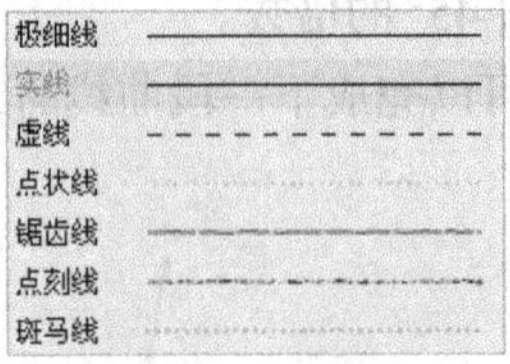

图 4-21 线条样式

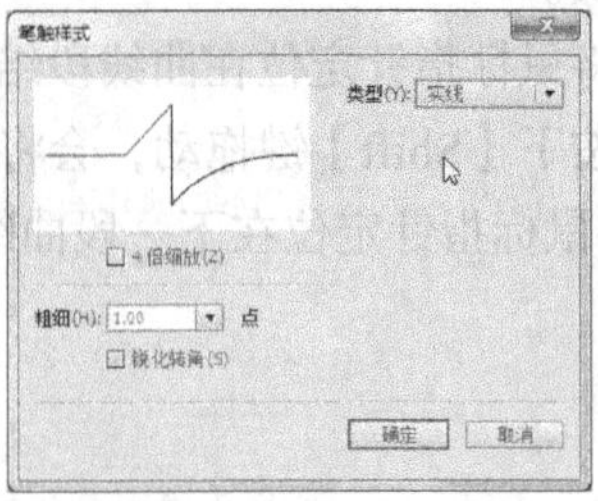

图 4-22 “笔触样式”对话框

- 端点：用来设置线条端点的样式，包括“无”“圆角”“方形”3 种。
- 接合：用来设置线段拐角处的形状，包括“尖角”“圆角”“斜角”3 种方式。

3. 任意线条的绘制

- 添加锚点：在“工具”面板中选择“钢笔工具”或“添加锚点工具”，定位在曲线上要添加锚点的位置，如图 4-23 所示。单击鼠标，完成锚点的添加。
- 删除锚点：在“工具”面板中选择“删除锚点工具”，定位在曲线上要删除的锚点上，如图 4-24 所示。单击鼠标，完成锚点的删除。
- 曲线点转换为转角点：使用“钢笔工具”单击该点，如图 4-25 所示。
- 转角点转换为曲线点：使用“部分选取工具”选择该点，然后按住【Alt】键拖动该点以放置切线手柄。
- 移动锚点：使用“部分选取工具”拖动该点。

- 轻推锚点：使用“部分选取工具”选择该点，然后使用箭头键进行移动。按住【Shift】键单击可以选择多个点。

图 4-23　添加锚点

图 4-24　删除锚点

图 4-25　曲线点转换为转角点

4.2.2　文本工具

Flash 在文字处理方面有着出色的表现，且功能非常强大，不但可以输入静态文本，更可以制作交互式文本及绚丽的文字动画。利用 Flash 制作成各种效果的文本，可用于课件内容和封皮中；还可以利用文本制作成文字类演示课件，以达到直观教学的目的。

1.“文本工具”的使用

步骤 1：在工具箱中选择“文本工具” T 。

步骤 2：将鼠标指针移至舞台，此时鼠标指针变成形，表明可以插入文本框了。

步骤 3：按住鼠标左键并拖动，就会插入文本框，此时光标开始闪烁，表明可以输入文字了，如图 4-26 所示。

步骤 4：在文本框中输入文字。

步骤 5：若输入的文字长度超过文本框的长度，就会自动换行。将鼠标指针放在文本框右上角的白色方块手柄上，当鼠标指针变成双向黑色箭头时，拖动鼠标，可以改变文本框的长度，如图 4-27 所示。

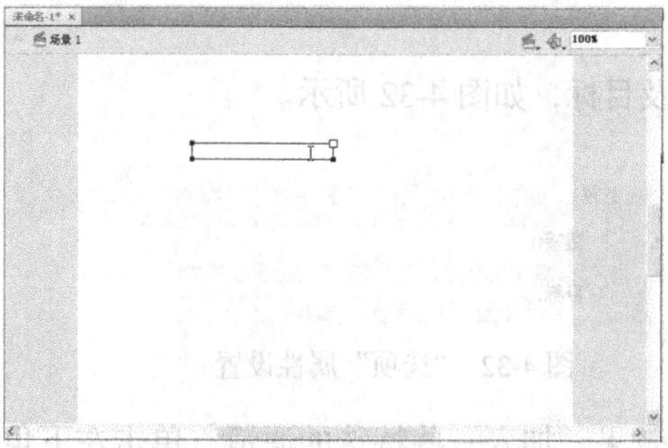

图 4-26　插入文本框

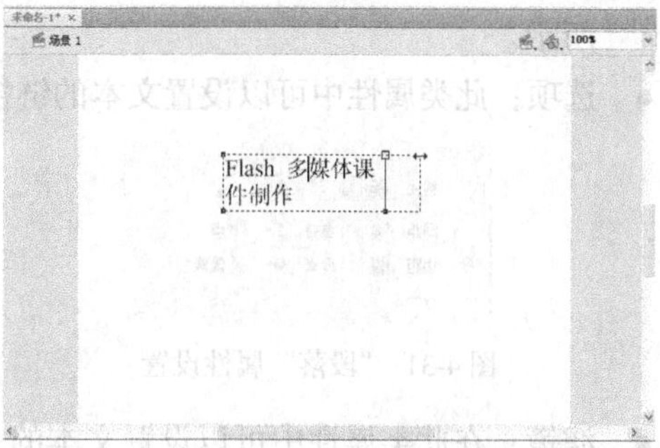

图 4-27　改变文本框的长度

步骤 6：输入并调整文本后，选择工具箱中的“选择工具”，此时文本框内的光标不再闪烁，表示已经取消文本的输入状态。同时可以将文本框拖动到舞台中的其他位置了，双击文本框，就会切换到文本输入状态。

2. 字体的属性设置与修改

文本输入完成后，单击工具箱中的“选择工具”，则文本进入选中状态。在右侧的“属性”

面板中可设置文本的字体、大小、颜色、样式、对齐方式等，如图 4-28 所示。

- 文本类型：在下拉列表框中有 3 个选项，分别为“静态文本”“输入文本”与“动态文本”，用来设置文本的类型。
- 静态文本：默认的文本类型，主要应用于文字的输入与编排，起到解释说明的作用，是大量信息的传播载体，也是文本工具的最基本功能。
- 输入文本：输入文本主要应用于交互式操作的实现，目的是让浏览者填写一些信息，以达到某种信息交换或收集的目的，例如常见的会员注册表、搜索引擎等。
- 动态文本：动态文本可以显示外部文件中的文本，主要应用于数据的更新，在 Flash 中制作动态文本区域后，创建一个外部文件，通过脚本语言的编写，使外部文件链接到动态文本框中，要修改文本框中的内容，只需更改外部文件中的内容即可。

图 4-28 “文本工具”的“属性”面板

- 位置和大小：此类属性可以调整字体在舞台中的大小和位置，把鼠标放到数值下方，直接向左或向右拖动调整，如图 4-29 所示。
- 字符：此类属性中可以设置文本的字体、样式、大小、字母间距、颜色，以及消除锯齿属性与上标、下标等，如图 4-30 所示。

图 4-29 “位置和大小”属性设置

图 4-30 “字符”属性设置

- 段落：此类属性可以设置文本的对齐格式、间距、边距和是否多行等属性，如图 4-31 所示。
- 选项：此类属性中可以设置文本的链接以及目标，如图 4-32 所示。

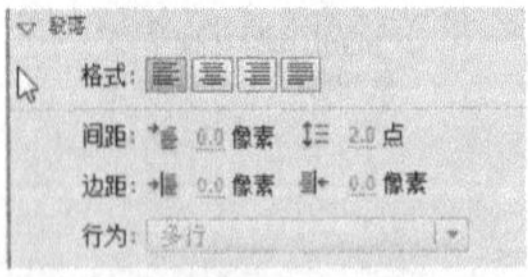

图 4-31 “段落”属性设置

图 4-32 “选项”属性设置

- 滤镜：在此类属性中可以设置文本的一些效果，加入一些特殊的滤镜。单击左下角“添加滤镜”按钮，则可进行滤镜的添加。

4.2.3 调整与变形工具

1. 选择工具

“选择工具”主要用于选取绘图工作区中的对象，移动对象，也可以改变图像的形状。

- 选择对象：在工具箱中，单击“选择工具”按钮，然后用鼠标单击某个对象即可选取它，如图 4-33 所示。也可以用圈选的方法直接选取对象，只需按住鼠标左键不放，拉出一个矩形框即可圈选多个对象，如图 4-34 所示。如果要同时选取多个对象，只需按住【Shift】键，然后用鼠标单击要选取的每个对象即可。

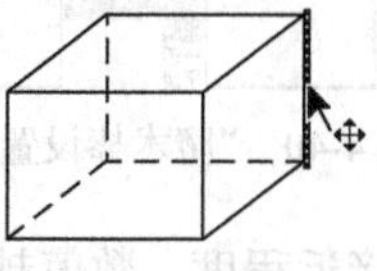
图 4-33　单选对象

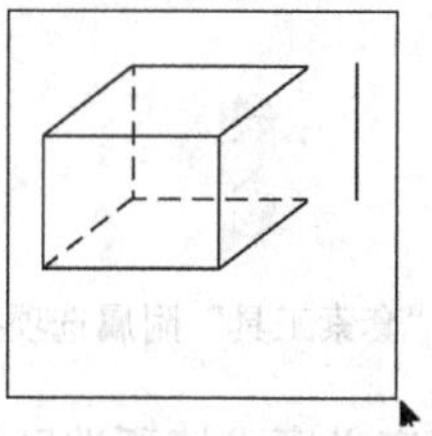
图 4-34　多选对象

- 移动对象：按住鼠标左键不放，进行拖曳，可将所选对象进行移动。如果选取的是矩形的框线，则可以拖曳该框线与矩形对象分离，如图 4-35 所示。
- 改变对象的形状：将鼠标指针移到对象的边缘，鼠标指针变为图 4-36 所示的形状后，按住鼠标左键不放进行拖曳，即可改变对象的造型。若鼠标指针变成图 4-37 所示的形状后，则会拖曳出直线形状。

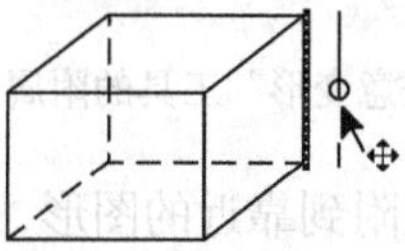
图 4-35　移动对象

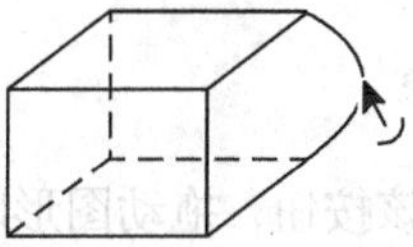
图 4-36　改变对象的形状

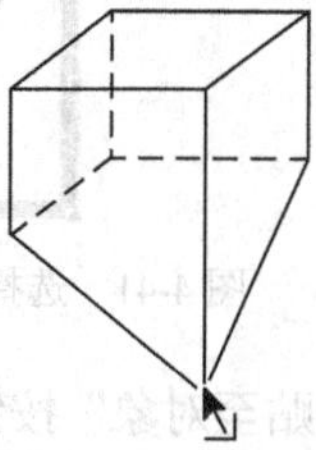
图 4-37　改变对象的形状

- “选择工具”的附属选项：当“选择工具”被选取时，其附属选项有 3 个：“贴紧至对象”按钮、“平滑”按钮和“伸直”按钮，如图 4-38 所示。

图 4-38　“选择工具”的附属选项

- “贴紧至对象”按钮：选取某个对象后，在工具箱中，单击“贴紧至对象”按钮，使之呈被选状态，当该对象靠近目标对象一定范围处，会自动吸附上去，使两个对象很好地连接在一起。
- “平滑”按钮：在选中一条线段时，单击“平滑”按钮，能自动平滑这段线条。如果是封闭的线条，会越来越趋向于圆形。
- “伸直”按钮：在选中一条线段时，单击“伸直”按钮，能把这条线段自动修直，效果有时和“自动平滑”差不多，但多次单击该按钮后，将会把曲线变成一条或几条直线。

2. 部分选取工具

“部分选取工具”用于选择矢量图形上的节点，即以贝赛尔曲线的方式编辑对象的笔触，不可以将对象进行旋转、变形等操作。用“部分选取工具”选取图形上的节点后，如果此时按【Delete】键即可删除该节点；如果此时拖动鼠标，即可改变图形的形状。

3. 套索工具

“套索工具”用于以不规则的形状来圈选对象，主要用于处理位图。此外，配合“选择工具”，按住【Shift】键，可以同时选择多个对象。当“套索工具”被选中时，工具箱的下方会出现

3 个选项按钮，如图 4-39 所示。

- “魔术棒”按钮：根据颜色的相似度选取位图中颜色相近的部分。
- “魔术棒设置”按钮：单击“魔术棒设置“按钮，弹出图 4-40 所示的对话框。

图 4-39　“套索工具”附属选项按钮

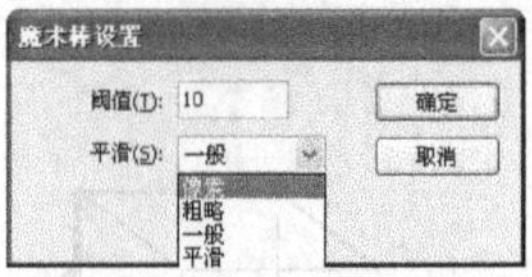

图 4-40　“魔术棒设置”对话框

- 阈值：用于定义魔术棒所选区域内相邻像素的颜色接近程度，数值越高，选取范围越大。
- 平滑：用于定义魔术棒所选区域边缘的平滑程度，共有 4 个选项可供选择。

4. 任意变形工具

“任意变形工具”用来改变对象的形状。选择工具箱中的“任意变形工具”，然后选择需要变形的图形，此时图形四周会被一个带有 8 个控制点的方框包围，如图 4-41 所示。工具箱的下方会出现 5 个选项按钮，如图 4-42 所示。

图 4-41　选择要变形的对象

图 4-42　“任意变形”工具的附属选项

- “紧贴至对象”按钮：选中该按钮，拖动图形时会自动吸附到靠近的图形，使两个对象很好地连接在一起。
- “旋转与倾斜”按钮：选取某个对象后，在工具箱中单击该按钮，然后将鼠标指针移动到外框的控制柄上，鼠标指针变成↻形状，此时移动鼠标，即可对图形进行旋转，如图 4-43 所示。当鼠标指针移动到中间的控制柄上，鼠标指针变成⇌形状，此时移动鼠标，即可对图形进行倾斜，如图 4-44 所示。
- “缩放”按钮：选取某个对象后，在工具箱中单击该按钮，然后将鼠标指针移动到外框的控制柄上，鼠标指针变成↕形状，此时移动鼠标，即可对图形进行缩放，如图 4-45 所示。
- “扭曲”按钮：选取某个对象后，在工具箱中单击该按钮，然后将鼠标指针移动到外框的控制柄上，鼠标指针变成▷形状，此时移动鼠标，即可对图形进行扭曲，如图 4-46 所示。
- “封套”按钮：选取某个对象后，在工具箱中单击该按钮，此时图形的四周会出现很多控制点，拖动这些控制柄，可对图形进行更细微的变形，如图 4-47 所示。

图 4-43　旋转

图 4-44　倾斜

图 4-45　缩放

图 4-46　扭曲

图 4-47　封套

提示 如果选中的是没有“分离”的图形，那么“扭曲”和“封套”工具为灰色不可用。

5. “3D 旋转、平移”工具

“3D 旋转”工具用来在 3D 空间中旋转影片剪辑实例，使对象看起来与查看者之间形成某一角度。选取影片剪辑后，在工具箱选择“3D 旋转工具”，此时图像中央会出现一个类似瞄准镜的彩轴指示符，如图 4-48 所示。X 控件为红色、Y 控件为绿色、Z 控件为蓝色，自由旋转控件为橙色。

图 4-48 彩轴指示符

“3D 旋转工具”的默认模式为“全局”。在全局 3D 空间中旋转对象与相对舞台移动对象等效。在局部 3D 空间中旋转对象与相对父影片剪辑（如果有）移动对象等效。在选中 3D 旋转工具的同时单击“工具箱”中“选项”部分中的“全局”切换按钮，或按【D】键，可在全局模式和局部模式之间切换。通过选中“工具”面板的“选项”部分中的“全局”切换按钮，可验证该工具是否处于所需模式。

（1）在 3D 空间中旋转对象

步骤 1：在“工具箱”中选择“3D 旋转工具”。

步骤 2：通过选中“工具箱”中“选项”部分中的“全局”切换按钮，验证该工具是否处于所需模式。单击该按钮或按【D】键，可在全局模式和局部模式之间切换。

步骤 3：在舞台上选择一个或多个影片剪辑。左右拖动 *x* 轴控件可绕 *x* 轴旋转，上下拖动 *y* 轴控件可绕 *y* 轴旋转，拖动 *z* 轴控件可绕 *z* 轴旋转，拖动自由旋转控件（外侧橙色圈）同时绕 *x* 和 *y* 轴旋转，如图 4-49 所示。

原图　　绕 *x* 轴旋转　　绕 *y* 轴旋转　　绕 *z* 轴旋转同时绕 *x*、*y* 轴旋转

图 4-49 在 3D 空间中旋转对象

提示 拖动中心点可以相对于影片剪辑重新定位旋转控件中心点，用以控制旋转对于对象及其外观的影响。双击中心点可将其移回所选影片剪辑的中心。通过修改“变形”面板中“3D 中心点”属性数值，也可完成中心点位置的修改。

（2）在 3D 空间中移动对象

步骤 1：在“工具”面板中选择“3D 平移工具”（或按【G】键选择此工具），将该工具设置为局部或全局模式。

步骤 2：在舞台上选择一个或多个影片剪辑。

步骤 3：左右拖动 *x* 轴控件可沿 *x* 轴移动影片剪辑，上下拖动 *y* 轴控件可沿 *y* 轴移动影片剪辑，拖动 *z* 轴控件（影片剪辑中间的黑点）可沿 *z* 轴移动影片剪辑，如图 4-50 所示。

原图　　沿 x 轴移动　　沿 y 轴移动　　沿 z 轴移动

图 4-50　在 3D 空间中移动对象

提示　在选择多个影片剪辑时，通过“3D 平移工具”移动其中一个选定对象，其他对象将以相同的方式移动。

4.2.4　图形图像色彩的处理

Flash CS6 提供了多种创建和修改颜色的方法。利用“颜色”属性面板，可对要创建的对象和舞台中已经存在的对象的笔触和填充的颜色进行修改。“墨水瓶”工具用来进行描边，“颜料桶”工具用来进行填色，“滴管”工具用来获取颜色。

1. “颜色”属性面板

选择【窗口】/【颜色】菜单命令，可以打开图 4-51 所示的“颜色”属性面板。“颜色”属性面板是绘图时经常使用的一个面板，可以方便快速地设置颜色。“颜色”属性面板提供了多种混色模式，可以设置渐变色的类型，可以在 RGB、HSB 模式下选择颜色，可以直接输入十六进制数指定色值，指定 Alpha 值来定义颜色的透明度，从现有调色板中选择预置颜色等。

- 笔触颜色：用来更改图形对象的笔触颜色。单击，在弹出的“颜色样本”面板中直接选择预先设置好的颜色，如图 4-52 所示。或者在“颜色”属性面板下方直接输入 RGB 3 色的具体参数值，得到符合标准色标的颜色。也可以在“颜色”属性面板右侧的颜色选择框中选择颜色，得到随意性比较强的颜色。

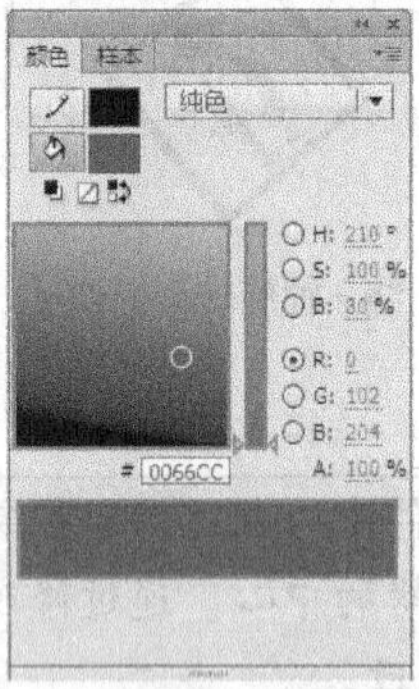

图 4-51　“颜色”属性面板

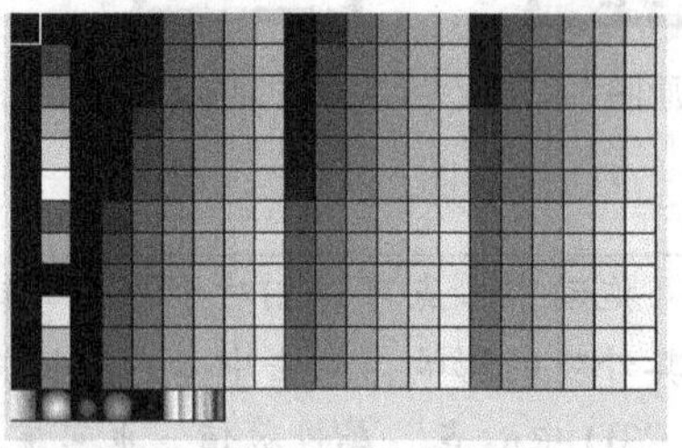

图 4-52　“颜色样本”面板

- 颜色填充：用来更改图形对象的填充颜色。设置方法同笔触颜色的设置。
- 纯色 填充样式：用来设置填充颜色的类型，其下拉列表如图 4-53 所示。

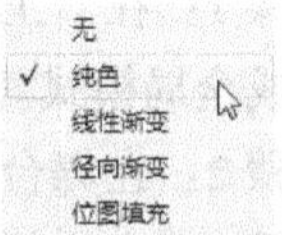

图 4-53　填充颜色类型

- 纯色：“颜色”属性面板的默认类型，填充效果如图 4-54 所示。
- 线性：沿直线方向更改颜色的渐变类型，填充效果如图 4-55 所示。

- 放射状：从一个焦点开始向外更改颜色的渐变类型，产生从一个中心焦点出发沿环形轨道混合的渐变，填充效果如图 4-56 所示。
- 位图：使用位图图像平铺所选的填充区域，填充效果如图 4-57 所示。

图 4-54 “纯色”填充

图 4-55 “线性”填充

图 4-56 “放射状”填充

图 4-57 “位图”填充

提示　在“渐变色”面板中的渐变色条的合适位置上单击鼠标，然后对指针的颜色进行调整，可以用来增加渐变颜色数量。指针代表渐变过程中的一个色阶，用户可以根据需要，不断增加指针，也可以将指针拖曳到色条外，删除某一色阶。

- A（Alpha）：用来设置颜色的透明度。通过在 Alpha 文本框中直接输入 Alpha 的百分比值，或拖动右侧的滑块，可以更改其值。如果 Alpha 值为 0%，则所选对象的填充不可见；如果 Alpha 值为 100%，则所选对象的填充为不透明。
- 颜色选择器：用来直观地选择颜色。在需要的颜色位置上单击鼠标，圆圈准线会定位到单击的位置；或者直接拖动圆圈准线指针，找到所需颜色。上下拖动右侧滑块，可以改变颜色亮度，如图 4-58 所示。

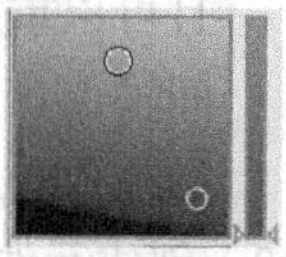
图 4-58 颜色选择器

- # 487BA1：通过输入十六进制 RGB 值来指定颜色。

2. 墨水瓶工具

“墨水瓶工具”用来更改线条或者轮廓的笔触颜色、宽度和线性。选择“工具箱”中的“墨水瓶工具”，在左侧的属性面板中“填充和笔触”面板中可以设置笔触颜色、笔触宽度、笔触样式、缩放、端点类型和接合类型等，跟“铅笔工具”参数的设置基本一样。

3. 颜料桶工具

“颜料桶工具”用来填充封闭和半封闭区域。填充的颜色可以是纯色、渐变色和位图。选择“工具箱”中的“颜料桶工具”，工具箱的下方会出现 2 个按钮，如图 4-59 所示。

- “空隙大小”按钮：单击按钮，会弹出图 4-60 所示的下拉菜单，用来设置填充区域空隙大小。

图 4-59 “颜料桶”工具附属选项按钮

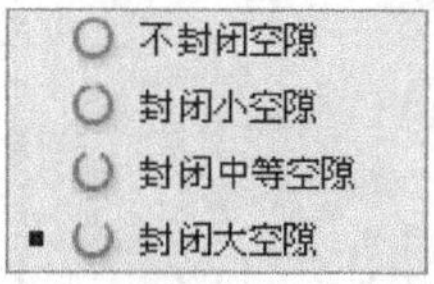

图 4-60 “空隙大小”下拉菜单

- “锁定填充”按钮：单击该按钮，则不能对图形进行填充颜色的修改。

4. 滴管工具

“滴管工具”作用是获取工作区中已经存在的颜色及样式属性，并将其应用于其他对象中。该工具没有辅助选项，使用也非常简单，只要将“滴管工具”移动到需要获取颜色的线条或图形中单击即可。如果被单击对象是直线，则工具将自动转换为“墨水瓶工具”的设置，以便将所取的属性应用到其他直线；如果单击的是填充，“吸管工具”自动转换为“油漆桶工具”的属性，以便将所取得的填充属性应用到其他填充。

4.2.5　元件、库与实例操作

1. 元件

元件是指可以重复使用的元素，包括图形、按钮、影片剪辑。当创建一个元件时，该元件会存储到文件的库中；当对元件进行编辑时，该元件的所有实例都自动更新。

（1）元件类型

元件共分为 3 种：图形、按钮、影片剪辑。

- 图形元件：是可以重复使用的静态图像，它是作为一个基本图形来使用的，一般是静止的一幅图画，每个图形元件占 1 帧。
- 按钮元件：实际上是一个只有 4 帧的影片剪辑，但它的时间轴不能播放，只是根据鼠标指针的动作做出简单的响应，并转到相应的帧，通过给舞台上的按钮添加动作语句而实现 Flash 影片强大的交互性。
- 影片剪辑元件：可以理解为电影中的小电影，具有独立于场景时间轴的多帧时间轴，并且可以重复播放。影片剪辑是一小段动画，用在需要有动作的物体上，它在主场景的时间轴上只占 1 帧，可以包含所需的交互式控件、声音甚至其他影片剪辑实例。影片剪辑必须要进入影片测试里才能观看得到。

（2）创建元件

① 创建图形元件（Graphic）。创建“图形元件”的元素包括导入的位图图像、矢量图形、文本对象以及用 Flash 工具创建的线条、色块等。

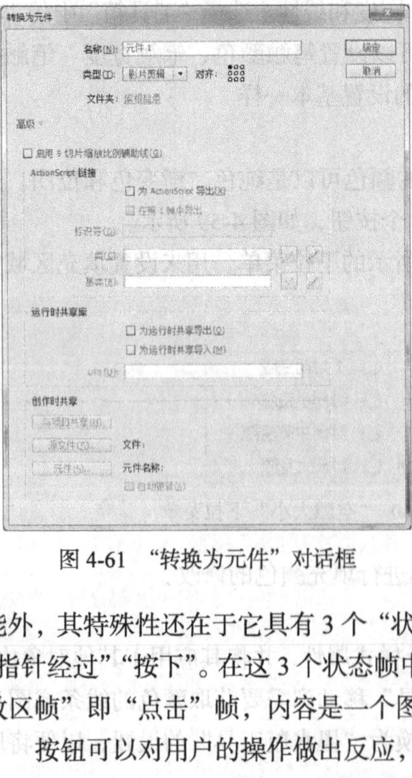

图 4-61　“转换为元件”对话框

选择相关元素，按键盘上的【F8】键，弹出图 4-61 所示的“转换为元件”对话框，在“名称”栏中可输入元件的名称，在“类型”列表框中选择“图形”选项，单击“确定”按钮。这时，在“库”面板中生成相应的元件，在“舞台”中，元素变成了“元件的一个实例”。

“图形元件”中可以包含“图形元素”或者其他“图形元件”，它接受 Flash 中的大部分变化操作，如：大小、位置、方向、颜色设置以及“动作变形”等。

② 创建按钮元件（Button）。创建“按钮元件”的元素包括导入的位图图像、矢量图形、文本对象以及用 Flash 工具创建的任何图形，选择要转换为“按钮元件”的对象，按键盘上的【F8】键，弹出“转换为元件”对话框，在“类型”列表框中选择“按钮”，单击“确定”按钮，即可完成“按钮元件”的创建。

“按钮元件”除了拥有“图形元件”的全部变形功能外，其特殊性还在于它具有 3 个“状态帧”和 1 个“有效区帧”。3 个“状态帧”分别是“弹起”“指针经过”“按下”。在这 3 个状态帧中，可以放置除了按钮元件本身以外的所有 Flash 对象。“有效区帧”即“点击”帧，内容是一个图形，该图形决定着当鼠标指向按钮时的有效范围。

按钮可以对用户的操作做出反应，所以是“交互”动画的主角。

③ 创建影片剪辑元件（Movie Clip）。“影片剪辑元件”就是我们平时常听说的“MC”（Movie Clip）。

可以将“舞台”上的任何对象，甚至整个时间轴内容创建为一个“MC”，或者把一个“MC”放置到另一个“MC”中。

选择“舞台”上需要转换的对象，按键盘上的【F8】键，弹出“转换为元件”对话框，在“类型”中选择“影片剪辑”选项，单击“确定”按钮。

④ 创建空白元件。单击舞台中的空白区域，执行【插入】/【新建元件】命令，或者按组合键【Ctrl+F8】，可打开“创建新元件”对话框，在对话框中输入元件名称，选择元件的类型，单击“确定”按钮，即可进入新元件编辑模式。

或者通过“库”面板底部的“新建元件…”按钮，或者单击“库”面板右侧菜单/“新建元件…”，打开“创建新元件”对话框。

在新元件编辑模式中，元件名字会在舞台左上角显示，窗口中包含一个“十”字，它代表了元件的“定位点”，这时你可以利用时间轴、绘图工具或导入其他素材来创建、编辑元件的具体内容。

完成新元件内容的制作后，可以单击左上角的场景标签，退出元件编辑模式。

2.“库”面板

执行【窗口】/【库】命令，可以打开图 4-62 所示的“库”面板，“库”面板中保存着 Flash 动画的所有元件。

- 库标签：拖动“库标签”，可以随意地移动“库”面板，如果“库”面板包含在“面板集”中，只有拖动此处才可脱离“面板集”。
- 库”面板菜单：单击“库”面板右上角的按钮，弹出图 4-63 所示的菜单。可以完成新建元件、新建文件夹、新建字体元件等操作。

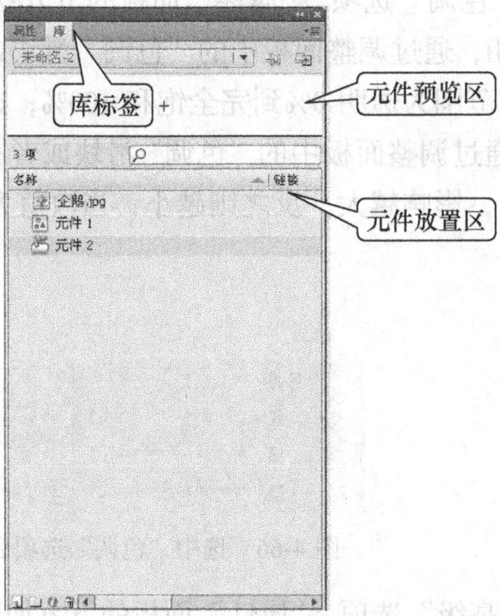

图 4-62　“库”面板

图 4-63　“库”面板菜单

- ：单击它，会弹出“创建新元件”对话框，用来新建元件。
- ：单击它，能在“库”中新建文件夹。
- ：单击它，能打开“元件属性”对话框，在对话框中可改变元件的属性。
- ：单击它，能删除被选的元件。

利用“库”面板上的各种按钮及“库”面板菜单，能够进行元件管理与编辑的大部分操作。

3. 实例

实例是将元件拖动到场景中的任意地方或其他元件中，移动元件的过程实际就是创建实例的过程。对元件的编辑可以改变所有应用了该元件的实例，但是对元件的实例的操作不会影响到应用该元件的其他实例。

将元件拖动到场景后，选中该元件对应的实例，在“属性”面板中即可调整实例的各种属性，如名称、色彩、亮度等。不同类型的元件对应的实例属性不同，图 4-64 所示为图形元件实例的属性。

（1）实例的基本属性

：该下拉列表框中的文字表示当前实例的类型，也可通过该下拉列表框改变当前实例的类型。

：为实例定义一个名称。当创建影片剪辑元件和按钮元件实例时，Flash 将为它们指定默认的实例名称。用户也可以自定义名称应用于实例，便于在动作脚本中通过实例名称来引用实例。

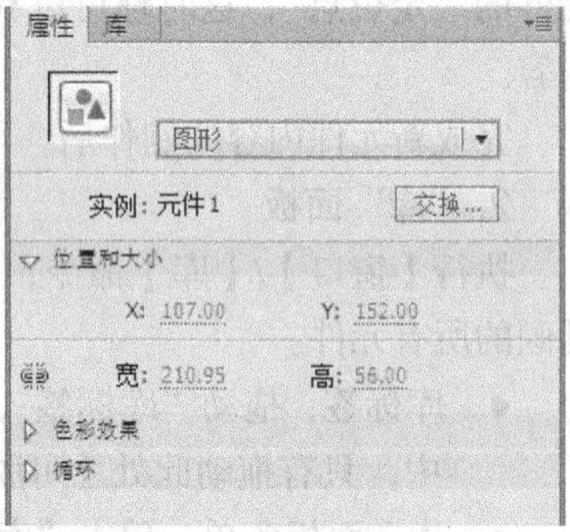

图 4-64　图形元件实例属性

“色彩效果”样式：“色彩效果”样式下拉列表中有 5 个选项，用于对元件实例的颜色、亮度和透明度进行调整，如图 4-65 所示。

- 无：在“颜色”下拉列表框中选择“无”选项，将取消实例的颜色效果。
- 亮度：在“颜色”下拉列表框中选择“亮度”选项，下方会出现一个数值框，用于设置实例的亮度，取值范围为－100%～100%，数值越大，实例越亮，直到变为白色，反之则越暗，直到变为黑色。
- 色调：在“颜色”下拉列表框中选择“色调”选项，“属性”面板的下方变为如图 4-66 所示。“色调”主要用于设置实例的色相，通过调整面板中的“色调”滑块或者在文本框中输入一个值来设置色调百分比，取值范围为透明 0%到完全饱和 100%；也可以通过下面的 RGB 三原色数值框来改变颜色，通过调整面板中的“色调”滑块或者在文本框中输入一个值来设置颜色的数值，数值越大，影响越大，反之则越小，当数值为 0 时，没有任何影响。

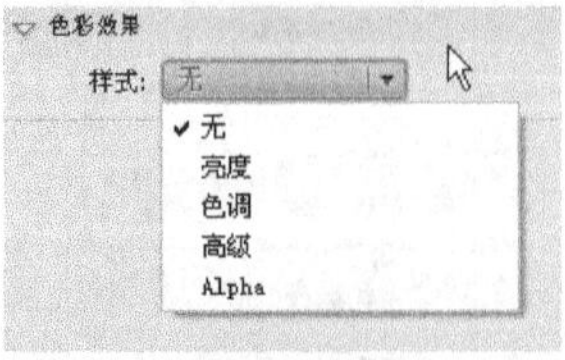

图 4-65　“色彩效果”样式

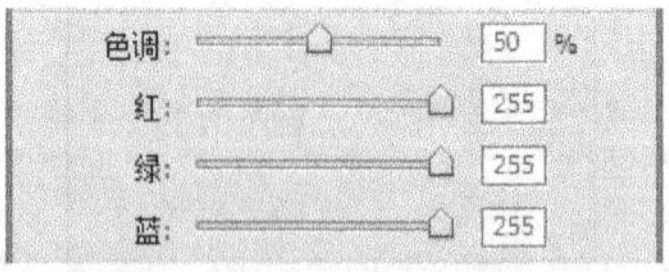

图 4-66　选中“色调”选项后

- 高级：在“颜色”下拉列表框中选择“高级”选项，“属性”面板的下方如图 4-67 所示。主要用于对实例的颜色、亮度和透明度的综合调整。

- Alpha：在“颜色”下拉列表框中选择“Alpha”选项，其后会出现一个数值框，如图 4-68 所示。用于设置实例的透明度，取值范围为 0%～100%，数值越小，实例越透明，反之越不透明，数值为 100%时，是实例的正常状态，完全不透明。

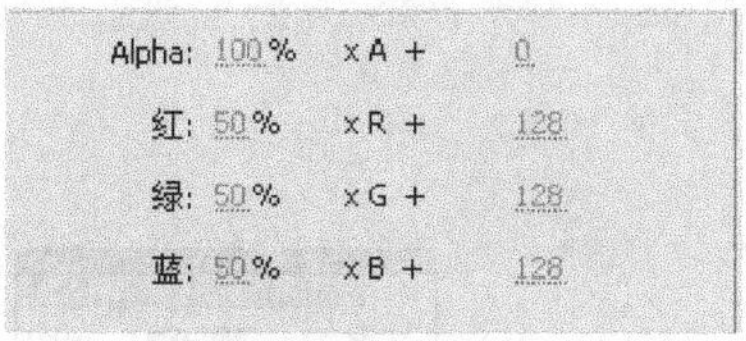

图 4-67　选中“高级”选项后

图 4-68　Alpha 数值框

（2）实例的特殊属性

① 按钮实例属性。

“音轨”选项：定义该实例是以普通按钮的形式存在，还是以下拉菜单的形式存在，如图 4-69 所示。

② 图形实例属性。

在“属性”面板下方有一组下拉列表和一个数值输入区，如图 4-70 所示，其作用如下。

图 4-69　“音轨”选项

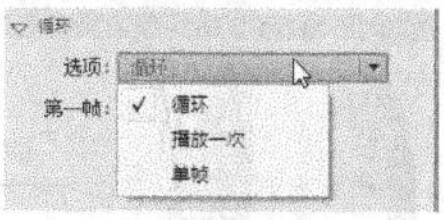

图 4-70　“循环”面板

- 循环：此选项是用于设置引用元件中的动画以无限循环的方式播放。
- 播放一次：此选项是设置引用元件只可以在舞台中播放一次。
- 单帧：此选项是设置用户选取引用元件中的某一帧，如果引用元件中有动画效果，也是无效的。
- 第一帧：此选项用于设定引用的元件是从第几帧开始呈现的。

4. 影片剪辑元件制作案例

步骤 1：执行【文件】/【新建】命令，新建一个 Flash 文档。

步骤 2：执行【窗口】/【库】命令，打开“库”面板。单击“库”面板底部的“新建元件…”按钮，弹出“创建新元件”对话框，输入“元件名称”花朵，“类型”选择“影片剪辑”选项，如图 4-71 所示，确定后进入元件编辑界面。

步骤 3：执行【窗口】/【颜色】命令，把笔触设置为“空”，类型为“线形渐变”，并用鼠标双击两端的颜色手柄进行设置，其中一个指针为“红色”，一个指针为“白色”，如图 4-72 所示。

步骤 4：在“工具”面板中选择“椭圆工具”，在舞台上画出一个椭圆。利用“渐变变形工具”调整填充渐变色的方向和左右浓度，旋转角上的圆点可以改变填充的旋转，拖动边框的箭头可以改变填充的长度，拖动中心圆点可以改变填充时的中心点，如图 4-73 所示。

步骤 5：在“工具”面板中选择“任意变形工具”，选中椭圆，移动“旋转中心点”使之处于椭圆的最下方，如图 4-74 所示。

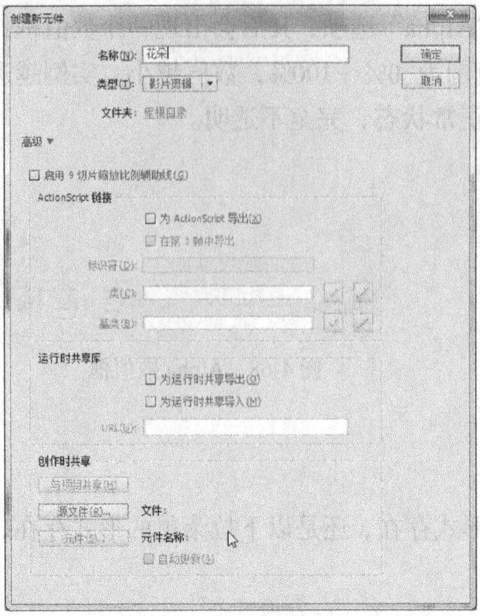

图 4-71　创建新元件

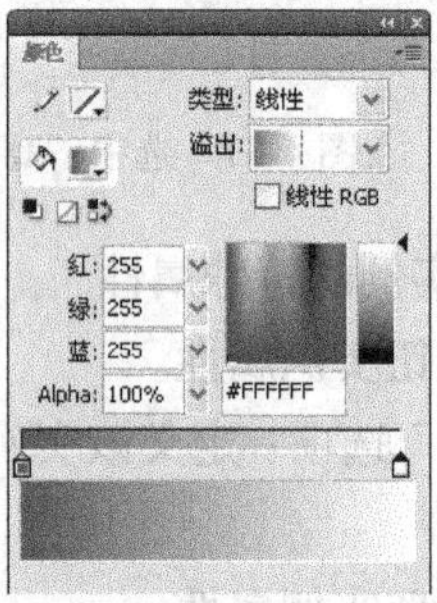

图 4-72　设置线型填充颜色

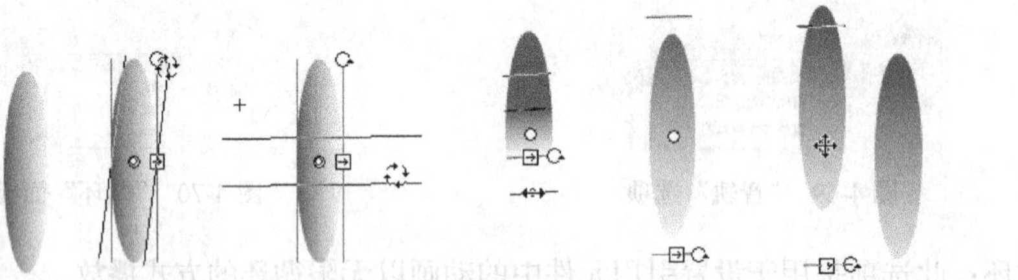

图 4-73　设置渐变

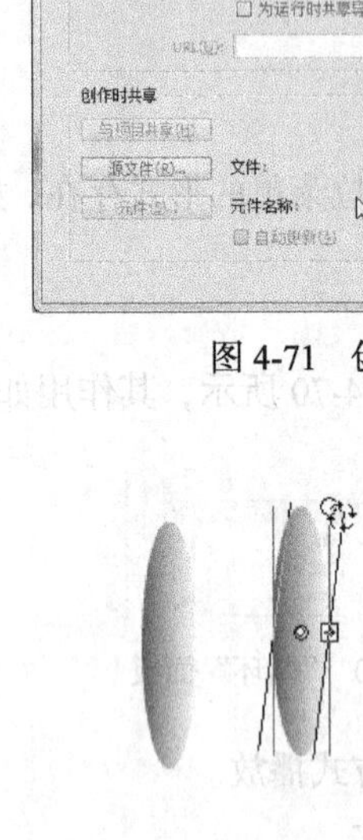

图 4-74　设置对象的旋转中心点

步骤 6：执行【窗口】/【变形】命令，设置旋转角度为 45°，其他属性默认不变，单击“重置选取和变形”按钮，如图 4-75 所示。

步骤 7：重复单击“重置选取和变形”按钮 7 次，则出现图 4-76 所示效果。

步骤 8：单击“工具箱”中的“任意变形工具”按钮，选中所有花瓣，调整大小和位置，最终效果如图 4-77 所示。

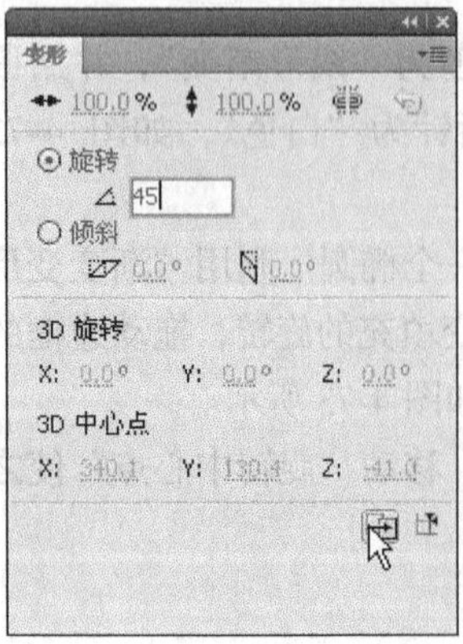

图 4-75　“变形”对话框

图 4-76　重复单击“重置选取和变形”按钮

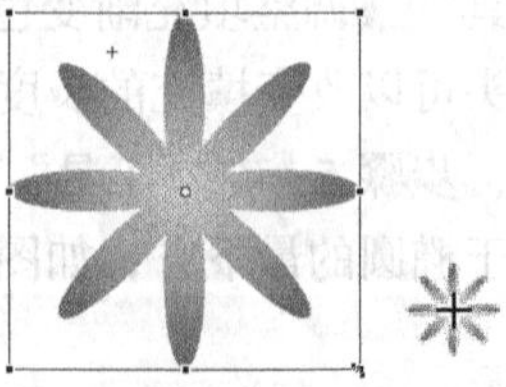

图 4-77　调整花朵的大小和位置

4.3　简单动态演示课件素材制作

利用动画素材制作的多媒体演示课件具有生动的形象和表现力，可以有效地调动学生多种感官参与学习活动，为学生营造一个相对真实的环境，并且能够形象、直观地表现教学内容，从而提高学生的学习兴趣，便于学生对教学内容的理解。

Flash 的基本动画主要是：逐帧动画、补间动画、补间形状动画、滤镜动画。

4.3.1　逐帧动画的制作

逐帧动画是一种常见的动画形式，其原理是将动画动作分解在“连续的关键帧”中，也就是在时间帧上逐帧绘制不同的内容，使其连续播放形成动画。由于是一帧一帧地画，所以逐帧动画具有非常大的灵活性，几乎可以表现任何想表现的内容。逐帧动画的帧序列内容不一样，会相应增加制作负担，而且最终输出的文件量也很大，但同时它的优势也很明显：它类似于电影播放模式，很适合表演很细腻的动画，如 3D 效果、人物或动物急剧转身等效果。

1. 时间轴

“时间轴”面板位于 Adobe Flash CS6 舞台的正下方，如图 4-78 所示。它由图层、帧和播放头组成，从形式上可分为左侧的图层操作区和右侧的帧编辑区。它是 Flash 创作作品的核心部分，以时间为基础的线性进度安排表，设计者通过它可以查看每一帧的情况，控制动画在某一段时间内显示的内容。

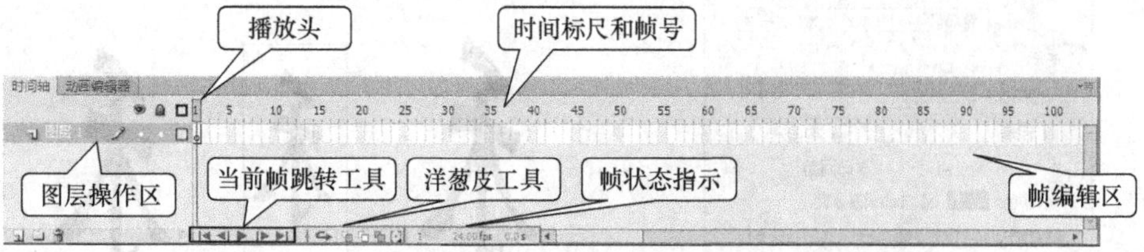

图 4-78　“时间轴”面板

2. 帧

帧是进行 Flash 动画制作的最基本单位，每一个精彩的 Flash 动画都是由很多个精心雕琢的帧构成的，在时间轴上的每一帧都可以包含需要显示的所有内容，包括图形、声音、各种素材和其他多种对象。Flash 帧包括关键帧、空白关键帧、普通帧、普通空白帧 4 种。

- 关键帧：用来定义动画的变化环节，其中包含内容，并且可以编辑，用黑色实心点表示。
- 空白关键帧：空白关键帧和关键帧的性质相同，用来定义动画的变化环节，内容为空。一旦创建了内容，就变成关键帧。
- 普通帧：普通帧是关键帧的延续。不同的颜色代表不同的普通帧，在静止关键帧后出现的普通帧为灰色，在空白关键帧后出现的普通帧为白色，“补间动画”的普通帧为浅蓝色，“补间形状动画”的普通帧为浅绿色。
- 普通空白帧：普通空白帧为白色，没有任何内容。

3. 创建逐帧动画的方法

（1）利用导入的静态图片建立逐帧动画

用 jpg、png 等格式的静态图片连续导入 Flash 中，分布在连续的各个关键帧中，就会建立一段逐帧动画。

（2）绘制矢量逐帧动画

在每个关键帧中，利用 Flash 的绘图工具在场景中一帧帧地画出帧内容。

（3）文字逐帧动画

用文字作帧中的元件，应用分离、组合或转换成元件的方式分离整合字体和笔画，实现文字书写、文字跳跃、旋转等特效。

（4）导入序列图像

可以导入 gif 序列图像、swf 动画文件或者利用第 3 方软件（如 swish、swift 3D 等）产生的动画序列，导入的文件将自动建立一个新层，并把动态图像按帧展开，建立逐帧动画。

4. 逐帧动画制作案例

（1）文字书写动画案例

步骤 1：执行【文件】/【新建】命令，新建一个 Flash 文档。

步骤 2：在“工具箱”中选择“文本工具”T，在舞台中按住鼠标左键并拖动插入文本框，在光标闪烁处输入文字“禾”。选中文字，在“属性检测器”中设置字体为“华文新魏”，颜色为黑色，大小为 35 点，如图 4-79 所示。

步骤 3：利用“选择”工具选中文字，执行【修改】/【分离】命令，把矢量文字打散为图形，如图 4-80 所示。

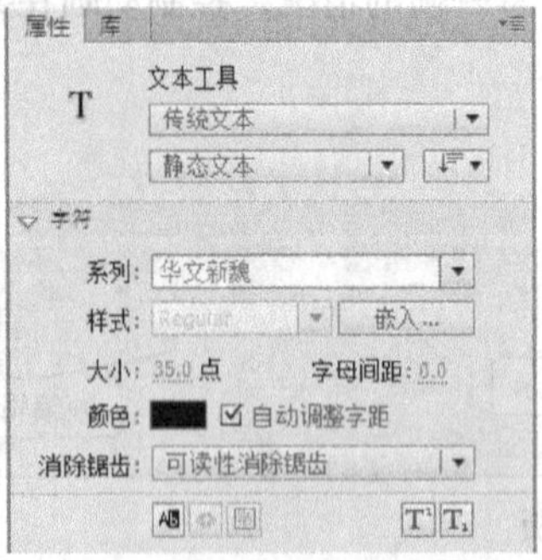

图 4-79　设置字体“属性”

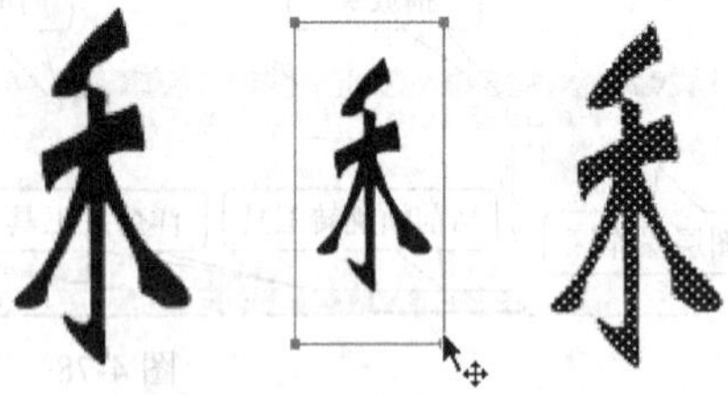

图 4-80　矢量文字转变为图形

步骤 4：在第 2 帧处用鼠标右键单击，在弹出的快捷菜单中选择“插入关键帧”选项，在“工具箱”中选择“橡皮擦”工具，擦除“禾”字最后一笔。

步骤 5：按照第 4 步，依此类推，顺序往后插入关键帧，顺便擦除一笔，直到最后一帧把“禾”字擦除完毕。

步骤 6：选中所有关键帧，单击鼠标右键，在弹出的快捷菜单中选择【翻转帧】命令，则把所有选中的帧倒序翻转过来，按笔画逐帧书写成“禾”字。

步骤 7：将时间轴的播放控制线定位在第一帧，按【Enter】键预览动画效果。

（2）球体的抛体运动案例

步骤 1：执行【文件】/【新建】命令，新建一个 Flash 文档。

步骤 2：在“工具”面板中选择“椭圆工具”，不选线条颜色，按住【Shift】键，在舞台中按下并拖动鼠标，画出一个圆。

步骤 3：执行【窗口】/【颜色】命令，把笔触设置为“空”，类型为“放射状”，并用鼠标双击两端的颜色手柄进行设置，其中一个指针为“红色”，一个指针为“白色”。

步骤 4：利用“油漆桶”工具单击圆形图片左上角，单击前后的图形，如图 4-81 所示。

图 4-81　填充颜色变化

步骤 5：在第 2 帧处用鼠标右键单击，在弹出快捷菜单中选择“插入关键帧”选项，重复该动作，在第 1 个关键帧后面添加多个关键帧，并分别将圆拖到舞台不同的位置。

步骤 6：单击“时间轴”面板下方的“编辑多个帧”按钮，再单击“修改绘图纸标记”按钮，在弹出的菜单中选择【标记整个范围】命令，如图 4-82 所示。

步骤 7：执行【编辑】/【全选】命令，此时舞台效果如图 4-83 所示。在“属性查看器”中，单击“将宽度值和高度值锁定在一起”按钮，设置图像宽度和高度按等比例缩放。

步骤 8：单击舞台上的圆，按照圆的抛体运动轨迹进行调整，如图 4-84 所示。

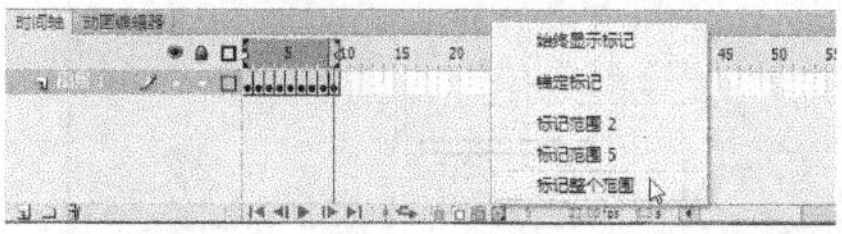

图 4-82　利用“绘图纸工具”选择所有帧

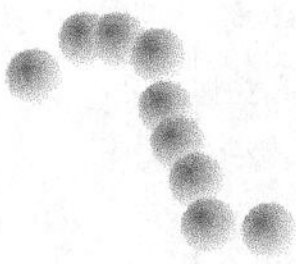
图 4-83　调整位图大小

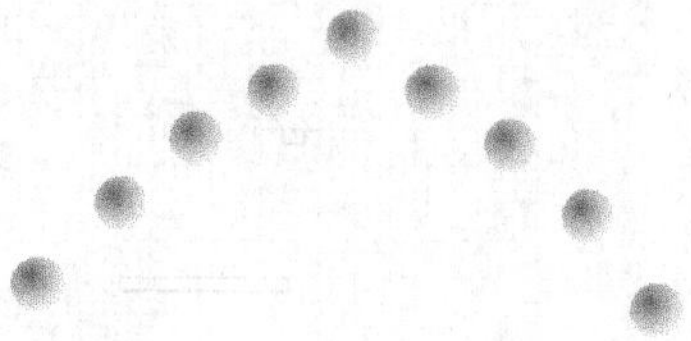
图 4-84　球的抛体运动轨迹

步骤 9：将时间轴的播放控制线定位在第一帧，按【Enter】键预览动画效果。

4.3.2　补间动画的制作

补间动画是同一个对象在两个关键帧中大小、位置、旋转、倾斜、透明度等属性的变化，关键在于创建补间帧序列的开始帧和结束帧。补间动画只能使用实例、元件、文本、组合与位图作为动画对象，并且补间动画的关键帧中只能有一个对象，而矢量图形需要先转变成元件，才能运用补间动画。

用 Adobe Flash CS6 创建补间动画除了采用传统补间，即首先确定开始帧和结束帧，由计算机自动完成补间动画过渡帧的方式外，还可以采用基于动画对象的“创建补间动画”模式：先确定补间帧序列的开始帧，通过移动改变对象的物理属性，同时依托运动路径轨迹的贝塞尔曲线调整和缓动来设置动画效果。

1. “传统补间”动画的制作步骤

步骤 1：执行【文件】/【新建】命令，新建一个 Flash 文档。

步骤 2：单击“时间轴”面板下方的“新建图层”按钮，新建 3 个图层：实验台 1 层、实验台 2 层、小球层，如图 4-85 所示。

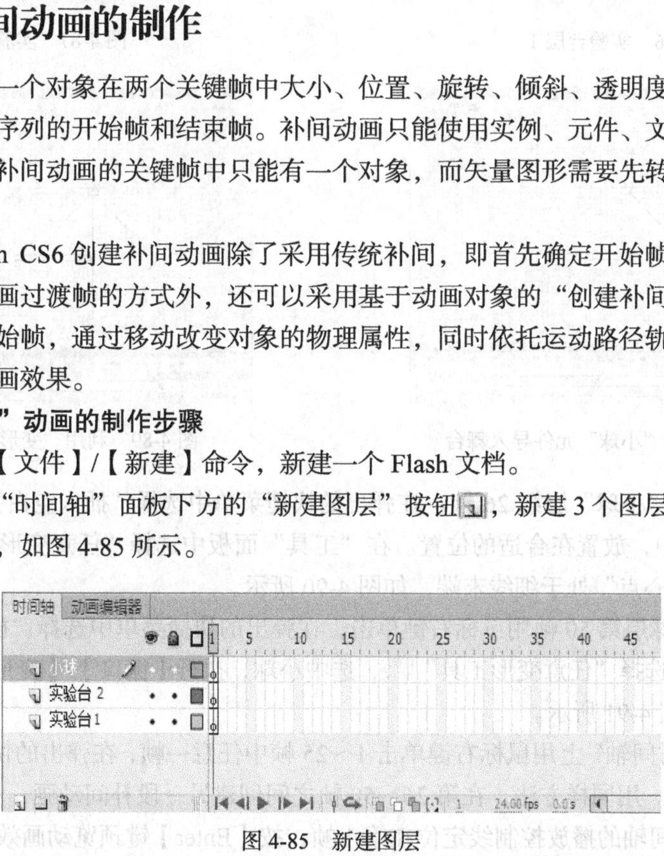

图 4-85　新建图层

步骤 3：选择“实验台层 1”第 1 帧，将“背景”元件导入舞台中，在第 50 帧用鼠标右键单击，在弹出的快捷菜单中选择“插入帧”选项，如图 4-86 所示。

步骤 4：选择“实验台层 2”第 26 帧，用鼠标右键单击，在弹出的快捷菜单中选择“插入空白关键帧”选项，将“细线”元件导入舞台中，在第 50 帧用鼠标右键单击，在弹出的快捷菜单中选择“插入帧”选项，如图 4-87 所示。

步骤 5：选择 “小球”层第 1 帧，将“小球”元件导入舞台中，放置在合适的位置，在“工具”面板中选择“任意变形工具”，选中小球，移动“旋转中心点”处于细线末端，如图 4-88 所示。在第 25 帧用鼠标右键单击，在弹出的快捷菜单中选择“插入关键帧”选项，在“工具”面板中选择“任意变形工具”，选中小球，执行【窗口】/【变形】命令，设置旋转角度为“−45°”，如图 4-89 所示。

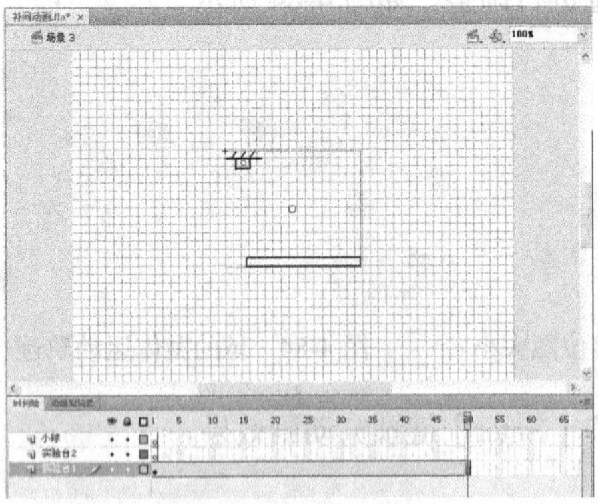

图 4-86　实验台层 1

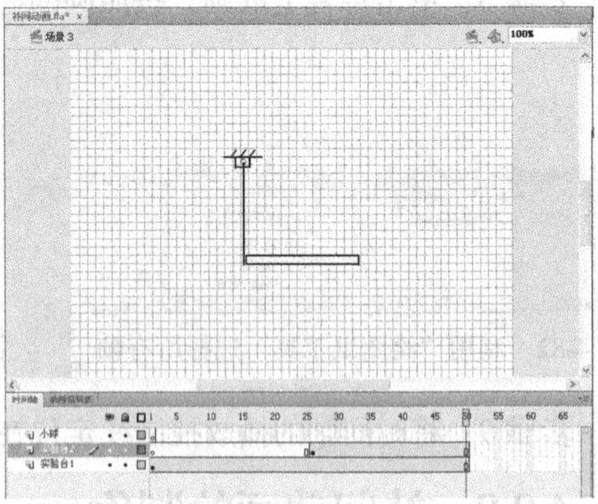

图 4-87　实验台层 2

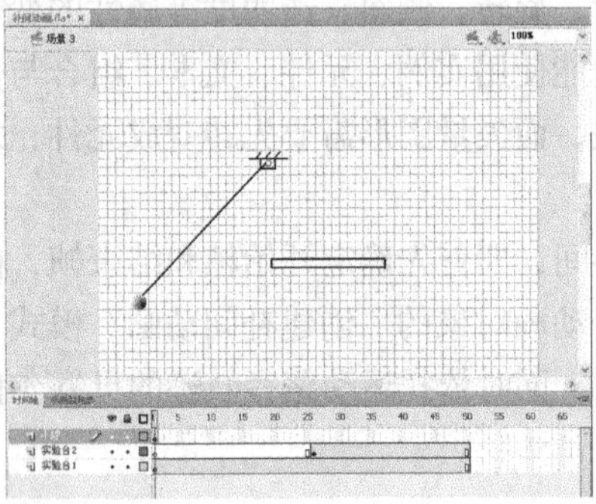

图 4-88　将“小球”元件导入舞台

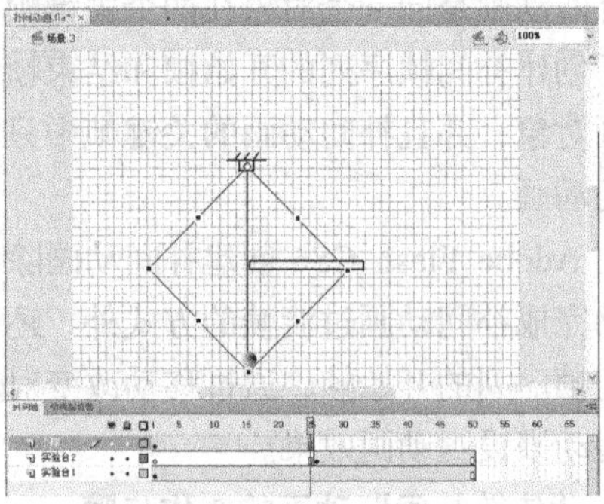

图 4-89　利用“变形工具”变形

步骤 6：选择“小球”层第 26 帧，在弹出的快捷菜单中选择“插入空白关键帧”，将“小球 2”元件导入舞台中，放置在合适的位置。在“工具”面板中选择“任意变形工具”，选中小球，移动“旋转中心点”处于细线末端，如图 4-90 所示。

步骤 7：在小球层第 50 帧用鼠标右键单击，在弹出的快捷菜单中选择“插入关键帧”选项。在“工具”面板中选择“任意变形工具”，选中小球，执行【窗口】/【变形】命令，设置旋转角度为 −45°，如图 4-91 所示。

步骤 8：在“时间轴”上用鼠标右键单击 1～25 帧中任意一帧，在弹出的快捷菜单中选择“创建传统补间”命令。用同样方法，在第 26～50 帧之间创建另一段补间动画，如图 4-92 所示。

步骤 9：将时间轴的播放控制线定位在第 1 帧，按【Enter】键预览动画效果。

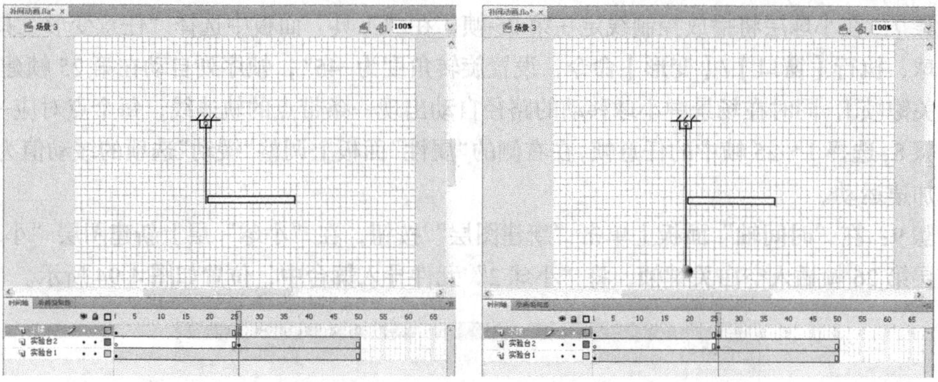

图 4-90 将“小球 2”元件导入舞台

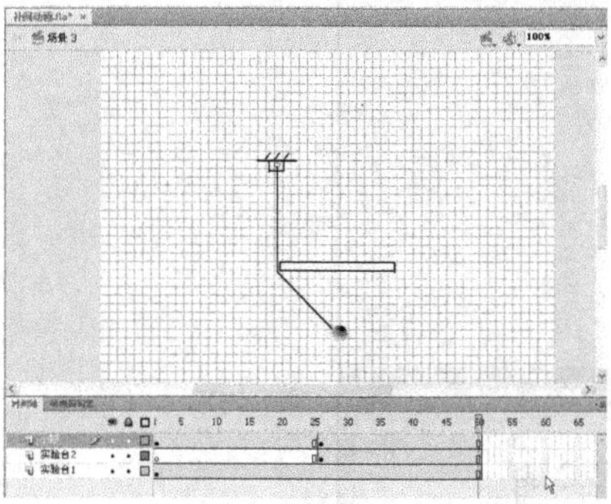

图 4-91 利用“变形工具”变形

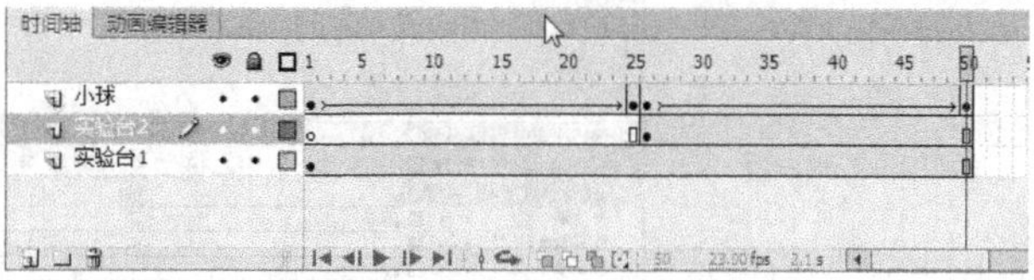

图 4-92 创建传统补间动画

2. “创建补间动画”的制作步骤

步骤 1～4 同上，略。

步骤 5：选择“小球”层第 1 帧，将“小球”元件导入舞台中，放置在合适的位置，在“工具”面板中选择“任意变形工具”，选中小球，移动“旋转中心点”处于细线末端。

步骤 6：在小球层第 25 帧用鼠标右键单击，在弹出的快捷菜单中选择“插入键”选项，在 1～25 帧任意帧右击鼠标，在弹出的快捷菜单中选择“创建补间动画”命令，1～25 帧之间的帧序列变成浅蓝色，如图 4-93 所示。

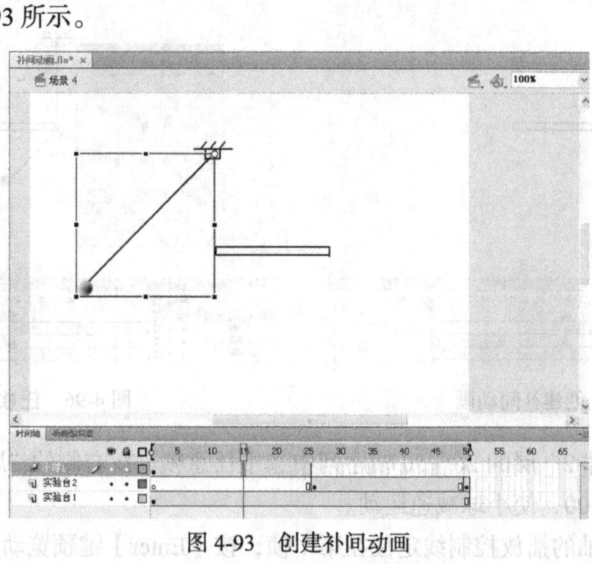

图 4-93 创建补间动画

步骤 7：在小球层将播放控制线定在第 25 帧，在“工具”面板中选择“任意变形工具”，选中小球，执行【窗口】/【变形】命令，设置旋转角度为-45°，帧序列自动在第 25 帧建立一补间动画关键帧，同时在场景中小球移动的路径自动出现一条带点的轨迹线，每个点对应一帧。

步骤 8：选择 1～25 帧中的任意帧，在右侧的“属性”面板上调整“缓动”选项的缓动值为 −100，使小球加速运动。

步骤 9：在“时间轴”面板上单击“新建图层”按钮，在“小球”层上新建图层“小球 2”。选择该层第 26 帧插入空白关键帧，将“小球 2”元件导入舞台中，位置如图 4-94 所示。

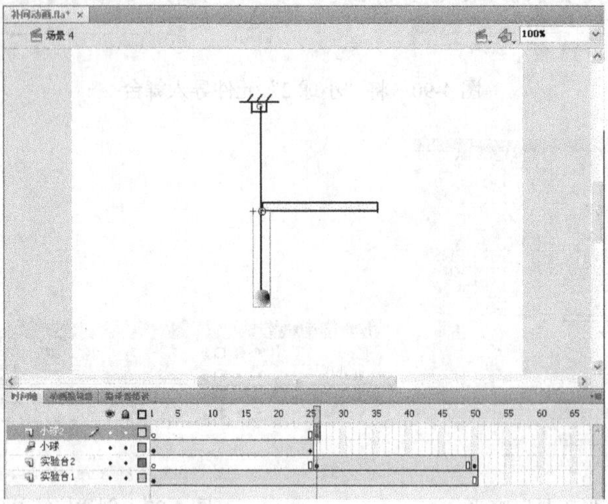

图 4-94　导入“小球 2”元件

步骤 10：在“小球 2”层的第 50 帧插入关键帧，选中 26～50 帧序列中的任意帧，用鼠标右键单击，在弹出的快捷菜单中选择【创建补间动画】命令，如图 4-95 所示。将播放控制线定在第 50 帧，在“工具”面板中选择“任意变形工具”，选中小球，执行【窗口】/【变形】命令，设置旋转角度为-45°，如图 4-96 所示。

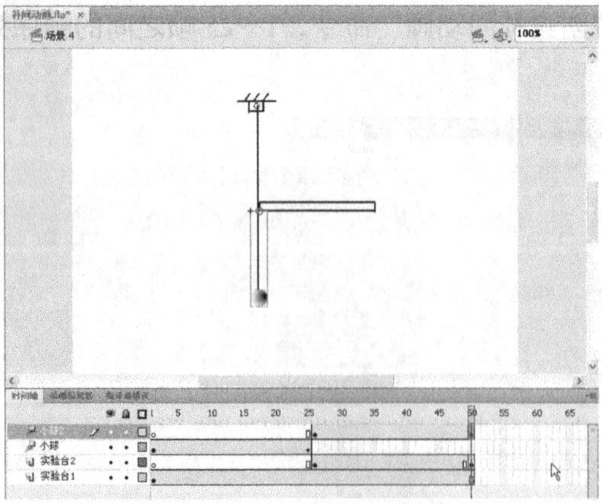

图 4-95　创建补间动画

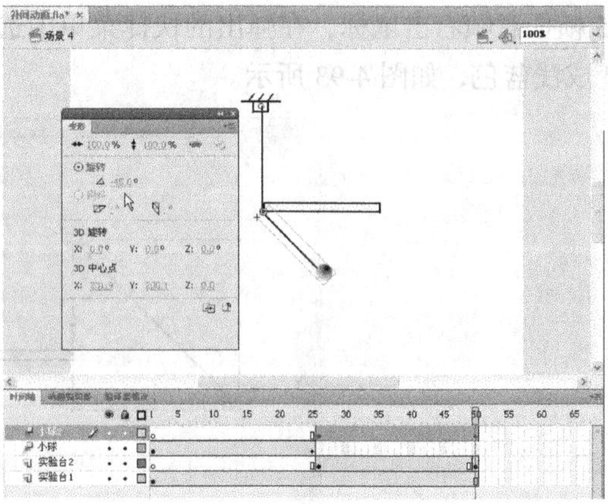

图 4-96　任意变形工具

步骤 11：在“小球 2”层的 26～50 帧序列中选中任意帧，在右侧的“属性”面板上调整“缓动”选项的缓动值为 100，使小球减速运动。

步骤 12：将时间轴的播放控制线定位在第 1 帧，按【Enter】键预览动画效果。

4.3.3　补间形状动画的制作

利用补间形状制作动画，可以实现从一个矢量图形到另一个矢量图形的变化，还可以对形状的位置、大小和颜色进行渐变。制作的过程只需要在起始帧绘制一个图形，然后在终止帧改变图形形状或者绘制其他形状，最后由软件直接生成中间的过渡帧，完成动画的制作。

1. 补间形状动画的制作步骤

步骤 1：执行【文件】/【新建】命令，新建一个 Flash 文档。

步骤 2：在“工具”面板中选择“椭圆工具”，在“属性”面板中选择笔触颜色、空白和填充颜色，按住【Shift】键在舞台中画出一个圆形，如图 4-97 所示。

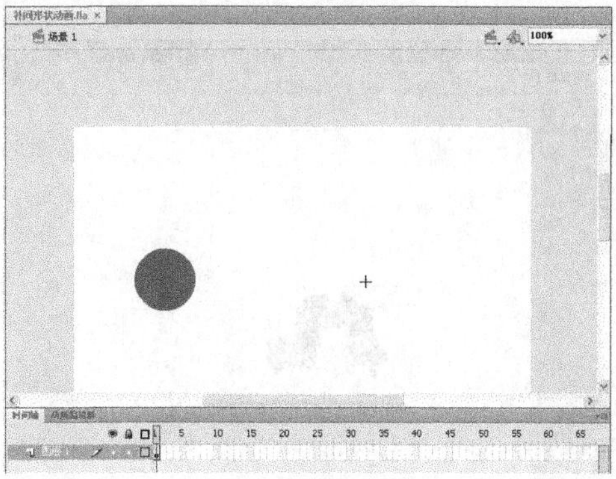

图 4-97　绘制圆形

步骤 3：在第 30 帧用鼠标右键单击，弹出的快捷菜单中选择“插入空白关键帧”选项。在“工具”面板中选择“多角星形工具”，在“属性检测器”面板中单击【工具设置】/【选项】，弹出图 4-98 所示的“工具设置”对话框，设置“样式”为“星形”，“边数”为 5，“星形顶点大小”默认。选择填充颜色为黄色，在舞台中拖动鼠标，绘制图 4-99 所示的小星星。

图 4-98　工具设置

图 4-99　绘制星星

步骤 4：用鼠标右键单击 1～30 帧的任意帧，在弹出的快捷菜单中选择【创建补间形状】，创建形状补间动画，如图 4-100 所示。

步骤 5：执行【控制】/【测试影片】命令，就可以看到小球到星星的变化，如图 4-101 所示。

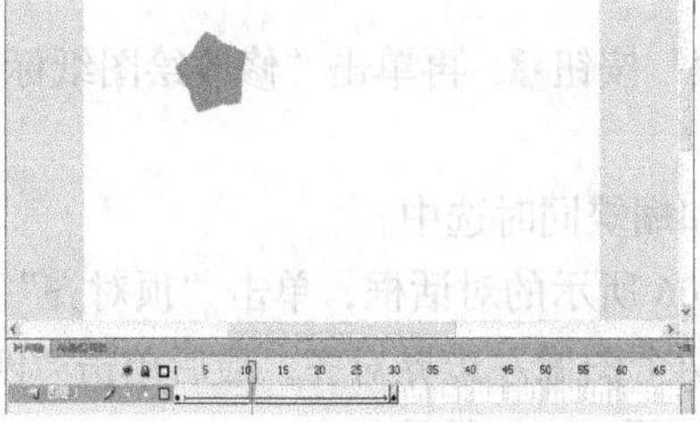

图 4-100　创建形状补间动画

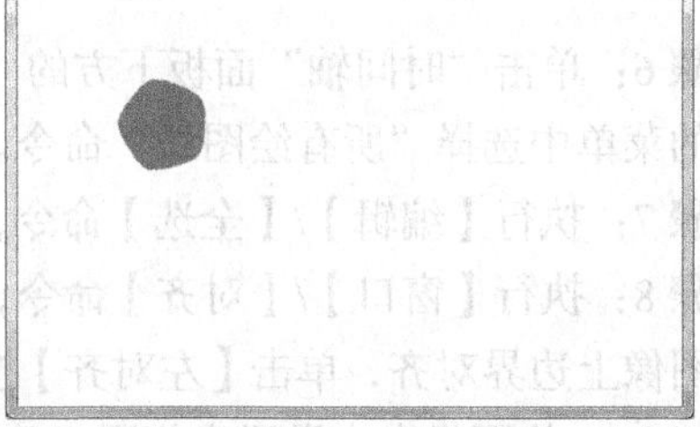

图 4-101　测试影片

2. 利用补间形状动画制作虫子和蝴蝶互变动画

步骤1：执行【文件】/【新建】命令，新建一个Flash文档。

步骤2：执行【窗口】/【库】命令，打开库窗口，从库窗口向舞台中加入一个“毛毛虫”实例，如图4-102所示。

步骤3：执行【修改】/【分离】命令，将该图片打散，如图4-103所示。

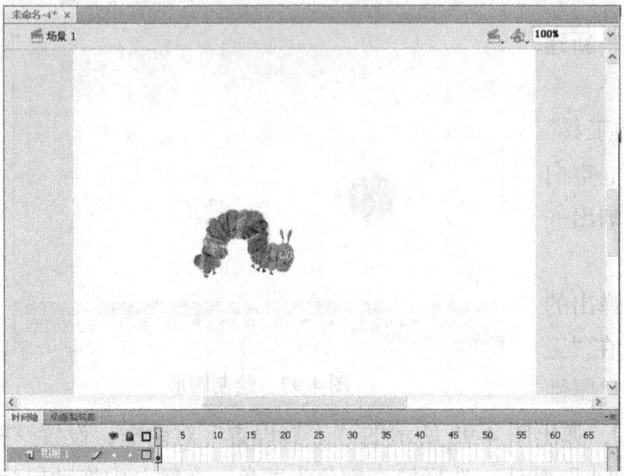

图4-102　导入“毛毛虫”图片

图4-103　图片打散

步骤4：在第25帧处单击鼠标右键，在弹出的快捷菜单中选择“插入空白关键帧”选项，从库窗口向舞台导入一个“蝴蝶”实例，如图4-104所示。

步骤5：执行【修改】/【分离】命令，将该图片打散，如图4-105所示。

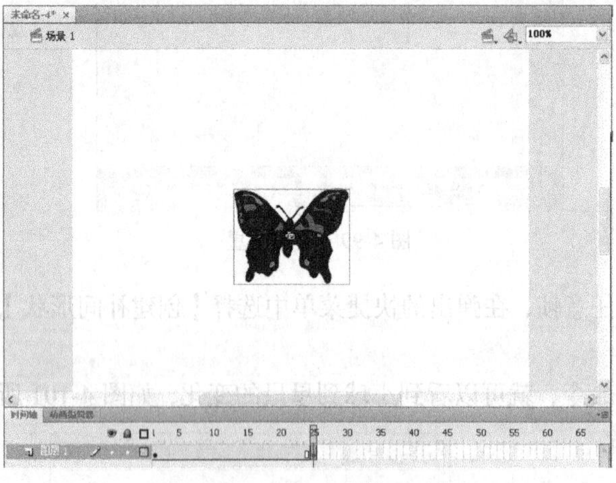

图4-104　导入“蝴蝶”图片

图4-105　图片打散

步骤6：单击“时间轴”面板下方的“编辑多个帧”按钮，再单击“修改绘图纸标记”，在弹出的菜单中选择“所有绘图纸”命令。

步骤7：执行【编辑】/【全选】命令，将毛毛虫和蝴蝶同时选中。

步骤8：执行【窗口】/【对齐】命令，弹出图4-106所示的对话框，单击“顶对齐”按钮将两个图像上边界对齐，单击【左对齐】按钮，将两个图像左边界对齐，最后单击“匹配宽和高”按钮，将图像大小设置为相同，并重叠一起，如图4-107所示。

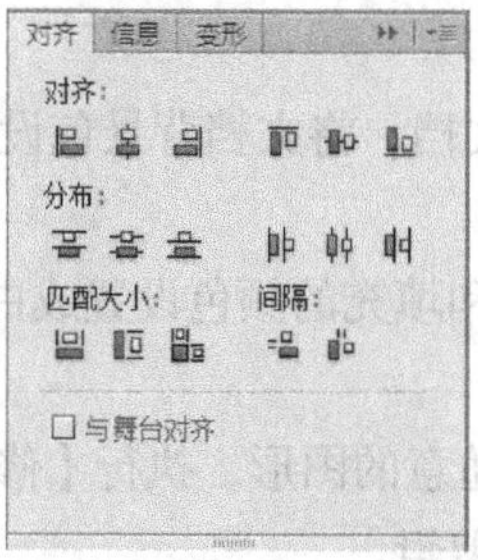

图 4-106　编辑多个帧

图 4-107　对齐

步骤 9：用鼠标右键单击 1～25 帧的任意帧，在弹出的快捷菜单中选择【创建补间形状】，创建形状补间动画。

步骤 10：在第 50 帧处单击鼠标右键，在弹出的快捷菜单中选择“插入空白关键帧”选项。

步骤 11：在第 1 帧处单击鼠标右键，在弹出的快捷菜单中选择“复制帧”选项，在第 50 帧单击鼠标右键，在弹出的快捷菜单中选择“粘贴帧”选项，在第 50 帧就可以看到“毛毛虫”了。

步骤 12：执行【控制】/【测试影片】命令，就可以看到“毛毛虫”和“蝴蝶”的互变了。

4.3.4　滤镜动画

通过滤镜可以为文本、按钮和影片剪辑添加视觉效果，从而增强对象的立体感和逼真性。通过在开始帧和结束帧设置不同的滤镜参数，可以创建出滤镜变化效果的补间动画，这就是滤镜动画。

1. 滤镜的种类

Flash CS6 提供了投影、模糊、发光、斜角、渐变发光、渐变斜角和调整颜色 7 种滤镜，作用如下。

- 投影：为对象添加一个表面投影的效果。
- 模糊：用来柔化对象的边缘和细节。
- 发光：为对象的整个边缘应用颜色。
- 斜角：通过创建内斜角、外斜角或完全斜角，为对象增加立体效果。
- 渐变发光：为对象增加带渐变颜色的发光效果。
- 渐变斜角：为对象增加带渐变颜色的内斜角、外斜角或完全斜角。
- 调整颜色：用于调整对象的亮度、对比度、饱和度和色相。

2. 为对象添加滤镜效果

步骤 1：选择要添加效果的文本、影片剪辑或按钮元件，在“属性”面板中单击“滤镜”，打开图 4-108 所示的“属性检测器”。

步骤 2：单击“属性检测器”左下角的“添加滤镜”按钮，从弹出的快捷菜单中选择需要应用的滤镜效果即可，如图 4-109 所示。

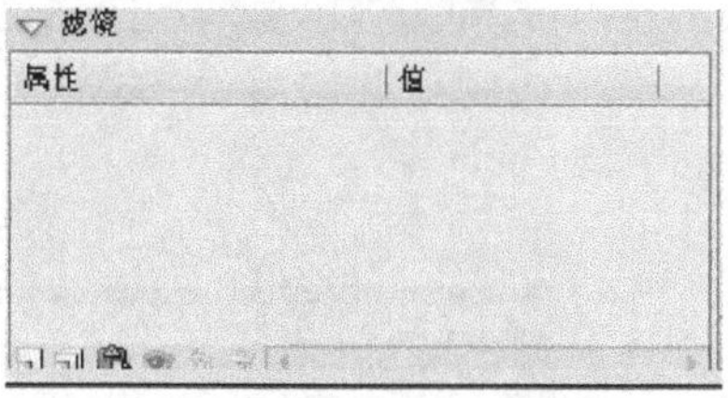

图 4-108 “滤镜”的“属性检测器”

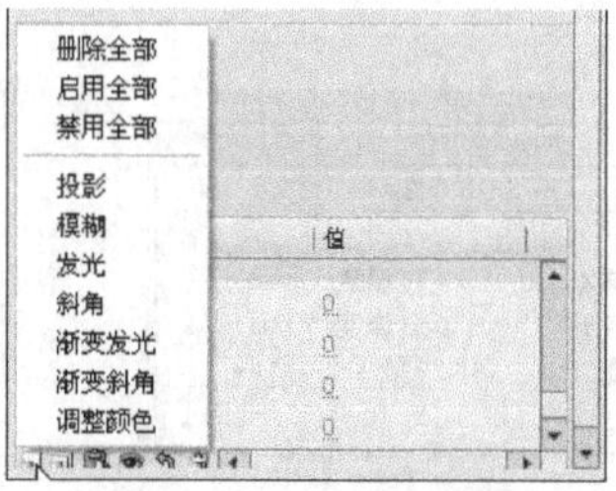

图 4-109　选择滤镜效果

3. 利用滤镜动画制作“蒸汽飘动动画”案例

步骤 1：执行【文件】/【新建】命令，新建一个 Flash 文档，将文档背景色设置成浅蓝色。

步骤 2：从库中向舞台导入图片“茶杯”。

步骤 3：选择“工具箱”中的“刷子”工具，将笔触和填充的颜色设置成白色，在茶杯上方随意画出图 4-110 所示的图形。

步骤 4：利用“工具箱”中的“选择工具”选择这些随意的图形，执行【修改】/【转换为元件】命令 2 次，这样就可以在影片剪辑中嵌套另一个影片剪辑。

步骤 5：双击这个影片剪辑元件，进入其编辑模式。用鼠标单击第 1 帧，选择图形，在“属性”面板中为它添加模糊滤镜，设置参数如图 4-111 所示，效果如图 4-112 所示。

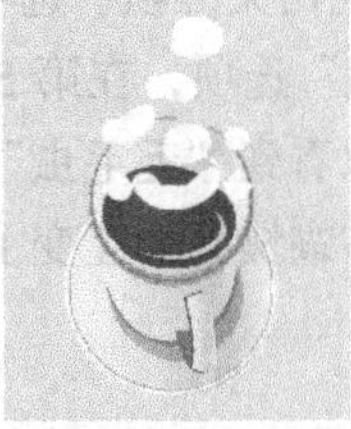

图 4-110　随意图形

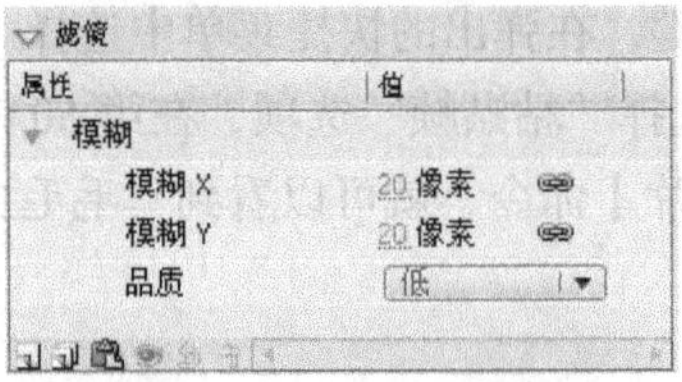

图 4-111　模糊滤镜参数

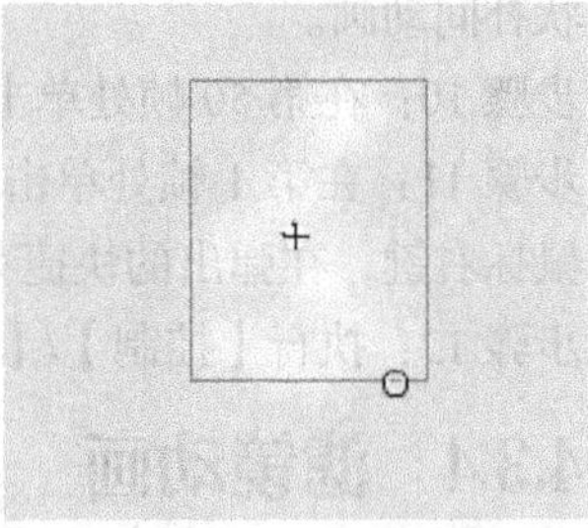

图 4-112　滤镜效果

步骤 6：在第 5 帧插入关键帧，利用工具箱中的“任意变形”工具将图形适当缩小并上移，设置滤镜参数如图 4-113 所示，效果如图 4-114 所示。

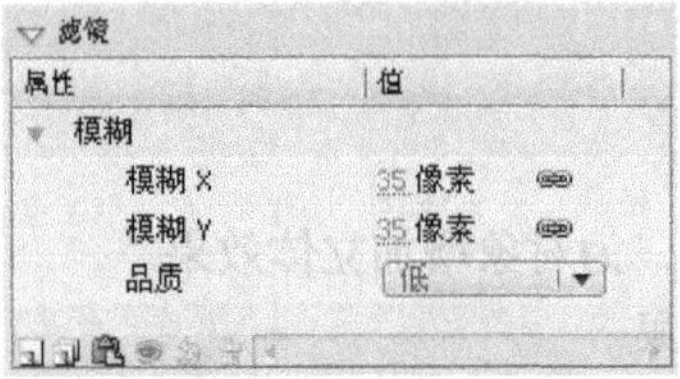

图 4-113　模糊滤镜参数

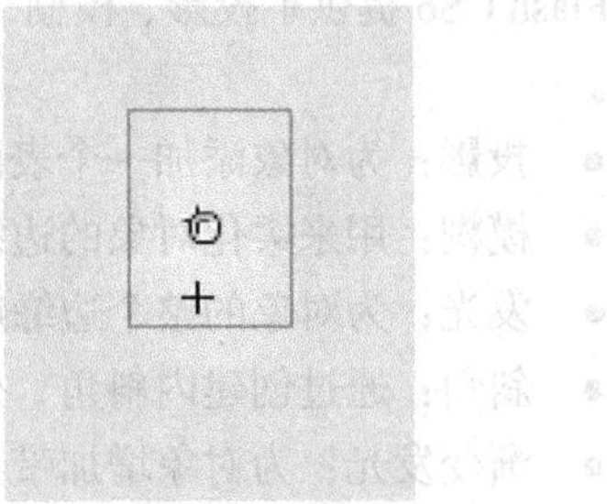

图 4-114　滤镜效果

步骤 7：在第 10 帧插入关键帧，利用工具箱中的“任意变形”工具将图形适当缩小并上移，设置滤镜参数如图 4-115 所示，效果如图 4-116 所示。

步骤 8：在第 1～5 帧，5～10 帧中用鼠标右键单击鼠标，在弹出的快捷菜单中选择“创建传统补间”选项，如图 4-117 所示。

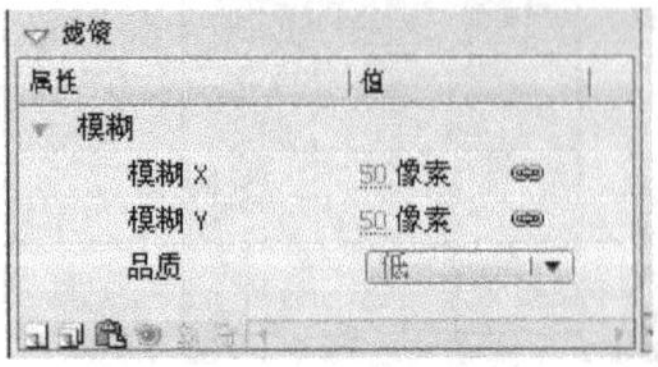

图 4-115　模糊滤镜参数

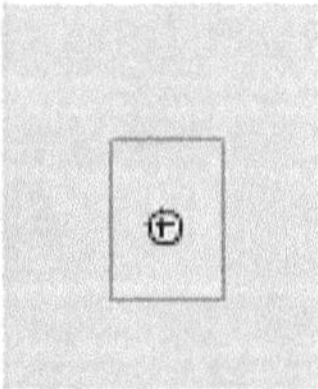

图 4-116　滤镜效果

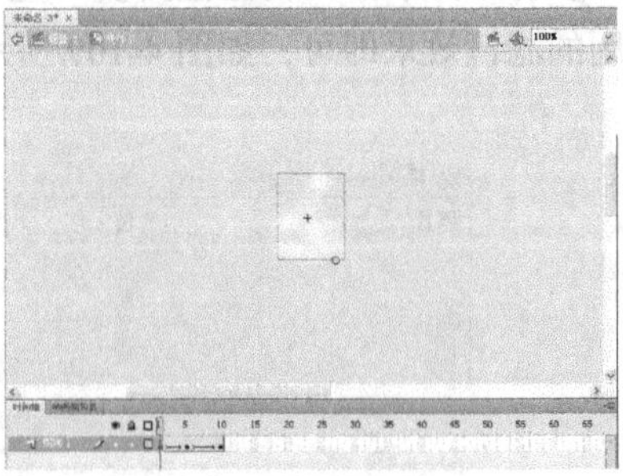

图 4-117　创建传统补间动画

步骤 9：选择“场景 1”回到主场景，如图 4-118 所示。

步骤 10：执行【控制】/【测试影片】命令，效果如图 4-119 所示。

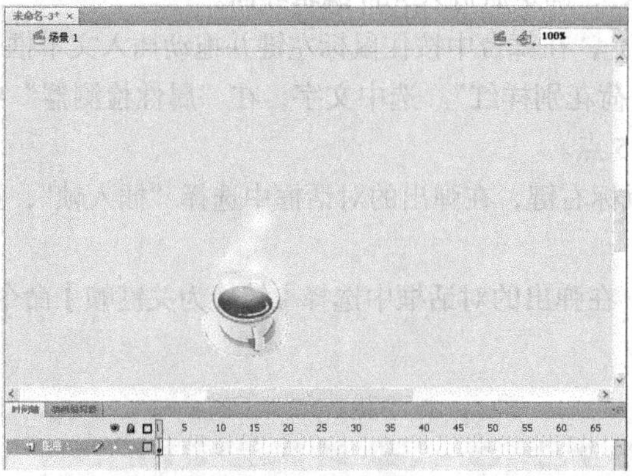

图 4-118 切回主场景

图 4-119 测试影片

4.3.5 简单动态演示课件素材制作案例

通过上面的学习，我们掌握了逐帧动画和补间动画的制作，这两种动画是 Flash 中经常使用的基本动画类型。下面，我们通过一个案例，综合练习 Flash 的基本动画设计与制作技巧。

执行【文件】/【新建】命令，新建一个 Flash 文档。

1. 绘制、导入动画元件——制作“水滴”元件

步骤 1：执行【窗口】/【库】命令，打开“库”面板。单击“库”面板底部的“新建元件…”按钮，弹出“创建新元件”对话框，输入“元件名称”水滴，“类型”选择“图形”，确定后进入元件编辑界面。在舞台右侧的“属性”面板设置背景色为“蓝色”。

步骤 2：执行【窗口】/【颜色】命令，把笔触设置为“白色”，类型为“纯色”，填充为“黑白径向渐变”，如图 4-120 所示。

步骤 3：在“工具”面板中选择“椭圆工具”，按住【Shift】键在编辑区绘制一个正圆。

步骤 4：选择工具箱中的“选择”工具，在圆的上边缘中间位置使鼠标变成后，按住【Ctrl】键在圆上边拖出一个尖角，松开【Ctrl】键，用鼠标调整两边的弧度，使它形成水滴状。利用“渐变变形工具”调整填充渐变色的方向和左右浓度，使水滴立体感增强，旋转角上的圆点可以改变填充的旋转，拖动边框的箭头，可以改变填充的长度，拖动中心圆点可以改变填充时的中心点，水滴制作完成，如图 4-121 所示。

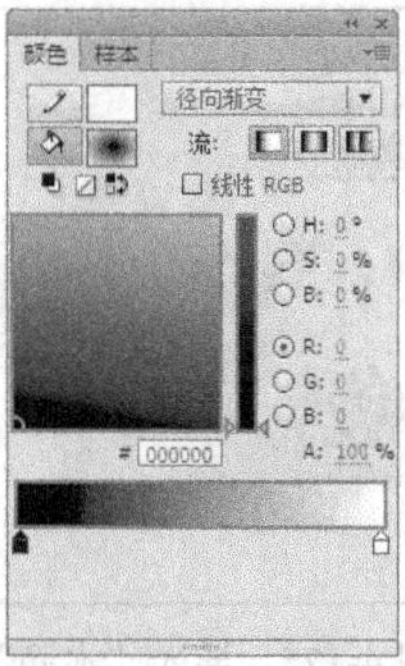

图 4-120 颜色调整

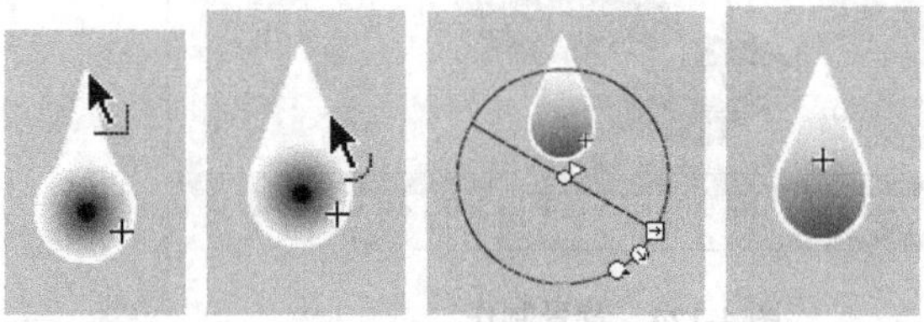

图 4-121 水滴元件制作

2. 制作文本逐帧动画元件

步骤 1：单击“库”面板底部的“新建元件…”按钮，弹出“创建新元件”对话框，输入“元件名称”为“文本”，“类型”选择“影片剪辑”，确定后进入元件编辑界面。

步骤 2：在“工具箱”中选择“文本工具”，在舞台中按住鼠标左键并拖动插入文本框，在光标闪烁处输入文字“接天莲叶无穷碧，映日荷花别样红”。选中文字，在“属性检测器”中设置字体为“华文新魏”，颜色为黑色，大小为 35 点。

步骤 3：在“时间轴”面板第 30 帧处单击鼠标右键，在弹出的对话框中选择“插入帧”，如图 4-122 所示。

步骤 4：选中第 1～16 帧，用鼠标右键单击，在弹出的对话框中选择【转换为关键帧】命令，如图 4-123 所示。

图 4-122　插入帧

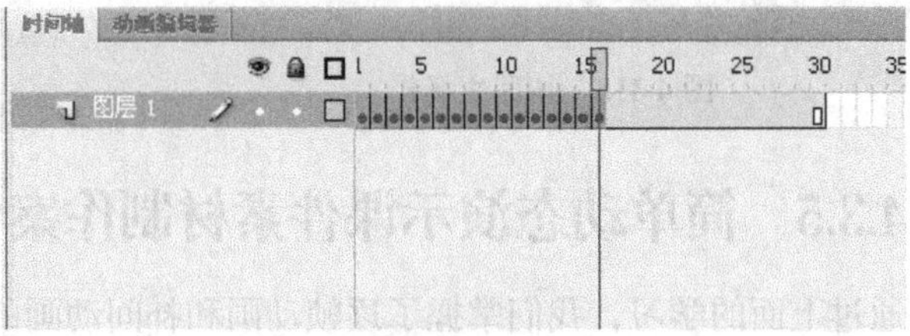

图 4-123　转换关键帧

步骤 5：选择第 16 帧，删除文本末端的“。”，选择第 15 帧，删除文本末端的“红”，以此类推，直到第一帧保留最后一个“接”字。

步骤 6：在“时间轴”面板下方，将帧速率改为 2.0fps。

3. 将元件导入场景与设置布局动画

步骤 1：将“图层 1”名称修改为“背景”，将“荷花”图片从库中拖入舞台，利用“任意变形工具”适当调整图片大小，在“时间轴”面板第 50 帧处单击鼠标右键，在弹出的对话框中选择“插入帧”，如图 4-124 所示。

步骤 2：新建“水滴”层，将“水滴”元件从库中拖入舞台，利用“任意变形工具”调整其大小，如图 4-125 所示。在该层第 10 帧插入帧，在 1～10 帧之间运用“创建补间动画”，然后选择第 10 帧，单击方向键把水滴放到荷叶上，形成水滴垂直落下的动画，如图 4-126 所示。

图 4-124　背景制作

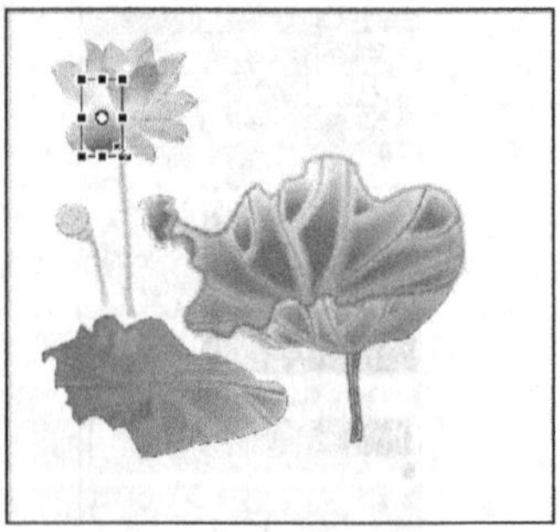

图 4-125　导入“水滴”元件

步骤 3：新建“水滴 2”层，把“水滴”层 1～10 帧动画复制到该层 4～13 帧，利用方向键移动水滴到图 4-127 所示的位置。

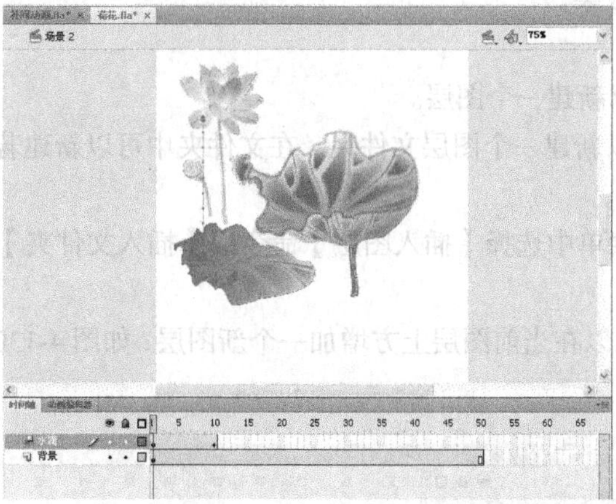

图 4-126　制作“水滴下落”动画

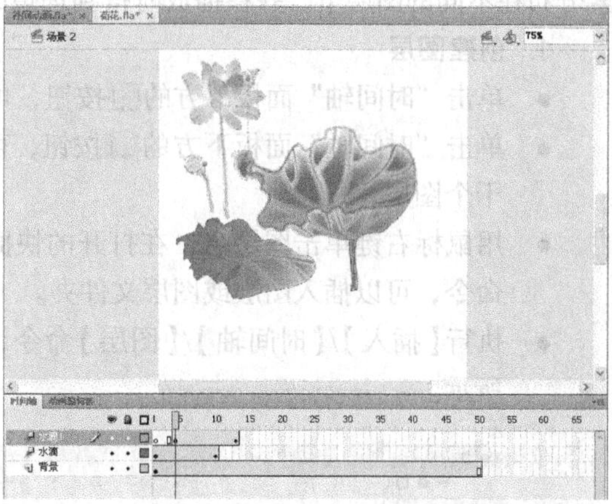

图 4-127　制作“水滴下落”动画

步骤 4：新建“文本”层，将“文本”影片剪辑元件拖入到舞台的合适位置中，如图 4-128 所示，至此完成了动画案例的制作。

步骤 5：执行【控制】/【测试影片】命令，如图 4-129 所示。

图 4-128　导入文字元件

图 4-129　测试影片

4.4　复杂动画课件素材制作

在上一节中学习了基本动画的制作，这一节我们进一步学习复杂动画的制作，例如引导层动画、遮罩动画。

4.4.1　图层及设置

图层是时间轴的一部分，就像透明的玻璃一样，在舞台上一层层地向上叠加。利用图层可以组织文档中不同的图形、图像等元素，在图层上绘制和编辑对象，不会影响其他图层上的对象。如果一个图层上没有内容，就可以透过它看到下面的图层。因此，根据使用需要，可以将动画元素分布在不同的图层上，并在播放时得到理想的效果。

1. 创建图层

- 单击“时间轴”面板下方的按钮，可以新建一个图层。
- 单击“时间轴”面板下方的按钮，可以新建一个图层文件夹，在文件夹中可以新建若干个图层。
- 用鼠标右键单击图层名，在打开的快捷菜单中选择【插入图层】命令或【插入文件夹】命令，可以插入图层或图层文件夹。
- 执行【插入】/【时间轴】/【图层】命令，可以在当前图层上方增加一个新图层，如图 4-130 所示。

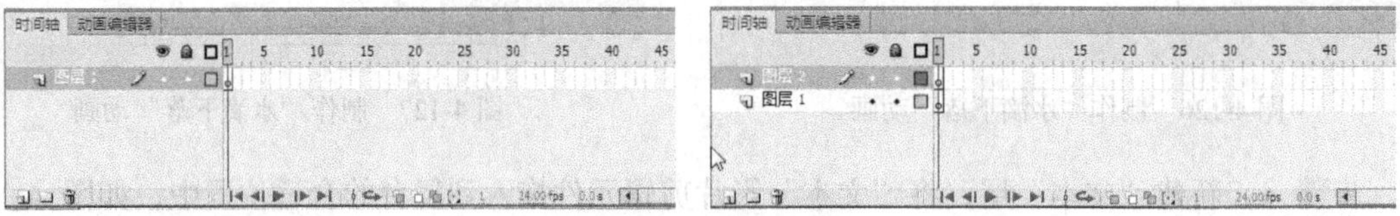

图 4-130　新建图层

2. 删除图层

- 利用鼠标单击需要删除的图层，单击“时间轴”面板下方的按钮，可以将选中的图层删除。
- 用鼠标右键单击图层名，在打开的快捷菜单中选择【删除图层】命令。

3. 复制图层

步骤 1：利用鼠标单击需要复制的图层，执行【编辑】/【时间轴】/【复制帧】命令。

步骤 2：建立新图层，或选中一个已有的图层，执行【编辑】/【时间轴】/【粘贴帧】命令，这样就可以将一个图层的内容复制到另一个图层中。

4. 重命名图层

新建图层时，会根据创建的先后顺序命名图层为“图层 1”“图层 2”“图层 3”……使用默认的图层不能体现图层的特征，为了便于识别，经常需要对图层重命名，具体操作步骤如下。

步骤 1：将鼠标移到需要重命名的图层上，双击图层的名称，进入名称的编辑状态，如图 4-131 所示。

步骤 2：输入新的名称，按【Enter】键，完成图层的重命名，如图 4-132 所示。

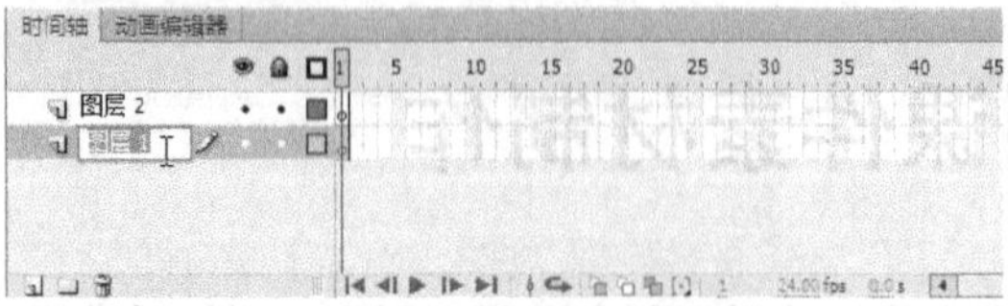

图 4-131　名称编辑状态

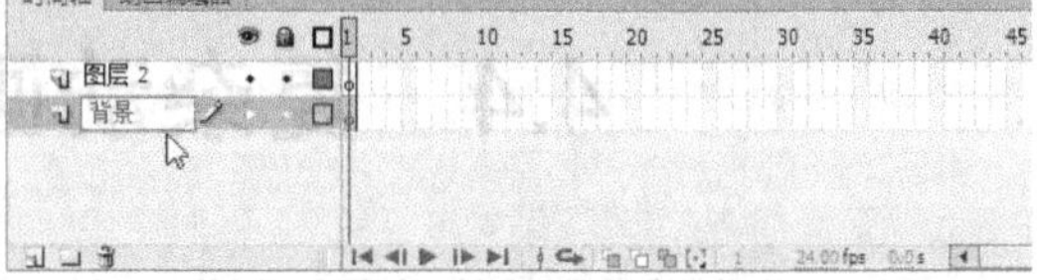

图 4-132　重命名图层

5. 调整图层的顺序

图层编辑区的内容是按照一定顺序显示的，上面图层中的内容会覆盖下面图层中对应位置的内容。在制作的过程中，可以根据需要，调整图层之间的位置关系，具体操作步骤如下。

步骤 1：利用鼠标单击需要调整位置的图层。

步骤 2：按住鼠标左键，拖动图层到需要调整的相应位置，即可改变其位置，如图 4-133 所示。

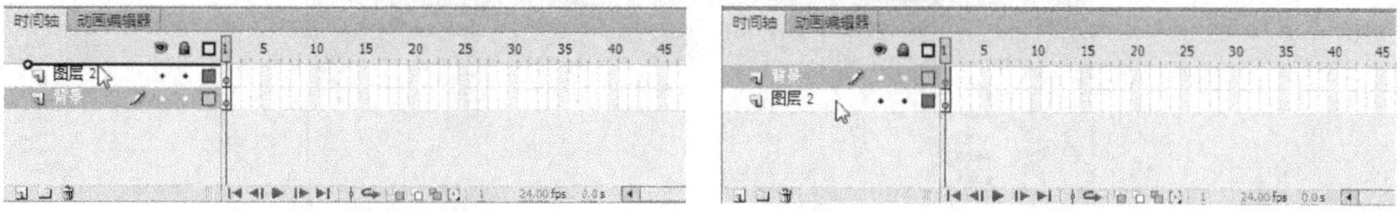

图 4-133　调整图层顺序

6. 图层的属性

双击图层名称右侧的□图标，或者用鼠标右键单击图层名称，从快捷菜单中选择“属性”，弹出“图层属性”对话框，如图 4-134 所示。

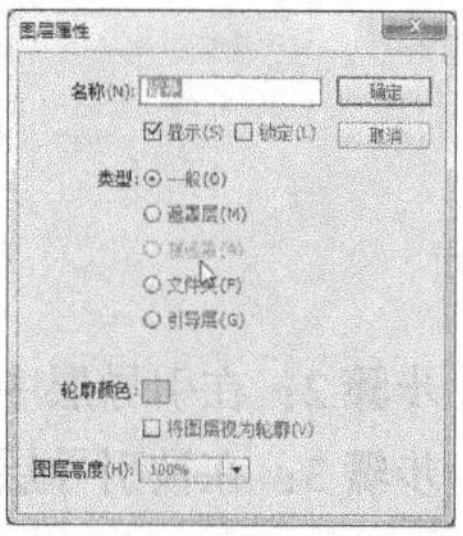

图 4-134　“图层属性”设置

- 名称：用于设置图层的名称。
- 显示：选中该复选框，使图层处于选中状态。
- 锁定：选中该复选框，使图层处于锁定状态，不能对图层进行任何操作。
- 类型：用于定义图层的类型。
- 轮廓颜色：设置图层为轮廓显示模式，并且可以通过单击“颜色框”按钮，对轮廓的颜色进行设置。
- 图层高度：设置图层的高度。

7. 设置图层的状态

“时间轴”的“图层控制区”最上方有 3 个图标，功能如下所述。

- 👁：用于控制图层中的对象的可视性。单击，可以隐藏所有图层中的对象，再次单击可将所有对象显示出来。
- 🔒：用于设置图层处于锁定状态。
- □：设置图层为轮廓显示模式，并且可以通过单击“颜色框”按钮，对轮廓的颜色进行设置。

4.4.2 引导层动画

在前面学习的动画素材的制作过程中，对象都是沿着直线运动的，虽然能够在“创建补间动画”模式通过调整路径轨迹的贝塞尔曲线来调整对象运动轨迹，但对于复杂的运动路径，难度较大。而 Flash 的引导层动画为补间动画的路径变化调整提供了辅助手段。

1. 引导层动画的特点

在引导层动画中，对象可以沿着指定的路径运动。引导层动画是由引导层和被引导层组成的，被引导层中的对象会按着引导层的运行轨迹来运动。被引导的对象只能是元件实例、文本等能够设置运动动画的对象，而矢量图形则不能应用引导层。引导层位于被引导层的上方，多个被引导层可以按着一个引导层中的运动路径轨迹来运动，但是一个被引导层只能沿一条引导层路径运动。这种形式的课件素材在导出时，运动引导层中的路径不会被显示。

2. 引导层动画的制作步骤

步骤 1：用鼠标右键单击被引导层，在弹出的快捷菜单上选择【添加传统运动引导层】命令，添加一个引导层，如图 4-135 所示。

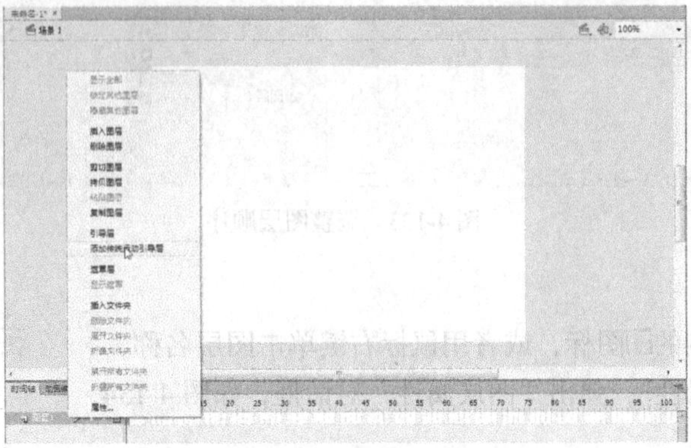

图 4-135　添加引导层

步骤 2：在引导层中绘制引导线，来确定被引导对象的运动轨迹，如图 4-136 所示。

步骤 3：在被引导层中绘制一个补间动画，如图 4-137 所示。

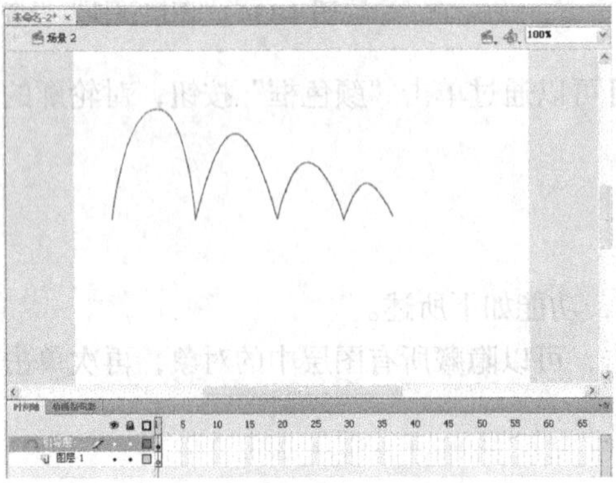

图 4-136　绘制引导线

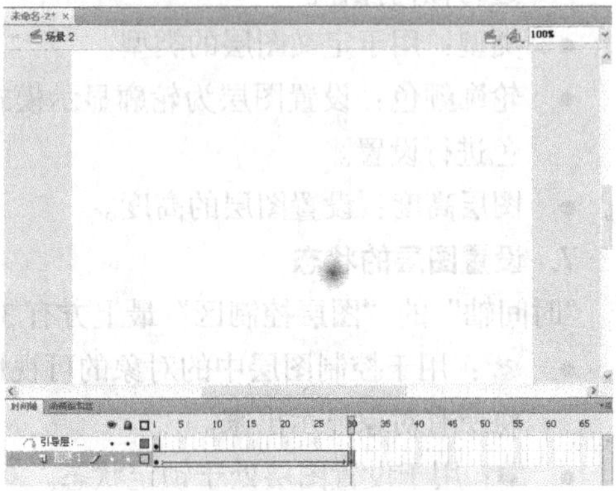

图 4-137　创作补间动画

步骤 4：在引导层第 30 帧插入帧。选中动画开始帧即第 1 帧中的被引导对象，把对象的中心移动吸附到引导线的一端，作为引导层动画的开始，如图 4-138 所示；同样选中动画结束帧即第 30 帧的被引导对象，把对象的中心吸附到引导线的另一端，如图 4-139 所示。这样，被引导对象就会按照引导线运动。

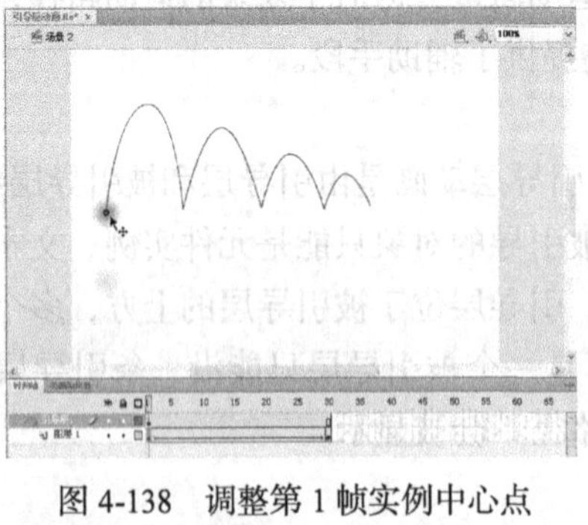

图 4-138　调整第 1 帧实例中心点

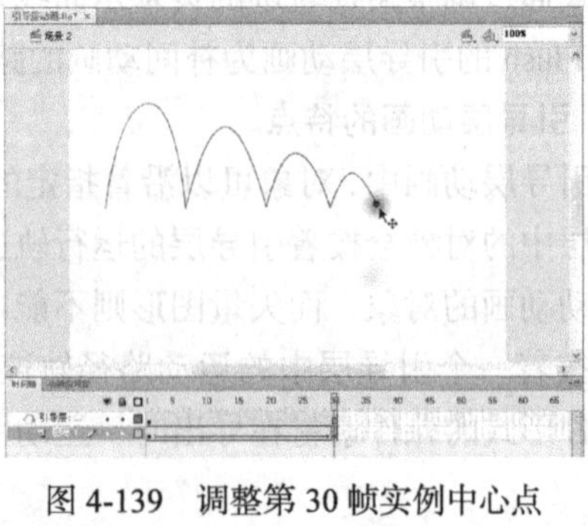

图 4-139　调整第 30 帧实例中心点

步骤 5：将时间轴的播放控制线定位在第一帧，按【Enter】键预览动画效果。

3. 利用引导层制作天体公转/自传动画案例

（1）执行【文件】/【新建】命令，新建一个 Flash 文档。

（2）制作“地球”影片剪辑元件。

步骤 1：执行【窗口】/【库】命令，打开“库”面板。单击“库”面板底部的“新建元件…”按钮，弹出“创建新元件”对话框，输入“元件名称”地球，“类型”选择“影片剪辑”，确定后进入元件编辑界面。

步骤 2：执行【窗口】/【颜色】命令，把笔触设置为空，“类型”设置为“径向渐变”，左手柄颜色设为白色，右手柄颜色设置为蓝色，如图 4-140 所示。

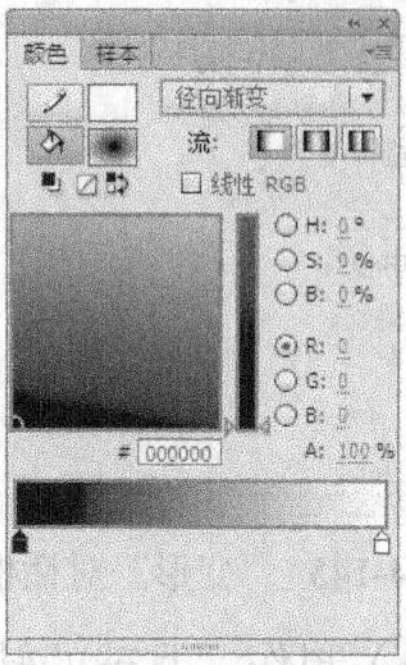

图 4-140　编辑地球过渡颜色

步骤 3：在工具栏中选择“椭圆工具”，按住【Shift】键，在工作区中按下并拖动鼠标，画出一个圆。

步骤 4：分别在“图层 1”的第 15 帧和第 30 帧处单击鼠标右键，在弹出的菜单中选择“插入关键帧”命令。

步骤 5：在工具栏中选择“颜料桶工具”，选择第 1 帧，单击圆形图片的左上角，如图 4-141 所示；选择第 15 帧，单击圆形图片的右下角，如图 4-142 所示。

步骤 6：选择第 30 帧，将填充颜色设置成蓝色，如图 4-143 所示。

图 4-141　填充颜色 1

图 4-142　填充颜色 2

图 4-143　填充颜色 3

步骤 7：选择 1～15 帧、15～30 帧中的任意一帧，用鼠标右键单击，在弹出的快捷菜单中选择“创建补间形状”选项，如图 4-144 所示。

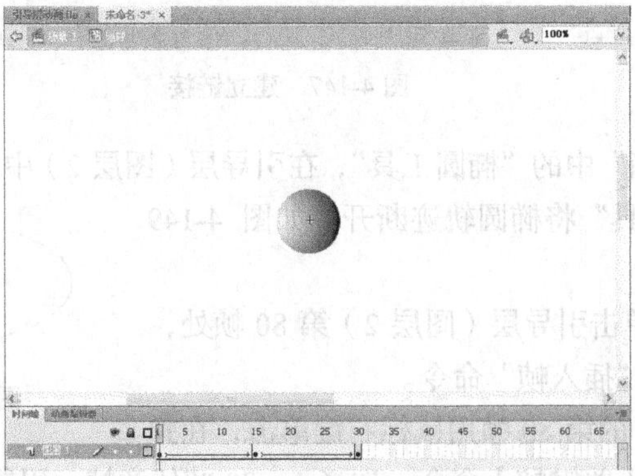

图 4-144　创建补间形状

步骤 8：将时间轴的播放控制线定位在第一帧，按【Enter】键预览动画效果。

（3）制作“月亮”影片剪辑元件。

步骤 1：执行【窗口】/【库】命令，打开“库”面板。单击“库”面板底部的“新建元件…”按钮，弹出“创建新元件”对话框。输入“元件名称”“月亮”，“类型”选择“影片剪辑”，确定后进入元件编辑界面。

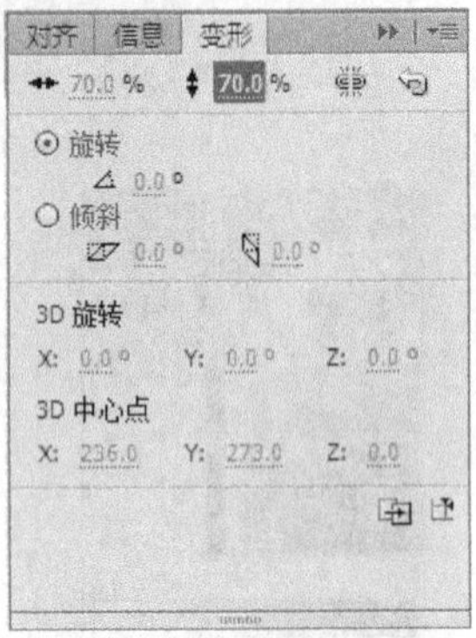

图 4-145 “变形”对话框

步骤 2：双击影片剪辑“地球”，进入地球的编辑环境，利用鼠标单击“图层 1”，执行【编辑】/【时间轴】/【复制帧】命令。

步骤 3：双击影片剪辑“月亮”，进入月亮的编辑环境，利用鼠标单击“图层 1”，执行【编辑】/【时间轴】/【粘贴帧】命令。选择第 1 帧，利用“工具箱”中的选择工具选取圆形，执行【窗口】/【变形】命令，将圆形的长和宽等比缩小到 70%，如图 4-145 所示。第 15 帧、第 30 帧中的圆形同样等比缩小到 70%，月亮影片剪辑制作完毕。

步骤 4：将时间轴的播放控制线定位在第一帧，按【Enter】键预览动画效果。

（4）制作“月球的转动”的影片剪辑。

步骤 1：执行【窗口】/【库】命令，打开“库”面板。单击“库”面板底部的“新建元件…”按钮，弹出“创建新元件”对话框。输入“元件名称”为“月球的转动”，“类型”选择“影片剪辑”，确定后进入元件编辑界面。

步骤 2：将“月亮”影片剪辑从库中拖入到当前影片剪辑的编辑窗口。选中“月亮”实例，在右侧“属性”面板中设置其宽度和高度为 60。

步骤 3：在“图层 1”上新建“图层 2”，用鼠标右键单击，在弹出的快捷菜单中选择【引导层】命令，建立一个以为图标的图层，如图 4-146 所示。将被引导层拖放到“图层 2”下使其与该层链接，如图 4-147 所示。关系确立后，“图层 2”标识由变成，至此“图层 2”变为“图层 1”的引导层，如图 4-148 所示。

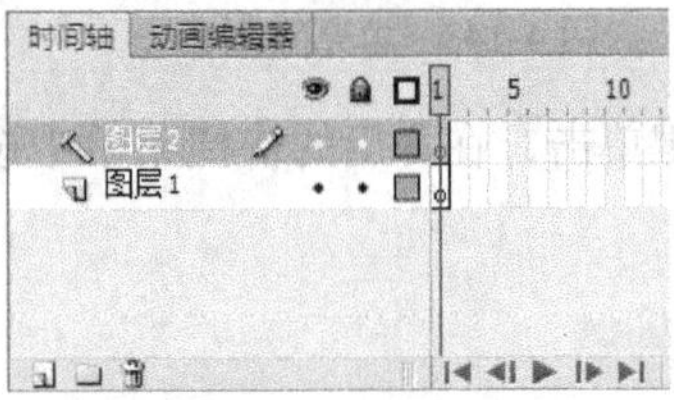

图 4-146 建立引导层

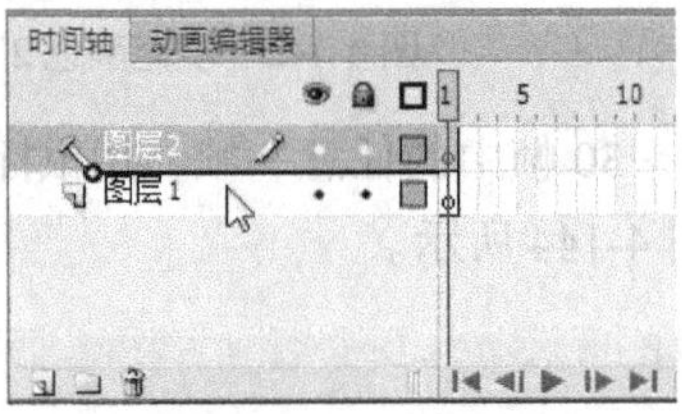

图 4-147 建立链接

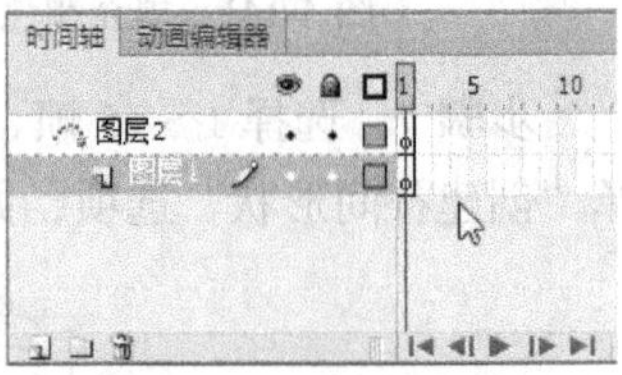

图 4-148 确定引导关系

步骤 4：选择“工具箱”中的“椭圆工具”，在引导层（图层 2）中画一个椭圆形的运动轨迹，用工具栏中的“橡皮擦工具”将椭圆轨迹断开，如图 4-149 所示。

图 4-149 绘制运动轨迹

步骤 5：用鼠标右键单击引导层（图层 2）第 80 帧处，在弹出的快捷菜单中选择“插入帧”命令。

步骤 6：在“图层 1”的第 80 帧用鼠标右键单击，在弹出的快捷菜单中选择【插入关键帧】命令。选择 1～80 帧任意帧，用鼠标右键单击，选择“创建传统补间”选项。

步骤 7：选中图层 1 的第 1 帧的被引导对象，把对象的中心移动吸附到引导线的一端作为引导层动画的开始，如图 4-150 所示；同样选中动画结束帧即第 80 帧的被引导对象，把对象的中心吸附到引导线的另一端，如图 4-151 所示。

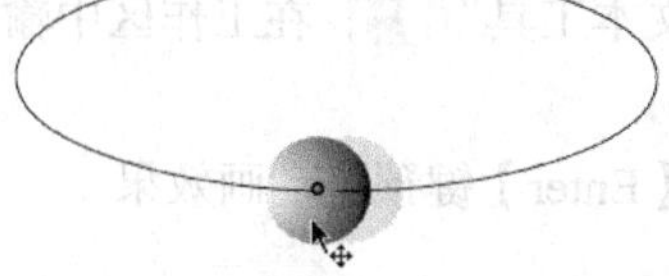

图 4-150　把“月亮”实例放到引导线起点

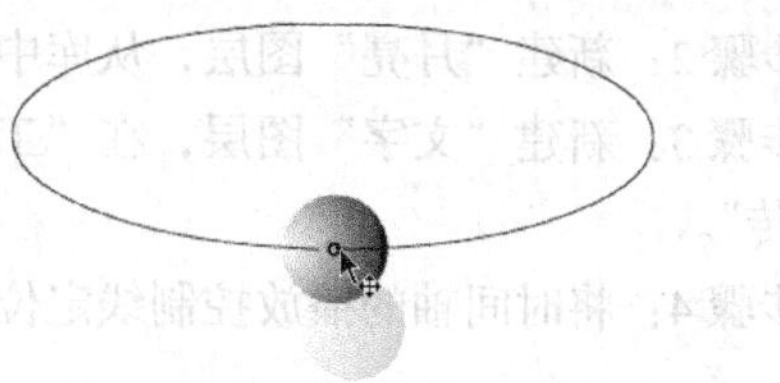

图 4-151　把“月亮”实例放到引导线终点

步骤 8：在“图层 1”的第 20、30、40、50、60 帧用鼠标右键单击，在弹出的快捷菜单中选择“插入关键帧”选项，将“月亮”实例的直径分别改为 50、30、20、30、50，如图 4-152 所示，“月球的转动”的影片剪辑制作完成。

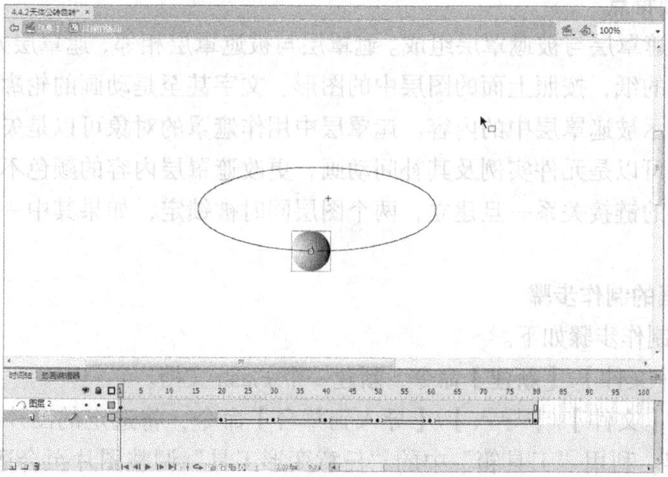

图 4-152　“月球的运动”影片剪辑

步骤 9：将时间轴的播放控制线定位在第一帧，按【Enter】键预览动画效果。

（5）将元件导入场景与设置布局动画。

步骤 1：单击“场景 1”回到主场景，如图 4-153 所示。从库中向舞台拖入“地球”的影片剪辑，并将“图层 1”改名为“地球”。

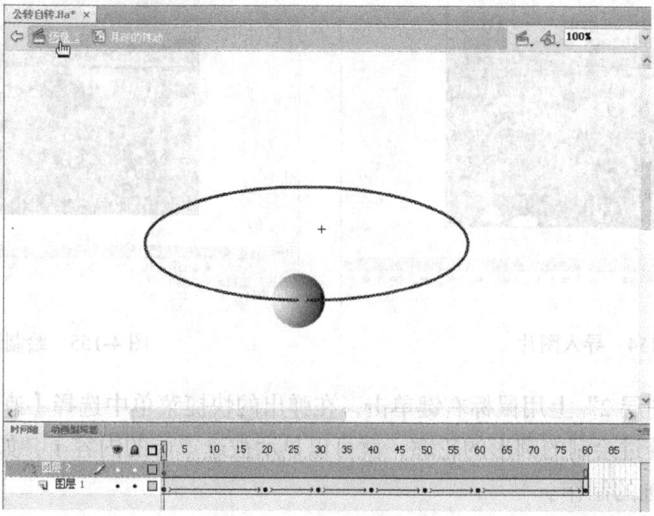

图 4-153　切换到主场景

步骤 2：新建“月亮”图层，从库中向舞台拖入“月球的运动”影片剪辑。

步骤 3：新建“文字”图层，在“工具箱”选择“文本工具”T，在工作区中输入“天体公转/自传”。

步骤 4：将时间轴的播放控制线定位在第一帧，按【Enter】键预览动画效果。

4.4.3 遮罩层动画

遮罩层动画是 Flash 中比较重要的一种动画类型，通过遮罩层技术可以制作许多丰富的动画效果，例如探照灯、百叶窗、聚光灯、放大镜、望远镜等效果，遮罩动画在制作课件时的用途也十分广泛。

1. 遮罩层动画特点

遮罩层动画由遮罩层与被遮罩层组成。遮罩层与被遮罩层相邻，遮罩层处于被遮罩层上方。遮罩层如同不透明的纸，按照上面的图层中的图形、文字甚至是动画的轮廓形成若干个洞，透过这些洞，可以显示被遮罩层中的内容。遮罩层中用作遮罩的对象可以是矢量图形、文字及其补间形状动画，也可以是元件实例及其补间动画，更改遮罩层内容的颜色不会影响遮罩效果。遮罩层与被遮罩层的链接关系一旦建立，两个图层同时被锁定，如果其中一个图层解锁，遮罩关系即结束。

2. 遮罩层动画的制作步骤

（1）遮罩效果制作步骤如下。

步骤 1：执行【文件】/【新建】命令，新建一个 Flash 文档。

步骤 2：执行【文件】/【导入】/【导入到舞台】命令，将选定的图片导入到舞台中，作为被遮罩层的内容。利用“工具箱”中的“任意变形工具”调整图片至合适大小，如图 4-154 所示。

步骤 3：新建一个图层，在舞台中利用“椭圆工具”绘制一个圆形，作为遮罩层的内容，如图 4-155 所示。

图 4-154　导入图片

图 4-155　绘制遮罩区域

步骤 4：在“图层 2”上用鼠标右键单击，在弹出的快捷菜单中选择【遮罩层】命令。

步骤 5：这样透过绘制的圆形的轮廓，就可以显示被遮罩层的内容了，如图 4-156 所示。

（2）遮罩层动画的制作。

在遮罩效果的基础上，还可以创建遮罩动画。在遮罩层与被遮罩层之间可以使用逐帧动画、形状补间动画和补间动画，但是不能使用引导层动画。遮罩层动画的制作步骤如下。

步骤 1：单击“图层 2”名称右侧的按钮，将遮罩层解锁，如图 4-157 所示。利用鼠标右键单击“图层 2”中的圆形，在弹出的快捷菜单中选择【转换为元件】命令，将其转换为元件。

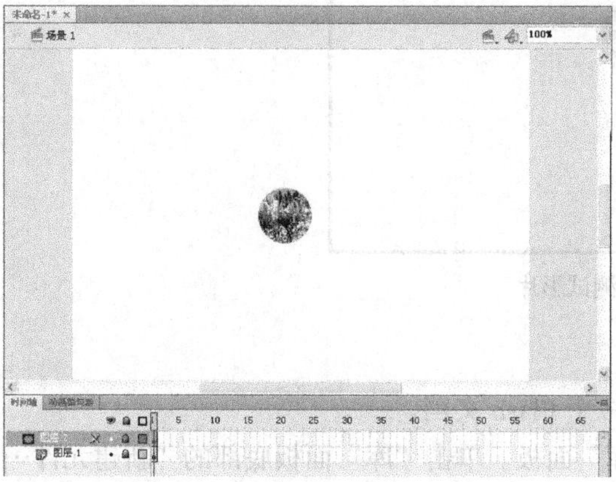

图 4-156　遮罩效果

图 4-157　遮罩层解锁

步骤 2：在遮罩层第 25 帧插入帧，在被遮罩层第 25 帧插入帧。

步骤 3：在遮罩层第 1～25 帧中任意帧用鼠标右键单击，在弹出的快捷菜单中选择【创建补间动画】命令。选择遮罩层第 25 帧，改变圆形的位置，小球移动的位置自动出现一条带点的轨迹线，每个点对应一帧，如图 4-158 所示。

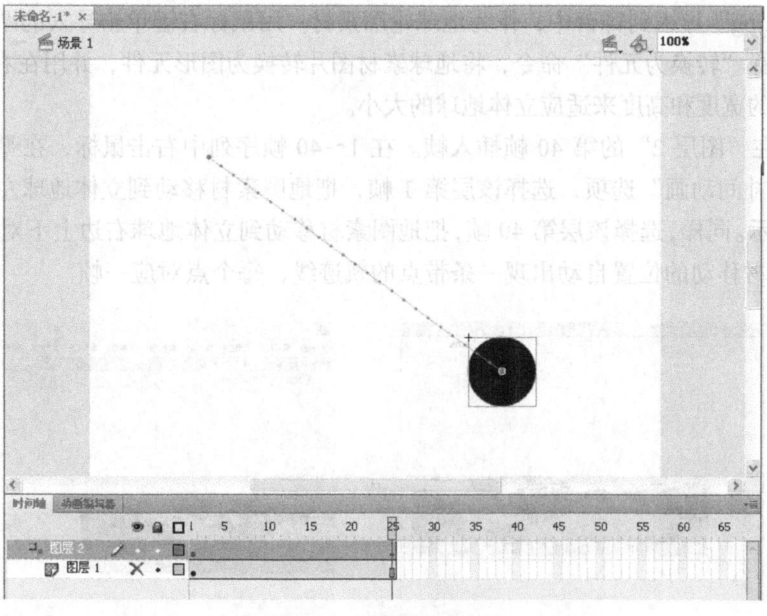

图 4-158　创建补间动画

步骤 4：遮罩动画制作完成，课件运行时只显示圆形经过的区域，如图 4-159 所示。

图 4-159　测试影片

3. 利用遮罩层动画制作地球自转案例

步骤 1：执行【文件】/【新建】命令，新建一个 Flash 文档。

步骤 2：执行【窗口】/【库】命令，打开“库”面板。单击“库”面板底部的“新建元件…”按钮，弹出“创建新元件”对话框，输入“元件名称”为“地球”，“类型”选择“影片剪辑”，确定后进入元件编辑界面。

步骤 3：执行【窗口】/【颜色】命令，把笔触设置为空，类型为“放射状”，左手柄颜色设为白色，右手柄颜色设置为蓝色。

步骤 4：在工具栏中选择“椭圆工具”，按住【Shift】键，在工作区中按下并拖动鼠标，画出一个立体地球，在“图层 1”的第 40 帧插入帧。

步骤 5：在“图层 1”上新建“图层 2”，执行【文件】/【导入】/【导入到舞台】命令，将图片“地球素材.jpg”导入到舞台中，作为地球轮廓素材。用鼠标右键单击导入的图片，在弹出的快捷菜单中选择“转换为元件”命令，将地球素材图片转换为图形元件，并用在右侧的“属性”面板，调整它的宽度和高度来适应立体地球的大小。

步骤 6：在“图层 2”的第 40 帧插入帧。在 1～40 帧序列中右击鼠标，在弹出的快捷菜单中选择“创建补间动画”选项，选择该层第 1 帧，把地图素材移动到立体地球左边上下对齐，如图 4-160 所示。同样，选择该层第 40 帧，把地图素材移动到立体地球右边上下对齐，如图 4-161 所示，地球素材移动的位置自动出现一条带点的轨迹线，每个点对应一帧。

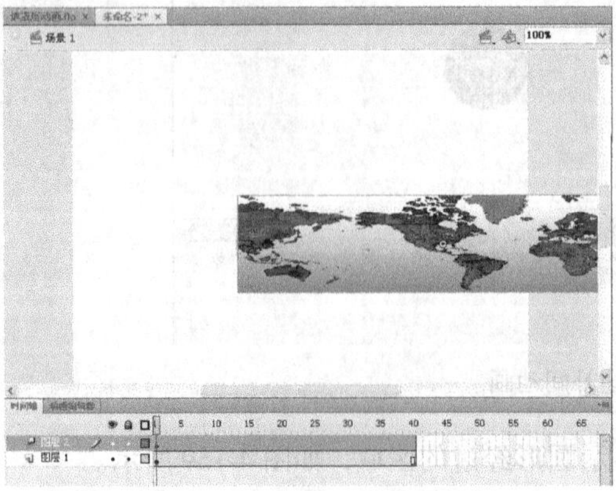

图 4-160　地球素材动画开始帧

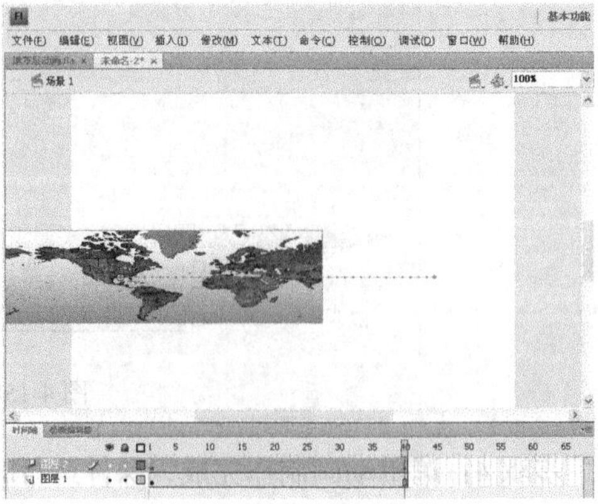

图 4-161　地球素材动画结束帧

步骤 7：在“图层 2”上新建“图层 3”作为遮罩层。选择“图层 1”第 1 帧，用鼠标右键单击，在弹出的快捷菜单中选择“复制帧”选项，选择“图层 3”第 1 帧，用鼠标右键单击，在弹出的快捷菜单中选择“粘贴帧”选项。

步骤 8：在“图层 3”上用鼠标右键单击，在弹出的快捷菜单中选择“遮罩层”选项，如图 4-162 所示，旋转的地球制作完成。

步骤 9：将时间轴的播放控制线定位在第 1 帧，按【Enter】键预览动画效果。

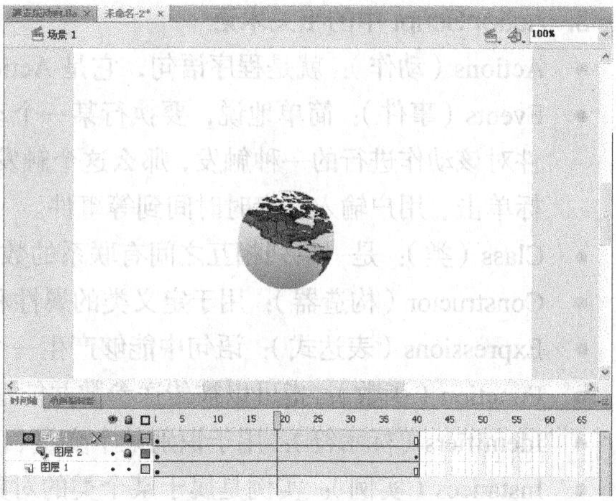

图 4-162　旋转的地球

4.5 ActionScript 基础应用

ActionScript 是 Adobe Flash CS6 内置的编程语言，Flash 使用 ActionScript 给动画添加交互性。在简单动画中，Flash 按顺序播放动画中的场景和帧，而在交互动画中，用户可以使用键盘或鼠标与动画交互。例如，可以单击动画中的按钮，然后跳转到动画的不同部分继续播放；可以移动动画中的对象；可以在表单中输入信息，等等。使用 ActionScript 可以控制 Flash 动画中的对象，创建导航元素和交互元素，扩展 Flash 创作交互动画和网络应用的能力。

4.5.1 ActionScript 基本知识

ActionScript 是针对 Adobe Flash Player 运行时环境的编程语言，它在 Flash 内容和应用程序中实现了交互性、数据处理以及其他许多功能。

ActionScript 是由 Flash Player 中的 ActionScript 虚拟机（AVM）来执行的。ActionScript 代码通常被编译器编译成“字节码格式”（一种由计算机编写且能够为计算机所理解的编程语言），字节码嵌入 SWF 文件中，SWF 文件由运行时环境 Flash Player 执行。

1. ActionScript 3.0 的优点

ActionScript 3.0 的脚本编写功能超越了 ActionScript 的早期版本。它旨在方便创建拥有大型数据集和面向对象的可重用代码库的高度复杂应用程序。虽然 ActionScript 3.0 对于在 Adobe Flash Player 9 中运行的内容并不是必需的，但它使用新型的虚拟机 AVM2 实现了性能的改善。ActionScript 3.0 代码的执行速度可以比旧式 ActionScript 代码快 10 倍。旧版本的 ActionScript 虚拟机 AVM1 执行 ActionScript 1.0 和 ActionScript 2.0 代码。为了向后兼容现有内容和旧内容，Flash Player 9 支持 AVM1。

2. ActionScript 3.0 中的新增功能

虽然 ActionScript 3.0 包含 ActionScript 编程人员所熟悉的许多类和功能，但 ActionScript 3.0 在架构和概念上是区别于早期的 ActionScript 版本的。ActionScript 3.0 中的改进部分包括新增的核心语言功能，以及能够更好地控制低级对象的改进 Flash Player API。

3. ActionScript 中的相关术语

- Actions（动作）：就是程序语句，它是 ActionScript 脚本语言的灵魂和核心。
- Events（事件）：简单地说，要执行某一个动作，必须提供一定的条件，如需要某一个事件对该动作进行的一种触发，那么这个触发功能的部分就是 ActionScript 中的事件，如鼠标单击、用户输入、定时时间到等事件。
- Class（类）：是一系列相互之间有联系的数据的集合，用来定义新的对象类型。
- Constructor（构造器）：用于定义类的属性和方法的函数。
- Expressions（表达式）：语句中能够产生一个值的任意部分。
- Function（函数）：指可以被传送参数并能返回值的以及可重复使用的代码块。
- Identifiers（标示符）：用于识别某个变量、属性、对象、函数或方法的名称。
- Instances（实例）：实例是属于某个类的对象，一个类的每一个实例都包含类的所有属性和方法。
- Variable（变量）：变量是储存任意数据类型的值的标识符。
- Instancenames（实例名）：是在脚本中指向影片剪辑实例的唯一名字。
- Methods（方法）：是指被指派给某一个对象的函数，一个函数被分配后，它可以作为这个对象的方法被调用，如动画播放、停止或跳转等。
- Objects（对象）：就是属性的集合，每个对象都有自己的名字和值，通过对象可以自由访问某一个类型的信息。
- Property（特性）：对象具有的独特属性，如文本的大小、颜色、字体等。

4.5.2 ActionScript 语法基础

ActionScript 跟其他的编程语言一样，具有自己的语法规则，保留关键字、运算符、函数、程序流程控制语句等。

1. 使用动作面板添加 Action 语句

Adobe Flash CS6 中，“动作”面板可以创建和编辑对象或帧的 ActionScript 代码。执行【窗口】/【动作】命令，打开图 4-163 所示的“动作”面板。

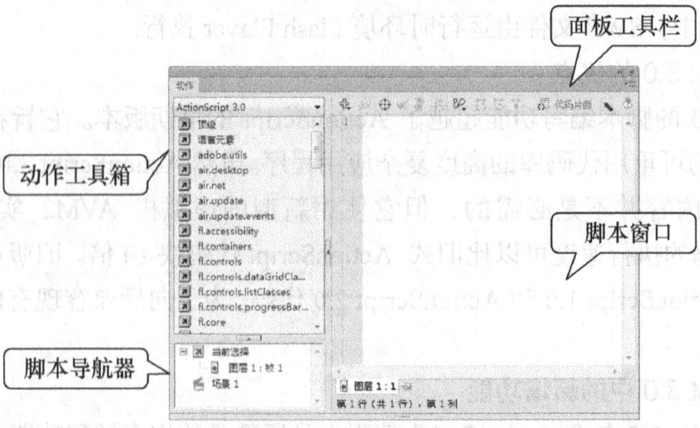

图 4-163 “动作”面板

（1）“动作”工具箱

在“动作”工具箱中包含着 ActionScript 语言元素的分类列表，可以将其插入到脚本窗口中。

双击该元素，或直接将它拖动到脚本窗口中，使用面板工具栏中的按钮可以将脚本元素插入到脚本窗口中，如图 4-164 所示。

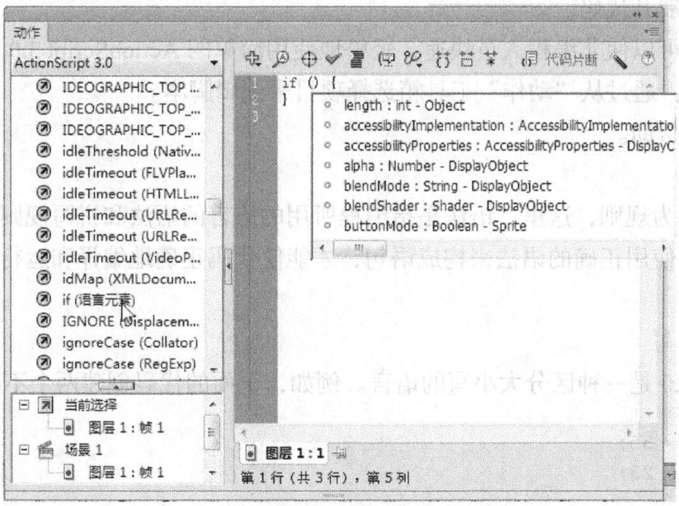

图 4-164　添加语言元素

（2）脚本导航器

脚本导航器中显示着 Flash 元素的分层列表，使用脚本导航器可以在 Flash 文档中的各个脚本间快速移动。通过单击脚本导航器中的列表项，可将与之关联的脚本显示在脚本窗口中，并且播放头将移动到时间轴上的相应位置。双击脚本导航器中的列表项，即可锁定该脚本。

（3）脚本窗口

脚本窗口即脚本代码编辑窗口，提供代码编辑、语法格式设置和检查、代码提示、代码着色、调试等。

（4）面板工具栏

面板工具栏中包含了一些常用的功能按钮，如图 4-165 所示。

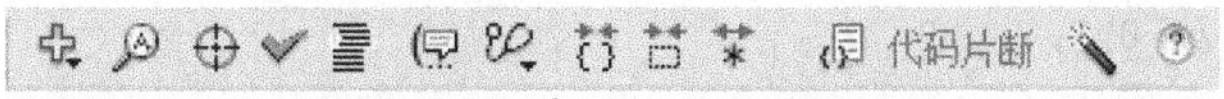

图 4-165　面板工具栏

- ：将新项目添加到脚本中。
- ：对代码进行查找、替换操作。
- ：插入目标路径，单击该按钮后，弹出图 4-166 所示的对话框，通过该对话框，可以选择语句或函数所应用的目标对象。
- ：选择该按钮后，系统自动对脚本窗口中的代码进行语法检查。
- ：单击该按钮后，系统自动对脚本窗口中的代码进行自动格式套用。
- ：显示代码提示。
- ：调试选项，在脚本中设置和删除断点，用来在调试 Flash 文档时可以停止，然后逐行跟踪脚本中的每一行。断点处，会出现一个红点。

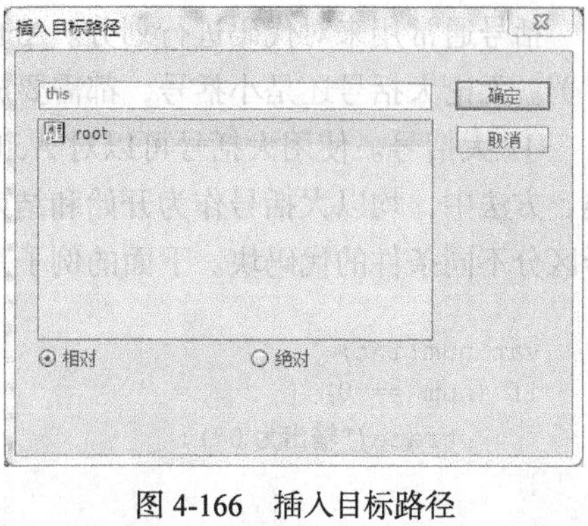

图 4-166　插入目标路径

- ：折叠成对大括号。
- ：将脚本窗口中所选的代码折叠。
- ：全部展开代码。
- 代码片断：可以使非编程人员快速、轻松地使用简单的 ActionScript 3.0。
- 脚本助手：通过从“动作”工具箱选择项目来编辑脚本。
- ：提供帮助。

2. 语法

语法可以理解为规则，这里，语法是指编程所用的语言的语法和拼写规则，即正确构成编程语句的方式。必须使用正确的语法来构成语句，才能使代码正确地编译和运行，否则编译器无法识别语句。

（1）区分大小写

ActionScript 3.0 是一种区分大小写的语言。例如，下面的代码创建两个不同的变量。

```
var num:int = 55;
var NUM:int = 23;
```

（2）分号

可以使用分号来结束语句和循环中参数的隔离。ActionScript 3.0 的语句以“;”字符结束，如下面两行代码中所示。

```
var num:int = 50;
```

注意　*使用分号终止语句，能够在单个行中放置不止一条语句，但是这样做往往会使代码难以阅读。分号应为英文字符。*

分号还可以用在 for 循环中，作用是分割 for 循环的参数，如以下代码所示。

```
var i:int;
for (i = 0; i < 10; i++) {
    trace(i); // 0,1,...,9
}
```

（3）括号

括号通常用来对代码进行划分。ActionScript 3.0 中的括号包含两种：大括号“{}”和小括号“( )”。无论大括号还是小括号，都需要成对出现。

① 大括号。使用大括号可以对 ActionScript 3.0 中的事件、类定义和函数组合成块。在包、类、方法中，均以大括号作为开始和结束的标记。控制语句（例如 if..else 或 for）中，利用大括号区分不同条件的代码块。下面的例子是使用大括号为 if 语句区别代码块，避免发生歧义。

```
var num:int;
if (num == 0) {
    trace("输出为 0");
}
```

② 小括号。小括号的用途很多，例如向函数传递一个或多个参数、改变运算的顺序等。下面的例子显示了小括号的几种用法。

```
myFunction("Carl", 78, true);          //传递参数
var a:int = (2+3)*5;                   //改变运算顺序
```

（4）注释

注释是一种对代码进行注解的方法，编译器不会把注释识别成代码。注释可以使 ActionScript 程序更容易理解。注释的标记为/*和//。使用/*创建多行注释，//只能创建单行注释和尾随注释。

① 单行注释

单行注释用于为代码中的单个行添加注释，以两个正斜线字符（//）开头，并持续到该行的末尾。

例如：`var myAge:int = 23;          //我的年龄`

② 多行注释

对于长度为几行的注释，可以使用多行注释（又称“块注释”），以一个正斜杠和一个星号(/*)开头，以一个星号和一个正斜杠（*/）结尾。

例如：
```
/* 在这里可以进行
   多行注释。*/
```

（5）关键字与保留字

在 ActionScript 3.0 中，不能使用关键字和保留字作为标识符，即不能使用这些关键字和保留字作为变量名、方法名、类名等。如表 4-1 所示，列出了 ActionScript 3.0 的关键字。

表 4-1 ActionScript 3.0 关键字

as	break	case	catch
class	const	continue	default
delete	do	else	extends
false	finally	for	function
if	implements	import	in
instanceof	interface	internal	is
native	new	null	package
private	protected	public	return
super	switch	this	throw
to	true	try	typeof
use	var	void	while
with			

3. 常量

常量是程序中不可以改变的量，比如 Math.PI 就是一个常量。常量可以看作是一种特殊的变量，不过这种变量不能赋值，不能更改而已。Flash 中经常使用的常量如下。

（1）数值型常量

数值型常量包括整型常量和实型常量，通常用于脚本语句的参数，如 12、−23、12.123 都是合法的常量。

（2）字符串常量

字符串常量是由双引号括起来的零个或多个单一的字符，如“123abc”。

（3）布尔型常量

布尔型常量 true 和 false，用于判断条件。

Action Script 3.0 中增加了一个 const 关键字，用于声明常量。使用 const 声明常量的语法格式和 var 声明的变量的格式一样，如下所示。

```
const 常量名:数据类型;
const 常量名:数据类型=值;
```

下面是声明常量的代码：

```
const g:Number=9.8;
```

4. 变量

变量用来存储程序中使用的值。变量必须要先声明，后使用，否则编译器就会报错。

（1）声明变量的语法

在 ActionScript 3.0 中，使用 var 关键字来声明变量，格式如下所示。

```
var 变量名:数据类型;
var 变量名:数据类型=值;
```

变量名加冒号加数据类型就是声明的变量的基本格式。要声明一个初始值，需要加上一个等号，并在其后输入相应的值，但值的类型必须要和前面的数据类型一致。

例如，下面的代码声明一个整型变量，赋值为 20。

```
var i:int;
i = 20;
```

也可以在声明变量的同时为变量赋初值，示例如下。

```
var i:int = 20;
```

同时声明多个变量，用逗号来分隔变量，示例如下。

```
var a:int,b:int,c:int;
```

同时声明多个变量，并且为其中的每个变量赋值，示例如下。

```
var a:int = 1,b:int = 2,c:int = 3;
```

（2）变量的命名规则

变量的命名首先要遵循下面的几条原则。

- 必须是一个标识符。它的第一个字符必须是字母、下划线（_）或美元符号（$）。
- 其后的字符必须是字母、数字、下划线或美元符号。注意：不能使用数字作为变量名称的第一个字母。
- 它不能是关键字或动作脚本文本，例如 true、false、null 或 undefined。特别不能使用 ActionScript 的保留字，否则编译器会报错。
- 它在其范围内必须是唯一的，不能重复定义变量。

（3）变量的作用域

变量的作用域指可以使用或者引用该变量的范围，通常变量按照其作用域的不同，可以分为全局变量和局部变量。全局变量指在函数或者类之外定义的变量，而在类或者函数之内定义的变量为局部变量。

全局变量在代码的任何地方都可以访问，所以在函数之外声明的变量同样可以访问，如下面的代码，函数 msg()外声明的变量 a 在函数体内同样可以访问。

```
var a:int=1;
//定义 msg()函数
function msg() {
trace(a);  //全局
msg() ;//输出: a
```

注意　当局部变量与全局变量重名时，在局部变量的作用域内，全局变量将会被屏蔽掉。

（4）变量的默认值

变量的默认值是指变量在没有赋值之前的值。对于 ActionScript 3.0 的数据类型来说，都有各自的默认值。

Boolean 型变量的默认值是 false，int 型变量的默认值是 0，Number 型变量的默认值是 NaN，Object 型变量的默认值是 null，String 型变量的默认值是 null，int 型变量的默认值是 0，*型变量的默认值是 undefined。

5. 运算符

运算符是一种特殊的函数，它们具有一个或多个操作数，并返回相应的值。被运算的对象称为操作数，即被运算符用作输入的值。运算符通常是文本、变量或表达式。下面的例子中，将除法运算符“/”和乘法运算符“*”与 3 个操作数 12、3 和 5 结合进行运算，构成算数表达式。赋值运算符“=”随后使用该值将运算所得的值 18 赋给变量 sum。

```
var sum:uint =12*3/2;
```

运算符可以是一元、二元或三元的。一元运算符只有一个操作数，例如递增运算符“++”。二元运算符有两个操作数，例如除法运算符“/”。三元运算符有 3 个操作数，例如条件运算符“?: ”。

（1）主要运算符

主要运算符包括那些用来创建 Array 和 Object、对表达式进行分组、调用函数、实例化类，以及访问属性的运算符。表 4-2 列出了 ActionScript 3.0 所有的主要运算符，它们具有相同的优先级。

表 4-2　ActionScript 3.0 的主要运算符

运 算 符	执行的运算
[]	初始化数组
{x:y}	初始化对象
()	对表达式进行分组
f(x)	调用函数
new	调用构造函数
x.y x[y]	访问属性

续表

运 算 符	执行的运算
<></>	初始化 XMLList 对象（E4X）
@	访问属性（E4X）
::	限定名称（E4X）
..	访问子级 XML 元素（E4X）

（2）一元运算符

一元运算符只有一个操作数。递增运算符（++）和递减运算符（—）是“前缀运算符”，它们在表达式中出现在操作数的前面。前缀运算符与它们对应的后缀运算符不同，因为递增或递减操作是在返回整个表达式的值之前完成的。表 4-3 列出了 ActionScript 3.0 所有的一元运算符。下面的例子说明如何在递增值之后返回表达式 i—的值。

```
var i:Number = 6;
trace(i--);   //输出 6
trace(i--);   //输出 5
```

表 4-3　　　　ActionScript 3.0 的一元运算符

运 算 符	执行的运算
++	自增运算符
—	自减运算符
+	一元加
−	一元减
~	按位非
!	逻辑非
delete	删除属性
typeof	返回类型信息
void	返回 undefined

（3）算术运算符

算术运算符用来对操作数进行算数运算，包含：加“+”、减“−”、乘“*”、除“/”、模运算“%”。

（4）关系运算符

关系运算符用来对操作数进行比较，常用于关系表达式中作为判断的条件。关系运算符是二元运算符，有两个操作数，对两个操作数进行比较。比较的结果为布尔型（Boolean），即 true 或者 false。表 4-4 列出了 ActionScript 3.0 的所有关系运算符，它们具有相同的优先级。

表 4-4　　　　ActionScript 3.0 的关系运算符

运 算 符	执行的运算
<	小于
>	大于
<=	小于或等于
>=	大于或等于

续表

运 算 符	执行的运算
in	检查对象属性
is	检查数据类型
as	检查数据类型

（5）等于运算符

等于运算符为二元运算符，用来判断两个操作数是否相等。等于运算符也常用于条件和循环运算，原理与条件运算符类似。表 4-5 列出了 ActionScript 3.0 的所有等于运算符，它们具有相同的优先级。

表 4-5　　ActionScript 3.0 的等于运算符

运 算 符	执行的运算
==	等于
!=	不等于
===	严格等于
!==	严格不等于

（6）逻辑运算符

逻辑运算符是二元运算符，对两个操作数进行与操作或者或操作，返回布尔型结果。逻辑运算也常用于条件运算和循环运算，一般情况下，逻辑运算符的两边为表达式。逻辑运算符具有不同的优先级。表 4-6 按优先级递减的顺序列出了逻辑运算符。

表 4-6　　ActionScript 3.0 的逻辑运算符

运 算 符	执行的运算
&&	逻辑“与”
‖	逻辑“或”

（7）赋值运算符

赋值运算符有两个操作数，它根据一个操作数的值对另一个操作数进行赋值。表 4-7 列出了 ActionScript 3.0 赋值运算符，它们具有相同的优先级。

表 4-7　　ActionScript 3.0 的赋值运算符

运 算 符	执行的运算
=	赋值
*=	乘法赋值。a*=b 等价于 a = a*b
/=	除法赋值。a/=b 等价于 a = a/b
%=	求模赋值。a%=b 等价于 a = a%b
+=	加法赋值。a+=b 等价于 a = a + b
−=	减法赋值。a−=b 等价于 a = a − b
&=	按位与赋值。a&=b 等价于 a = a&b
^=	按位异或赋值。a^=b 等价于 a = a^b

6. 程序流程控制

程序流程控制使用控制结构实现对代码执行顺序的控制。本部分介绍 ActionScript 3.0 中的流程控制以及流程控制语句的使用。

（1）条件语句

ActionScript 3.0 中提供了 3 种可用来控制程序流程的条件语句：if..else、if..else if 和 switch。

① if..else

if..else 条件语句用于条件判断。如果条件表达式为真，则执行 if 的语句，表达式为否，则执行 else 内的语句。例如，下面的代码用来测试成绩 x 是否大于等于 60，如果大于等于 60，则输出 “You have passed the exam!”，否则输出 “You have not passed the exam!”。

```
if（x>=60）
{
    trace(“You have passed the exam!”);
}
else
{
    trace(“You have not passed the exam!”);
}
```

② if..else if

if..else if 语句是在 if..else 的基础上建立的，用于多条件判断。其实质是在 if..else 后又添加了 if。可以使用 if..else if 条件语句来测试多个条件。例如，下面的代码将考试成绩按照等级输出。

```
if（x>=90）
{
    trace(“The grade is A!”);
}
else if (x>=80 && x<90)
{
    trace("The grade is B! ");
}
    else if (x>=70 && x<80)
{
    trace("The grade is C! ");
}
else if (x>=60 && x<70)
{
    trace("The grade is D! ");
}
else
{
    trace("The grade is E!");
}
```

③ Switch

Switch 语句是多分支选择语句，如果多个执行路径依赖于同一个条件表达式，可以使用 switch 语句。它的功能大致相当于一连串的 if..else if 语句，但是 switch 语句更便于阅读。例如，下面的代码按照成绩的等级输出百分制分数段。

```
switch(grade)
```

```
{
    case "A":
        trace(90～100);
        break;
    case "B":
        Trace("80～90");
        break;
    case "C":
        Trace("70～80");
        break;
    case "D":
        Trace("60～70");
        break;
    case "E":
        Trace("不及格");
        break;
    }
```

（2）循环语句

使用循环语句可以反复执行一个特定的代码块，但该循环不是无限的。循环语句根据循环的条件判断何时开始循环，何时结束循环。ActionScript 3.0 中提供了 5 种结构的循环语句：for、for..in、for each..in、while 和 do..while。

① 用 for 语句实现循环。

for 语句的使用非常灵活，不仅可以用于循环次数确定的情况，而且可以用于循环次数不确定而只是给出循环结束条件的情况，它完全可以替代 while 语句。

```
for语句的一般形式为
for(表达式 1;表达式 2;表达式 3)  语句
```

它的执行过程如下。

步骤 1：先求解表达式 1。

步骤 2：求解表达式 2，若其值为真，则执行 for 语句中指定的内嵌语句，然后执行下面的步骤 3。若为假，则结束循环，转到第 5 步执行。

步骤 3：求解表达式 3。

步骤 4：转到第 2 步骤继续执行。

步骤 5：结束循环，执行 for 语句下面的语句。

例如下面的代码，对 1～100 的自然数求和。

```
var i:int,sum:int = 0;
for ( i = 1; i < 100; i++)
{
    sum = sum+i;
}
    trace(sum);
```

② 用 for..in 语句实现循环。

for..in 语句利用循环语句访问对象属性或数组元素。例如，可以使用 for..in 循环语句来循环访问通用对象的属性。

```
var point:Object = {x:2 , y:30};
for(var i:String in point)
{
     trace(i + ":" + point);
}
```

例如：使用 for..in 循环语句来访问数组中的元素。

```
var arrayOne:Array = [1,2,3];
for (var i:String in arrayOne)
{
     trace(arrayOne );
}
```

③ 用 while 语句实现循环。

whiel 语句用来实现“当型”循环结构，其一般形式如下。

```
while(表达式) 语句
```

它的执行过程是：当表达式为真时，执行 while 语句中的内嵌语句，否则，退出循环，执行 while 语句下面的语句。

例如，下面的代码对 1～100 的自然数求和。

```
var i:int=1,sum:int = 0;
while ( i< 100)
{
       sum = sum+i;
       i++;
}
       trace(sum);
```

④ 用 do..while 语句实现循环。

do..while 语句的特点是先执行循环体，然后判断条件是否成立，它保证至少执行一次循环体。其一般形式如下。

```
do
  语句
while(表达式);
```

例如，下面的代码对 1～100 的自然数求和。

```
var i:int=1,sum:int = 0;
do
{
       sum = sum+i;
       i++;
} while ( i < 100);
trace(sum);
```

7. 函数

一般，较大的程序应该分为若干个模块，每个模块用来实现特定的功能。在 ActionScript 3.0，模块的作用用函数来完成，即实现一定功能的程序段。

（1）定义函数

在 ActionScript 3.0 中，通过函数语句来定义函数。函数定义的一般格式如下。

```
function 函数名 ([参数列表])
{
      语句块
}
```

例如，下面的代码定义一个函数 gcd，用来求最大公约数。

```
function gcd(a:int,b:int)
{
      if (a<b)
            {t = a; a = b;b = t;}
      r = a % b;
      while (r!=0)
          {  a = b;b = r;r = a %b;
          }
return b;    //用来从函数返回值。
}
```

（2）函数的调用与返回

函数调用的一般格式如下：

```
函数名（[实参列表]）;
```

实参（实际参数）是传递给函数的变量或表达式。

若要从函数返回值，应在函数体中添加要返回的表达式或字面值的 ruturn 语句，如上列所示。return 语句会终止函数的执行，即不会执行位于 ruturn 语句下面的任何语句。严格模式下，如果指定返回类型，则必须返回相应类型的值。

4.5.3　ActionScript 基础实例

本案例制作一个单击“播放”按钮后开始播放动画，单击“暂停”按钮后暂停播放动画，再次单击“播放”按钮后继续播放动画的效果，通过本案例的学习掌握引导层动画和交互动画的综合应用。

1. 制作天体公转/自传运动的动画

效果如图 4-167 所示，制作步骤见 4.4.2 小节。

2. 制作交互式按钮

步骤 1：执行【窗口】/【公用库】/【Buttons】命令，弹出图 4-168 所示的 Flash CS6 自带的“库-BUTTONS”面板。

步骤 2：单击“时间轴”面板下方的“新建图层”按钮，新建“播放”图层，然后分别将“库-BUTTONS”面板中 Classic Buttons 文件夹中的 arcade button – green 和 arcade button – red 按钮拖入舞台，通过“属性”面板调整大小，分别命名为 button1、button2，放置在图 4-167 所示的位置。

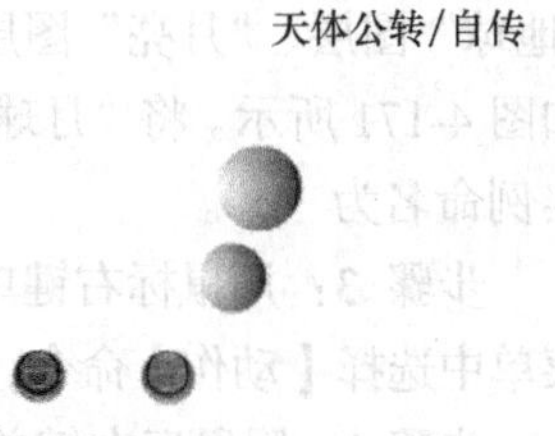

图 4-167　添加按钮

步骤 3：选择工具箱中的“文本工具”，在“属性”面板设置字体为“黑体”，“大小”为

“13”，然后分别在按钮上输入文字“播放”和“暂停”，如图 4-169 所示。

图 4-168 “库-BUTTONS”面板

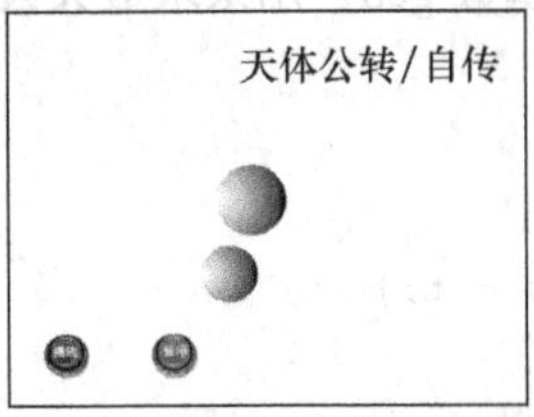

图 4-169 在按钮上输入文字

3. 制作由按钮控制播放的动画

步骤 1：分别在“月亮”“地球”“月球的转动”影片剪辑的第 1 帧用鼠标右键单击，在弹出快捷菜单中选择【动作】命令，弹出图 4-170 所示的“动作-帧”面板，在面板中输入【stop();】命令。

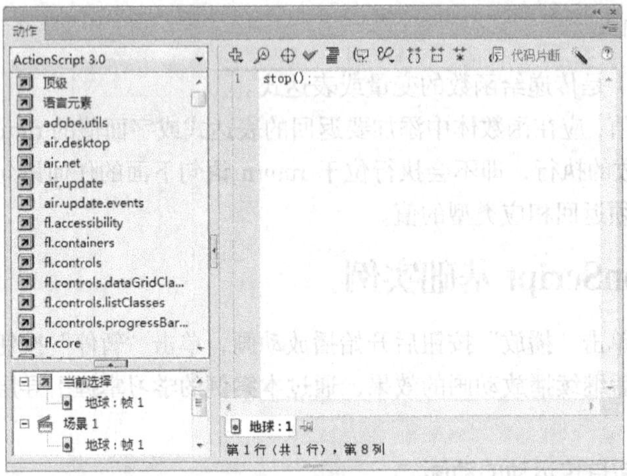

图 4-170 “动作-帧”面板

步骤 2：回到场景 1 中，通过右侧的“属性”面板将“地球”图层、“月亮”图层中的实例命名为“a”和“b”，如图 4-171 所示。将“月球的转动”影片剪辑中的“月亮”实例命名为“c”。

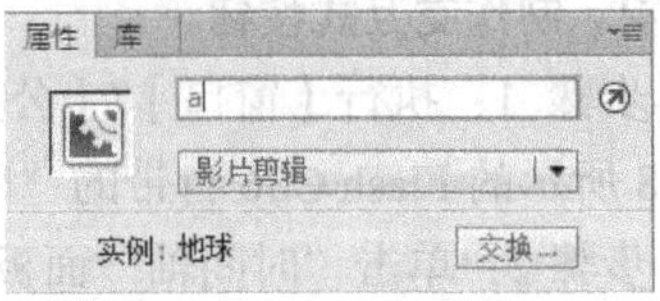

图 4-171 命名实例

步骤 3：用鼠标右键单击“播放”按钮，在弹出快捷菜单中选择【动作】命令，在“动作-帧”面板中输入图 4-172 所示的语句。

步骤 4：用鼠标右键单击“播放”按钮，在弹出快捷菜单中选择【动作】命令，在“动作”面板中单击“代码片断”，在“代码片段”面板中双击“Mouse Click 事件”，输入图 4-172 所示的语句。

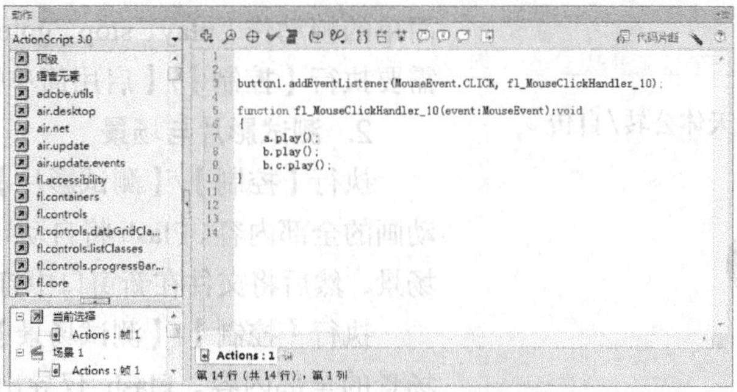

图 4-172　设置“播放”按钮语句

步骤 5：用鼠标右键单击“暂停”按钮，在弹出快捷菜单中选择【动作】命令，在“动作”面板中单击“代码片断”，在“代码片段”面板中双击“Mouse Click 事件”，输入图 4-173 所示的语句。

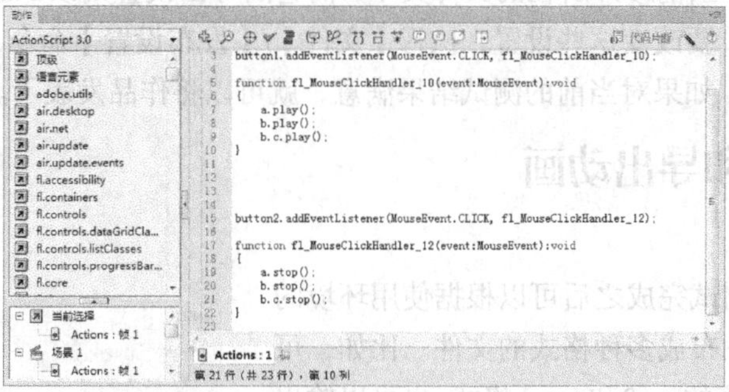

图 4-173　设置“暂停”按钮语句

步骤 6：由按钮控制播放动画案例制作完成，执行【控制】/【测试影片】命令，打开播放器窗口，单击“播放”和“暂停”按钮，即可看到效果。

注意　ActionScrpit 3.0 代码无法直接放置在对象上，可以通过添加帧或使用“代码片段”面板将代码应用到舞台所选择的对象上。

4.6　测试和导出动画

4.6.1　测试动画

1. 在影片编辑环境下测试影片

在影片编辑环境下，将时间轴的播放控制线定位在某一帧，按【Enter】键即可预览动画效果，对影片进行简单的测试。但影片中的影片剪辑元件、按钮元件以及脚本语言也就是影片的交互式效果均不能得到测试，并且测试影片得到的动画速度比输出或优化后的影片慢。但在编辑环境下通过设置，可以对按钮元件以及简单的帧动作（play、stop、gotoplay 和 gotoandstop）进行测试。

要在影片编辑环境下测试按钮元件，需要执行【控制】/【启用简单按钮】命令。此时按钮将做出与最终动画中一样的响应，包括这个按钮所附加的脚本语言。要在影片编辑环境下测试

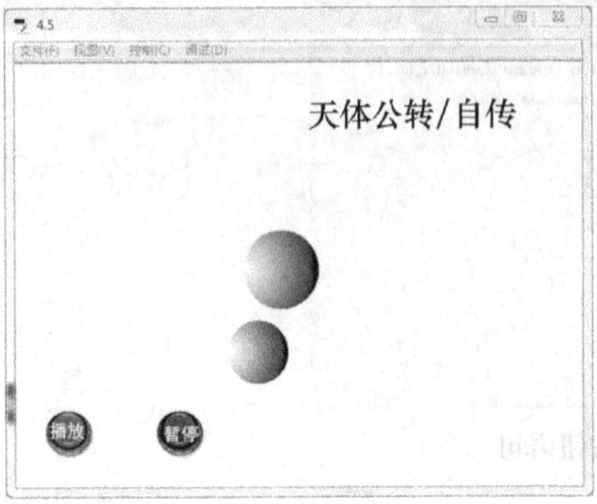

图 4-174　测试影片

简单的帧动作（play、stop、gotoplay 和 gotoandstop），需要执行【控制】/【启用简单帧动作】命令。

2. 测试影片与场景

执行【控制】/【测试影片】命令，可以测试一个动画的全部内容。Flash 将自动导出当前影片中的所有场景，然后将文件在新窗口中打开，如图 4-174 所示。

执行【控制】/【测试场景】命令，可以测试一个场景的全部内容。Flash 仅导出当前影片中的当前场景，然后将文件在新窗口中打开，且在“文件”选项卡中标示出当前测试的场景。

执行测试影片与测试场景命令，均会自动生成.swf 文件，且自动将它置于当前影片所在的文件夹中，而它的导出设置则以 Flash“发布设置”对话框中的默认设置为基础，要改变这些设置，执行【文件】/【发布设置】命令，在“发布设置”对话框中进行必要的调整。如果对当前的测试结果满意，就可以将作品发表了。

4.6.2 发布和导出动画

1. 发布动画

在 Flash 制作、测试完成之后可以根据使用环境的不同，将 Flash 影片发布成多种格式的文件。比如，可以输出为适合网络环境的.swf 和.html 格式，也可以输出为非网络播放的.avi 和.mov 格式，或者.exe 的 Windows 播放格式。Flash CS6 默认的发布动画为.swf 格式，执行【文件】/【发布设置】命令，弹出“发布设置”对话框，如图 4-175 所示。

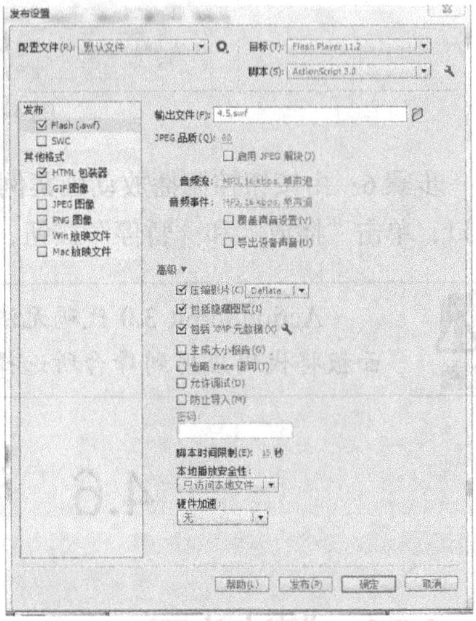

图 4-175　发布设置

- 目标：用于设置观看影片所需播放器的最低版本。版本越低，播放器兼容性越强，但低版本无法支持高版本的 Flash 技术，播放时应用高版本技术的部分会丢失。版本越高，Flash 技术越多，但低版本播放器无法支持其播放。因此，要根据需要选择恰当的版本。
- 脚本：ActionScript 版本，与前面的播放器关联，高版本的动画必须搭配高版本的脚本程序，否则高版本动画中的很多新技术无法实现。这里具有“ActionScript 1.0”“ActionScript 2.0”“ActionScript 3.0”3 个版本。
- JPEG 品质：通过调整滑块的值来控制位图的压缩。图像品质越低，生成的文件就越小；图像品质越高，生成的文件就越大。
- 启用 JPEG 解块：选择此复选框，可以使高度压缩的 JPEG 图像显得更加平滑，可减少由于 JPEG 压缩导致的典型失真，如图像中通常出现的 8×8 像素的马赛克。但是一些 JPEG 图像可能会丢失少量细节。
- 音频流、音频事件：用于为 SWF 文件中的所有声音流或事件声音设置采样率和压缩，然后根据需要选择相应的选项。

注意 只要前几帧下载了足够的数据，声音流就会开始播放，它与时间轴同步。事件声音需要完全下载后才能播放，并且在明确停止之前，将一直持续播放。

- 覆盖声音设置：选择此复选框，可以覆盖在属性检查器的声音部分中为个别声音指定的设置，若要创建一个较小的低保真版本的 SWF 文件，请选择此选项。

注意 如果取消选择了“覆盖声音设置”选项，则 Flash 会扫描文档中的所有音频流（包括导入视频中的声音），然后按照各个设置中最高的设置发布所有音频流。如果一个或多个音频流具有较高的导出设置，则可能增加文件大小。

- 导出设备声音：选择此复选框，可以导出适合于设备（包括移动设备）的声音，而不是原始库声音。

高级设置

- 压缩影片：（默认）压缩 SWF 文件以减小文件大小和缩短下载时间。当文件包含大量文本或 ActionScript 时，使用此选项十分有益。经过压缩的文件只能在 Flash Player 6 或更高版本中播放。
- 包括隐藏图层：（默认）导出 Flash 文档中所有隐藏的图层。取消选择“导出隐藏的图层”，将阻止把生成的 SWF 文件中标记为隐藏的所有图层（包括嵌套在影片剪辑内的图层）导出。这样就可以通过使图层不可见来轻松测试不同版本的 Flash 文档。
- 包括 XMP 元数据：默认情况下，将在“文件信息”对话框中导出输入的所有元数据。单击“文件信息”按钮打开此对话框，也可以通过选择【文件】/【文件信息】命令打开“文件信息”对话框，在 ActionScript 中选定 SWF 文件后，可以查看元数据。
- 生成大小报告：生成一个报告，按文件列出最终 Flash 内容中的数据量。
- 省略 Trace 语句：使 Flash 忽略当前 SWF 文件中的 ActionScript trace 语句。如果选择此选项，trace 语句的信息将不会显示在“输出”面板中。
- 允许调试：激活调试器并允许远程调 Flash SWF 文件，可让用户使用密码来保护 SWF 文件。
- 防止导入：防止其他人导入 SWF 文件并将其转换回 FLA 文档。可使用密码来保护 Flash SWF 文件。
- 脚本时间限制：若要设置脚本在 SWF 文件中执行时可占用的最大时间量，通过拖动滑块设置一个数值。Flash Player 将取消执行超出此限制的任何脚本。
- 本地播放安全性：从下拉列表中，选择要使用的 Flash 安全模型。指定是授予已发布的 SWF 文件本地安全性访问权，还是网络安全性访问权。

只访问本地：可使已发布的 SWF 文件与本地系统上的文件和资源交互，但不能与网络上的文件和资源交互。

只访问网络：可使已发布的 SWF 文件与网络上的文件和资源交互，但不能与本地系统上的文件和资源交互。

- 硬件加速：若要使 SWF 文件能够使用硬件加速，请从菜单中选择下列选项之一。

第 1 级——直接：“直接”模式通过允许 Flash Player 在屏幕上直接绘制，而不是让浏览器进行绘制，从而改善播放性能。

第2级——GPU：在“GPU”模式中，Flash Player利用图形卡的可用计算能力执行视频播放，并对图层化图形进行复合。根据用户的图形硬件的不同，这将提供更高一级的性能优势。如果您预计您的受众拥有高端图形卡，则可以使用此选项。

- 导出SWC：导出.swc文件，该文件用于分发组件。.swc文件包含一个编译剪辑、组件的ActionScript类文件，以及描述组件的其他文件。

设置完成后，单击“确定”按钮，即可将文件进行发布。

2. 发布预览

“发布预览”命令可以使指定的文件格式在默认的浏览器中打开，可以预览的影片类型是以“发布设置”对话框中的选项为基础的，执行【文件】/【发布预览】命令，在弹出的下一级子菜单中进行选择。

3. 导出影片

导出影片不像发布那样可以对影片的各方面进行设置，它可以把当前影片全部导出为Flash支持的格式。而影片的导出分为两种，分别是导出图片与导出影片。下面对这两种方式分别进行介绍。

（1）导出图像

执行【文件】/【导出】/【导出图像】命令，弹出“导出图像”对话框，在“文件名”后面的文本框中输入文件的名称，接着在“保存类型”下拉列表中，选择一个文件格式，单击“保存”按钮，弹出相应的文件格式对话框，例如选择“PNG（.png）”文件，则弹出“导出PNG”对话框，在对话框中设置影片的相关属性，其中的设置选项与“发布设置”对话框中设置选项相同，设置完毕后单击“确定”按钮导出图像。

（2）导出影片

执行【文件】/【导出】/【导出影片】命令，弹出“导出影片”对话框，在“导出影片”对话框中保存的文件是动态的，导出影片的操作与导出图像类似。

小　结

本章主要介绍了Flash动画型多媒体课件制作，具体包括以下几部分。

（1）Flash课件制作概述：包括该工具的特点、优势及界面介绍。

（2）Flash课件图形图像的绘制：包括用基本绘图工具绘制图形图像、对绘制的图形图像进行简单操作、图形图像的颜色设置等。

（3）简单动态演示课件素材制作：这是本章的一个重点，主要介绍了补间动画、补间形状动画、逐帧动画、滤镜动画等简单动画的制作方法，并举出实例。

（4）复杂动画课件素材制作：这是本章的另一个重点，主要介绍引导层动画和遮罩动画的具体制作方法。

（5）ActionScript基础应用：主要对ActionScript进行基础知识的介绍。

（6）测试和发布动画：主要对动画后期进行测试和发布。

习　题

一、填空题

1. 控制各种面板的显示和隐藏的菜单是________。

2. 工具箱包括 3 中绘制线条的工具，分别是________工具、________工具和________工具。

3. 保存文档时，可以选择________、________和________3 种 Flash 版本的文档保存类型。

4. Flash CS6 提供了多种创建和修改颜色的方法，________工具用来进行描边，________工具用来进行填色，________工具用来获取颜色。

5. ________是 Flash 创作作品的核心部分，以时间为基础的线性进度安排表，设计者通过它可以查看每一帧的情况，控制动画在某一段时间内显示的内容。

6. Adobe Flash CS6 创建补间动画的方法是________和________。

7. ________是时间轴的一部分，就像透明的玻璃一样，在舞台上一层层地向上叠加。

8. 在________动画中，对象可以沿着指定的路径运动。

9. 遮罩层动画由________与________组成。

10. Flash CS6 提供了________、________、发光、斜角、渐变发光、渐变斜角和调整颜色 7 种滤镜。

11. ________是针对 Adobe Flash Player 运行时环境的编程语言，它在 Flash 内容和应用程序中实现了交互性、数据处理以及其他许多功能。

二、问答题

1. 创建 Flash 文档的常用方法是什么？

2. 逐帧动画的原理是什么？

3. 什么是补间形状动画？

三、上机练习

1. 使用墨水瓶工具，制作图 4-176 所示的线框文字。

2. 利用遮罩层动画，制作图 4-177 所示的探照灯效果。

图 4-176　线框文字

图 4-177　探照灯动画

第5章 Dreamweaver网络型多媒体课件制作

网络型多媒体教学课件，是根据网络教育信息资源的特点，运用各种工具和方法，对网络教育信息进行加工、整理、排列、组合而开发的教学课件，通常采用Dreamweaver等网页制作工具制作成网页，在校园网中建立站点或建立链接。

5.1 网页制作概述

网络课件是指运行在网络上的多媒体课件，其中网页是构成课件的主体。

5.1.1 网络概述

在 1946 年世界上第一台电子计算机问世后的十多年时间里，由于价格很昂贵，计算机数量极少。早期所谓的计算机网络，主要是为了解决这一矛盾而产生的，其形式是将一台计算机经过通信线路与若干台终端直接连接，我们可以把这种方式看作最简单的局域网雏形。

最早的网络，是由美国国防部高级研究计划局（ARPA）建立的。现代计算机网络的许多概念和方法，如分组交换技术都来自ARPAnet。ARPAnet不仅进行了租用线互联的分组交换技术研究，而且做了无线、卫星网的分组交换技术研究。1977—1979 年，ARPAnet 推出了目前形式的TCP/IP体系结构和协议。1980年前后，ARPAnet上的所有计算机开始了TCP/IP的转换工作，并以 ARPAnet 为主干网建立了初期的 Internet。1983 年，ARPAnet 的全部计算机完成了向 TCP/IP 的转换，并在UNIX（BSD4.1）上实现了 TCP/IP。ARPAnet在技术上最大的贡献就是TCP/IP的开发和应用。两个著名的科学教育网CSNET和BITNET先后建立。1984年，美国国家科学基金会NSF规划建立了13个国家超级计算中心及国家教育科技网，随后替代了ARPANET的骨干地位。1988 年，Internet 开始对外开放。1991 年 6 月，在连通 Internet 的计算机中，商业用户首次超过了学术界用户，这是Internet发展史上的一个里程碑，从此Internet以迅猛的速度发展起来。

Internet，中文正式译名为因特网，又叫作国际互联网。它是由那些使用公用语言互相通信的计算机连接而成的全球网络。一旦连接到它的任何一个节点上，就意味着你的计算机已经连入Internet。Internet 目前的用户已经遍及全球，有几亿人在使用，并且它的用户数还在以等比级数上升。现在几乎任何行业、任何名词的前面都可以冠以网络，如网络银行、网络学校、网络书店、网络电话……好像一切都网络化了，网络改变着人们传统的生活、工作和学习方式。

WWW（World Wide Web），也叫作万维网，是Internet上集文本、声音、图像、视频等多媒体信息于一身的全球信息资源网络。在基于Web方式下，人们可以浏览、搜索、查询各种信息，可以发布自己的信息，可以与他人进行实时或者非实时的交流，可以学习、游戏、娱乐、购物，等等。当你想访问万维网上一个站点的网页或者其他网络资源的时候，通常要在网络浏览器上（比如 IE，Firefox 等）键入你想访问的网页的 URL（Uniform Resource Locator，统一资源定位符），也就是我们常说的网址，或者通过超链接方式链接到那个网页或网络资源。之后，首先是 URL 的服务器名部分被域名系统服务器解析，并根据解析结果决定连接哪一个 IP 地址；接下来，向目标服务器发送一个 HTTP（HyperText Transfer Protocol，超文本传输协议）请求，在通常情况下，HTML 文本、图片和构成该网页的一切其他文件很快会被逐一请求，并发送回用户。网络浏览器接下来的工作是把 HTML、CSS 和其他接收到的文件所描述的内容，加上图像、链接和其他必须的资源，显示给用户。这些就构成了你所看到的“网页”。该过程如图 5-1 所示。

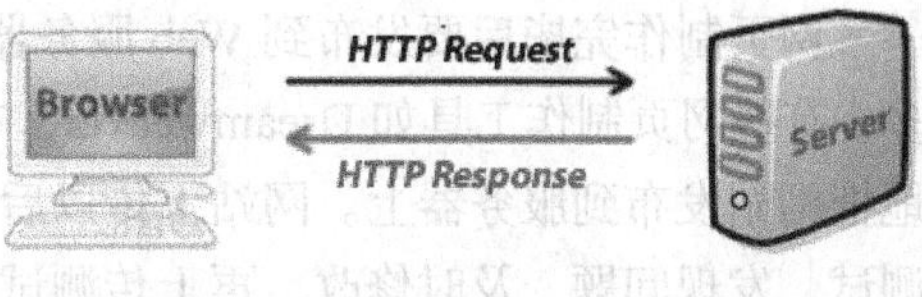

图 5-1 HTTP 请求与响应模型

随着学校教育信息化的深入发展，许多学校纷纷建立了自己的校园网络、网络教室、现代远程教育资源接收系统。教师们研制、开发网络课件，建立网络教学资源库，开展网络化的活动教学或进行远程教育，充分利用网络资源技术促进教学。

5.1.2 网站开发的步骤

人们可以通过网站来发布自己想要公开的信息，或者利用网站来提供相关的网上服务。同时也可以通过网页浏览器来访问网站，获取信息或者享受网上服务。许多公司都拥有自己的网站，它们利用网站来进行宣传、产品资讯发布、招聘等等。随着网页制作技术的流行，很多个人也开始制作个人主页，这些通常是制作者用来自我介绍、展现个性的地方。通过开发教学网站及网络型多媒体课件，可以通过网络进行教学资源的发布、在线练习测试、师生交流等教学活动。

建立一个网站一般有以下 8 个步骤。

1. 确定网站主题

网站主题就是你将要建立的网站所要包含的主要内容。一个网站必须要有一个明确的主题，这样才能给用户留下深刻的印象。

2. 搜集材料

明确了网站的主题以后，就要围绕主题开始搜集材料了。常言道：“巧妇难为无米之炊”，要想让自己的网站吸引用户，就要尽量搜集材料，搜集的材料越多，以后制作网站就越容易。材料既可以从图书、报纸、光盘、多媒体上得来，也可以从互联网上搜集，然后把搜集的材料去粗取精，去伪存真，作为自己制作网页的素材。

3. 规划网站

一个网站设计得成功与否，很大程度上决定于设计者的规划水平。规划网站就像设计师设计大楼一样，图纸设计好了，才能建造漂亮的房子。网站规划包含的内容很多，如网站的结构、栏目的设置、网站的风格、颜色搭配、版面布局、文字图片的运用等。只有在制作网页之前把这些方面都考虑到了，才能在制作时驾轻就熟、胸有成竹，也只有如此，制作出来的网页才能有个性、有特色，具有吸引力。

4. 选择合适的制作工具

尽管选择什么样的工具并不会影响你设计网页的好坏，但是一款功能强大、使用简单的软件，往往可以起到事半功倍的效果。网页制作涉及的工具比较多，首先就是网页制作工具了，目前大多数网页制作人员选用的都是“所见即所得”的编辑工具，这其中的优秀者当然是 Dreamweaver 和 FrontPage 了。除此之外，还有图片编辑工具，如 Photoshop、PhotoImpact 等；动画制作工具，如 Flash、Cool 3d、Gif Animator 等；还有网页特效工具，如有声有色等，你可以根据需要灵活运用。

5. 制作网页

材料有了，工具也选好了，下面就需要按照规划一步步地把自己的想法变成现实了。这是一个复杂而细致的过程，要按照先大后小、先简单后复杂的方法来进行制作。所谓先大后小，就是说在制作网页时，先把大的结构设计好，再逐步完善小的结构设计；所谓先简单后复杂，就是先设计出简单的内容，再设计复杂的内容，以便出现问题时及时修改。

6. 上传测试

网页制作完毕后要发布到 Web 服务器上，才能够让全世界的用户访问。现在上传的工具有很多，有些网页制作工具如 Dreamweaver，本身就带有 FTP 功能，利用这些 FTP 工具，可以很方便地把网站发布到服务器上。网站上传以后，要使用浏览器访问自己的网站，逐页逐个链接地进行测试，发现问题，及时修改，再上传测试。全部测试完毕就可以把网址告诉他人，进行访问了。

7. 推广宣传

网页做好之后，还要不断地进行宣传，这样才能让更多的用户认识它，提高网站的访问率和知名度。推广的方法有很多，例如到搜索引擎上注册、与别的网站交换链接、加入广告链接等。

8. 维护更新

网站要注意经常维护更新内容，保持内容的新鲜，只有不断地给它补充新的内容，才能够吸引更多的浏览者。

5.2 Dreamweaver

Adobe Dreamweaver，简称“DW”，中文名称“梦想编制者”，是美国 Macromedia 公司（现已被 Adobe 公司收购）开发的集网页制作和管理网站于一体的“所见即所得”的网页编辑器，它是第一套针对专业网页设计师特别开发的视觉化网页开发工具，利用它可以轻而易举地制作出跨越平台限制和跨越浏览器限制的充满动感的网页。Dreamweaver、Flash 以及 Fireworks，三者曾被 Macromedia 公司称为 DreamTeam（梦之队），也常被称为网页三剑客。本书示例采用 Dreamweaver CS6 版本。

5.2.1 Dreamweaver CS6 的新增功能

Dreamweaver CS6 相对于之前的版本，更新的“实时视图”和“多屏预览”面板可以高效地创建和测试跨平台、跨浏览器的 HTML5 内容；使用响应迅速的 CSS3 自适应网格版面，以协助设计人员在不同屏幕大小的终端设备上显示项目；利用增强的 jQuery Mobile 和 PhoneGap，能构建更出色的移动应用程序，并通过重新设计的多线程 FTP 传输工具来缩短上传大文件所需的时间。

5.2.2 认识 Dreamweaver 工作界面

1. 启动 Dreamweaver

启动 Dreamweaver 后，会看到图 5-2 所示的界面，通过起始页，你可以打开最近使用过的文档或创建新文档。你还可以从起始页通过产品介绍或教程了解关于 Dreamweaver 的更多信息。

这里，我们选择创建新项目的第一项 HTML。

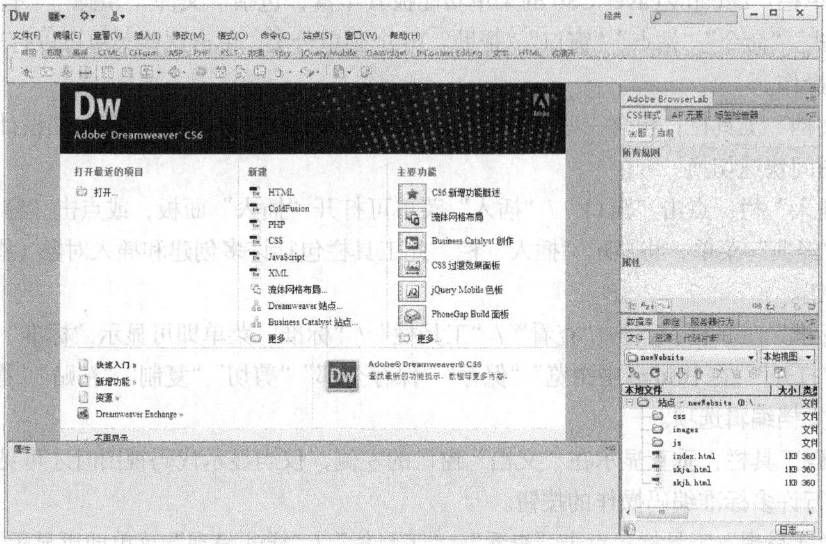

图 5-2　启动界面

2. 工作区界面

Dreamweaver 提供了一个将全部元素置于一个窗口中的集成布局。在集成的工作区中，主要包括菜单栏、插入栏、文档工具栏、文档窗口、属性面板和面板组等，图 5-3 所示为 Dreamweaver CS6 工作区。合理使用工作区中各个板块的相关功能，可以使网页设计工作成为一个高效、便捷的过程。另外，还可以在“窗口”/“工作区布局”菜单选项中切换不同的布局样式，以满足不同人群（设计人员、编码人员或应用程序开发人员）的需要。

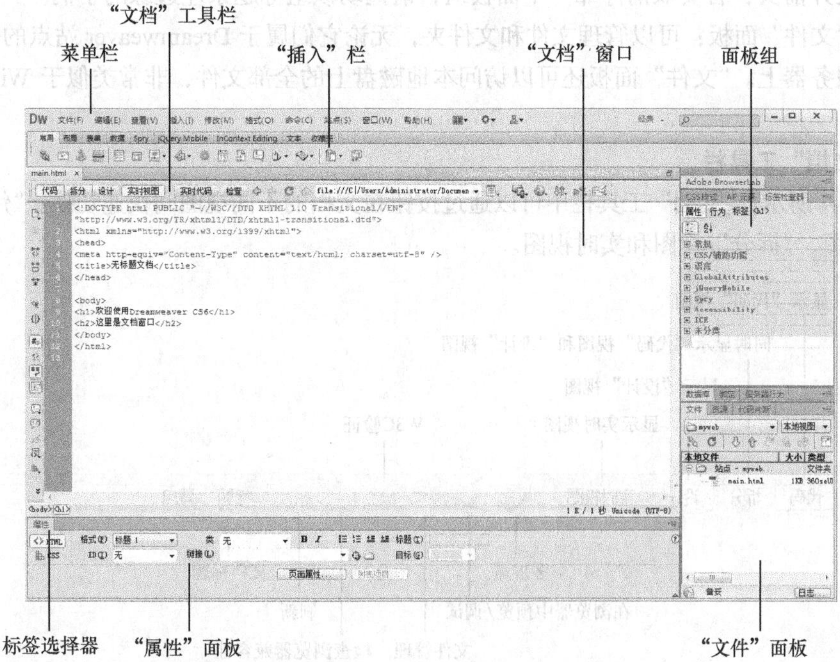

图 5-3　Dreamweaver CS6 工作区界面

下面是工作区中部分常用工具栏及面板的简要介绍。

（1）菜单栏：Dreamweaver CS6 的菜单功能极其丰富，包括“文件”“编辑”“查看”“插入”“修改”“格式”“命令”“站点”“窗口”“帮助”10 个菜单分类，单击这些菜单可以打开其子菜单，来完成具体操作。

（2）“文档”工具栏：包含一些按钮，使用这些按钮可以在“代码”视图、“设计”视图以及“拆分”视图间快速切换。

（3）“插入”栏：点击“窗口”/“插入”菜单可打开“插入”面板，或点击“窗口”/“工作区布局”/“经典”菜单，将显示“插入”栏。此工具栏包括许多创建和插入对象（图像、表单、层等）的按钮。

（4）“标准”工具栏：点击“查看”/“工具栏”/“标准”菜单即可显示“标准”工具栏。包括“新建”“打开”“在 Bridge 中浏览”“保存”“保存全部”“剪切”“复制”“粘贴”“撤销”和“重做”等一般文档编辑选项。

（5）编码工具栏：垂直显示在“文档”窗口的左侧，仅当显示代码视图时才可见。此工具栏包含允许执行许多标准编码操作的按钮。

（6）“样式呈现”工具栏：点击“查看”/“工具栏”/“样式呈现”菜单即可显示“样式呈现”工具栏。如果使用了依赖于媒体的样式表，能够查看设计在不同媒体类型中的呈现方式。

（7）“文档”窗口：显示当前创建和编辑的文档。

（8）“属性”面板：用于查看和更改所选对象或文本的各种属性。每种对象都具有不同的属性。在“编码器”工作区布局中，“属性”检查器默认是不展开的。

（9）标签选择器：位于“文档”窗口底部的状态栏中，它显示环绕当前选定内容的标签的层次结构。单击该层次结构中的任何标签，可以选择该标签及其全部内容。

（10）面板组：组合在一个标题下面的相关面板的集合。若要展开一个面板组，请单击组名称左侧的展开箭头；若要取消停靠一个面板组，请拖动该组标题条左边缘的手柄。

（11）“文件”面板：可以管理文件和文件夹，无论它们属于 Dreamweaver 站点的一部分还是位于远程服务器上。“文件”面板还可以访问本地磁盘上的全部文件，非常类似于 Windows 资源管理器。

3. “文档”工具栏

如图 5-4 所示，“文档”工具栏中可以通过按钮在文档的不同视图间快速切换：“代码”视图、“设计”视图、“拆分”视图和实时视图。

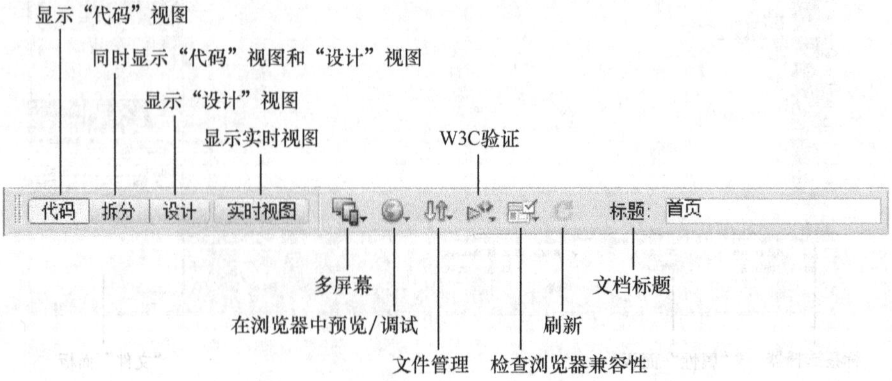

图 5-4 “文档”工具栏

以下是“文档”工具栏中各个按钮的功能介绍。

（1）“代码”按钮：显示 HTML 源代码视图。

（2）“拆分”按钮：同时显示 HTML 源代码和设计视图。

（3）“设计”按钮：显示设计视图。

（4）“实时视图”按钮：显示不可编辑的、交互式的、基于浏览器的文档视图。

（5）“多屏幕”按钮：借助“多屏幕预览”面板，为智能手机、平板电脑和台式机进行设计。

（6）“在浏览器中预览/调试”：允许用户在浏览器中浏览或调试文档。

（7）“文件管理”按钮：显示“文件管理”弹出菜单。包含一些在本地和远程站点间传输文档有关的常用命令和选项。

（8）“W3C 验证”按钮：由 World Wide Web Consortium（W3C）提供的验证服务可以为用户检查 HTML 文件是否符合 HTML 或 XHTML 标准。

（9）“检查浏览器的兼容性”按钮：检查所设计的页面对不同类型的浏览器的兼容性。

（10）“刷新”按钮：将“代码”视图中对文档进行更改后刷新文档的“设计”视图。

（11）“文档标题”：为文档输入一个标题，它将显示在浏览器的标题栏中。

4. 状态栏

“文档”窗口底部的状态栏提供与正在创建的文档有关的其他信息，如图 5-5 所示。

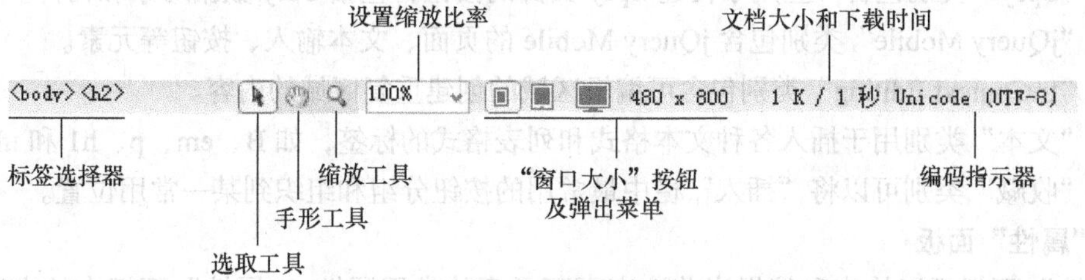

图 5-5　状态栏

（1）标签选择器：显示环绕当前选定内容的标签的层次结构。单击该层次结构中的任何标签以选择该标签及其全部内容。单击 <body> 可以选择文档的整个正文。若要设置标签选择器中某个标签的 class 或 id 属性，请用鼠标右键单击该标签，然后从上下文菜单中选择一个类或 ID。

（2）手形工具：允许单击文档并将其拖到“文档”窗口中。单击“选取工具”可禁用手形工具。

（3）“缩放工具”和“设置缩放比率”弹出式菜单：允许为文档设置缩放级别。

（4）“窗口大小”按钮及弹出菜单：允许将“文档”窗口的大小调整到预定义或自定义的尺寸，可以根据设计需求选择不同终端设备的屏幕尺寸。

（5）文档大小和下载时间：显示页面（包括所有相关文件，如图像和其它媒体文件）的预计文档大小和预计下载时间。

（6）编码指示器：显示当前文档的文本编码。

5. “插入”栏

此工具栏中包括许多创建和插入对象（图像、表单等）的按钮。鼠标悬浮在按钮上时会出现提示文字，提示该按钮的功能。某些按钮还带有下拉菜单，当使用过一次后，它会记录上次使用的功能并显示为当前状态。例如，从“图像”按钮的弹出菜单中选择“图像占位符”，下次单击

“图像”按钮时，Dreamweaver CS6 会自动插入一个图像占位符。这些按钮按照类别被组织到若干选项卡中，用户可以单击“插入”栏顶部的选项卡进行切换，如图 5-6 所示。

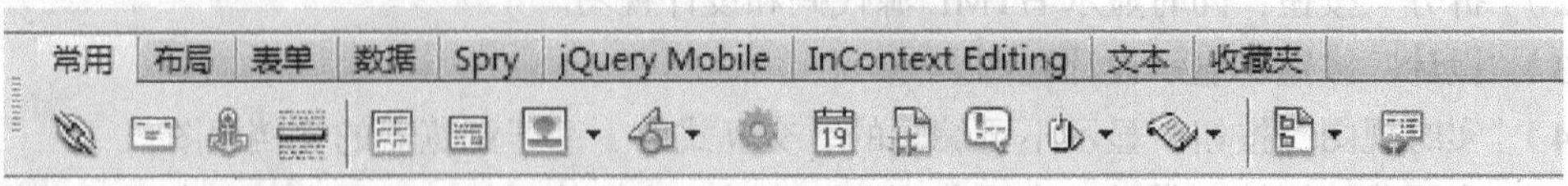

图 5-6 “插入”栏

“插入”栏包括常用、布局、表单、数据、Spry、jQuery Mobile 等 9 个类别，每个类别都有若干功能可供选择，下面我们逐一说明。

（1）“常用”类别可以创建和插入最常用的对象，例如图像、表格、div 层和注释等。

（2）“布局”类别可以用来插入表格、表格元素、DIV 标签和 Spry 构件，还可以选择表格的两种视图，即“标准”和“扩展”两种布局方式。

（3）“表单”类别是用来创建表单和添加表单元素的，包括文本框工具、文本区域、单选框、复选框、列表/菜单、文件域、提交按钮等。

（4）“数据”类别可以插入 Spry 数据对象和其他动态元素，例如记录集、重复区域以及插入记录表单和更新记录表单。

（5）“Spry”类别包含一些用于构建 Spry 页面的按钮，包括 Spry 数据对象和构件。

（6）“jQuery Mobile”类别包含 jQuery Mobile 的页面、文本输入、按钮等元素。

（7）“InContext Editing”类别包含可编辑区域的创建重复区域的内容。

（8）“文本”类别用于插入各种文本格式和列表格式的标签，如 B、em、p、h1 和 ul 等。

（9）“收藏”类别可以将“插入”栏中最常用的按钮分组和组织到某一常用位置。

6. “属性”面板

“属性”面板可以检查和编辑当前选定页面元素的常用属性。“属性”面板中的内容根据选定的元素会有所不同。例如，如果您选择页面上的一个图像，则“属性”面板将改为显示该图像的属性（如图像的文件路径、图像的宽度和高度等）。在“属性”面板中，包括两种选项，一种是“HTML”选项，可以定义元素的 ID 或类，以及设置文本的格式、样式、对齐方式等属性，如图 5-7 所示；另一种是“CSS”选项，可以设置元素的 CSS 属性，如图 5-8 所示。

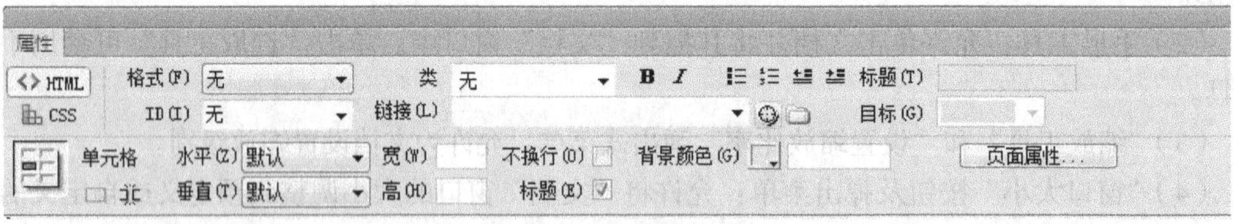

图 5-7 “属性”面板之“HTML”选项

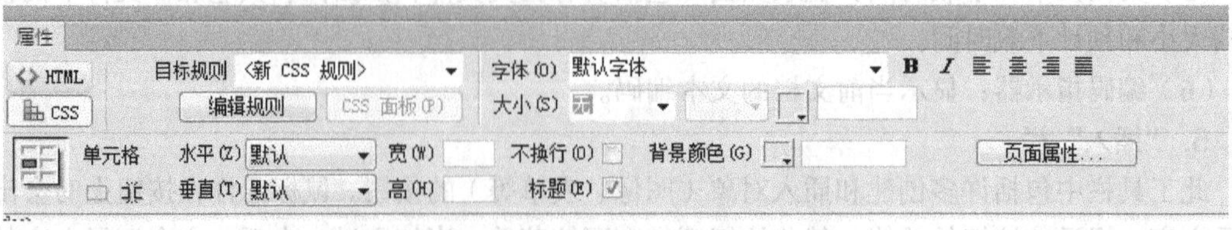

图 5-8 “属性”面板之“CSS”选项

5.2.3　建立教学站点

在 Dreamweaver 中，“站点”一词既表示 Web 站点，又表示属于 Web 站点的文档的本地存储位置。在开始构建 Web 站点之前，需要建立站点文档的本地存储位置。Dreamweaver 站点可组织与 Web 站点相关的所有文档，跟踪和维护链接，管理文件，共享文件以及将站点文件传输到 Web 服务器。下面以建立“多媒体课件制作”网络教学网站为例，演示怎样在 Dreamweaver 中新建一个站点，在该站点中主要包括“首页”“授课计划”“授课教案”等与课程教学的相关内容。

1. 建立静态网站站点

启动 Dreamweaver CS6 后，选择【站点】/【新建站点】命令，出现“站点设置对象”对话框，如图 5-9 所示。对于初学者来说，可以在本地计算机的任意文件夹建立一个静态网站站点，在“站点名称”输入框中输入一个新的站点名称，例如“newWebsite”。在“本地站点文件夹”输入框中输入本地文件夹的位置，例如“D:\newWebsite”，单击“保存”按钮。此时，在计算机的 D 盘目录下就会产生一个名为“newWebsite”的文件夹。

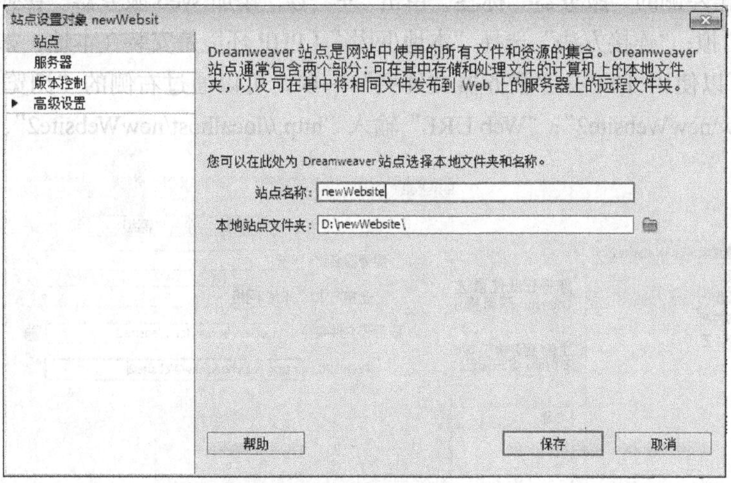

图 5-9　新建站点

2. 建立动态网站站点

如果读者已经具备一些有关 Web 服务器工作原理、PHP（ASP.NET 或 JSP）服务器端程序设计语言的背景知识，可以建立一个动态网站站点。

步骤 1：由于笔者的 PHP 环境是集成的 Appserv，因此在“C:\Appserv\www”工作目录下，先创建一个名为“newWebsite2”的目录。

多媒体课件设计与制作

专家点拨：如果读者使用的是其他集成环境或是单独配置的 PHP 运行环境，或者选择其他服务器端编程语言，需要根据实际情况选择站点所在目录。

步骤 2：启动 Dreamweaver CS6 后，选择【站点】/【新建站点】命令，出现“站点设置对象”对话框。在“站点名称”输入框中输入一个新的站点名称，例如“newWebsite2”；“本地站点文件夹”一项，可以单击右侧的“浏览文件夹”按钮，选择“C:\Appserv\www\newWebsite2”目录，如图 5-10 所示。

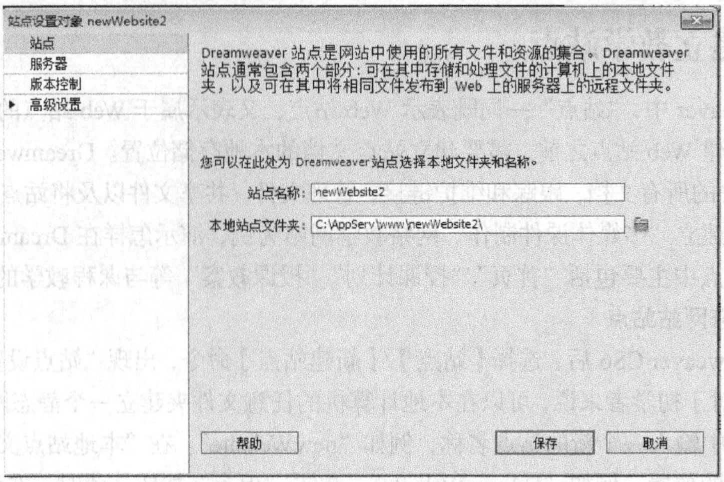

图 5-10　新建动态网站站点（1）

步骤 3：单击左侧的“服务器”标签，单击“+”号，添加 Web 服务器。在弹出的对话框中，“服务器名称”自拟；“连接方法”选择“本地/网络”（PHP 环境是安装在本地，如果将文件发布到远程服务器，可以使用 FTP）；“服务器文件夹”一项，可以通过右侧的“浏览文件夹”定位到“C:\Appserv\www\newWebsite2”；“Web URL”输入“http://localhost/newWebsite2”，如图 5-11 所示。

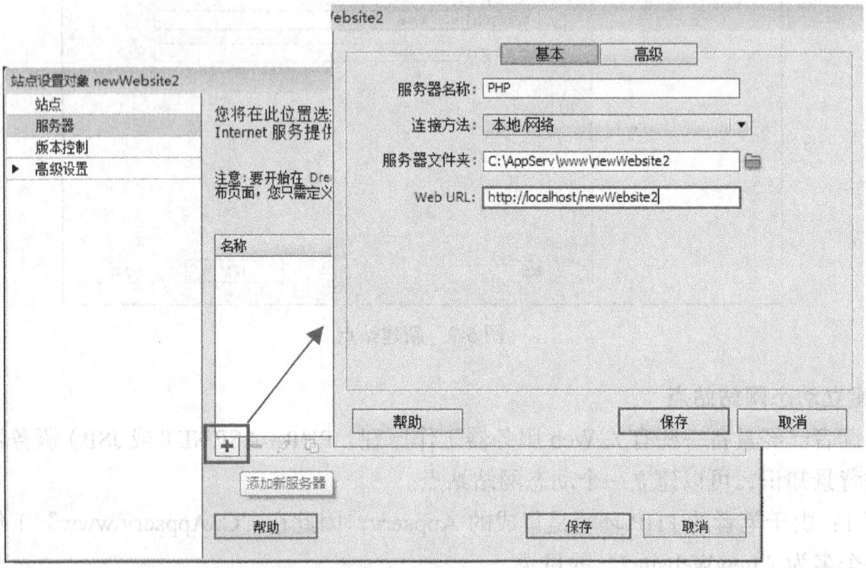

图 5-11　新建动态网站站点（2）

步骤 4：单击“高级”标签，选择一个服务器模型，如果使用 PHP 编程，则选择“PHP MySQL”；如果使用的是其他语言，请根据具体情况进行选择，选好后单击“保存”，如图 5-12 所示。

步骤 5：在配置好的服务器站点的“测试”一项打勾，再次单击“保存”，如图 5-13 所示。

经过以上操作，无论建立的是静态的还是动态的网站站点，在 Dreamweaver CS6 的“文件”面板中都会出现站点根目录。在根目录上单击鼠标右键，从弹出菜单中选择【新建文件夹】命令，然后给文件夹命名。这里新建 4 个文件夹，分别命名为 images、css、js 和 swf，用于分别存放图片素材、CSS 文件、JavaScript 文件和 Flash 文件。

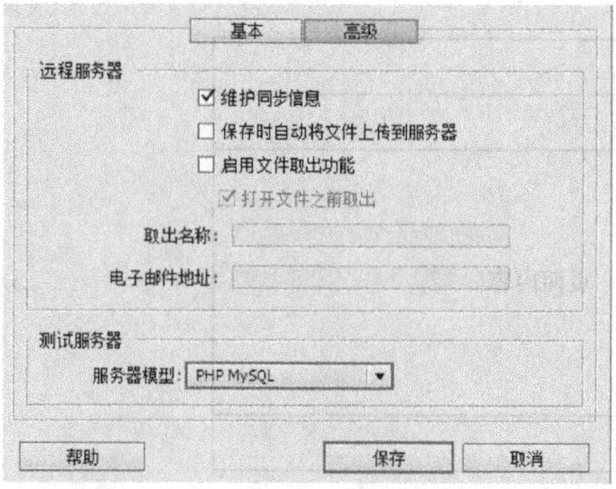

图 5-12　新建动态网站站点（3）

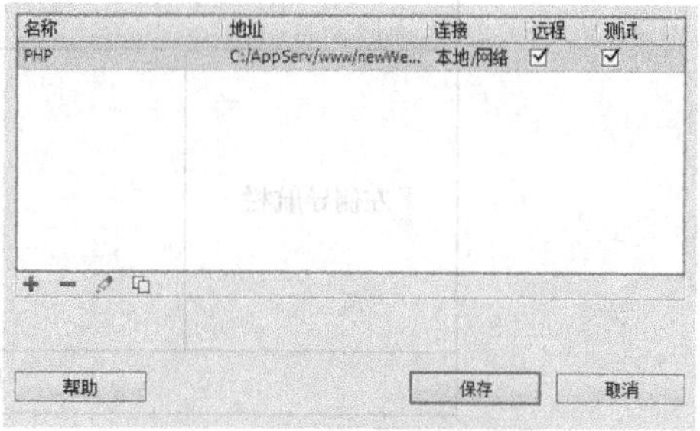

图 5-13　新建动态网站站点（4）

在“文件”面板的站点根目录下单击鼠标右键，从弹出菜单中选择“新建文件”选项，然后给文件命名。首先要添加首页，命名为 index.html，再分别创建“授课计划”页面 skjh.html、“授课教案”页面 skja.html 等。建好后的文件夹结构，如图 5-14 所示。

对建立的文件和文件夹，可以进行移动、复制、重命名和删除等基本的管理操作。在需要管理的文件或文件夹上单击鼠标右键，在弹出菜单中选“编辑”项，即可进行相关操作。

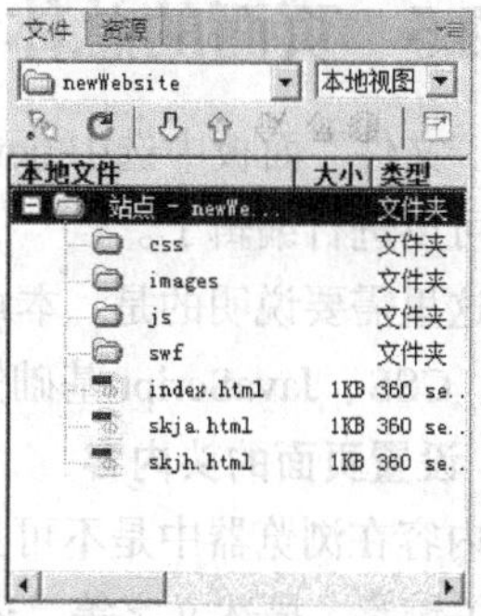

图 5-14　新建文件和文件夹

5.2.4　页面的版式设计

接下来以网站首页“index.html”为例，学习怎样使用 Dreamweaver 编辑页面。网页的实际效果如图 5-15 所示。首先要对页面进行版面设计，将网页划分成几个构成部分，如图 5-16 所示。

网页布局的方式可以采用“层”和“表格”，本例中采用“层”的方式进行网页布局。

图 5-15　页面效果

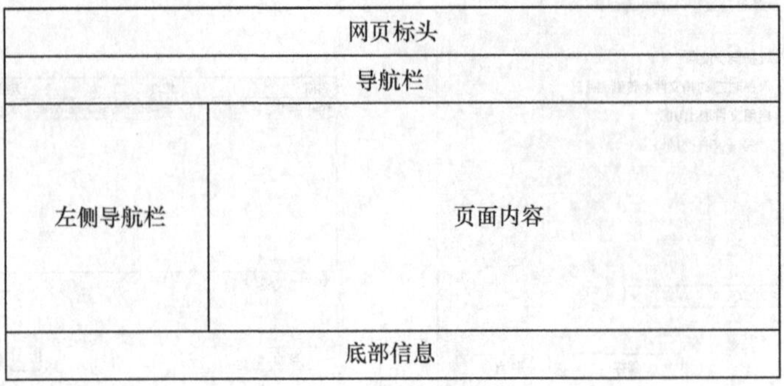

图 5-16　页面版面设计

5.2.5　页面的总体设置

在“文件”面板中选中 newWebsite 站点，双击站点下的“index.html”，在文档窗口打开该页面，就可以进行编辑了。

在这里需要说明的是，本章的重点是使用 Dreamweaver 快速开发网页的步骤，对于所涉及的 HTML、CSS、JavaScript 基础知识部分，由于篇幅有限，不能详细讲解，请读者参阅相关资料。

1．设置页面的头内容

头内容在浏览器中是不可见的，却携带着网页的重要信息，如关键字、描述文字等，还可以实现一些非常重要的功能，如自动刷新功能。

在“插入”工具栏的“常用”选项卡中，选择“文件头”按钮，点开下拉菜单，就可以进行头内容的设置了，如图 5-17 所示。

图 5-17　设置文件头信息

（1）设置标题。网页标题可以是中文、英文或符号，显示在浏览器的标题栏中。我们直接在“文档”工具栏的标题栏内输入或更改，就可以完成网页标题的编辑了。

（2）插入关键字。关键字用来协助网络上的搜索引擎寻找网页。要想让更多的人看见你的网站，单击图 5-17 所示的“关键字”选项，弹出“关键字”对话框，然后填入关键字，多个关键词可以使用空格或逗号分开，如图 5-18 所示。

（3）插入 META。META 标记用于记录当前网页的相关信息，如编码、作者、版权等，也可以用来给服务器提供信息。单击图 5-17 所示的“META”选项，弹出“META”对话框，在“属性”栏中选择“名称”属性，在“值”文本框中输入相应的值，可以定义相应的信息，比如，author—作者信息，copyright—版权声明，generator—网页编辑器，如图 5-19 所示。

图 5-18　设置关键字

图 5-19　设置 META 信息

2. 设置页面属性

单击“属性”栏中的“页面属性”按钮，打开“页面属性”对话框，在“分类”列表中显示了可以设置的网页文档分类，包括“外观（CSS）”“外观（HTML）”“链接（CSS）”“标题（CSS）”“标题/编码”“跟踪图像”6 个分类选项，其各自的作用如下。

（1）“外观（CSS）”选项：用于设置网页默认的字体、字号、文本颜色、背景颜色、背景图像和 4 个边距的距离等属性，会生成 CSS 格式，如图 5-20 所示。

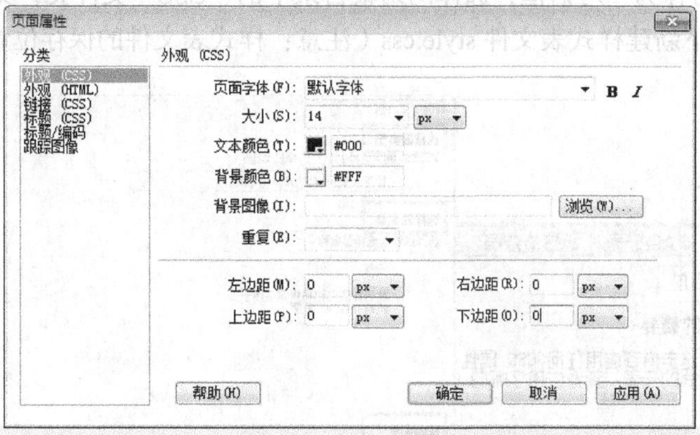

图 5-20　设置网页外观

（2）“外观（HTML）”选项：用于设置网页文本字号、颜色、边距等属性，生成 HTML 格式。

（3）“链接（CSS）”选项：用于设置页面中超链接的外观效果。其中“链接颜色”定义超链接文本默认状态下的字体颜色；“变换图像链接”定义鼠标放在链接上时文本的颜色；“已访问链接”定义访问过的链接的颜色；“活动链接”定义活动链接的颜色；“下划线样式”可以定义链接的下划线样式，如图 5-21 所示。

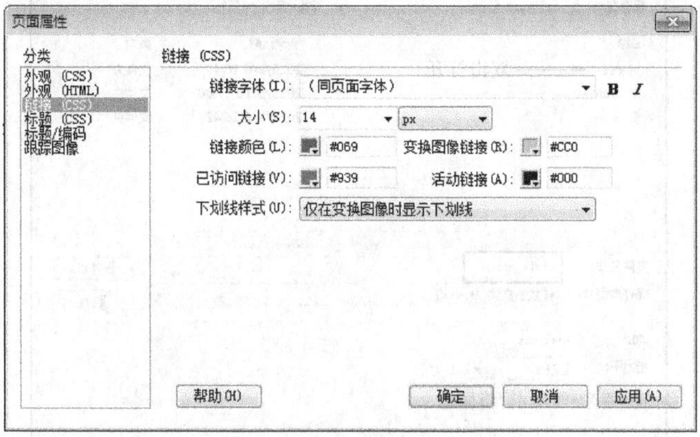

图 5-21　设置超链接属性

（4）“标题”选项：用来设置标题字体的一些属性。这里的标题指的并不是页面的标题内容，而是可以应用在具体文章中各级不同标题上的一种标题字体样式。可以定义“标题字体”及 6 种预定义的标题字体样式，包括粗体、斜体、大小和颜色。

（5）“标题/编码”选项：用于设置文档采用的 HTML/XHTML 版本规范，以及字符编码等。

（6）“跟踪图像”选项：用于指定一幅图像为网页创作时的草稿图，该图显示在文档的背景上，便于进行定位或放置其他对象。

在本例中，使用单独的 CSS 文件来设置整个网站的样式，选择【修改】/【CSS 样式】命令，使 CSS 面板处于打开的状态，单击“新建 CSS 规则”按钮，出现“新建 CSS 规则”对话框，如图 5-22 所示。我们要新建关于 body 标签的样式，并新建样式表文件。在“选择器类型”下拉列表框中，选择“标签”；“选择器”名称为“body”（默认，可以根据实际情况选择不同的 HTML 标签）；“规则定义”下拉列表框中选择“新建样式表文件”。单击“确定”按钮，出现图 5-23 所示“将样式表文件另存为”对话框，选择网站根目录下的“CSS”文件夹，文件名为“style”，这样将在 CSS 文件夹下新建样式表文件 style.css（注意：样式表文件的保存位置一定不能选错）。

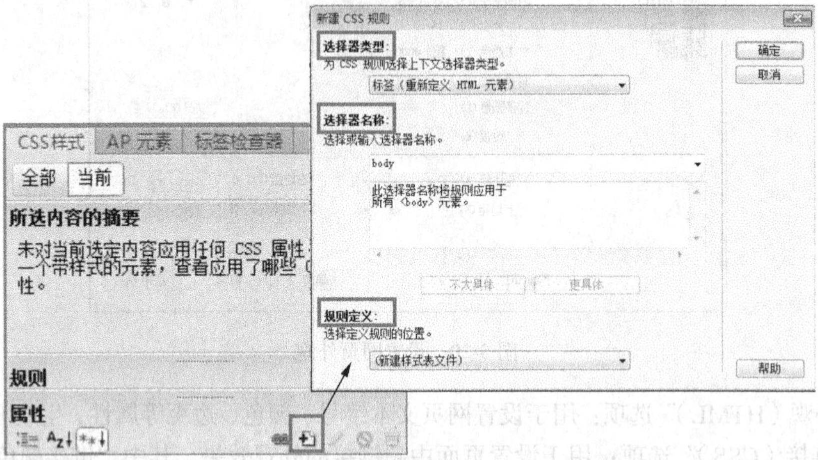

图 5-22　新建 CSS 规则

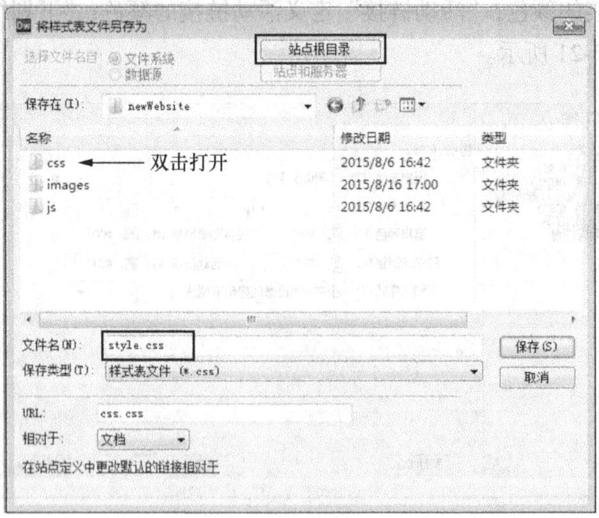

图 5-23　新建样式表文件

单击“保存”按钮后，出现“body 的 CSS 规则定义（在 style.css 中）”对话框。在“类型”选项中，设置字体、大小、颜色等属性，如图 5-24 所示；在“背景”选项中，设置背景颜色、背景图像等属性，如图 5-25 所示；在“方框”选项中，设置“填充”和“边界”属性为“0px”，勾选“全部相同”，如图 5-26 所示。

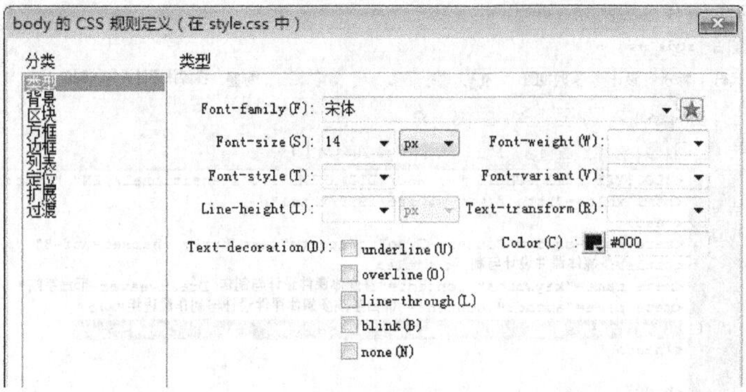

图 5-24　“body 的 CSS 规则定义”对话框

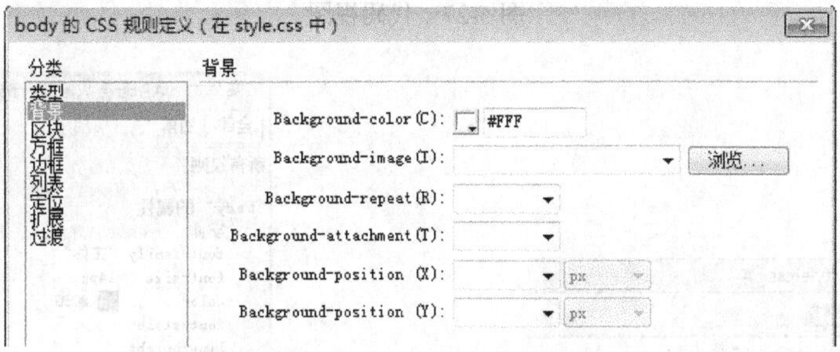

图 5-25　“body 的 CSS 规则”对话框—“背景”选项

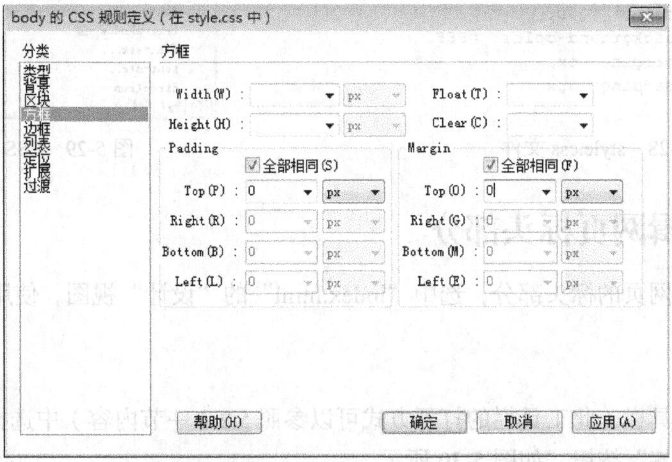

图 5-26　“body 的 CSS 规则”对话框—“方框”选项

单击“确定”按钮结束样式的设置。选择【文件】/【保存全部】命令，保存刚刚所做的更改，此时再确认一次 CSS 文件是否保存。在 index.html 文件的“代码”视图中，会发现刚才的设置增加了图 5-27 所示的代码，其中反白显示部分表示该 html 文档链接到一个 CSS 文件，路径为“css/style.css”。

双击“文件”面板中 css 文件夹下刚刚新建的“style.css”文件，将看到图 5-28 所示的代码，这是对 body 标签进行样式设置所产生的 CSS 代码。对于已经创建的 CSS 规则，可以在 CSS 面板中进行修改，或单击“编辑样式”按钮进行修改，如图 5-29 所示。

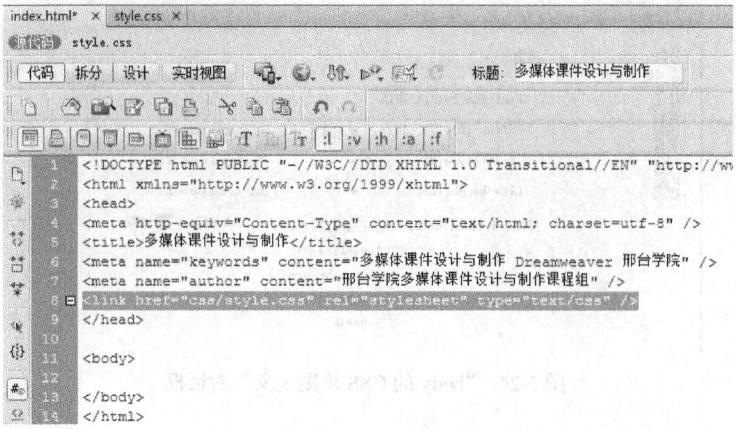

图 5-27　代码视图

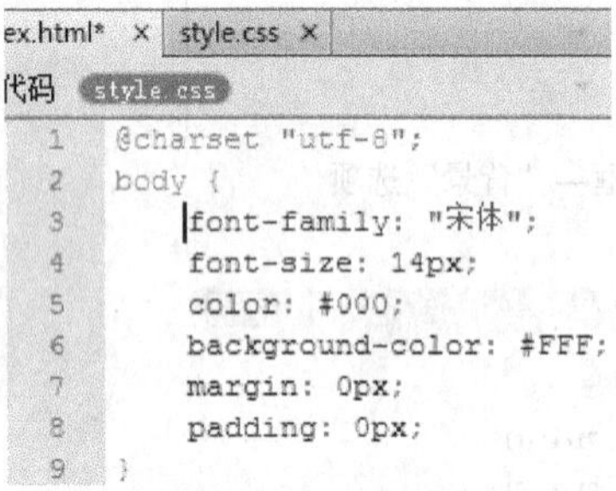

图 5-28　style.css 文件

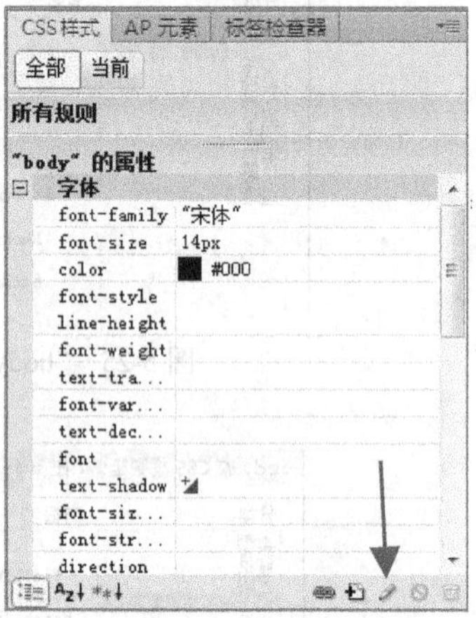

图 5-29　CSS 面板

5.2.6　编辑网页标头部分

下面开始编辑网页的标头部分，选中“index.html”的“设计”视图，使用“层”进行布局，并插入一张图片。

1. 插入层

在“插入”工具栏（此工具栏的打开方式可以参照 5.2.2 一节内容）中选择“布局”选项卡。单击“插入 Div 标签”按钮，如图 5-30 所示。

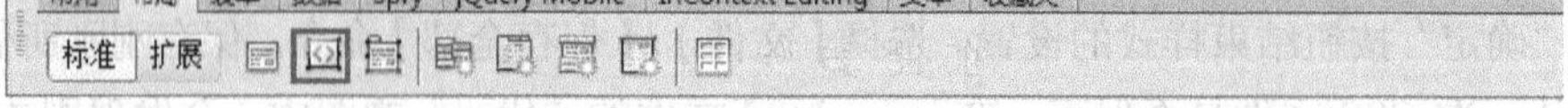

图 5-30　“布局”选项卡

单击按钮后，出现图 5-31 所示的对话框，将该层的 ID 设置为“header”，单击“新建 CSS 规则”按钮，出现图 5-32 所示的对话框，并进行图 5-32 所示的设置。

单击“确定”按钮，出现“#header 的 CSS 规则定义”对话框，并在“方框”选项中进行设置，如图 5-33 所示。再单击“确定”按钮后，将在页面的“设计”视图看到图 5-34 所示的内容。

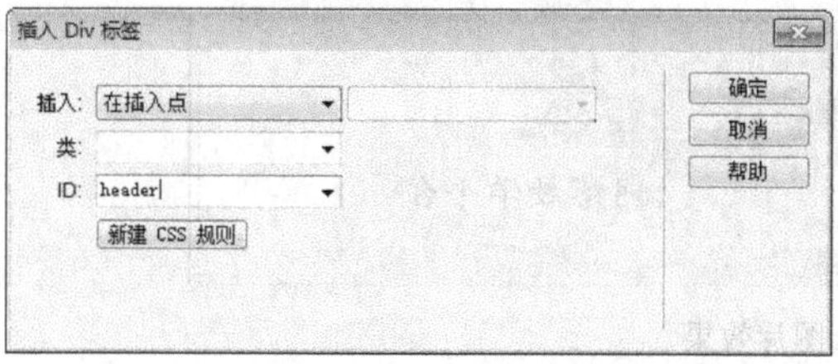

图 5-31　“插入 Div 标签”对话框

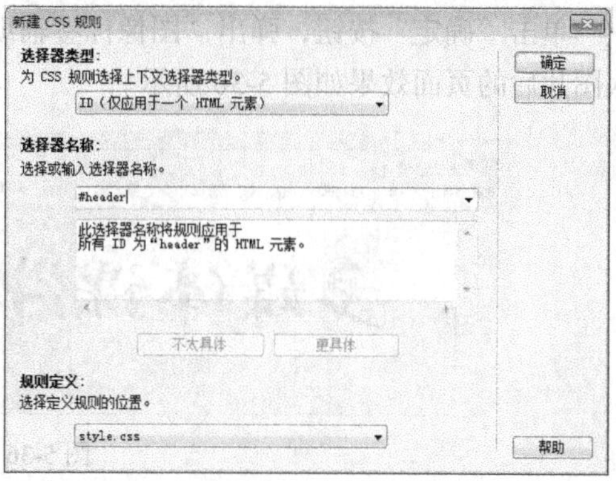

图 5-32　“新建 CSS 规则”对话框

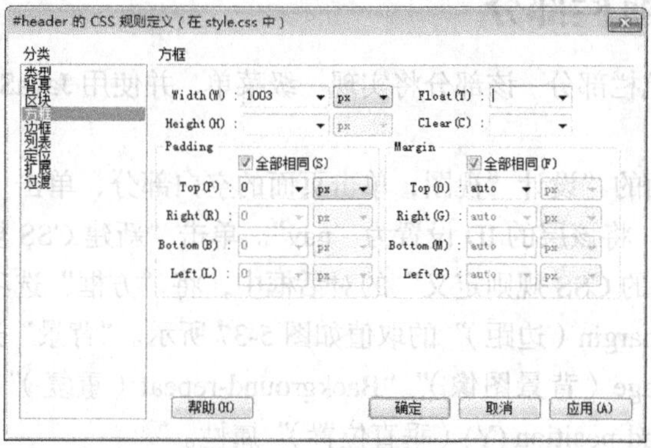

图 5-33　“ #header 的 CSS 规则定义”对话框

图 5-34　插入 id 为“header”的 Div 层

2. 插入图片

将光标定位在层内，选择菜单【插入】/【图像】命令，打开“选择图形源文件”对话框，打开站点根目录下的 images 文件夹，并选择名为“pattern.jpg”的图片文件，如图 5-35 所示。

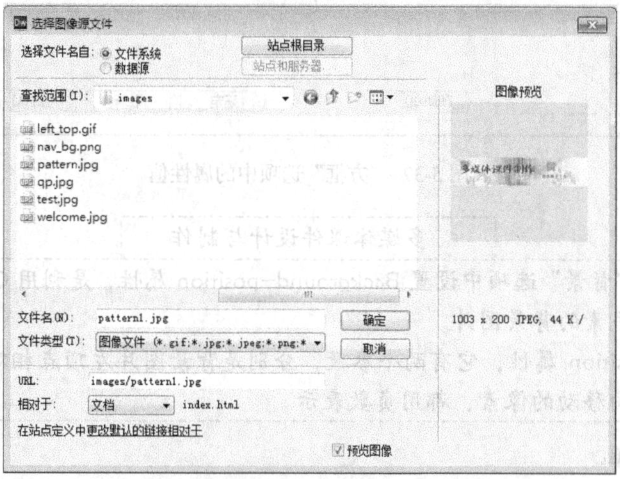

图 5-35　“选择图像源文件”对话框

单击“确定”按钮，弹出“图像标签辅助功能属性”对话框，可以为图片添加替换文本。插入图片后的页面效果如图 5-36 所示。

图 5-36　插入图片效果

5.2.7　编辑导航栏部分

下面编辑网页的导航栏部分。该部分将实现一级菜单，并使用 JavaScript 动态弹出二级菜单。

1. 插入层

进入 index.html 页面的“设计“视图，单击页面的空白部分，单击“插入 Div 标签”按钮，步骤同 5.2.6 小节步骤 1，将该层的 ID 设置为“nav”。单击“新建 CSS 规则”按钮，将选择器设置为“#nav”，在“#nav 的 CSS 规则定义”的对话框中，将“方框”选项中设置宽为“1003px”，“padding（填充）”与“margin（边距）”的取值如图 5-37 所示。“背景”选项设置如图 5-38 所示，设置了“Background-image（背景图像）”“Background-repeat（重复）”“Background-position(X)（水平位置）”“Background-position (Y)（垂直位置）”属性。

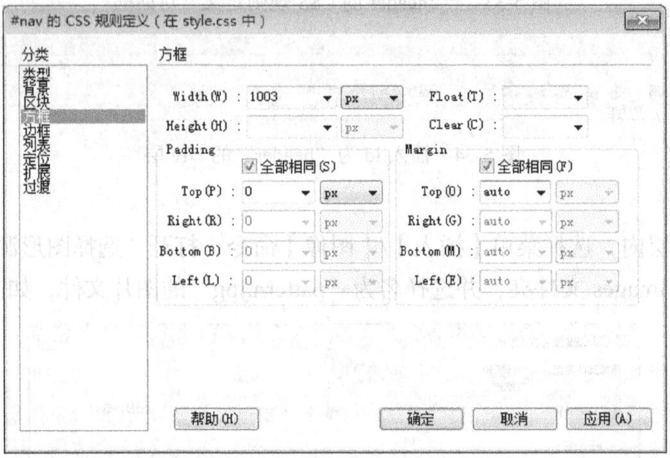

图 5-37　“方框”选项中的属性值

多媒体课件设计与制作

专家点拨：在“背景”选项中设置 Background-position 属性，是利用 CSS 实现从大图中截取一部分，来作为元素的背景图片。

background-position 属性，它有两个参数，分别是背景图片左顶点相对于容器的左顶点沿水平方向和竖直方向移动的像素，都用负数表示。

2. 创建一级菜单

将光标定位在“nav”层中，选择菜单【插入】/【HTML】/【文本对象】/【项目列表】命令，插入一个无序列表，作为网页的一级导航菜单；输入文字“首页”，作为无序列表的第一个列表项，在状态栏的标签选择器中的选择“<ul>”（这是无序列表对应的 HTML 标签），图 5-39 所示为选中状态。

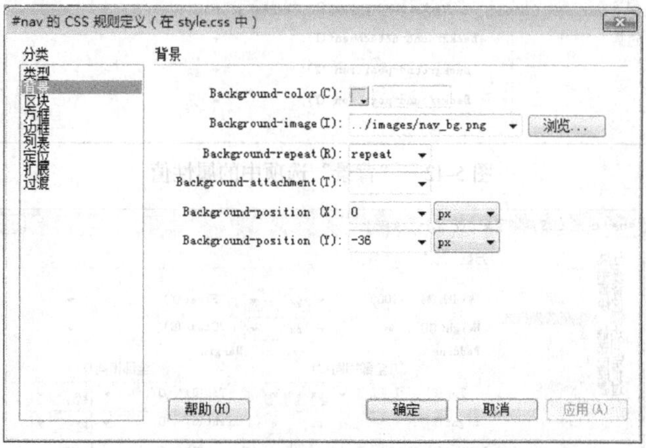

图 5-38　“背景”选项中的属性值

图 5-39　选中<ul>标签

单击“CSS”面板的“新建 CSS 规则”按钮，出现图 5-40 所示对话框，选择器名称为“#navul”，单击“确定”按钮，在“#nav ul 的 CSS 规则定义”对话框中，“类型”选项中设置“line-height（行高）”为“36px”，如图 5-41 所示；“背景”选项中选择背景图片文件，并将“Background-repeat”设置为“repeat-x（水平重复）”，设置如图 5-42 所示；“方框”选项中设置宽、高以及边距与填充，具体属性值如图 5-43 所示。

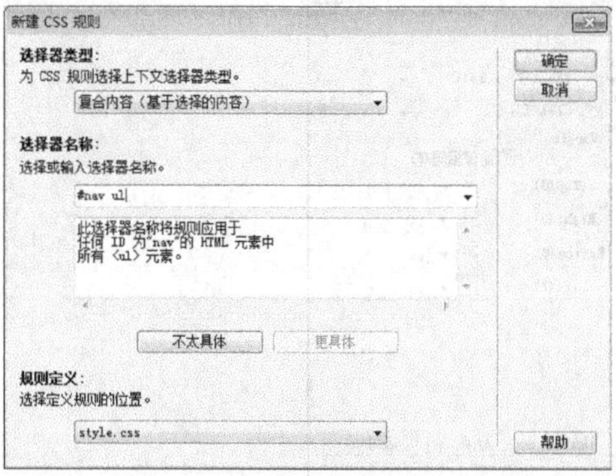

图 5-40　“新建 CSS 规则”对话框

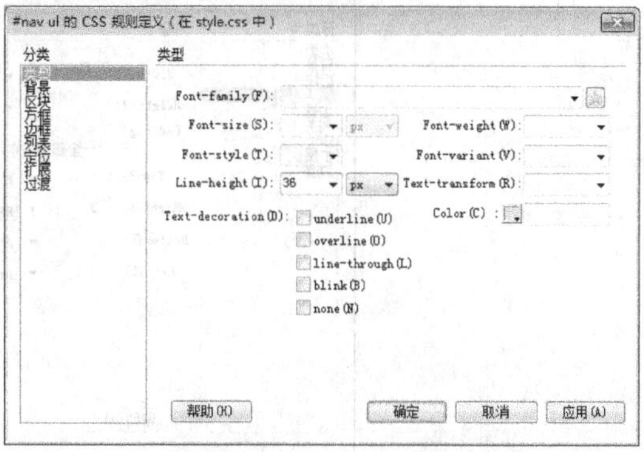

图 5-41　“类型”选项中的属性值

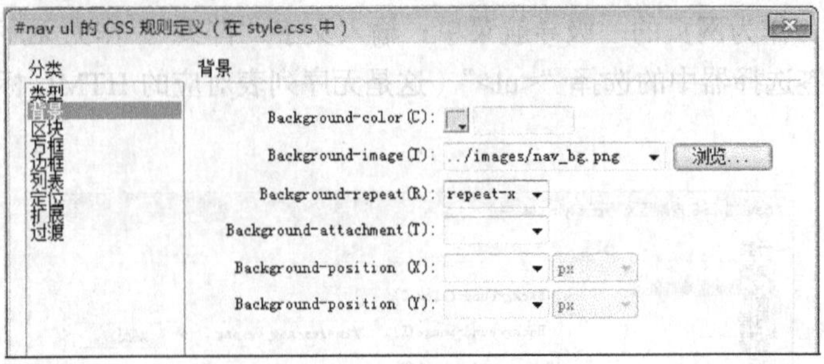

图 5-42 “背景”选项中的属性值

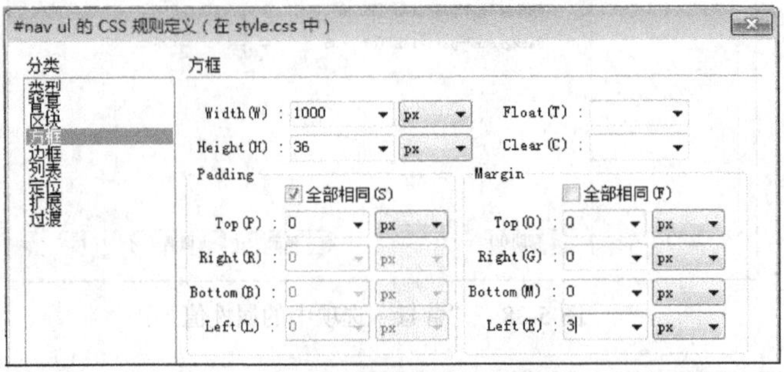

图 5-43 “方框”选项中的属性值

选中标签选择器中的“<li>”，单击“CSS”面板的“新建 CSS 规则”按钮，新建#nav ul li 样式规则，在“背景”选项中选择背景图片文件，“Background-repeat”设置为“no-repeat（不重复）”，“Background-position(X)（水平位置）”为“0px”，“Background-position(Y)（垂直位置）”为“−108px”，如图 5-44 所示。在“区块”选项中设置“Display（显示）”为“inline（内嵌）”；在“方框”选项中设置“float（浮动）”为“left（向左）”，宽、边距和填充值如图 5-45 所示。

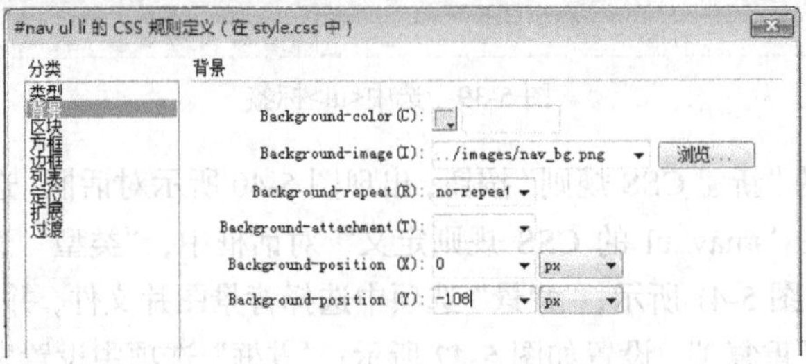

图 5-44 “背景”选项中的属性值

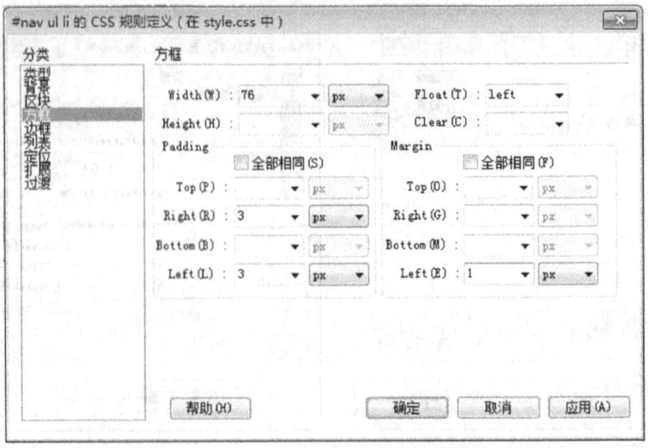

图 5-45 “方框”选项中的属性值

3. 设置超链接

在设计视图选中文字“首页”，在属性面板中进行超链接的设置，可使用“浏览文件”按钮选择想要超链接的文件“index.html”，如图 5-46 所示。

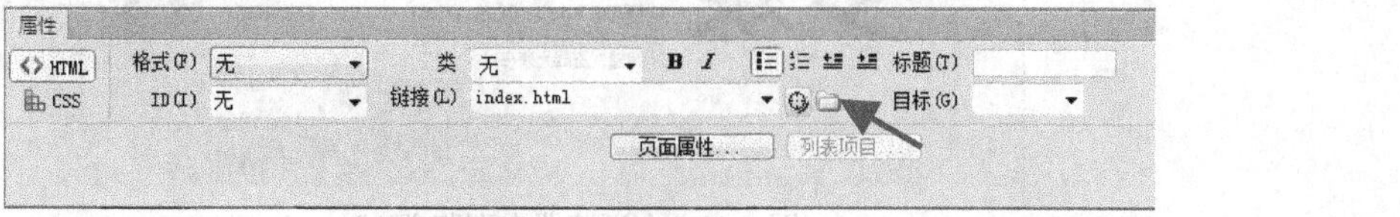

图 5-46　设置超链接

选中标签选择器中的“<a>”，单击“CSS”面板的“新建 CSS 规则”按钮，新建#nav ul li a 样式规则，在“类型”选项中设置超链接文字的字体、字号、颜色等属性，并将“Text-decoration（修饰）”设置为“none”，即超链接文字没有下划线或者上划线之类的修饰，如图 5-47 所示；“区块”选项中设置超链接文字的对齐方式和显示方式，如图 5-48 所示。

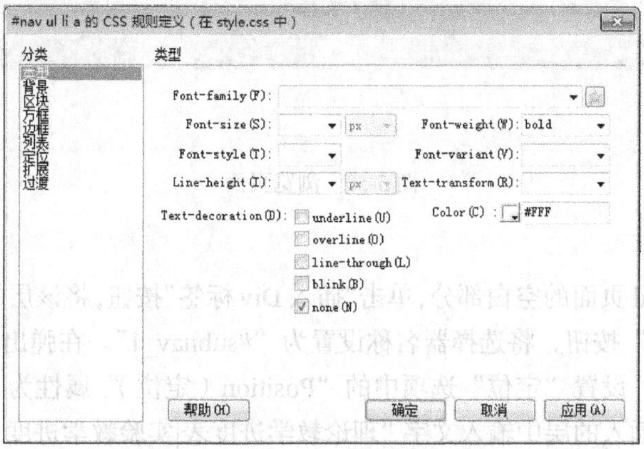

图 5-47　“类型”选项中的属性值

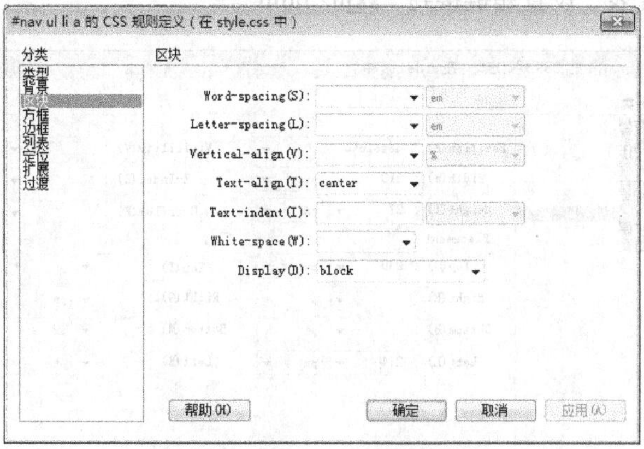

图 5-48　“区块”选项中的属性值

将光标定位在“首页”之后，按回车键，可以编辑下一个列表项，也就是导航菜单：“授课计划”超链接到页面“skjh.html”，“授课教案”超链接到页面“skja.html”。

现在预览一下目前的页面，单击“在浏览器中浏览/调试”按钮，选择合适的浏览器，如图 5-49 所示，页面浏览效果如图 5-50 所示。

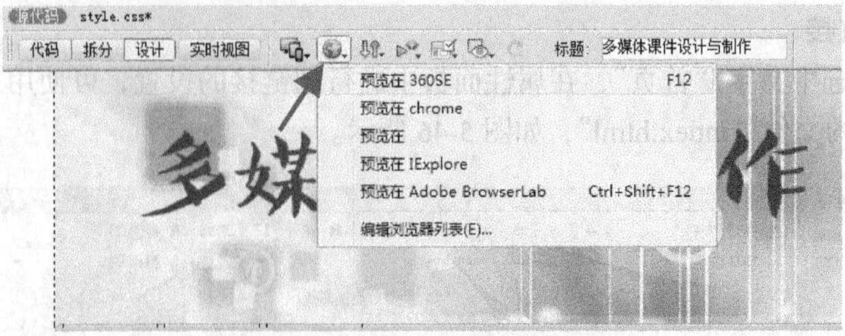

图 5-49　在浏览器中浏览/调试

图 5-50　浏览页面

4．创建二级菜单

（1）单击 index.html 页面的空白部分，单击“插入 Div 标签”按钮，将该层的 ID 设置为 subnav_1，单击“新建 CSS 规则”按钮，将选择器名称设置为“#subnav_1”。在弹出的“#subnav_1 的 CSS 规则定义”对话框中，设置“定位”选项中的“Position（定位）”属性为“absolute”，其他属性值如图 5-51 所示。在插入的层中输入文字“理论教学进度表|实验教学进度表”，选中文字，在“属性”面板中，将“格式”设置为“段落”。为文字“理论教学进度表”设置超链接到“skjh.html”，为文字“实验教学进度表”设置超链接到“skjh2.html”。

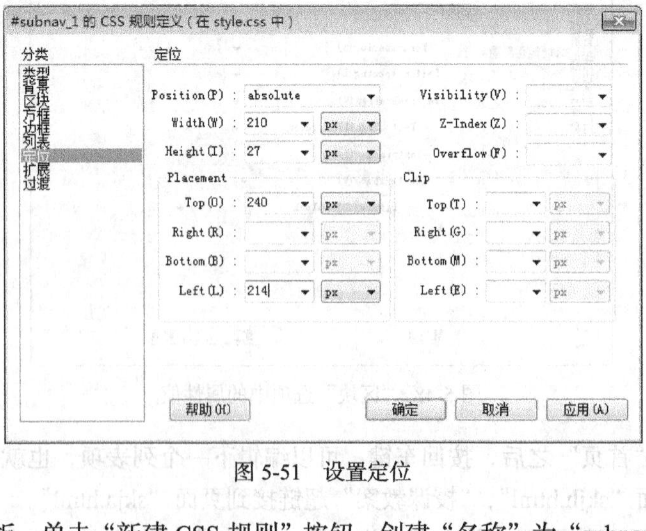

图 5-51　设置定位

（2）在 CSS 面板，单击“新建 CSS 规则”按钮，创建“名称”为“subnav”的“类”选择器，如图 5-52 所示。

单击“确定”按钮，弹出“.subnav 的 CSS 规则定义”对话框，在“类型”选项中设置“font-size（字号）”为“12px”，“line-height（行高）”为“27px”；“背景”选项的具体设置如图 5-53 所示。

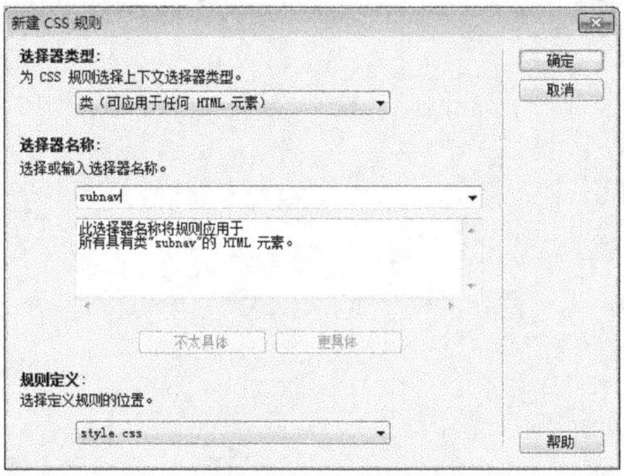

图 5-52　新建 CSS 规则

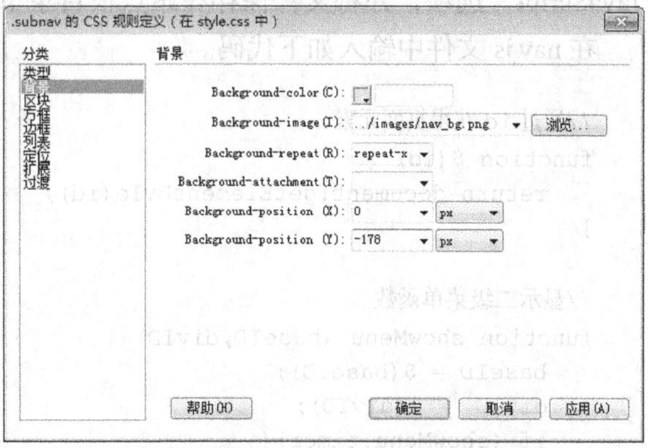

图 5-53　“背景”选项中的属性值

（3）在 CSS 面板，单击“新建 CSS 规则”按钮，创建“名称”为“.subnav p”的 CSS 规则，“选择器类型”设置为“复合类型”。设置该规则的“背景”选项，“Background-image（背景图像）”为“../images/nav_bg.png”，“Background-position(X)（水平位置）”为“0px”，“Background-position(Y)（垂直位置）”为“-207px”。

（4）以同样的步骤新建“.subnav a”样式规则，在“类型”选项中，设置“Text-decoration（修饰）”为“none”，“color（颜色）”为“#AD6914”；在“区块”选项中，设置“Display（显示）”为“inline（内嵌）”；在“方框”选项中，设置“Margin（边距）”的“Right”为“5px”，“Left”为“10px”。

（5）以同样的步骤新建“.subnav a:hover”样式规则，设置当鼠标经过超链接时的样式。在“边框”选项中，将下侧边框设置为“2px”宽的实线，如图 5-54 所示。

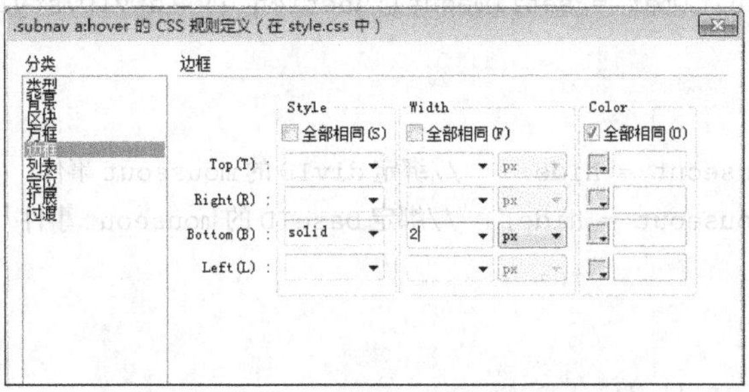

图 5-54　“边框”选项中的属性值

（6）选中层“subnava_1”，在“属性”面板中将“类”设置为“subnav”，如图 5-55 所示。

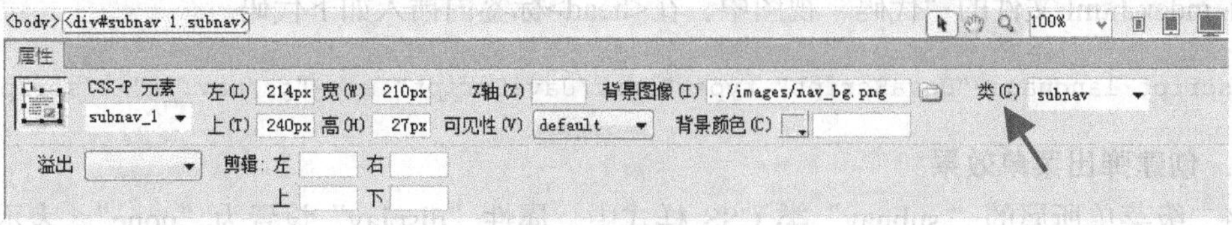

图 5-55　设置“类”

5. 新建 JavaScript 文件

首先新建 JavaScript 文件，选择【文件】/【新建】命令，在对话框中，“页面类型”选择“JavaScript”选项，并将文件保存在站点根目录下的 js 文件夹中，文件名为 nav.js。

在 nav.js 文件中输入如下代码。

```
//通过 id 获得页面元素
function $(id) {
    return document.getElementById(id);
}

//显示二级菜单函数
function showMenu (baseID,divID) {
    baseID = $(baseID);
    divID  = $(divID);
    if (showMenu.timer){
        clearTimeout(showMenu.timer);
    }
    hideCur();
    divID.style.display = 'block';
    showMenu.cur = divID;
    if (! divID.isCreate) {
        divID.isCreate = true;
        divID.onmouseover = function () {
            if (showMenu.timer) clearTimeout(showMenu.timer);
            hideCur();
            divID.style.display = 'block';
        };
  //隐藏二级菜单
        function hide () {
            showMenu.timer = setTimeout(function () {divID.style.display = 'none';},
1000);//延迟 1 秒钟隐藏
        }

        divID.onmouseout = hide;    //绑定 divID 的 mouseout 事件
        baseID.onmouseout = hide;   //绑定 baseID 的 mouseout 事件
    }

 //隐藏当前菜单
    function hideCur () {
        showMenu.cur && (showMenu.cur.style.display = 'none');
    }
}
```

在 index.html 文件的“代码”视图中，在<head>标签内插入如下代码。

```
<script language="JavaScript" type="text/JavaScript" src="js/nav.js"></script>
```

6. 创建弹出菜单效果

将二级菜单所属的“.subnav”类 CSS 样式中，属性“display”设置为“none”，表示二级菜单初始状态不可见，如图 5-56 所示。

切换至“代码”视图，选中文字“授课计划”，选择菜单【窗口】/【行为】命令，打开“标签选择器”面板。在“属性”窗口中，设置“id”为“nav_1”，如图 5-57 所示；在“行为”窗口中，显示所有事件，设置“onMouseOver”为“showMenu（'nav_1', 'subnav_1'）”，该设置表示当鼠标经过该超链接时，调用 JavaScript 文件中的 showMenu 函数，如图 5-58 所示。

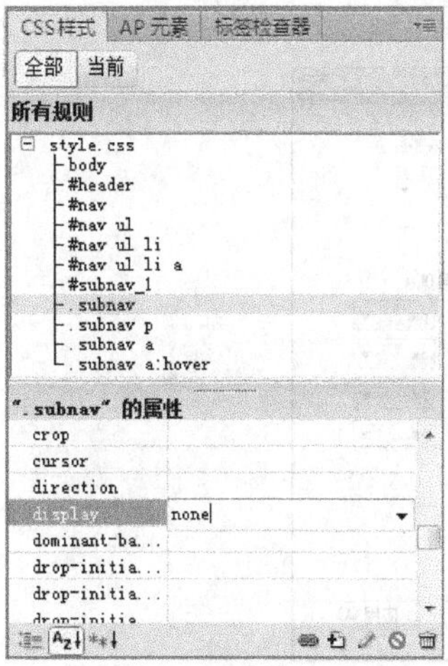

图 5-56　隐藏二级菜单

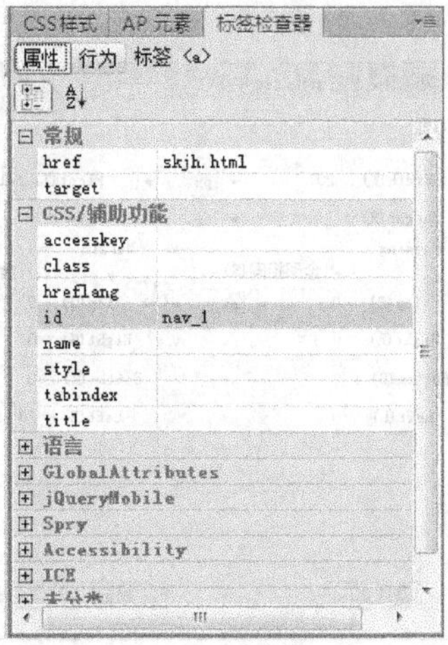

图 5-57　设置 id

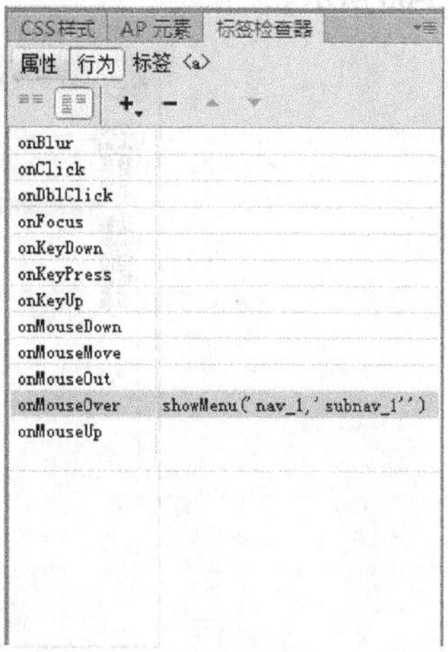

图 5-58　设置 onMouseOver

浏览当前页面，鼠标经过一级菜单时，弹出二级菜单，效果如图 5-59 所示，其余菜单项可仿照当前示例完成。

图 5-59　导航栏浏览效果

5.2.8　编辑左侧导航栏部分

现在开始编辑页面中部的左侧导航栏部分，这里要用到层的嵌套。

1. 插入层

进入 index.html 页面的“设计“视图，单击页面的空白部分，单击“插入 Div 标签”按钮，步骤同 5.2.6 小节步骤 1，将该层的 ID 设置为“container”，单击“新建 CSS 规则”按钮，将选择器名称设置为“#container”，选择器类型为“ID”（选择器）。在“#container 的 CSS 规则定义”对话框中，将“方框”选项设置为：“width”为“1003px”；“padding”为全部相同，“0px”；“margin”为全部相同，“自动”。

将“container”层划分成左右两部分，即在“container”层中插入“left”“right”两个层。将光标定位在“container”层中，单击“插入 Div 标签”按钮，将该层的 ID 设置为“left”，单击“新建 CSS 规则”按钮，将选择器名称设置为“#container #left”，选择器类型为“复合类型”。在“#container #left 的 CSS 规则定义”对话框中，“方框”选项中设置宽、浮动、填充和边距，如图 5-60 所示。

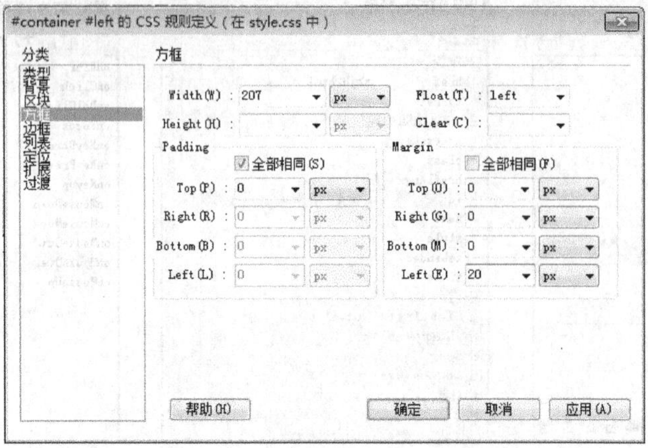

图 5-60　“方框”选项中的属性值

2. 插入列表

（1）设置列表（<ul>）的 CSS 样式

将光标定位在“#left”中，选择菜单【插入】/【HTML】/【文本对象】/【项目列表】命令，并输入文字“首页”。选中标签选择器中的“<ul>”，单击“CSS”面板的“新建 CSS 规则”按钮，将选择器名称设置为“#container #left ul”，在“#container #left ul 的 CSS 规则定义”对话框中，在“背景”选项中设置“Background-image（背景图像）”为“../images/left_link_bg.gif”，“Background-repeat（重复）”为“repeat-y（纵向重复）”；“方框”选项中设置宽、浮动、填充以及边距等属性，如图 5-61 所示；“列表”选项设置“List-style-type”为“none”，即列表项无项目编号。

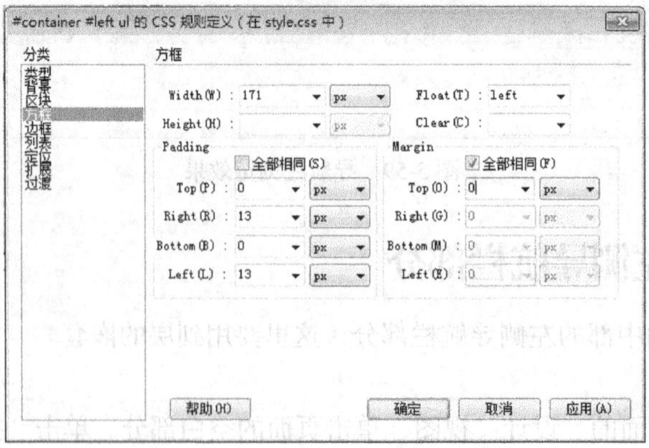

图 5-61　“方框“选项中的属性值

（2）设置列表项（<li>）的 CSS 样式

选中标签选择器中的“<li>”，单击“CSS”面板的“新建 CSS 规则”按钮，将选择器名称设置为“#container #left ul li”，在“#container #left ul li 的 CSS 规则定义”对话框中，在“背景”选项中设置“Background-image”为“../images/left_link_div.gif”，“Background-repeat”为“repeat-x”，“Background-position(X)”为“left”，“Background-position(Y)”为“bottom”；“方框”选项中设置“height”为“29px”。

（3）设置菜单超链接的 CSS 样式

在“设计”视图选择左侧导航栏中的文字“首页”，在属性面板中进行超链接的设置，可使用“浏览文件”按钮选择想要超链接的文件“index.html”。选中标签选择器中的“<a>”，单击“CSS”面板的“新建 CSS 规则”按钮，将选择器设置为“#container #left ul li a”，在“#container #left a 的 CSS 规则定义”对话框中，“类型”选项中设置：“Font-size（字号）”为“15px”，“Font-weight（粗细）”为“bold（粗体）”，“Line-height（行高）”为“28px”，“Text-decoration（修饰）”为“none（无）”，“color”为“#706222”；“背景”选项中设置：“Background-color（背景颜色）”为“#FFF7D4”，“Background-image”为“../images/arrow.gif”，“Background-repeat”为“no-repeat”，“Background-position(X)”为“6px”，“Background-position(Y)”为“7px”；“区块”选项中设置“Display”为“block（块）”；“方框”选项中设置：“Height”为“28px”，“Padding”为“0px，0px，0px，25px”，“Margin”为全部相同，“0px”。

将光标定位在“首页”之后，键入回车，可以编辑下一个列表项，也就是左侧导航栏选项。包括：“授课计划”超链接到页面“skjh.html”，“授课教案”超链接到页面“skja.html”，其余导航部分类似。

3. 插入段落

为了使左侧导航栏更加美观，在列表的前后位置插入段落，并设置样式。

将光标定位在“left”层中，<ul>列表前，（可以在“代码”视图中进行定位，即<ul>标签之前），选择菜单【插入】/【HTML】/【文本对象】/【段落】命令，这个段落不输入文字，只是设置样式。选中标签选择器中的“<p>”，单击“CSS”面板的“新建 CSS 规则”按钮，将选择器设置为“#container #left p.top”，在“#container #left p.top 的 CSS 规则定义”对话框中，将“背景”选项设置“Background-image”为“../images/left_top.gif”，“Background-repeat”为“no-repeat”；“方框”选项中设置“Width”为“197px”，“Float”为“left”，“Height”为“27px”；“Padding”为全部相同，“0px”；“Margin”为“20px，0px，0px，0px”。样式设置好后，在“属性”面板中，将<p>标签的“类”属性设置为“top”，如图 5-62 所示。

图 5-62 “属性”面板

将光标定位在“left”层中，<ul>列表后，单击菜单【插入】/【HTML】/【文本对象】/【段落】命令。选中标签选择器中的“<p>”，单击“CSS”面板的“新建 CSS 规则”按钮，将选择器设置为“#container #left p.bottom”，在“#container #left p.bottom 的 CSS 规则定义”对话框中，“背景”选项的设置如下：“Background-image”为“../images/left_bot.gif”，“Background-repeat”为“no-repeat”；“方框”选项的设置如下：“Width”为“197px”，“Float”为“left”，“Height”为“34px”。“Padding”为全部相同，“0px”；“Margin”为“0px，0px，20px，0px”。样式设置好后，在属性面板中，将<p>标签的“类”属性设置为“bottom”。

该部分完成后，页面浏览效果如图 5-63 所示。

图 5-63　左侧导航栏浏览效果

5.2.9　编辑页面内容部分

在上一节中，我们在“container”层中插入了“left”层，现在继续插入“right”层来完成页面内容部分的编辑。

1．插入层

进入“代码”视图，在“container”层内，“left”层的结束 div 标签（</div>）之后，定位光标，单击“插入 Div 标签”按钮，将该层的 ID 设置为“right”，单击“新建 CSS 规则”按钮，将选择器设置为“#container #right”。在“#container #right 的 CSS 规则定义”对话框中，“背景”选项设置如下：“Background-image”为“../images/left_div.gif”，“Background-repeat”为“repeat-y”，“Background-position(X)”为“left”，“Background-position(Y)”为“top”；“方框”选项的设置如下：“Width”为“650px”，“Float”为“right”；“Padding”为“20px，0px，4px，40px”；“Margin”为“0px，0px，20px，0px”。

2．插入标题

将光标定位在“right”层中，选择菜单【插入】/【HTML】/【文本对象】/【标题 2】命令，并输入文字“课程简介”。选中标签选择器中的“<h2>”，单击“CSS”面板的“新建 CSS 规则”按钮，将选择器设置为“#container #right h2”。在“#container #right h2 的 CSS 规则定义”对话框中，“方框”选项的设置为：“Height”为“36px”，“Padding”为全部相同，“0px”；“Margin”为“5px，0px，10px，0px”；“边框”选项中设置下边框为“1px”宽的点划线，如图 5-64 所示。

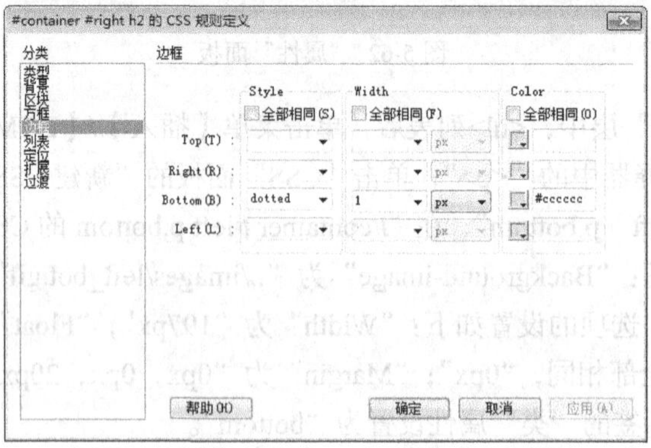

图 5-64　“方框”选项中的属性值

3. 插入 Flash 动画

将光标定位在“right”层中，<h2>标签之后，选择菜单栏中的【插入】/【媒体】/【swf】命令，在“选择文件”对话框中，选择站点下 swf 文件夹下事先准备的素材 kcjj.swf。插入成功后，在“属性”面板中，将“宽”设为“650”，“高”设为“500”，如图 5-65 所示。

图 5-65　设置 flash 插件的属性

该部分完成后，页面的浏览效果如图 5-66 所示。

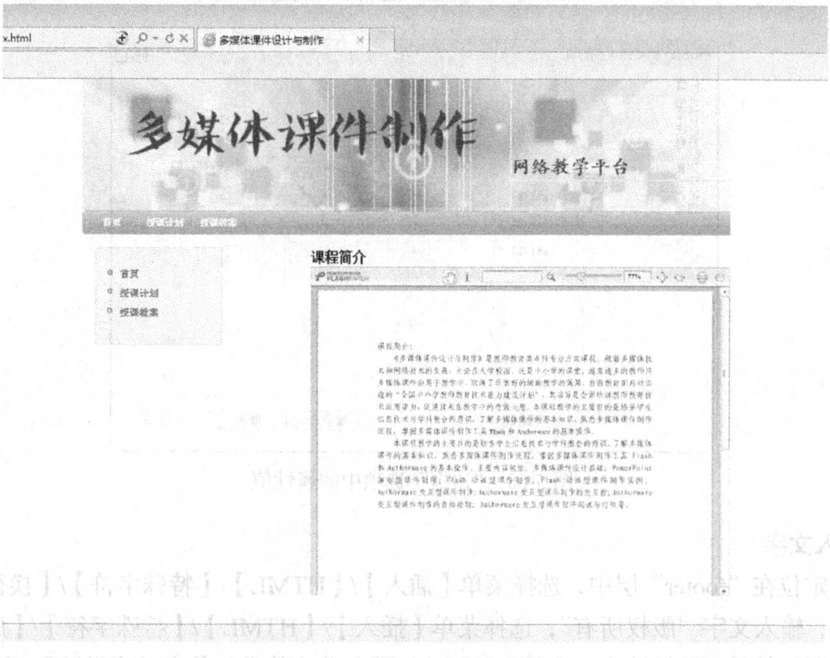

图 5-66　页面内容浏览效果

5.2.10　编辑页面底部信息部分

这一节开始编写网页的最后一部分，底部信息，在这一部分中，往往会有网站的版权声明、联系方式等内容。

1. 插入层

将光标定位在“container”层后，单击“插入 Div 标签”按钮，将该层的 ID 设置为“footer”，单击“新建 CSS 规则”按钮，将选择器设置为“#footer”。在“#footer 的 CSS 规则定义”对话框中，“类型”选项设置该层文字的字号、行高以及颜色，取值如下：“Font-size”为“18px”，“Line-height”为“20px”，“Color”为“#970000”；“背景”选项中设置背景颜色“Background-color”为“#FBFBFB”；“区块”选项中设置“Text-align”为“center”，即文字居中显示；“方框”选项中设置宽、填充以及边距，具体设置如图 5-67 所示；“边框”选项中，设置上边框为“4px”宽的实线，如图 5-68 所示。

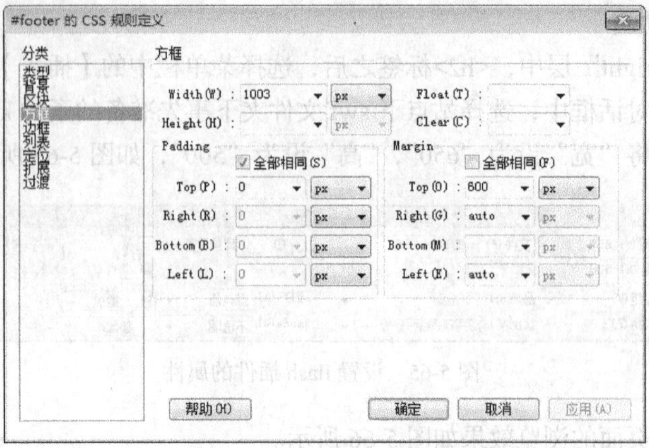

图 5-67 “方框”选项中的属性值

图 5-68 “边框”选项中的属性值

2. 输入文字

将光标定位在“footer”层中，选择菜单【插入】/【HTML】/【特殊字符】/【换行符】命令，文本换行后，输入文字“版权所有”；选择菜单【插入】/【HTML】/【特殊字符】/【版权】命令，在页面插入版权符号，继续输入文字“2015-2016 邢台学院数学与信息技术学院”；再次插入“换行符”，文本换行后，继续输入网站的地址信息。（在 HTML 标签中，按回车键不能产生换行效果，所以需要添加“换行符”）。在 footer 层中插入文字后的效果，如图 5-69 所示。

版权所有 ©2015-2016邢台学院数学与信息技术学院
河北省邢台市邢台学院 邮编：054001

图 5-69 页面底部信息

该部分完成后，整个页面也就完成了，页面的浏览效果如图 5-70 所示。

多媒体课件设计与制作

专家点拨：建议在 IE9+/Google Chrome/Firefox 等主流浏览器上，查看网页效果，并进行修改和调试。

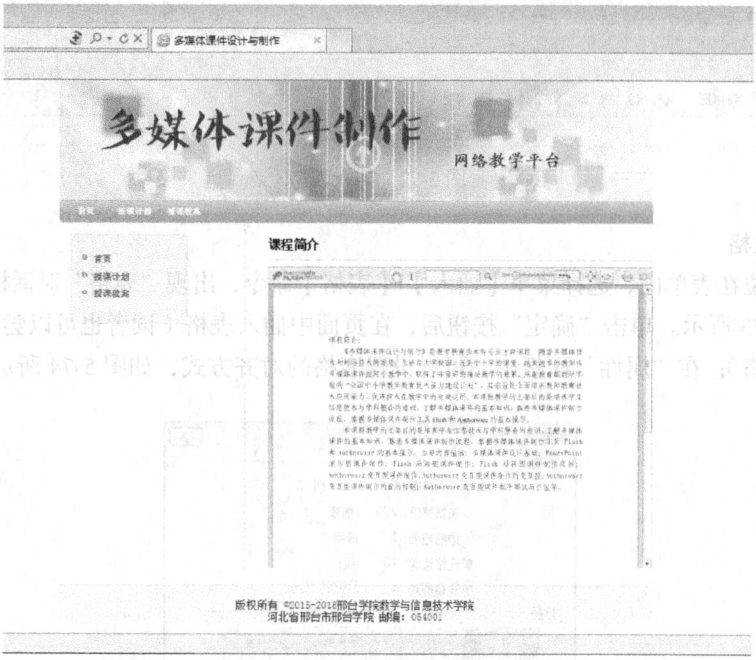

图 5-70　浏览页面效果

5.2.11　编辑表单

在网页中经常需要用户提交信息，比如登录、注册、调查表等，这时就要用到表单。下面学习怎样使用 Dreamweaver 来创建一个表单，以图 5-71 所示的注册表单为例，同时学习表格的使用。

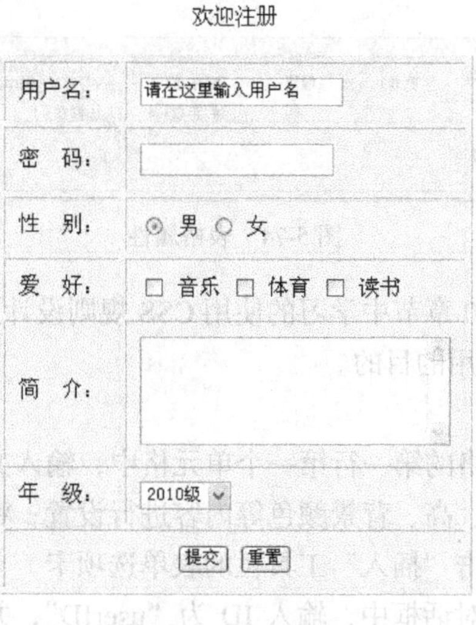

图 5-71　注册表单

1. 插入表单

在当前站点中新建文件 zc.html，打开该文件，用鼠标选择“插入”工具栏中的“表单”选项卡，单击最左侧“表单”按钮，在网页中插入表单，此时在“设计”视图中，出现一个红色虚线矩形框，如图 5-72 所示。

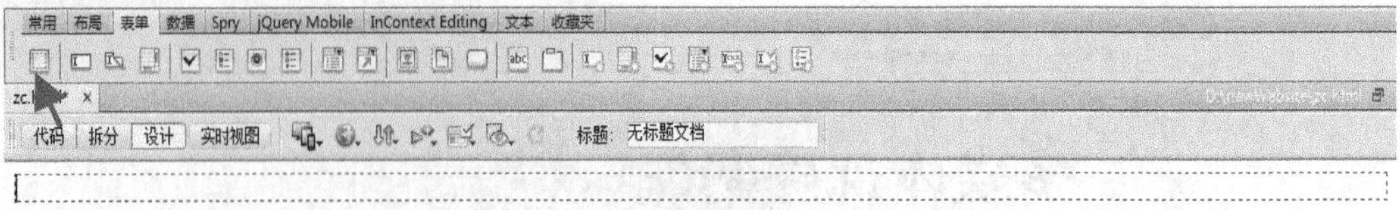

图 5-72　插入表单

2. 插入表格

将光标定位在表单内，选择菜单【插入】/【表格】命令，出现“表格”对话框，对表格进行设置，如图 5-73 所示。单击“确定”按钮后，在页面中插入表格（读者也可以尝试通过“插入”工具栏添加表格）；在“属性”面板中，可以设置表格的对齐方式，如图 5-74 所示。

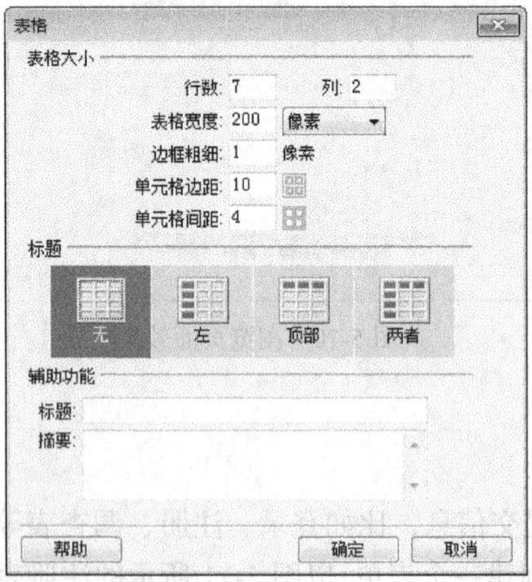

图 5-73　插入表格

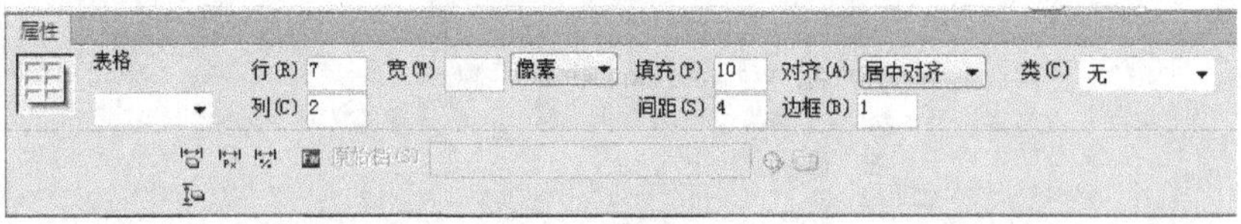

图 5-74　表格属性

读者可以利用 5.2.5～5.2.10 章节中学习的使用 CSS 规则设计网页元素外观相关知识，为表格添加 CSS 规则，以达到活学活用的目的。

3. 插入表单元素

步骤 1：将光标定位在表格的第一行第一个单元格中，输入文字“用户名:”，可在“属性”面板对单元格的对齐方式、宽、高、背景颜色等内容进行设置；将光标定位在第一行第二个单元格插入用户名文本输入框，单击“插入”工具栏的表单选项卡，单击“文本字段”按钮，在弹出的“插入标签辅助功能属性”对话框中，输入 ID 为“userID”，并在“属性”面板中进行设置，如图 5-75、图 5-76 所示。

步骤 2：将光标定位在表格的第二行第一个单元格中，输入文字“密码:”；将光标定位在第二行第二个单元格，单击插入工具栏的“文本字段”，文本框 ID 为“userPWD”，并在“属性”面板中进行设置，如图 5-77 所示。

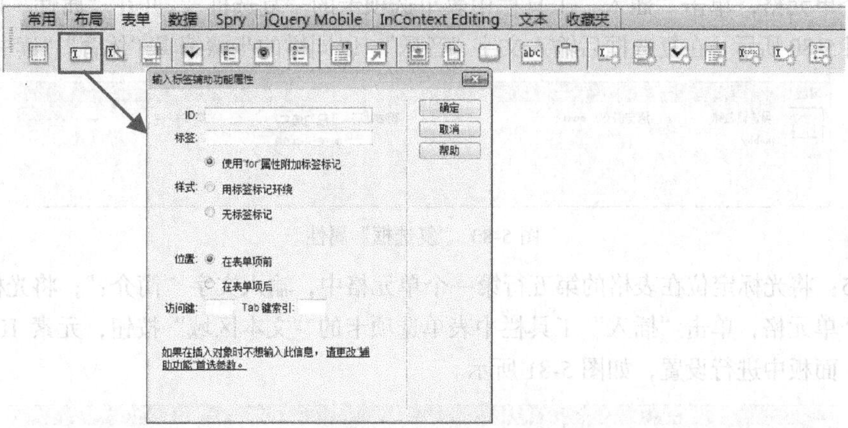

图 5-75　插入“文本字段”

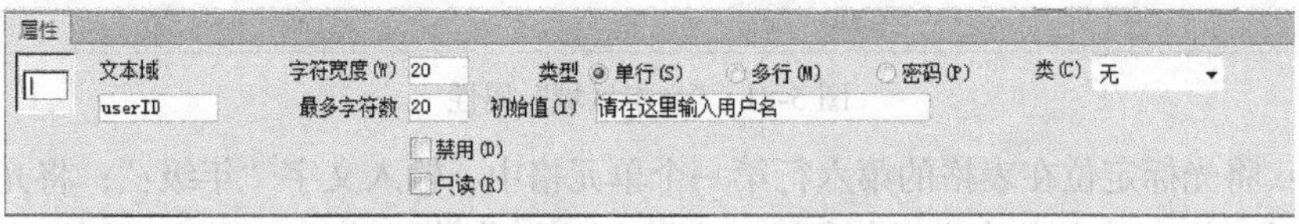

图 5-76　用户名输入框的属性

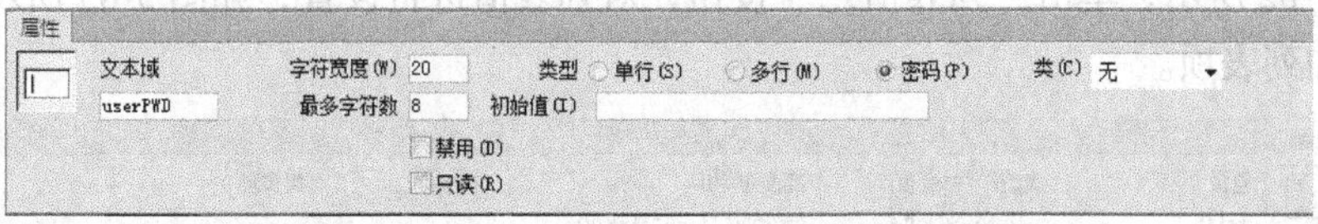

图 5-77　密码输入框的属性

步骤 3：将光标定位在表格的第三行第一单元格中，输入文字“性别:”；将光标定位在第三行第二个单元格，单击“插入”工具栏中表单选项卡的“单选按钮”，按钮 ID 自拟（整个页面唯一即可），并在“属性”面板中进行设置，如图 5-78 所示，在单选按钮后输入文字“男”。以同样的步骤编辑“女”的单选按钮，“属性”面板设置如图 5-79 所示。

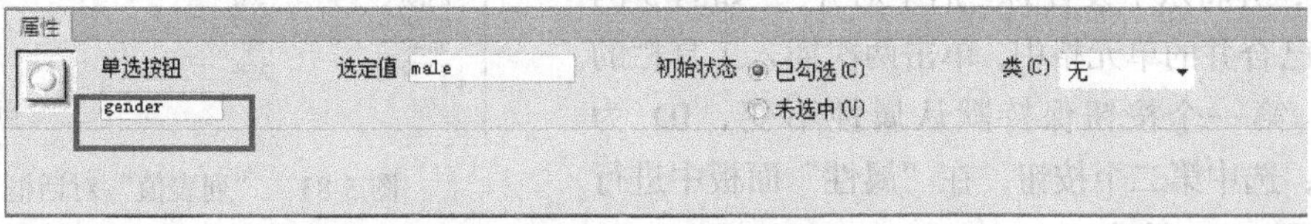

图 5-78　“男”单选按钮的属性

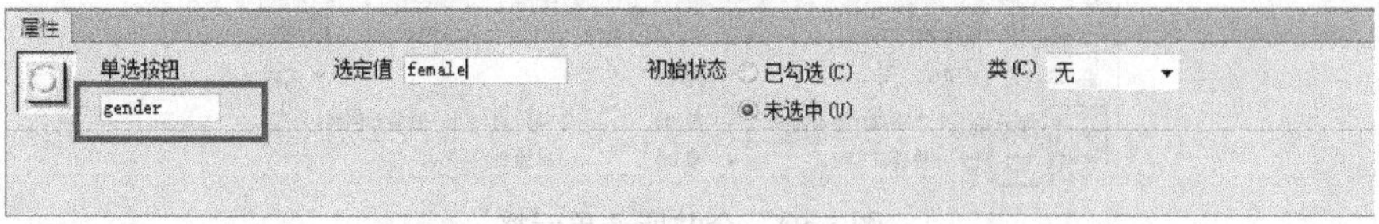

图 5-79　“女”单选按钮的属性

多媒体课件设计与制作

专家点拨： 两个单选按钮的名称必须相同，此例都为“gender”，这样才能实现单选按钮的互斥效果。这一部分也可以使用“单选按钮组”完成，请读者尝试使用。

步骤 4：将光标定位在表格的第四行第一个单元格中，输入文字“爱好:”；将光标定位在第四行第二个单元格，单击“插入”工具栏中表单选项卡的“复选框”，并在“属性”面板中进行设置，如图 5-80 所示，在复选框后输入文字“音乐”。以同样的步骤编辑“体育”“读书”复选框。

图 5-80 “复选框”属性

步骤 5：将光标定位在表格的第五行第一个单元格中，输入文字“简介:”；将光标定位在第五行第二个单元格，单击“插入”工具栏中表单选项卡的“文本区域”按钮，元素 ID 自拟，并在“属性”面板中进行设置，如图 5-81 所示。

图 5-81 “文本区域”属性

步骤 6：将光标定位在表格的第六行第一个单元格中，输入文字“年级:”；将光标定位在第六行第二个单元格，单击表单选项卡中的“选择（列表/菜单）”按钮，并在“属性”面板中进行设置，如图 5-82 所示；单击“列表值...”按钮，对列表值进行设置，如图 5-83 所示，其中“+”按钮可以添加列表项。

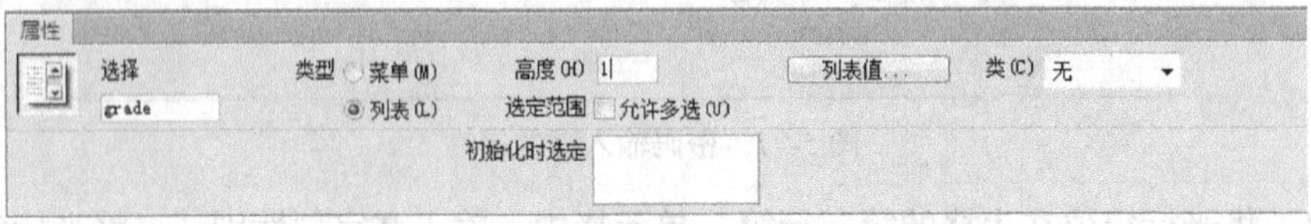

图 5-82 “列表/菜单”属性

步骤 7：拖动鼠标同时选中最后一行的两个单元格，单击“属性”面板的“合并所选单元格，使用跨度”按钮，并将水平设置为“居中对齐”，如图 5-84 所示。在已合并的单元格中，单击两次插入工具栏的“按钮”，第一个按钮保持默认属性不变，ID 为“submit”，选中第二个按钮，在“属性”面板中进行设置，如图 5-85 所示。

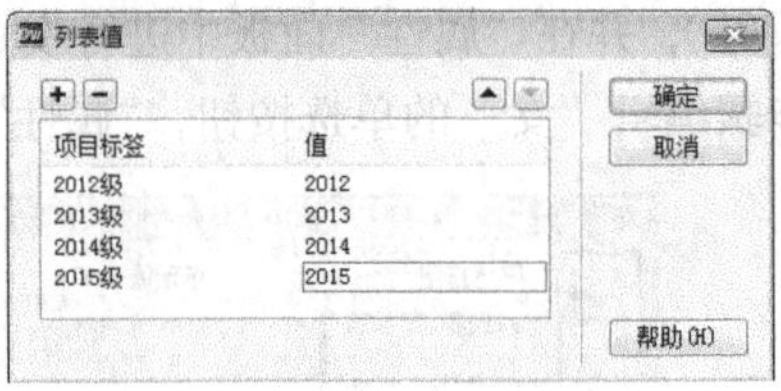

图 5-83 “列表值”对话框

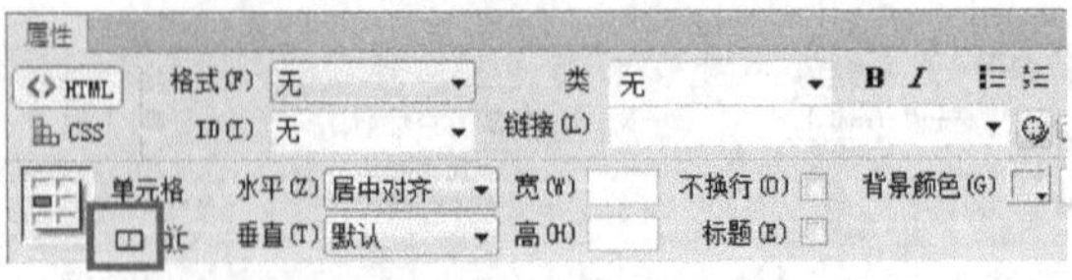

图 5-84 合并所选单元格

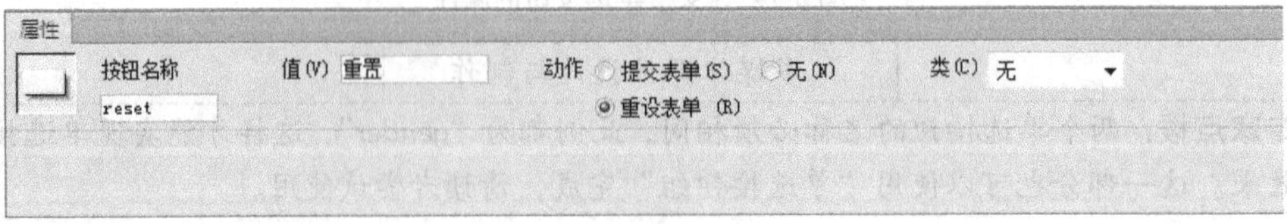

图 5-85 重置按钮的属性

4. 表单部分代码

转到 zc.html 的“代码”视图，可以看到表单部分代码如下。

```
<form id="form1" name="form1" method="post" action="">
  <table width="336" height="419" border="1" align="center" cellpadding="10"
cellspacing="4">
    <tr>
      <td width="56" height="46">用户名：</td>
      <td width="170"><label for="userID"></label>
      <input name="userID" type="text" id="userID" value="请在这里输入用户名" size="20"
maxlength="20" /></td>
    </tr>
    <tr>
      <td height="38">密码：</td>
      <td><label for="userPWD"></label>
      <input name="userPWD" type="password" id="userPWD" size="20" maxlength="8"
/></td>
    </tr>
    <tr>
      <td height="42">性别：</td>
      <td><input name="gender" type="radio" id="gender" value="male" checked="checked" />
        男
       <input type="radio" name="gender" id="gender2" value="female" />
        女</td>
    </tr>
    <tr>
      <td height="42">爱好：</td>
      <td><input name="hobby" type="checkbox" id="hobby" value="music" />
        音乐
       <input name="hobby" type="checkbox" id="hobby" value="sport" />
        体育
        <input name="hobby" type="checkbox" id="hobby" value="reading" />
        读书
      </td>
    </tr>
    <tr>
      <td>简介：</td>
      <td><label for="txtArea"></label>
      <textarea name="txtArea" id="txtArea" cols="30" rows="5"></textarea></td>
    </tr>
    <tr>
      <td>年级：</td>
      <td><label for="grade"></label>
        <select name="grade" size="1" id="grade">
          <option value="2012">2012 级</option>
          <option value="2013">2013 级</option>
          <option value="2014">2014 级</option>
          <option value="2015">2015 级</option>
      </select></td>
    </tr>
    <tr>
      <td colspan="2" align="center"><input type="submit" name="submit" id="submit"
```

```
value="提交" />
        <input type="reset" name="reset" id="reset" value="重置" /></td>
      </tr>
    </table>
  </form>
```

5.3 教学心得及常见问题解答

5.3.1 教学心得

网页布局的形式，主要是表格布局和Div+CSS布局两种方式，对于初学者来说，表格布局更加容易接受，加上使用Dreamweaver这种“所见即所得”的网页设计工具，学生比较容易设计出理想的页面。但是，随着页面元素的丰富以及元素样式的逐渐复杂，表格布局变得难以维护，使得代码冗长，因此Div+CSS的布局方式是我们所提倡的，也是目前主流的设计方法。学生初期使用此方法，会觉得页面元素“不受控制”，觉得不如表格用起来得心应手。建议学生自学一些有关HTML标签和CSS属性的内容，对于理解教材中的属性设置有很大帮助；另外，学生一定要勤于动手，在反复的实践中摸索原理，达到活学活用。

5.3.2 常见问题及解答

1. 实例中，CSS选择器的类型有多种，该如何选取呢？

答：要使用CSS对HTML页面中的元素实现一对一、一对多或者多对一的控制，就需要用CSS选择器。选择器的种类很多，比如：标记选择器、ID选择器、类选择器、后代选择器、伪类选择器等等。标记选择器就是以HTML标签作为选择器，如果网页中很多的段落标签<P>，这时就可以使用P作为选择器名称，来控制页面中所有段落的样式，可以做到前后统一，便于维护；ID选择器，适用于定义了ID属性的某个特定元素，用“#id”表示，可以起到突出的作用；类选择器，适用于定义了class属性的一类元素，用“.classname”表示，对于具有相同类名的元素，可以统一设置这些元素的样式；后代选择器，用来选择特定元素或元素组的后代，将对父元素的选择放在前面，对子元素的选择放在后面，中间加一个空格分开；伪类选择器主要用于设置超链接的四种不同状态的样式。

2. 页面设计有没有规律可循？是不是非要按照教材上的模式和数字去进行设置呢？

答：设计网页不但是一项技术性的工作，还是一项艺术性的工作。网页的排版决定了网站是否美观、合理、有创意，但并不意味着网页布局无章法可循，它也有内在的规律和要求。

（1）网页排版布局的步骤

构思：根据网站的内容整体风格，设计版面布局。

初步填充内容：这一步就要把一些主要的内容放到网页中，例如网站的标志、广告条、菜单、导航条、计数器等，要注意重点突出，把网站标志、广告条、菜单放在最突出、最醒目的位置，然后再考虑其他元素的放置。

细化：在将各主要元素确定好之后，下面就可以考虑文字、图像、表格等页面元素的排版布局了。

（2）网页排版布局的原则：平衡性、对称性、对比性、疏密度、比例等。

（3）常见的布局样式有 T 字型、口字型、国字型、海报型、拐角型、左右框架型、上下框架型。要设计出美观的网页，需要长期的实践、调试和积累，不可一蹴而就。

小 结

在本章中，我们介绍了网络的基本概念和网站开发的步骤，重点讲解了使用 Dreamweaver 开发网站的操作，其中包括如下内容。

（1）建立站点：使用 Dreamweaver 的管理站点功能，可以很方便地组织管理网站所需要的资源文件。

（2）布局：当网页设计好后，就要根据设计进行布局了，我们介绍了怎样使用 Div+CSS 的方式，即“层”的方式进行布局。

（3）标题、段落：网页中的文字部分，可以显示为标题或者是段落。

（4）特殊字符：在网页中除了普通文本，有时需要一些特殊的字符，如版权符号、空格等。

（5）超链接：超链接是网页中一个很重要的概念，正是因为超链接的存在，才使网站中众多的网页形成了网状的结构。

（6）图片、Flash：为了使网页效果丰富多彩，可以在页面中插入图片、Flash 动画等多媒体元素。

（7）制作弹出菜单：我们使用 JavaScript 实现了弹出菜单的效果。

（8）设置 CSS 样式：在制作网页的过程中，凡是设置样式的地方，我们都使用了 CSS，为了使页面内容和样式能够分开，我们把 CSS 的代码放在一个单独的样式表文件中。

（9）表格：当网页想要显示表格样式的内容，或者进行布局时，就要使用表格。

（10）表单：表单也是网页的一个重要组成部分，当用户需要向服务器提交信息时，就需要使用表单。

我们的重点是使用 Dreamweaver 设计视图编辑网页的步骤，对于代码部分，需要读者参考相关资料，也可以通过习题部分进行进一步的学习。

习 题

一、简答题

1. 怎样在 Dreamweaver 中建立站点？
2. 一个 HTML 文档的基本结构是怎样的？
3. 布局都有哪些方式？
4. 段落、标题、超链接的标签是什么？
5. 使用 Dreamweaver 设计视图怎样在页面中插入图片？可以设置哪些属性？
6. 使用 Dreamweaver 设计视图怎样在页面中插入 Flash？可以设置哪些属性？
7. 表格的基本结构是怎样的，怎样进行行合并和列合并？
8. 表单的基本结构是怎样的，都有哪些基本元素？

二、操作题

1. 网页文字制作。

要求：

（1）建立文章网页，内容自拟，进行文本的输入，注意换行符、空格等特殊符号的应用；

（2）通过 CSS 样式，对当前网页中的文本进行排版，设置字体、字号、颜色等属性；

（3）文章标题设置居中对齐；

（4）文本中要求应用项目列表与编号列表。

2. 图像的插入与制作。

要求：

（1）建立图像网页、插入图片；

（2）通过 CSS 样式，设置图片的宽、高、边框等属性。

3. 表格的制作

要求：插入如图 5-86 所示表格。

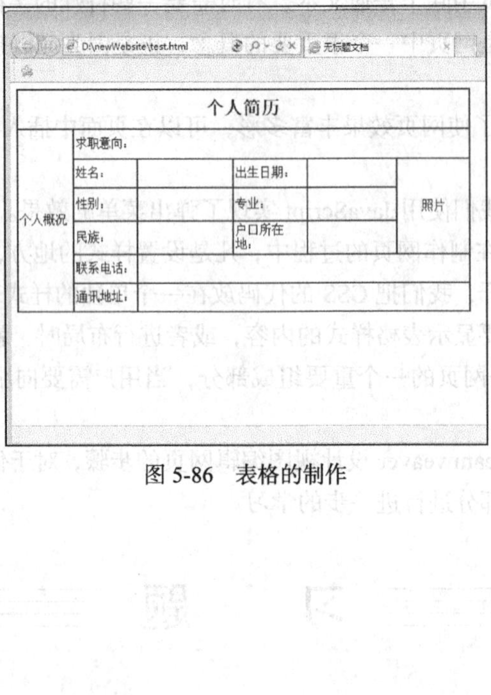

图 5-86 表格的制作

第 6 章 多媒体课件后期处理及测试与发布

通过前面的学习，用户已经初步了解了使用几种常用多媒体课件制作工具进行课件制作的一些基本操作技巧。课件的制作过程包含了很多方面，不仅要在初期进行课件结构设计、脚本编写、编程，在后期还需要对课件的外观进行统一设计，对课件的运行进行调试和优化，以期得到最佳的显示效果、运行速度和用户的可操作性。

6.1 多媒体课件的美化

对多媒体课件的外观进行美化是一项很重要的工作，从使用者的角度来看，美观的界面会给人优美的第一印象，也能吸引用户尽量多地使用该课件，从而能更好地发挥课件的教学效果。

美化多媒体课件的核心问题是考虑课件风格的定位。任何课件都需要根据所说明的内容决定其风格与形式，因为只有形式与内容的完美统一，才能达到比较理想的教学和演示效果。目前多媒体课件的应用范围日益扩大，几乎包括了所有的教学方面，但不同课件的表达方式与风格应有所不同：语文、历史类课件应显凝重而不宜过于活泼；生物、化学和物理课件应生动一些；而数学、计算机类课件需要有一定的分析、推导，因此风格较为理性；当然对于办公用多媒体课件而言，其风格既要庄重，又要有跳动的感觉，从而能够引人入胜。

课件风格的形成主要依赖于课件的版式设计、色调处理，还有图片与文字的组合形式等。这些问题看似简单，但每一部分都包含很多细微的环节，往往需要课件的设计和制作者具有一定的美术素质和修养，并要有很好的耐心。

定制合适的课件风格可从如下方面着手：课件界面的布局、色调的处理、绘制课件的特色标志、加入导航及调整声音特效等。

6.1.1 美化课件的整体显示效果

对于一个单独的课件或一系列的教学课件，应该有统一的外观及特色，根据课件所反映的主题确定课件的布局、配色，以体现出该课件独特的风格。

1. 页面的布局

课件的外观设计首先涉及课件的版面编排。多媒体课件版面形式不宜过多，一般视情况而定，有 2～5 种就可以了，过多的版面设计容易形成混乱的感觉。通常情况下需要的界面有以下几种。

（1）初始化界面

该界面是在演示课件之前展示给观众的内容，它能弥补演示前的一段空白时间，并为课件将要讲解的内容进行一些简要的介绍。如果一个课件只有白色的底色，那无疑是单调、乏味的，所以制作多媒体课件的一个重要步骤就是对课件进行美化处理。这要求设计者根据学习内容、教学目的和学习者特点等因素，设置幻灯片的版式、母版、背景、配色方案和字体等。图 6-1 所示为一个简单的初始化界面，该界面一般要尽量简洁，并直接反映课件主旨。

（2）内容界面

这部分界面不仅包含解说文字，还有起辅助说明作用的图片、影像、声音以及图表等内容。因此这部分界面是课件的主要内容，也是课件制作的重点。对于大多数多媒体课件制作工具而言，都内置有初始界面和内容界面的模板。较为形象的是 PowerPoint 中的版面布局，如图 6-2 所示。

图 6-1　初始化界面

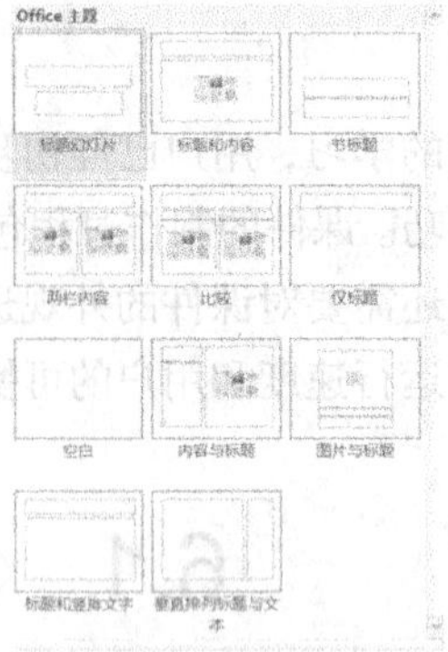

图 6-2　PowerPoint 中的版面布局

（3）结束界面

结束界面主要是用于当用户退出课件时所显示的界面。一般显示欢迎用户再次使用本课件、本课件的制作组等内容。

以上介绍了课件页面的几种布局，在这几种布局中，内容界面是最重要、内容最多的一个组成部分。

内容页面既有文字，又有图片，部分页面中还有影像资料；文字有大有小，还有标题和正文之分；图片也有大有小，而且有横竖之别。图片和文字都需要同时展示给观众，不能简单地罗列在一个页面上，这样往往会搞得杂乱无章。因此必须根据内容的需要，将这些图片和文字按照一定的次序进行合理的编排和布局，使它们组成一个有机的整体，展现给用户。可以依据如下几个规则来设计。

主次分明，中心突出。在一个页面上，必然要考虑视觉的中心，这片中心区域一般不需要很大，但应该很容易引起用户的注意。由于我们的阅读习惯是先看中央，再从左到右，由上到下，所以页面的中心是最容易引起用户注意的地方，其次是左上角，或者在中间偏上的部位。因此，一些重要的文字和图片一般可以安排在这个部位，在视觉中心以外的地方就可以安排那些稍微次要的内容，这样在页面上就突出了重点，做到了主次有别。

大小搭配，相互呼应。较多的文字或标题，不要编排在一起，要有一定的距离。同样，较短的文章，也不能编排在一起。对待图片的安排也是这样，要互相错开，大小之间要有一定的间隔，这样可以使页面错落有致，避免重心的偏离。

图文并茂，相得益彰。文字和图片具有一种相互补充的视觉关系，页面上文字太多，就显得沉闷，缺乏生气。页面上图片太多，缺少文字，必然就会减少页面的信息容量。因此，最理想的效果是文字与图片的密切配合，互为衬托，既能活跃页面，又使课件有丰富的内容。

文字大小、多少适宜。对于课件中的任一页面而言，其中的文字起到很重要的说明作用，但文字的编排又需要注意页面上文字的多少与文字大小之间的关系。一个页面上的说明文字不宜过多，5 行左右文字即可，文字过多则显得拥挤。文字行距也不宜过大或过小，行距取 1.5 倍字高比较合适。另外，整个页面上的文字块不宜占满整个界面，在两边和上下都应该留出较大的边距。

2. 色彩的使用

多媒体课件页面不应总是黑白二色，优秀课件的色彩应该既丰富，又浓淡相宜。色彩的使用，能起到丰富页面视觉效果的作用，尤其在使用大色块时，其视觉冲击效果强烈。

色彩有冷色调和暖色调之分，一般情况下，两种色调不要在同一页面上大量堆积，否则会感觉页面整体不和谐。在同一页面上色彩数也不宜过多，3～4 种颜色已经足够，并且如果这几种颜色处于同一色系中，其效果最为协调。如果准备采用蓝色作为课件的主要色调，则对于同一页面上所采用的颜色，应尽量在蓝色区域附近选择，如浅蓝、深蓝和灰蓝。另外还可以选择白色、灰色作为勾勒线条、划分区域之用。

在对课件进行色调设计时，可能感觉到面对众多的颜色无从下手，可以借鉴一些现成的工具来辅助进行色调设计。

在目前大多数课件制作工具中，都提供了现成的色调组合方案，开发人员直接套用即可。图 6-3 所示为 PowerPoint 中提供的主题设计方案，在提供的 30 多个可用的主题方案中，可以任意选择一种主题方案，也可以定义适合自己的主题设计方案，或对已有的主题设计方案进行更改。

图 6-3　PowerPoint 中提供的主题设计方案

PowerPoint 中提供的主题设计方案不仅可以在 PowerPoint 中使用，也可以作为其他课件制作工具的参考。

要在能看清楚的情况下进行字体和背景色的配置，用白色、浅白色或浅色底图作为背景，字体的颜色选深灰色或黑色，这样的配置比较醒目。黑底白字也能提供最大的对比效果，但它对大多数人来说不如白底黑字更具有可读性。这一点在设计课件时也需要注意。

底图一般选择浅色，其内容不能过于鲜艳，也不能比课件中的内容更加引人注意，这样的底图更符合要求。对于某些颜色，不适宜用来制作底图色彩或进行大量填充，如紫色、黄色等。

6.1.2　课件标志的添加

观察现在使用较多的多媒体课件，可以发现这样一个规律：几乎所有的课件都有各自的特色标志。标志的主要作用如下所述。

通过标志能清楚地反映出课件的内容。由于标志放置在最显著的位置，因此只要打开课件，就能看到标志，使用户在第一时间内就能了解到课件的主要内容。这对用户有选择地使用课件或更好地使用课件有很重要的作用。

制作美观的课件标志，能增加课件的吸引力，使得课件的总体水平更接近专业水准，更好地推进课件的普及。

课件的标志按照大小来划分，可以分为小标志和大标志两种。这两种标志的图案基本是相同的，且比例也相同。一种是高宽尺寸较大的标志，该标志用于课件的首页或宣传页面上，其大小由引用它的页面确定，这种标志也就是大标志。另一种标志则做得较小，使用的场所有两种：一是用作课件的图标，其大小分别是 16 × 16 和 32 × 32；另一种是课件在播放时显示在屏幕上的标志，该小标志一般根据课件的具体情况而定，没有固定的大小。这里说的大小图标是相对而言的。

在制作多媒体课件的标志时，需要注意如下一些问题。

（1）绘制标志与绘制其他图案不同，它要求标志应该尽量简洁明了，用一些简单的线条或色块来表达课件的内容；而没有必要采用复杂的或绚丽的图案作为标志，颜色也不宜过多，3～4 种颜色已经可以了。过于华丽的标志可能会掩盖课件所要表达的主题，起到喧宾夺主的负面效果。比如说制作化学类的课件，可以采用烧杯、化学仪器等的线条图或适当地涂上颜色作为标志，能起到很好的标志作用。

（2）标志的意义在于让用户能关注到它的存在，使得用户对课件的基本情况能有一个大概的了解。要让课件标志更加引人注意，除了对课件标志的制作有一定的要求外，还要对标志在课件中的摆放位置有一定的要求。通常情况下，左上角、右上角、上方居中都是比较引人注意的地方，其中左上角是最重要的地方。

（3）标志的大小要适中。太大的标志将占用太多的屏幕位置，相应地留给显示课件内容的空间就会比较小，因此对于标志的大小也有着适度的问题。由于标志图案是二维图像，所以通常以它占屏幕像素数量的多少表示它的大小，并按与其大致相同像素数量的正方形图像大小作为比较。常用的标志分为 3 种大小，分别是边长为 58 像素的正方形、边长为 74 像素的正方形和边长为 111 像素的正方形。

6.1.3 加入目录页和导航条

多媒体课件基本上是以页为基本单元进行组织的。对于只有几个页面的多媒体课件而言，顺序播放就能够满足要求。但对于一些稍微复杂的课件来说，如果仅仅提供顺序播放，则很难满足授课的需要。笔者经过一段时间的电子授课后，感觉到利用多媒体课件进行授课，虽然有授课形象、学生理解快等优点，但与以前的板书相比，也有其自身的不足。板书能够很好地反映授课者与听课者的思维逻辑，在黑板的左侧或右侧都有一块专门的区域来书写本节课讲解内容的纲目，在授课过程中，始终围绕这个纲目进行讲解。而在制作多媒体课件时，明显感到屏幕上的空间偏小，若再在课件页面上放置一些纲目，则使得本来就不大的屏幕变得更加紧张，显示授课内容的空间变小；若不放置纲目，学生对授课内容的结构、前后逻辑关系又很难把握。为了解决这个问题，通常在多媒体课件中加入目录页或导航条这两个组成部分。

目录页就是将本课件的纲目单独制作在一页上，在多媒体课件中需要访问课件纲目时，可以通过链接直接跳转到该目录页。利用目录页这一方式能较好地解决这个问题，并且能很好地反映出课件之间的结构关系。但在观看目录页时，会弹出一个窗口或新打开一个页面，形成了页面较大的切换，或破坏了原来页面的整体布局，并且也不是很方便。因此这种目录页的使用并不多，只有当课件的结构很复杂、纲目较多时才会采用这一方法。

另一个解决办法是在课件的每个页面上制作导航条。导航条通常是在课件页面上的某一块区域，用来显示本课件的一些基本纲目，需要注意的是，由于导航条所占用的空间一般比较小，所以通常其显示的内容并不是很全，需要对纲目的每个内容进行一定的提炼，以使其尽量占用较小的屏幕空间。在放置导航条时，需要注意以下一些问题。

（1）需要在显著位置放置主导航条，最好在紧邻页面主体的内容正下方。要避免在课件的顶端安放任何主导航条的次导航条。

（2）在导航区域将导航条目分级，将相似的放在一起。

（3）如果有可能，在用文字进行表述的同时，还可以加入一些特色图标来表示。

（4）尽可能地少用下拉菜单，特别是对于某一些课件来说，一个菜单选项的文本内容较多，当打开菜单时将破坏整个界面的效果。将其直接做入课件的界面中效果最好。

6.1.4　改善多媒体课件的动画效果

在网页中设置背景、音乐、动画和滚动字幕，或在 PowerPoint 中嵌入 Flash，都是一种美化多媒体课件的方法。在这里重点介绍关于多媒体课件页面切换的动画效果，也就是常说的转场效果。

目前大多数多媒体课件制作工具都提供了一些默认的转场效果，虽然每个软件对此的说法不同，但提供的转场类型都相似。图 6-4 所示为 PowerPoint 中提供的内置转场效果。

图 6-4　PowerPoint 中提供的转场效果

虽然多媒体课件制作工具提供的转场效果一般都比较多，但其中大多数是类似或只是做了少量的修改，并且实用性强的并不多。众多的转场效果各具特色，比较庄重的转场效果有盒状展开、盒状收缩及从全黑淡出等，比较活泼的有随机水平线条、顺时针回旋等。

纵观较多的课件范本，大多存在以下一些问题。

在同一个课件中使用太多的转场效果，每张幻灯片之间的转场效果均不同，给人以混乱的感觉，并且其视觉效果并不是很好。由于繁杂的转场效果吸引了用户的注意力，课件的内容反而不大引人注意。

转场效果的时间设置不当。这大多体现在当幻灯片持续切换时，而转场效果所占用的时间较长，结果造成用户的大多数时间放在转场效果上，而对课件的内容倒没有关注到。因此，在选择不同的转场效果时，同时还要设置转场所需的时间，在单张幻灯片的播放时间较长的情况下，可以设长一些；在单张幻灯片播放时间较短的情况下，转场时间可以设短一些。

大量使用视觉冲击力较强的转场效果。对于一些转场效果，其视觉的冲击力较强，如整张幻灯片抽出、推入及插入等，这些效果使课件界面整体移动，对观看者的注意力影响很大。如果大量使用这些效果，在长时间频繁地切换后，将会造成用户头晕、注意力不集中等不良效果。

6.1.5　控制多媒体课件的声音效果

多媒体课件与传统的教学方式相比，具有引人入胜的多媒体特点，其中一个重要的特色就是在课件的进行过程中可以加入一些声效，从而增加课件的吸引力，并为反映课件的主旨服务。多媒体声效主要指的是课件的背景音乐、操作时的提示音等。声音处理常采用 44.1kHz 或 22.05kHz 的采样频率，这样可获得满意的效果。解说词要求每句话、每个词都应紧密结合画面，准确地表达内容。言词应当生动、朴实，力求简练，语音吐字清晰，解说词每秒不应超过 3 个字。

在使用声音效果时，还需要注意几个方面的问题，如在播放欢迎界面时，可能需要观众等待一段时间才能进入课件内容。这时可以根据课件内容播放一段优美的音乐，让观众在观看具体内容前不至于无所适从；在进入课件的正式内容后，不宜立即播放音乐。即使在进入课件后播放背景音乐，也应该制作一个按钮，让用户来选择是否播放背景音乐；当在课件中有部分解说词时，需要控制背景音乐的音量，其音量大小以不影响听清楚解说词为限；为了增加课件的交互性和界面友好性，在课件中单击按钮或单击超链接时，应该发出一些特定的操作声，以通知用户这是一个操作。当用户操作错误时，也可以通过发出特定的声响来通知用户操作错误；一般不要选择动感强的音乐作为背景音乐，以免破坏课件的授课效果，应该选择那些平缓、有一定周期的背景音乐。

6.2 多媒体课件的优化

由于多媒体课件引入了较多的多媒体素材，其中包括大量的图片、声音和视频资料，对用户的输入也进行了较多的处理，这些无疑会对课件的运行速度有所影响。而目前课件大多要求能在网络上运行，对课件的实时性和速度又有较高的要求。因此，如何保证多媒体课件顺畅、稳定、快速地运行，有着重要的意义。课件性能的优化主要包括优化课件的运行速度及稳定性等。

6.2.1 优化多媒体课件的运行速度

多媒体课件给用户的第一个印象便是它的运行速度，运行速度快的课件将减少教师和学生的等待时间，从而使他们将主要的精力投入到内容的讲解上，从这一点来说，多媒体课件的运行速度是优化时第一要考虑的因素。

影响课件运行速度的主要因素有：课件使用了大量的多媒体素材；课件的程序设计不合理，从而形成了冗余操作；课件出错而形成的速度减慢。可以从以下这些方面来对多媒体课件的运行速度进行优化。

1. 对图片的优化

在不影响图片质量的情况下选用较小的图片，或对已有的多媒体图片进行优化，使其尺寸变小。可以通过3种方法来有效地减小图片的尺寸。

（1）根据图片的类型选择不同的图片格式

比如可以将彩色照片保存为JPEG格式，图片的尺寸会减小到原来的1/5，甚至更小，而图片质量没有很明显的变化。对于一些色彩不是很丰富的图片，可以将图片保存为GIF格式，在这种情况下，图片所用的颜色数越少，图片尺寸减小的程度越大，甚至比保存为JPEG格式时尺寸还小。JPEG与GIF文件的最大区别在于，以JPEG格式保存的图片颜色值可达到16万色，而GIF格式保存的图片颜色最多只有256色。因此要针对不同情况选用不同的图片格式，如图6-5和图6-6所示。在将图片保存为JPEG格式时，通常会弹出一个对话框让你选择压缩率，如图6-7所示（图中是以“品质”来表示压缩率的）。此时需要注意压缩率与图像质量的关系，压缩率越大，图像质量越差，但图像占用的空间越小，因此需要在图像的大小和质量中间找一个平衡点。通常选用的压缩率为80%，图6-7所示是以数值8来表示的。

图6-5　适宜保存为JPEG的图片

图 6-6　适宜保存为 GIF 的图片

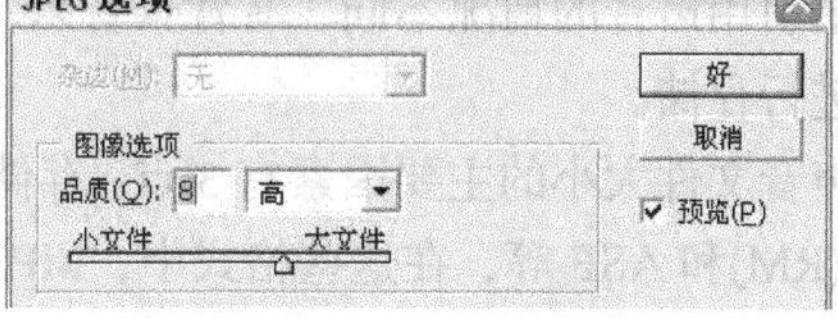

图 6-7　JPEG 格式图片选项

（2）根据图片的使用场所选择不同的分辨率

如一张 4cm 宽、3cm 高的 RGB 图片，当它的分辨率是 300dpi 时，其尺寸是 490KB，当它的分辨率是 72dpi 时，其尺寸是 29KB。由此可见，分辨率对图片的大小有较大的影响，要针对不同的场合使用不同的分辨率。从理论上讲，屏幕的分辨率越高，图像就越清晰；可使用的颜色数越多，图像就越逼真。但在实际情况下，可选取数与分辨率往往受到硬件环境和内存空间的限制。注意不要盲目追求较高的颜色数与分辨率，条件越高，占用空间也越大。一般而言，要尽量选取 256 色或更多的颜色数，以丰富画面的表现力。但如只为了在计算机屏幕上显示，只要设成 72dpi 即可，如果还兼作印刷用途，需要根据打印机的精度进行调节，一般情况是 300dpi 以上。

（3）图形的其他优化方法

将一个较大的图形划分为几个部分，分别放在几个不同的显示图标中，并且将其顺序相连置于流程线上，并设置“Effects”（效果）等相关项为同一效果。运行时各个图标依次执行，拼接出较大图形，而所需的内存空间仅为原来的几分之一。

另外调整图像中的对比水平，比如大多数图像软件都提供重润色选项，可以通过如伽玛（Gamma）校正和加亮（highlight）/中调（midtone）/阴影（shadow）来改变一个图像内的对比，或通过选择通用安全 213 色调色板和用图形程序里选择“No Dither”选项来消除抖动，通常都可以减小文件尺寸。

在 Flash 中外部调用的矢量图形，最好是在分解状态下对其执行【修改】/【形状】/【优化】命令之后再使用，这样能够优化矢量图形中的曲线。【优化】命令可以删除一些不需要的曲线来减小文件的容量。如果使用【修改】/【形状】/【将线条转换为填充】/【扩展填充】/【柔滑填充边缘】命令，会导致文件容量增加，还会降低动画的播放速度，应尽量避免。

2. 对表格（Table）的优化处理

表格是目前网页中用得最多的布局元素。因此，对表格的优化就显得特别有价值，虽然这部分优化并不能减少下载时间，但由于浏览器需要在填充表格内容前完全理解表格的结构，所以适当的表格运用将大大缩短网页的渲染时间。

（1）将一个单一的大表格拆成多个小表格，这将加快页面显示速度，尤其当页面很大而用表格进行整体布局时更是如此。

（2）对表格适当使用 Width 属性。在这一点上应注意单元格内内容的宽度，定义的单元格宽度至少应与内容宽度一致，以避免浏览器的过滤作用对其进行的两次渲染。

（3）避免嵌套表格。这将使表格处理时间成倍上升，如果一定要嵌套，至少应尽量使被嵌套表格保持简单。

3. 其他多媒体元素的优化处理

（1）对声音素材的优化

课件所用的声音素材往往占用大量的空间，主要原因是对声音素材没有进行进一步的优化。由于课件中引用声音的情况不同，有背景音乐、讲解词等，对于不同类型的声音格式，应该采用不同格式进行存储。

决定声音文件大小的主要因素有3点：存储格式、频率和深度。储存格式主要有MP3、WAV、MID、RA(RM)和ASF等，在这些格式中，MP3格式的声音文件相对较小，并比较普及，推荐使用。频率指的是采样频率，常用44.1kHz、22.05kHz、11.025kHz，采样频率越大，文件尺寸越大。深度常用的是8bit和16bit。表6-1是以WAV为格式存储的一分钟声音文件的大小与取样频率和深度的关系。

由表6-1可以看出，1分钟音乐若以44.1kHz、16bit立体声进行存储，大小为10.6MB；若以11.025kHz、8bit单声道进行存储，大小为0.66MB，以这两种方式进行存储时，音乐播放效果变化并不是很明显。因此在课件中，对于背景音乐，可以选择44.1kHz、22.05kHz的采样频率、16bit立体声进行存储，对于解说词，选择11.025kHz、8bit单声道进行存储就能满足要求。

表6-1　声音文件大小（MB）与取样频率和深度的关系

取样频率/kHz	8bit		16bit	
	单音	立体	单音	立体
11.025	0.66	1.32	1.32	2.65
22.05	1.32	2.65	2.65	5.29
44.1	2.65	5.29	5.29	10.6

（2）对文本和字体的优化

在使用各种字体时，时常会出现乱码或字迹模糊的现象。这种情况可以使用系统默认字体来解决，而且使用系统默认字体可以得到更小的文件容量。在Flash影片的制作过程中，应该尽可能地使用较少种类的字体，尽可能使用同一种颜色或字号。对于嵌入字体选项，可选择只包括需要的字符，而不要选择包括整个字体。有遮罩层的情况下不能使用设备字体，任何嵌在遮罩层的字体必须嵌入SWF文件中。尽量避免将字体打散，因为图形比文字所占的空间大。

（3）对动画部分的优化

对于Flash动画中多次出现的对象、使用元件，在可能的情况下，尽量使用补间动画，避免逐帧动画，因为补间动画与在动画中增加一系列不必要的帧相比，会大大减小影片的尺寸；尽量使用组合元素，使用层组织不同时间、不同元素的对象；绘图时使用“铅笔工具”绘制出的线条要比“笔刷工具”小；限制特殊线条的出现，如虚线、折线等；使用“修改”菜单中的“优化”命令优化曲线；减少渐变色和Alpha透明度的使用。

（4）对脚本程序的优化

在使用脚本语言时，尽量将脚本嵌入页面中，而不使用SRC属性，因为这将引起对服务器的另一次请求，既加重了服务器负荷，又延长了总的下载时间；如果用脚本控制Plug-in或DHTML，尽量用一个内置的装载或运行更快的函数来替代自己编写的函数。

4. 选择合适的课件存放介质

课件所引用的素材是从存储介质中读取的，因此存储课件的介质对于课件运行速度有较大的影响。52 速光驱的理论最大速度为 7.8MB/s，通常只有 3.6MB/s，当连续读大量小文件时，其读取速度还要下降。从提高课件的运行速度这一方面来说，推荐使用硬盘作为多媒体课件的存储介质。如将光盘和移动硬盘作为课件的存储介质，在播放前最好先保存到计算机内部的硬盘上，从而有效地提高运行速度。

6.2.2 多媒体课件在网络运行时的优化

多媒体课件在网络运行时，其数据要通过网络由服务器传送到客户端，因此其运行速度与网络有很大的关系。除了要对网络进行优化外，还需要在制作过程中对课件进行一定的优化，以使之能够在 Web 上很好地运行。

1. 加快页面下载速度的优化

页面下载速度可分为 3 部分：下载时间、渲染时间和显示时间。设计者应通过页面优化在这三者之间找到一个平衡点，从而进行理想的下载。有两个解决办法：尽量缩小课件的尺寸或使课件一边下载一边播放。这样用户的等待时间可以缩短。缩小课件尺寸可利用 6.2.1 节中提供的方法实现，这一方法使用的范围并不很广，对于内容很多的文件还是无法解决，这就要用到第二个方法，即做到一边下载一边播放。课件使用的素材需要采用流媒体，而流媒体本身就是能够实现一边下载一边播放。

目前使用的流媒体比较多，有支持图片和动画播放的 Adobe Flash，支持影音播放的 RA、RM 和 ASF，还有支持声音播放的 MP3 格式等。在制作运行于网络的多媒体课件时，需要注意尽量使用这些格式的素材文件。

还有一点需要注意，在保存图片时，如果设置图片的格式为 GIF 和 JPEG 时，图片可以渐显的方式显示出来，即先显示一个模糊的图片，再逐步显示具体细节，以减小用户的等待时间。

2. 采用相关技术加快课件的运行速度

当对素材优化完毕，即课件所需的素材都已经确定下来后，还可以从课件制作的技术方面对课件进行一些优化，具体方法如下。

（1）对课件采用预读取技术。不是等待课件所有内容下载完毕后再运行课件，而是分批下载（通常是分页下载）。下载完第一部分后立即运行已经下载的部分，当用户在浏览课件时，再在后台下载其他部分，这样能明显减少用户等待课件的时间。用 Dreamwaver 制作的网页形式的课件和用 Flash 制作的课件都能够逐步显示，其他形式的课件要经过编程才能实现这一功能。

（2）在课件运行过程中，显示下载进度条，以告诉用户目前课件有多少内容已经装载，以减少用户等待时焦急的心情。实际上课件的下载速度并没有变化，只是由于告诉了用户课件的装载情况，使用户感觉到课件的运行速度加快。在 Flash 等制作工具中，都可以通过一定的技巧实现进度条的制作。

6.2.3 多媒体课件表现艺术的优化

多媒体课件表现艺术的优化应注意以下几个方面。

（1）内容、形式不可牵强附会，以免偏离教学的主要目标。多媒体课件的表现形式虽然丰富多样，但其应用的目的是服从和服务于教学，所以不能牵强附会，画蛇添足，以免冲淡教学主题。教学内容用平面动画演示即可让学生弄清来龙去脉的，没有必要再去制作三维动画，能用图片解释的，就没有必要使用平面动画，否则，将会使学生的注意力放在计算机多媒体的神奇上，而忽视了教学内容本身。

（2）表现形式要简洁明了，不能烦琐，更不能花哨，呈现信息的容量要适当，否则会造成学生的注意力分散。

（3）要注意艺术性、教育性、科学性的有机统一。在多媒体课件编辑合成过程中，要通过艺术性、教育性、科学性的有机统一，有效地突破教学中的难点和重点。

6.2.4 增强与用户的交互

多媒体课件与幻灯片的最大区别在于：多媒体课件能够和用户进行一定的交互，以最大限度地反映出教学的实际情况；而幻灯片只能一页页地顺序播放，或实现一定的跳转，没有与用户的交互。

1. 增强用户对课件的控制

课件应该能够让用户根据自己的需要进行一些定制，要做到这一点，技术方面的难度并不大，主要的难点在于制作人员如何设计课件与用户的交互。做到既能让用户有效地控制课件的使用，但又不至于太复杂。在课件中提供过多的控制选项会使用户无所适从，太少的控制选项又可能不会满足用户各方面的需求。通常情况下让用户定制的内容主要包括：课件的外观（包括选择背景图、课件中组件的各种外观）、课件中使用的背景音乐及课件播放的顺序等。

2. 少用程序设计方面的专业术语

在课件设计的过程中，应少用或不用程序设计方面的专业术语。在程序界面中少用一些未知意义的名称，多用一些与课件内容有关的词语，如当用户输入的数据出错或不符合要求时，尽量少用“变量名出错”“指针移动出错”等专业性较强的专业术语，取而代之比较容易被理解的词语，如“输入的数据不符合要求，请重新输入”等。

3. 增强容错处理

“避开错误”和“容错”是提高课件质量和可靠性的两大有效技术。“避开错误”即在开发的过程中不让错误潜入课件；“容错”即对某些无法避开的错误，使其影响减到最小。避开技术是质量管理中不可缺少的先进技术，但在实际开发过程中，无法做到完美无缺和绝无错误，因此只有采用容错技术来保证系统的性能，使得在错误发生时，其影响被限制在容许的范围之内。通常在课件开发的实际工作中，采用加入“容错模块”的办法来增强课件的容错性，使课件具有较强的抗故障能力。

多媒体课件设计与制作

专家点拨：在与用户进行交互的过程中，要接收用户输入的各种数据，对用户可能的各种操作做出相应的回应。无论用户输入的数据正确与否，课件都应该进行相应的处理，当用户的输入不符合要求时，不能异常退出，这是在设计与用户交互过程中很重要的一点。

6.3 多媒体课件的测试与发布

6.3.1 多媒体课件的测试

在上传到服务器供读者浏览查看之前，应先在本地对多媒体课件进行一些测试，以保证页面的外观和效果（在目标浏览器中）和自己所希望的相同，播放尽可能地流畅，没有被中断的链接。比如可使用 Dreamweaver 的“检查页”功能来检查某个打开的文件，如图 6-8 所示。部分站点甚至整个站点中被中断的链接和所未被引用的文件，最好能定期访问列表中的站点以确认它们仍然有效，因为各个页面可能重新设计或组织，链接到这些页面的超链点可能因为种种原因被移动或删除。Flash 中也提供了相应的测试命令进行测试，如【Ctrl + Enter】、【Ctrl + Shift + Enter】等。

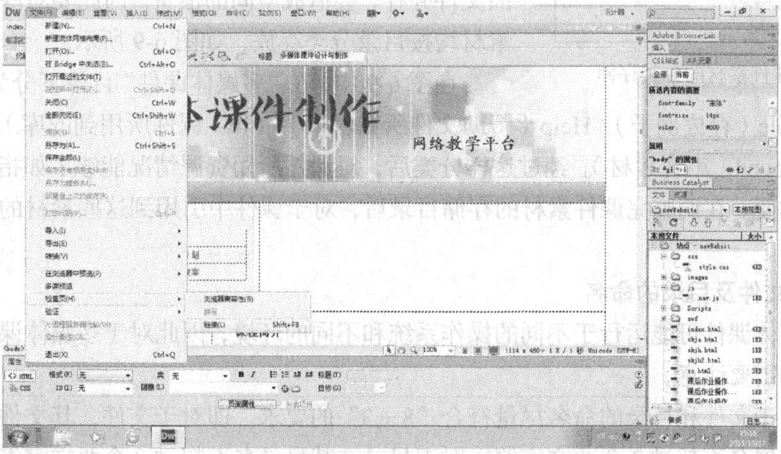

图 6-8　检查当前网页中的超级链接

另外还要测试课件的下载属性。如可利用 Flash 中的“带宽状态图”来测试，它不需要将计算机实际连接到互联网上，就可以通过模拟网络下载速度来提供如单个帧的大小、从动画的实际起始点开始流动所需要的时间、何时开始播放动画等统计信息。如果动画的下载速度低于播放速度，这时就需要制作者对其进行优化。

最后要对浏览器进行兼容性测试。当课件在 Internet 上发布时，课件设计者无法设想用户会在怎样配置的机器上使用怎样的操作系统，好在 Web 本身的跨平台特性已很好地解决了这个问题，避免了多次开发。但为了使课件能够在各种平台上正常显示，仍需要在定义潜在用户群时考虑许多细节，包括显示器的分辨率和色深、对音频和视频的支持情况、各种平台上相同字体的差异、各种平台上显示调色板之间的差别等。如 Dreamweaver 允许使用所有浏览器都支持的元素构建网页（例如，图像和文本段落），但是也有些元素必须新版本的浏览器才能支持，如 APdiv 样式。这可使用 Dreamweaver 中自带的“检查目标浏览器”功能测试文档中的 HTML，以了解是否有不被目标浏览器所支持的标签。

6.3.2　多媒体课件的发布

在多媒体课件制作完毕后，需要打包后才能够发布。打包的含义主要是指根据课件和所发行介质的具体情况，将课件包装成易于传输、发布和安装的形式，以方便用户的使用。本书中所介绍的几款多媒体课件制作工具大多都提供打包的功能。如在 PowerPoint、Flash 的“文件”菜单中提供了【打包】或【发布】命令。对于已经制作完毕的课件来说，使用该命令，根据向导的要求可以一步步地将已经制作完的课件打包。如在第 3 章中，可以将 PowerPoint 演示文稿打包，其他制作工具的打包过程与此类似。在此重点介绍打包的前期准备工作。

1. 将课件所用的素材分类整理

由于课件所引用的素材比较多，如果和引用这些素材的课件保存在同一目录下，既不容易管理，也很容易出现一些问题。问题之一：时间一长，可能对素材文件的用途不大清楚，这为今后的管理工作造成一定的难度；问题之二：如在使用过程中发现要对课件的某些素材进行更换或修改，不知道需要修改哪些文件，在修改之后新旧文件并存，会造成空间的浪费。因此要对课件所用的所有素材均按目录分类存放，如图 6-9 所示。

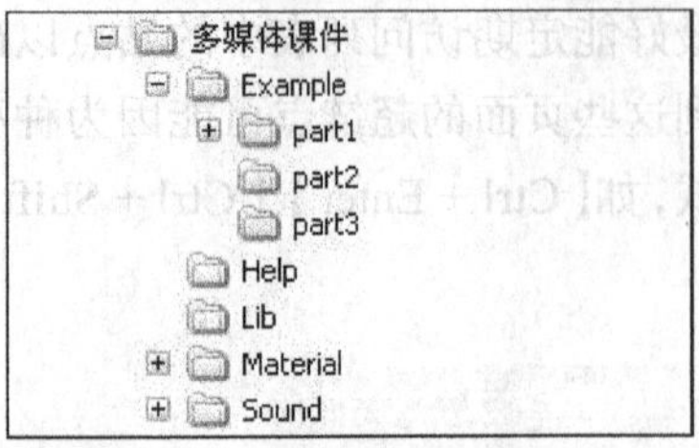

图 6-9　课件素材的分类存储

在图 6-9 中，在“多媒体课件”目录下分为 5 个子目录，分别是 Example（存放例子）、Help（帮助文件所在目录）、Lib（课件所用到的库）、Material（图片素材）和 Sound（声音素材）。经过这样分类后，对课件所用资源情况能够了如指掌，管理和维护起来也很方便。在调整完课件素材的存储目录后，对于课件中引用到这些素材的部分还需要进行相应的修改。

2. 注意文件及目录的命名

由于多媒体课件可能运行于不同的操作系统和不同的环境，因此对于多媒体课件中的文件和目录的命名均需要注意。

首先，对于文件和目录的命名尽量符合“8 + 3”的要求。即对于文件，其文件名不超过 8 个西文字符、扩展名不超过 3 个西文字符，对于目录，其目录名不超过 8 个西文字符。这种命名规范适用的范围最广，因此推荐使用。

其次，在命名过程中，还需要注意中文的使用。目前的中文操作系统和课件制作工具虽然提供了对中文的支持，只是在原先支持单字节字符的基础上改进为支持双字节，但并不是很完善，在使用过程中可能会有这样或那样的问题。另外课件还有可能在网络上运行，客户端的操作系统各异，如果客户端的操作系统不支持双字节，则以中文命名的文件和目录不能被正确标识，课件也很难被正确运行。因此在命名过程中，尽量使用英文，并符合“8 + 3”命名规则。

多媒体课件的发布主要采用以下几种发布方式。

（1）光盘方式发布

使用光盘发布多媒体教学节目，仍然是一个好的方式，因为它可以存放各种格式的文件，不管是用什么工具制作多媒体课件，都可以用这种方式发布。现在大部分计算机都有 DVD 光驱，由于 DVD 光盘的容量比较大，用这种方式发布的课件都可以用质量比较高的素材。现在的 DVD 播放机已经有了很大的发展，可播放的文件格式越来越多，有些还支持播放 Flash 的 SWF 格式的文件，这样，对于 Flash 制作的课件就不需要专门进行编码，直接把文件复制到 DVD 光盘上，就可以拿到 DVD 机上去播放了。

（2）网络方式发布

网络发布与光盘发布毕竟是两种截然不同的发布方式，有其各自的特点，如果完全按照传统课件的开发习惯开发基于网络的课件或者进行网络发布，未必能达到理想的效果，同时在网络发布过程中，也会遇到这样那样的问题，因此，有必要讨论一下网络发布时需要注意的问题及解决方式。

- 充分考虑用户将使用的网络带宽，保证用户可以在低带宽网络环境下正常运行课件，并以大多数用户可能使用的网络环境测试程序，检查能否忍受网络的速度。
- 尽量采用良好的交互结构来代替媒体素材的堆积，因为交互结构对网络带宽的要求不高，在一般网络环境下即可正常运行。

- 尽量使用高压缩比格式的媒体素材。例如，图像文件采用 JPEG 和 GIF 格式；动画文件宜小巧精简，最好以 Flash 动画和 Gif 动画为主；用 VOX 格式保存语音文件，用 MP3、wma 或 ra 等高压缩并可流式传输的格式保存其他声音文件等。
- 对于已有的不能用网络在线浏览或播放的课件，最好提供下载地址，让用户下载运行，如用 Authorware 开发并打包的“exe”。

6.4　教学心得及常见问题解答

6.4.1　教学心得

课件制作在一定程度上要讲究一定的艺术形式，但也不能单纯地为艺术而艺术，仅仅在表面做文章。如色彩过于艳丽的界面、美观好看的按钮、字体变化多样的文本，美化了界面，但会影响一个课件整体效果，也会影响学习者对于教学内容的注意力。多媒体课件的制作要从实际出发，恰当把握素材的应用，要符合科学性、简洁性、实用性的原则，尽量做到所有素材间的协调、和谐，实现艺术与教学效果的统一。

6.4.2　常见问题及解答

1. 多媒体计算机最常用的图像有 3 种：图形、静态图像和动态视频（也称视频），获得这 3 种图象的方法是什么？

答：（1）计算机产生彩色图形、静态图像和动态图像；

（2）用彩色扫描仪，扫描输入彩色图形和静态图像；

（3）用视频信号数字化仪，将彩色全电视信号数字化后，输入到多媒体计算机中，可获得静态和动态图像。

2. 媒体作品开发的一般过程。

答：包括需求分析、规划设计、素材的采集和加工、作品的集成、测试、发布和评价。

小　结

本章主要介绍了多媒体课件后期处理及测试发布环节，是对已经制作完成的课件进行最终发布前的美化与优化处理，具体包括以下几部分。

（1）多媒体课件的美化：包括美化课件的整体显示效果、课件标志的添加、加入目录页和导航条、改善多媒体课件的动画效果、控制多媒体课件的声音效果。

（2）多媒体课件的优化：包括优化多媒体课件的运行速度、多媒体课件在网络运行时的优化、多媒体课件表现艺术的优化、增强与用户的交互。

（3）多媒体课件的测试与发布：包括多媒体课件的测试、多媒体课件的发布。

习 题

一、填空题

1. 决定声音文件大小的主要因素有3点：________、________和________。

2. 在初步制作完一个多媒体课件后，要对课件的性能进行优化，具体的内容是：________、课件在网络上运行时的优化、________、增强与用户的交互等。

3. 减小课件所使用图片的尺寸的方法有3种：第1种方法是________；第2种方法是________；第3种方法是________。

4. 影响课件运行速度的主要因素有：课件使用了大量的多媒体素材；________；________。

二、选择题

1. 在同一页面上色彩数也不宜过多，________颜色已经足够，并且如果这几种颜色处于同一色系中，其效果最为协调。

A. 3~4种　　B. 4~5种　　C. 2种　　D. 不限

2. 以下________因素会降低课件运行速度。

A. 尽量减少使用多媒体素材

B. 课件的程序设计不合理

C. 将课件放置在计算机硬盘上运行

3. 决定声音文件大小的主要因素有________点。

A. 4　　B. 5　　C. 2　　D. 3

4. 以下________操作不可能使课件出现出错或异常退出等情况。

A. 用户按错键

B. 输入了太大的数字以致系统无法处理

C. 输入了不符合要求的数据

D. 按要求输入各类字符

5. 将字体打散后动画的大小会随之________。

A. 变大　　B. 变小　　C. 不变　　D. 不一定

三、问答题

1. 多媒体课件页面布局通常情况下有哪几种？哪种最重要？在编排时应注意什么问题？

2. 多媒体课件在使用声效时需要注意哪些问题？

3. 在网络运行时对多媒体课件进行优化一般采取哪些措施？

4. 主要有哪些因素影响多媒体课件的运行速度？

四、操作题

1. 练习为一个制作好的网页课件添加背景音乐。

2. 打开一个制作完成的课件，找出课件中还有哪些对象经过转换可以减小其文件大小，并根据课件优化处理原则对该课件进行进一步优化。

3. 练习对一个Flash课件进行打包处理。

第 7 章 综合实例制作

7.1 用 PowerPoint 制作 2022 年冬奥会宣传册

一、制作背景

PowerPoint 是最基本、最简单的课件制作工具，使用 PowerPoint 制作多媒体课件，不用掌握高深的编程技术，只需将展示的内容添加到一张张幻灯片上，然后设置这些内容的动画显示效果，以及幻灯片的放映控制等属性即可。本实例以《2022 年冬奥会宣传册》为例，介绍演示型课件的制作方法（本实例旨在介绍课件制作方法，重点不在课件内容，故课件内容较少，不能完全代表本课件的标题）。

二、制作内容

本实例利用 PowerPoint 2010 制作“2022 年冬奥会宣传册”课件， 主要用到的相关知识有母版、背景、文本、动画、超链接、动作按钮等。

三、制作步骤

步骤 1：启动 PowerPoint 2010，新建一空白演示文稿。

步骤 2：选择【视图】/【母版视图】/【幻灯片母版】命令，如图 7-1 所示。

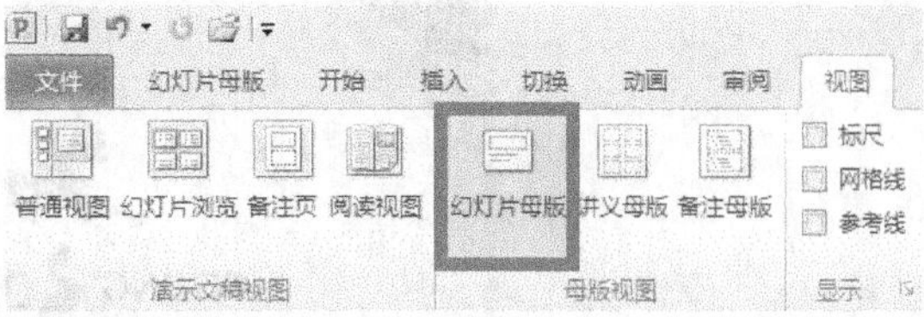

图 7-1　选择幻灯片母版

步骤 3：单击“幻灯片母版”选项卡中的“背景”右侧的小三角，如图 7-2 所示，打开图 7-3 所示的“设置背景格式”对话框，在对话框中选择来自文件的图片填充。

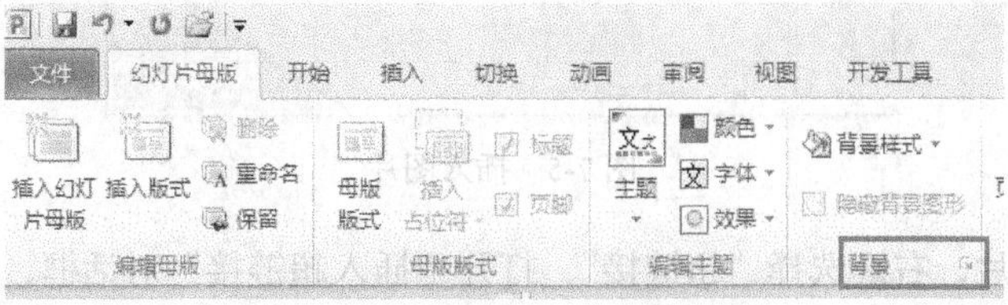

图 7-2　选择幻灯片母版背景

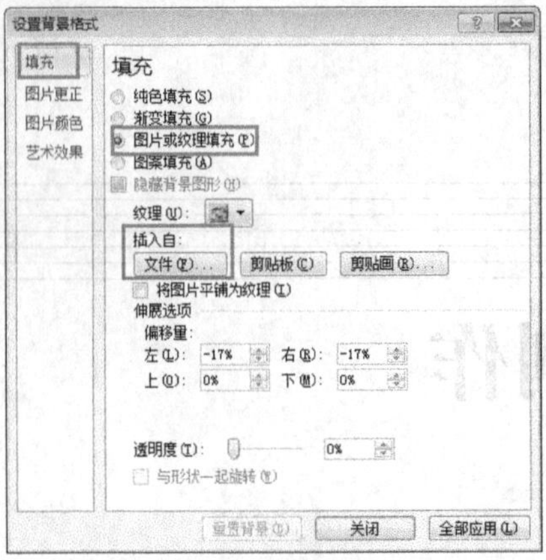

图 7-3　设置背景格式

步骤 4：选择要插入的图片后，关闭母版视图，幻灯片效果如图 7-4 所示。

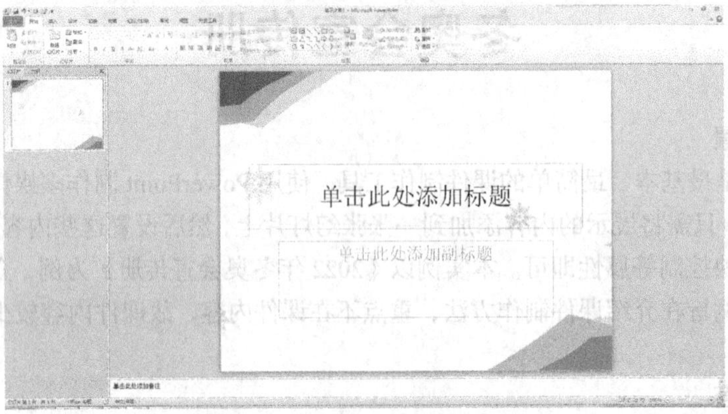

图 7-4　幻灯片母版背景效果

步骤 5：新建幻灯片，选择第 1 张幻灯片，选择【插入】/【图片】命令，打开“插入图片”对话框，选择需要的图片，单击“确定”后效果如图 7-5 所示。

图 7-5　插入图片

步骤 6：选中图片，右键选择“超链接”，打开“插入超链接”对话框，选择“本文档中的位置”/“下一张幻灯片”，单击“确定”，如图 7-6 所示。

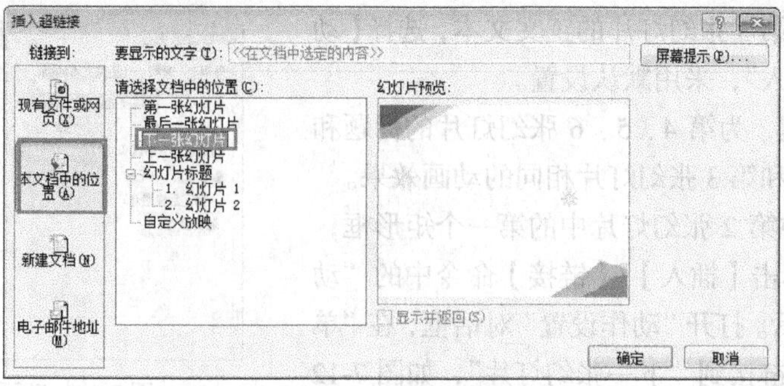

图 7-6　插入超链接

步骤 7：选择第 2 张幻灯片，选择【插入】/【形状】命令中的基本形状-矩形，创建一个矩形形状，并进行相关设置，设置完成后效果如图 7-7 所示。

步骤 8：复制 3 个矩形框，放置在合适位置，输入不同文本并进行属性设置，设置完成后效果如图 7-8 所示。

图 7-7　矩形文本框

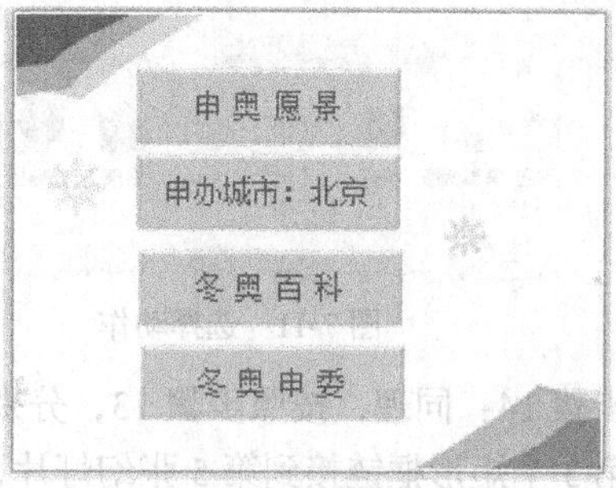

图 7-8　4 个矩形文本框

步骤 9：选中第 3、4、5、6 张幻灯片，分别输入与标题相对应的相应文字，如图 7-9 所示。

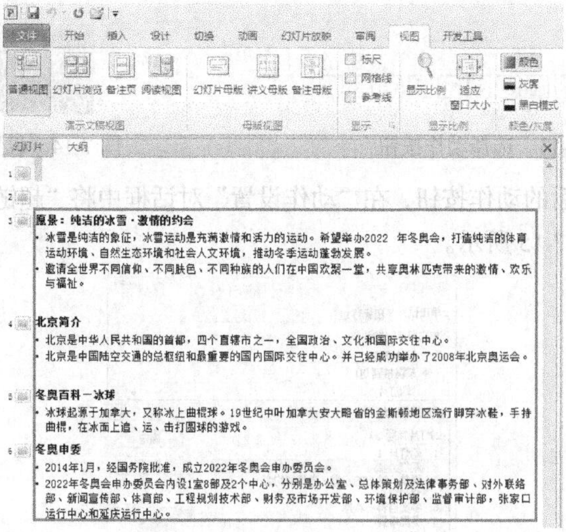

图 7-9　输入文本内容

步骤 10：选中第 3 张幻灯片的标题文本，选择【动画】效果中的“翻转式由远及近”，并在其“效果选项”对话框中进行相应的效果设置，如图 7-10 所示。

步骤 11：选中第 3 张幻灯片的正文文本，选择【动画】效果中的“飞入”，采用默认设置。

步骤 12：同理，为第 4、5、6 张幻灯片的标题和正文文本分别设置和第 3 张幻灯片相同的动画效果。

步骤 13：选中第 2 张幻灯片中的第一个矩形框，如图 7-7 所示，单击【插入】/【链接】命令中的“动作”，如图 7-11 所示。打开“动作设置”对话框，在“单击鼠标”项选择超链接到“下一张幻灯片”，如图 7-12 所示。

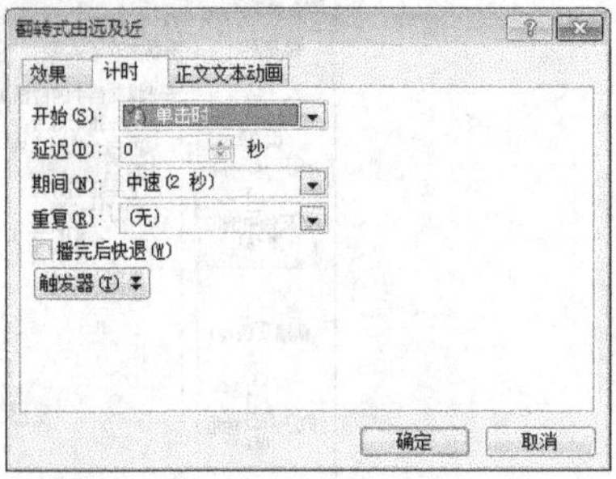

图 7-10　动画效果设置

图 7-11　选择动作

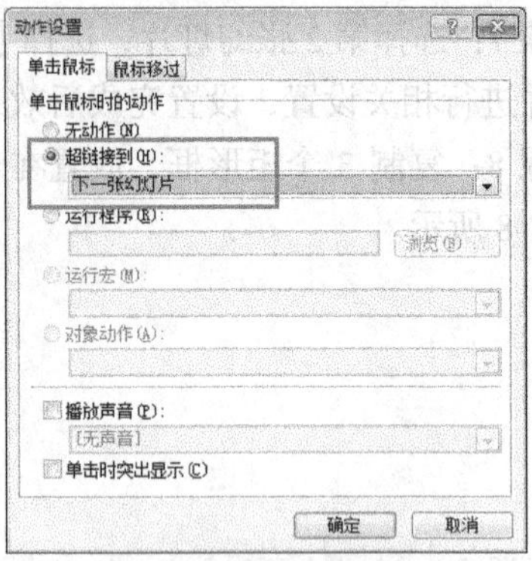

图 7-12　动作设置

步骤 14：同理，按照步骤 13，分别将第 2 张幻灯片中的第 2 个矩形框超链接到第 4 张幻灯片，第 3 个矩形框链接到第 5 张幻灯片，第 4 个矩形框链接到第 6 张幻灯片。

步骤 15：打开第 3 张幻灯片，选择【插入】/【形状】/【动作按钮】中的第一个按钮，如图 7-13 所示。在幻灯片的适当位置拖曳出一个动作按钮，并在【格式】中对按钮进行属性设置，设置完成后，效果如图 7-14 所示。

图 7-13　选择动作按钮

图 7-14　设置动作按钮

步骤 16：选中设置后的动作按钮，在“动作设置”对话框中将“超链接到”设置为“幻灯片”中的“幻灯片 2”，如图 7-15 所示。

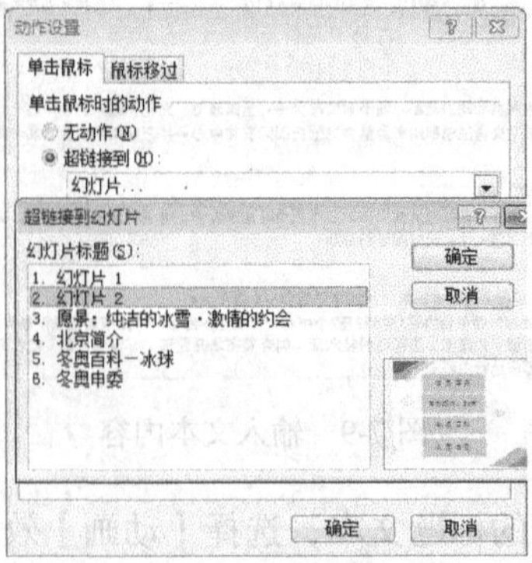

图 7-15　动作设置

步骤 17：将该动作按钮复制，分别放置到第 4、5、6 张幻灯片的合适位置，同步骤 16，在“动作设置”对话框中都将超链接设置为如图 7-15 中的“幻灯片 2”。

步骤 18：设置完成后，观看播放效果，保存，最终浏览效果如图 7-16 所示。

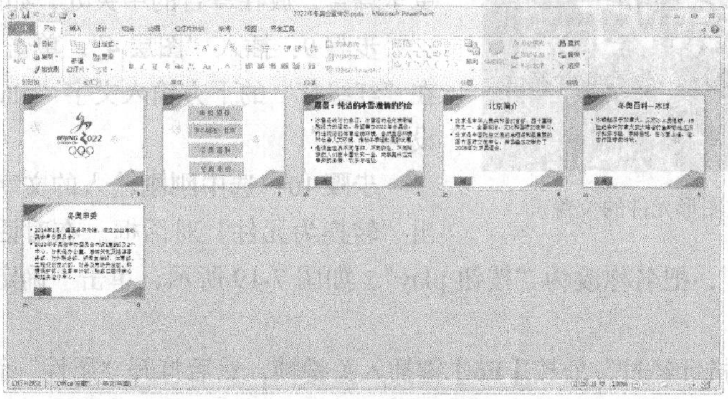

图 7-16 幻灯片浏览效果

7.2 公益广告的制作

一、制作背景

使用 Flash 制作公益广告已成为网络、电视中不可缺少的一种表现形式。通过本实例的学习，一方面应该掌握 Flash 的综合使用方法，另一方面应该掌握在 Flash 中如何实现镜头的组接。

二、制作内容

本实例利用 Adobe Flash CS6 制作关于交通安全的“公益广告”短片，主要用到的相关知识有工具的使用、影片剪辑元件制作、按钮元件的使用、关键帧、图层、脚本等。

三、制作步骤

步骤 1：启动 Adobe Flash CS6，选择 ActionScript 3.0，新建一个尺寸“500 × 350”的 Flash 文档。

步骤 2：在菜单栏中选择【文件】/【保存】命令，将 Flash 文档进行存储。

步骤 3：按【Ctrl】+【F8】键创建新元件，在弹出的“创建新元件”对话框中，在“名称”文本框中输入“文字 1”，“类型”下拉列表中选择“图形”，然后单击“确定”按钮，如图 7-17 所示。

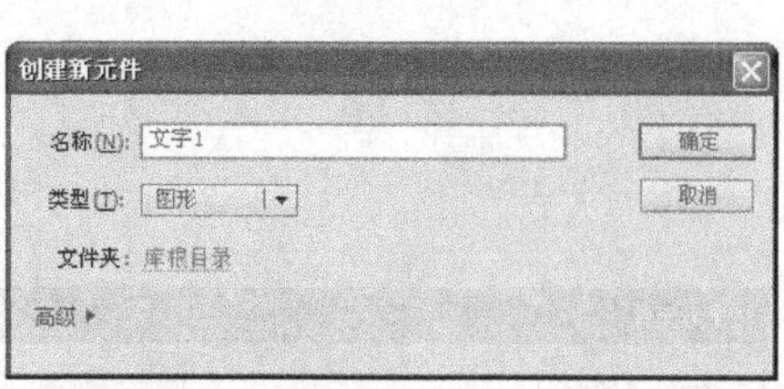

图 7-17 新建元件“文字 1”

步骤 4：在工具箱中单击“文本工具”按钮，在“属性”面板中将“字体”设为“宋体”，“文本填充颜色”设为“白色”，“字号”设为“25”，然后输入文字“交通安全教育”。

步骤 5：参照步骤 3 和 4，创建图形元件“红绿灯”，颜色如图 7-18 所示，“字体”设为“华文隶书”，“字号”设为“100”。

步骤 6：回到场景 1，单击“矩形工具”按钮，在舞台上拖曳一个没有边框、填充颜色为黑色、和画布同大的矩形。

图 7-18　摆放图形元件的位置

步骤 7：插入“图层 2”，将图形元件“文字 1”拖曳至舞台，放在舞台的左上方。

步骤 8：插入“图层 3”，将图形元件“红绿灯”拖曳至舞台，放在舞台的中央处，如图 7-18 所示。

步骤 9：插入“图层 4”，单击“文本工具”按钮，在“红绿灯”的下方输入文字“play”，将“字体大小”设为“25”。

步骤 10：选中刚刚输入的文字，按【F8】键，弹出“转换为元件”对话框。在对话框中“类型”下拉列表中选择“按钮”，把名称改为“按钮 play”，如图 7-19 所示，单击“确定”按钮进入按钮编辑窗口。

步骤 11：在“指针经过”处按【F6】键插入关键帧，然后打开“属性”面板，将“文本填充颜色”设为“#66FFFF”。在“按下”处插入关键帧，将“字体大小”设为“25”。在“点击”处插入关键帧，选择“弹起”右击，在弹出的快捷菜单中选择【复制帧】命令，然后选择“点击”右击，在弹出的快捷菜单中选择【粘贴帧】命令。按钮编辑完成，返回场景 1。

步骤 12：插入“图层 5”，在第 1 帧右击，在弹出的快捷菜单中选择【动作】命令，弹出“动作-帧”对话框，然后输入“stop();”语句。点击 play 按钮右击，弹出【动作】命令，输入语句：

```
on (release) {
gotoAndPlay("场景 2",1);
}
```

步骤 13：在菜单栏中选择【插入】/【场景】命令，新建一个场景 2。

步骤 14：插入图形元件“灯杆”，在工具箱中单击“线条工具”按钮，并在“属性”面板中将“笔触高度”设为“4”，在舞台中拖曳出图 7-20 所示的线条。单击“颜料桶工具”按钮，将“填充颜色”设为“#DDEEEC”，对灯杆进行颜色填充，如图 7-20 所示。单击“套索工具”按钮，然后选中灯杆右侧部分的填充颜色。单击“颜料桶工具”按钮，然后将“填充颜色”设为“#91BBB3”。将“填充颜色”设为“黑色”，在空白部分进行填充。

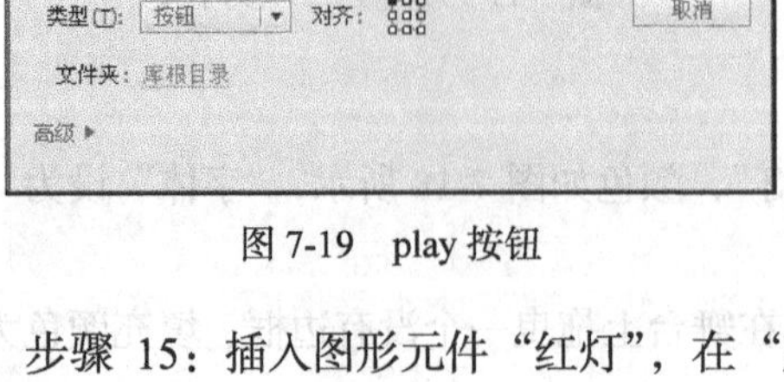

图 7-19　play 按钮

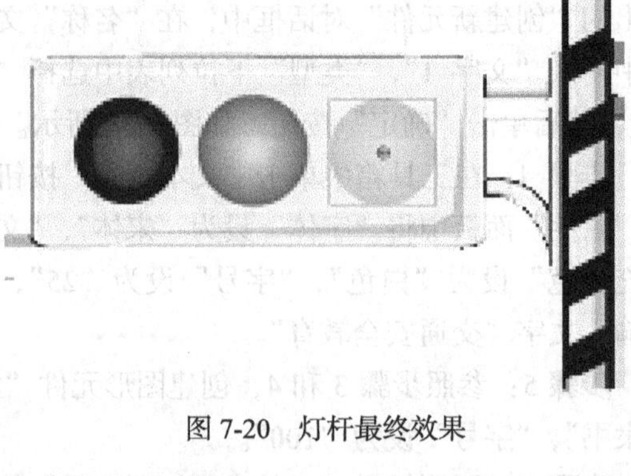

图 7-20　灯杆最终效果

步骤 15：插入图形元件“红灯”，在“颜色”面板的“类型”下拉列表框中选择“放射状”选项，然后将第一个滑块处的颜色设为“#FF1010”，第 2 个滑块处的颜色设为“#430101”。单击

“椭圆工具”按钮，按住【Shift】键，在舞台中拖曳出一个正圆。

步骤 16：参照步骤 15，分别创建图形元件“绿灯”和“黄灯”。最终效果如图 7-20 所示。

步骤 17：新建图形元件“饭店“，就是绘制一个酒楼或者从网上找到一个合适图片。单击“文本工具”按钮，在图形的相应位置处输入文字“晨光酒店”。按同上方法建立“酒府”元件，单击“文本工具”按钮，在图形的中央处输入文字“酒府”，如图 7-21 所示。

步骤 18：新建图形元件“电线杆”，将“填充颜色”设为“#333333”，单击“套索工具”按钮，再在选项区单击“多边形模式”按钮，选择深色部位的像素将其改为黑色，然后选中高光部位的像素将其改为白色，如图 7-22 所示。

图 7-21　酒府

图 7-22　电线杆

步骤 19：参照步骤 16～18，创建图形元件“楼宇 1”“楼宇 2”“车-侧面”“车-正面”“靠背 1”“车队”。如图 7-23、图 7-24、图 7-25、图 7-26、图 7-27 所示。

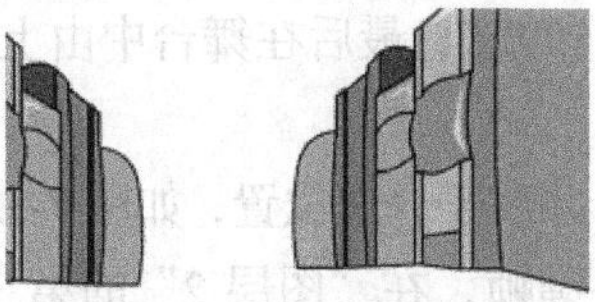
图 7-23　楼宇 1

图 7-24　楼宇 2

图 7-25　车-正面”

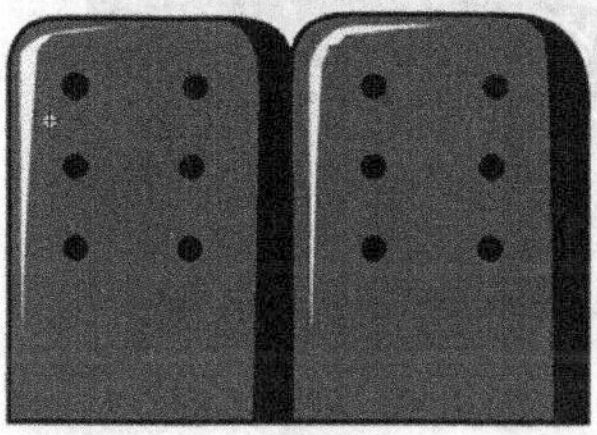
图 7-26　靠背 1

图 7-27　车队

步骤 20：参照步骤 16～18，创建图形元件“人-侧面”，如图 7-28 所示；插入图形元件“开车-侧”，使用我们已经创建好的“开车-侧”和“人-侧面”组合成这个元件，如果需要调整大小，单击“任意变形工具”按钮进行缩放即可，如图 7-29 所示。

图 7-28　人-侧面

图 7-29　组合图形元件　“开车-侧”

步骤 21：参照步骤 16～18，创建图形元件“大厅”，如图 7-30 所示。创建图形元件“人-头”“人-身”“左脚”“左腿”“左臂”“五官”，如图 7-31 所示。

图 7-30　大厅

图 7-31　人体的各个部位

步骤 22：插入影片剪辑“道”，绘制一个倾斜的矩形，在第 15 帧插入帧；插入“图层 2”，绘制一些直线并在第 15 帧插入关键帧，单击“选择工具”按钮向上移动几个像素后创建补间动画；插入“图层 3”，复制“图层 1”的第 1 帧至“图层 3”的第 1 帧处，并将其设为“遮罩层”。

步骤 23：回到场景 2，单击“矩形工具”按钮，在舞台中拖曳出一个与画布大小相等的无边框矩形。然后单击“颜料桶工具”按钮，在“颜色”面板中选择“线性渐变”选项，将第一个滑块处的颜色设为“#BACDDE”、第二个滑块处的颜色设为“#47599E”，最后在舞台中由上至下拖曳鼠标。

步骤 24：插入“图层 2”，将“酒府”图形元件拖曳至舞台，并放于合适位置，如图 7-32 所示。

步骤 25：分别在“图层 1”和“图层 2”的第 15 帧插入关键帧，在“图层 2”的第 30 帧插入关键帧，在工具箱中单击“任意变形工具”按钮放大图形，舞台区域的图形如图 7-33 所示。

图 7-32　设置“酒府”的位置

图 7-33　放大图形

步骤 26：选择“图层 2”的第 15 帧右击，在弹出的快捷菜单中选择【创建传统补间】命令。在第 25 帧插入关键帧，选择第 30 帧，选择酒府，打开“属性”面板，将【Alpha 数量】设为“0%”。

步骤 27：插入“图层 3”，将舞台缩小至 25%，单击“颜料桶工具”按钮，将“笔触颜色”设为“黑色”，“填充颜色”设为“无”，并在“属性”面板中将“笔触高度”设为“50”，然后按舞台大小拖曳出一个矩形，如图 7-34 所示。

步骤 28：在“图层 1”上方插入“图层 4”，在第 25 帧插入关键帧，然后将“大厅”图形元件拖曳至舞台，在第 100 帧插入帧，如图 7-35 所示。

步骤 29：在第 30 帧插入关键帧。选择第 25 帧，在“属性”面板中将“Alpha 数量”设为“0%”，并创建补间动画。

图 7-34　制作矩形框

图 7-35　拖曳“大厅”至舞台

步骤 30：插入影片剪辑“走路”，将“人体的各个部位”图形元件拖曳至舞台，并放在不同的图层上，如图 7-36 所示。“时间轴”面板如图 7-37 所示。

图 7-36　组合形成的人物

图 7-37　“时间轴”面板

步骤 31：在每个图层的第 8 帧插入关键帧，在每个图层的第 3 帧插入关键帧，然后单击“任意变形工具”按钮，调整每个部位的位置及大小，如图 7-38 所示。在每个图层的第 5、10 帧处插入关键帧，然后单击“任意变形工具”按钮，调整每个部位的位置及大小，如图 7-39、图 7-40 所示。

图 7-38　第 3 帧的图形

图 7-39　第 5 帧的图形

图 7-40　第 10 帧的图形

步骤 32：回到场景 2，在“图层 4”的上方插入“图层 5”，在第 30 帧插入关键帧，然后将影片剪辑“走路”拖曳至舞台，如图 7-41 所示。

步骤 33：将“图层 5”的第 100 帧插入关键帧，选择第 30 帧，单击“任意变形工具”按钮将其缩小，并单击“选择工具”按钮将其向上移出舞台，如图 7-42 所示。在第 30 帧创建传统补间动画。

图 7-41　拖曳影片剪辑“走路”至舞台

图 7-42　编辑影片剪辑

步骤 34：插入“图层 6”，在第 30 帧插入关键帧，单击“矩形工具”按钮创建一个没有边框的矩形，并单击“选择工具”按钮拖曳其边缘使其变形，如图 7-43 所示。

步骤 35：右击“图层 6”，在弹出的快捷菜单中选择【遮罩层】命令，这样就能使“人”从酒楼的大厅里走出来了。

步骤 36：插入“图层 7”，在第 101 帧插入关键帧。单击“矩形工具”按钮，将“填充颜色”设为“D5DEA9”，然后在舞台中拖曳出和画布一样大小的无边框矩形。

步骤 37：插入“图层 8”，在第 101 帧插入关键帧。从“库”面板中将“电线杆”图形元件拖曳至舞台，如图 7-44 所示。

图 7-43　创建遮罩图形

图 7-44　拖曳“电线杆”至舞台

步骤 38：在“图层 7”的上方插入“图层 9”，在第 101 帧插入关键帧。从“库”面板中将“车队”图形元件拖曳至舞台，在“属性”面板的“颜色”下拉列表框中选择“Alpha”选项，“Alpha 数量”设为“40%”，如图 7-45 所示。

步骤 39：在第 105、120、131、160 帧插入关键帧。选择第 105 帧，单击“任意变形工具”按钮将其向右旋转，如图 7-46 所示。第 160 帧重复此操作。

步骤 40：在第 105、120、131 帧右击，在弹出的快捷菜单中选择【创建补间动画】命令。插入“图层 10”，在第 101 帧插入关键帧，然后将“图层 9”的第 105 帧复制到“图层 10”的第 101 帧，并将“属性”面板中的“Alpha 数量”设为“100%”。

图 7-45 调整“车队”元件的属性

图 7-46 旋转车队

步骤 41：将“图层 7”“图层 8”“图层 9”“图层 10”的帧数延长至第 173 帧，“时间轴”面板如图 7-47 所示。

步骤 42：插入“图层 10”，在第 174 帧插入关键帧，将“大厅”元件拖曳至舞台并放大。插入“图层 12”，在第 174 帧插入关键帧，将人物的脸部特写拖曳至舞台并将两个图层的帧数延长至第 202 帧，这样形成一个局部的特写镜头，如图 7-48 所示。

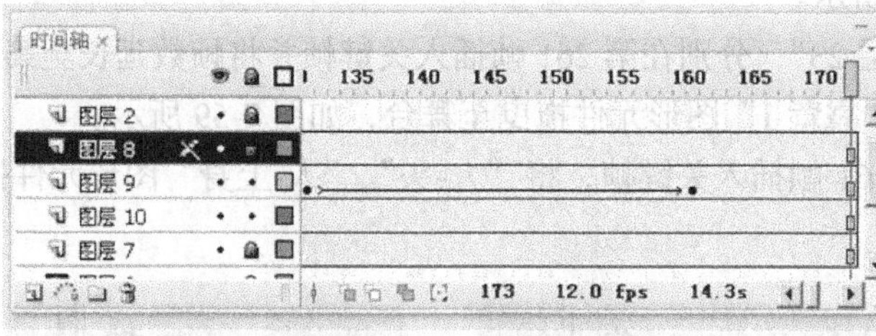

图 7-47 “时间轴”面板

图 7-48 组合特写镜头

步骤 43：插入“图层 13”，在第 203 帧插入关键帧，然后将“酒楼”元件拖曳至舞台，在第 220 帧插入帧，如图 7-49 所示。

步骤 44：插入“图层 14”，在第 203 帧插入关键帧，然后将“开车-侧”图形元件拖曳至舞台，如图 7-50 所示。

步骤 45：插入“图层 15”，在第 203 帧插入关键帧，然后将“电线杆”图形元件拖曳至舞台。第 215 帧的图像如图 7-51 所示。

图 7-49 拖曳“酒楼”至舞台

图 7-50 拖曳“开车-侧”至舞台

图 7-51 第 215 帧的图像

步骤 46：插入“图层 16”和“图层 17”，分别在第 221 帧处插入关键帧，从“库”面板中将“楼宇 1”拖曳至舞台，如图 7-52 所示。分别在第 260 帧插入关键帧，使用“选择工具”按钮将其右移几个像素并创建补间动画，如图 7-53 所示。

步骤 47：插入“图层 18”，参照步骤 26 的操作将“楼宇 2”拖曳至舞台并创建动画，如图 7-54

所示。

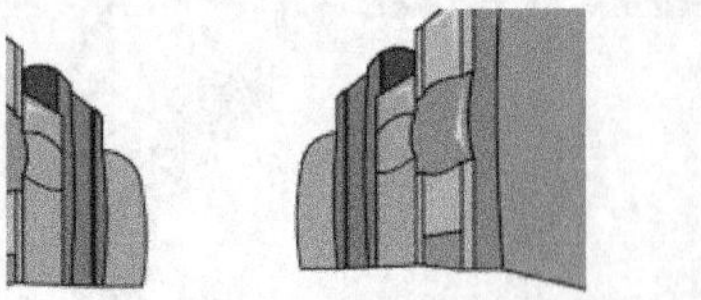

图 7-52　拖曳“楼宇 1”至舞台

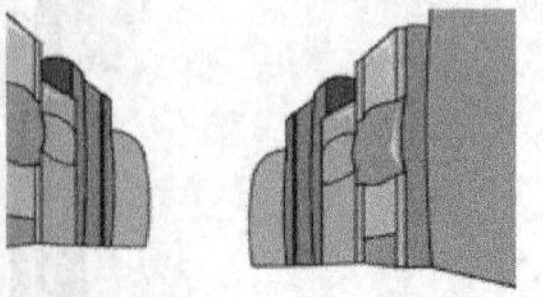

图 7-53　移动元件

图 7-54　拖曳“楼宇 2”至舞台

步骤 48：在“图层 15”的上方插入“图层 19”，在第 221 帧插入关键帧。单击“矩形工具”按钮，将“填充颜色”设为“#73A2D0”，然后在舞台中拖曳出一个无边框的矩形创建天空，如图 7-55 所示。插入“图层 20”，在第 221 帧插入关键帧。单击“矩形工具”按钮，将“填充颜色”设为“#B3B6CC”，边框颜色为黑色，粗细大小为“2”，绘制矩形，创建马路，再将影片剪辑“道”拖曳到舞台上，放置在路的两旁，如图 7-56 所示。

步骤 49：插入“图层 21”，在第 221 帧插入关键帧。将影片剪辑“开车-正”拖曳至舞台，在第 260 帧插入关键帧。选择第 221 帧，单击“任意变形工具”按钮将其缩小并创建补间动画。第 221、260 帧的图像如图 7-57、图 7-58 所示。

步骤 50：插入“图层 22”和“图层 23”，分别在第 261 帧插入关键帧并将帧数延长至第 300 帧。从“库”面板中将“车-正面”和“靠背 1”图形元件拖曳至舞台，如图 7-59 所示。

步骤 51：插入“图层 24”，在第 261 帧插入关键帧，将“人-头”、“人-上身”图形元件拖曳至舞台，如图 7-60 所示。

图 7-55　创建天空

图 7-56　创建马路

图 7-57　第 221 帧的图像

图 7-58　第 260 帧的图像

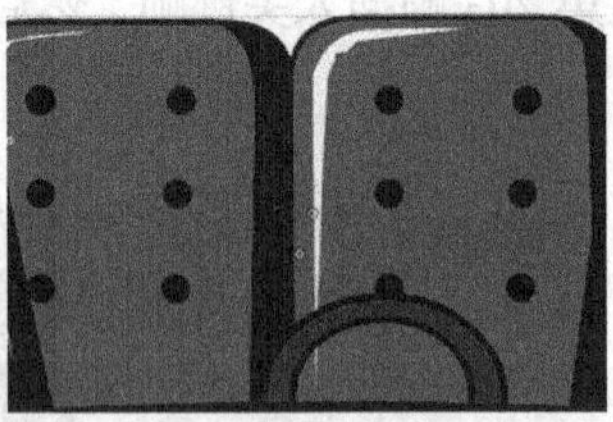

图 7-59　拖曳“车-正面”和“靠背”至舞台

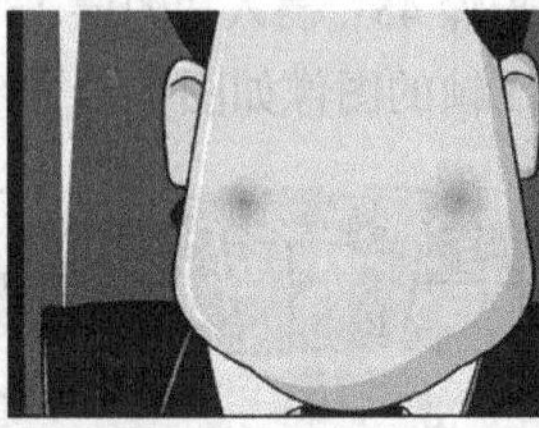

图 7-60　拖曳“人-头”、“人-上身”至舞台

步骤 52：插入“图层 25”，在第 261 帧插入关键帧，将“五官”图形元件拖曳至舞台。按【Ctrl+B 组合键将图形打散。选择第 261 帧右击，在弹出的快捷菜单中选择【复制帧】命令，然后分别将其粘贴至第 270、279、284、289 帧。在第 267 帧处插入关键帧，单击“选择工具”按钮对眼睛部位的图形进行编辑。

步骤 53：参照步骤 52 将第 267 帧分别粘贴至第 271、274、282、288、292 帧，一个打盹的镜头创建完成。

步骤 54：插入“图层 26”，在第 301 帧插入关键帧并将帧数延长至第 320 帧处，使用绘图工具绘制一个十字路口的图形并将“灯杆”图形元件拖曳至舞台。将“红灯”和“黄灯”图形元件拖曳至舞台，放在“灯杆”的左上方。

步骤 55：插入“图层 27”，在第 301 帧插入关键帧，将“绿灯”图形元件拖曳至舞台，放在黄灯的右侧。在第 302、304、306、308、310、312、315 帧插入关键帧，然后分别将第 302、306、310、315 帧的图形“色调”修改为“白色”、“色彩数量”为“65%”，如图 7-61 所示。这样便完成了绿灯闪烁的动画制作。

步骤 56：插入“图层 28”“图层 29”“图层 30”，在第 321 帧插入关键帧。然后重复步骤 50～53 的打盹制作方法，将镜头切换至打盹的镜头中去。

步骤 57：插入“图层 31”“图层 32”，在第 351 帧插入关键帧。然后重复步骤 54～55 的绿灯闪烁的制作方法，制作出黄灯的闪烁效果。“时间轴”面板如图 7-62 所示。

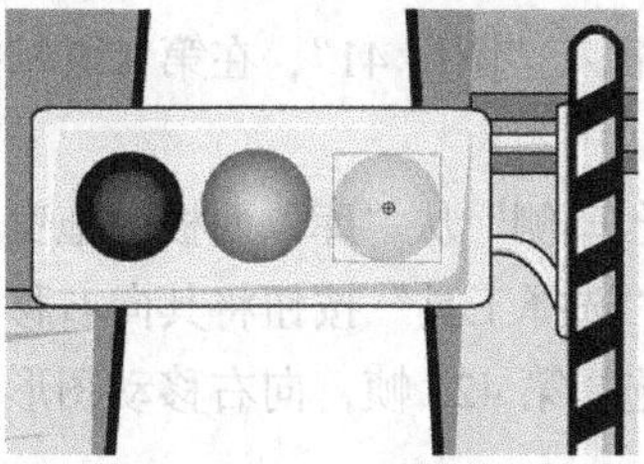

图 7-61　制作第 2 个长方形框内的动画

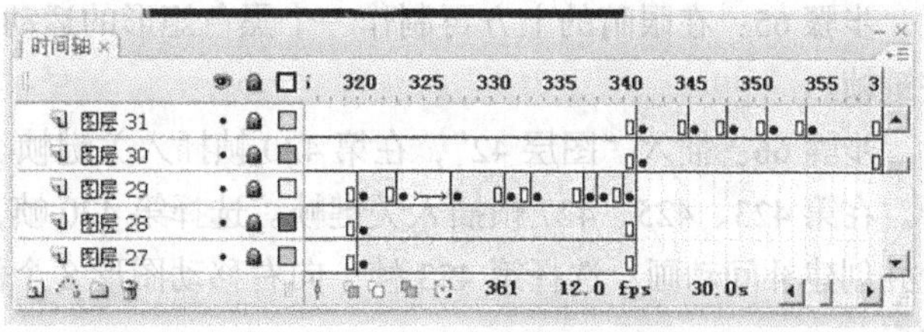

图 7-62　“时间轴”面板

步骤 58：插入“图层 33”，在第 371 帧插入关键帧并将帧数延长至第 400 帧。将“人-头”图形元件拖曳至舞台，单击“任意变形工具”按钮将其放大。

步骤 59：插入“图层 34”，在第 371 帧插入关键帧。将“五官”图形元件拖曳至舞台，单击“任意变形工具”按钮将其放大并将图形打散。在第 376、378、382、383、386、388 帧插入关键帧。

步骤 60：选择第 370、378 帧，单击“选择工具”按钮调整眼睛的图形，如图 7-63 所示。选择第 383 帧，调整眼睛图形如图 7-64 所示。选择第 388 帧，调整五官图形如图 7-65 所示。

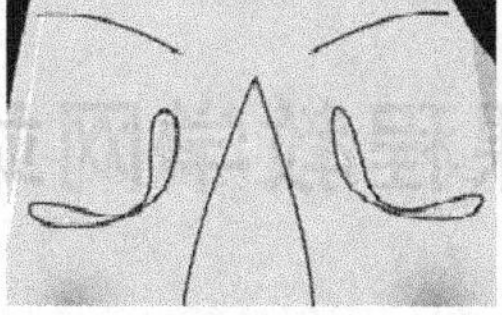

图 7-63　第 360、368 帧的图形

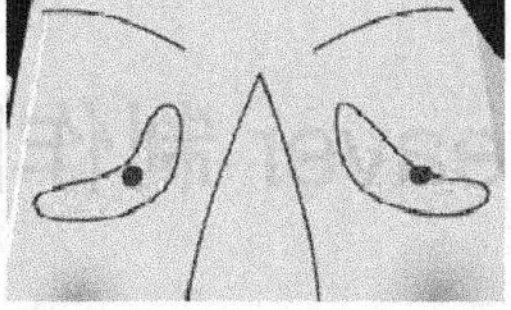

图 7-64　第 383 帧的图形

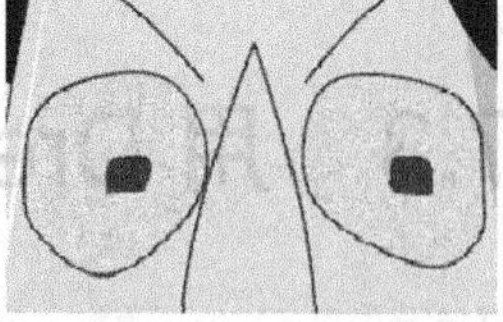

图 7-65　第 388 帧的图形

步骤 61：插入“图层 35”，在第 376 帧插入关键帧。单击“椭圆工具”按钮，将“填充颜色”的类型设为“径向渐变”，然后将第一个滑块的颜色设为“#FF0605”；第二个滑块的颜色设为“白色”，在“颜色”面板中将“Alpha”设为“0%”。在舞台中拖曳出一个中间实边缘虚的椭圆，如图 7-65 所示。

步骤 62：插入“图层 36”，在第 379 帧插入关键帧。单击“线条工具”按钮在舞台中拖曳出几条直线，如图 7-66 所示。在第 383、385 帧插入关键帧。选择第 379 帧，单击“选择工具”按钮将其向右平移出画面。选择第 383 帧，向左侧平移几个像素。最后创建形状动画。

步骤 63：插入“图层 37”“图层 38”，在第 391 帧插入关键帧。参照步骤 36～38 的方法创建红灯闪烁的动画效果，如图 7-67 所示。

步骤 64：插入“图层 39”，在第 397 帧插入关键帧，然后绘制图 7-68 所示的图形。插入“图层 40”，在第 397 帧插入关键帧，绘制一个黑色矩形使其遮盖住眼睛的地方。在第 400 帧插入关键帧。选择第 397 帧，单击“选择工具”按钮将其向下移出舞台并创建补间动画。

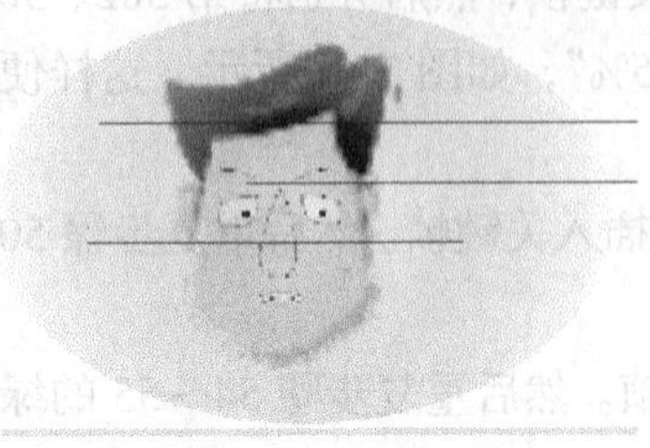

图 7-66　加入线条效果

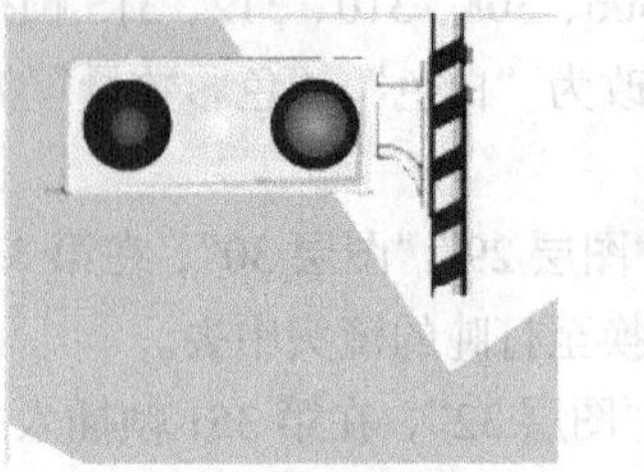

图 7-67　红灯闪烁效果

图 7-68　遮挡图像

步骤 65：在眼睛的上方再制作一个黑色矩形的运动动画。插入“图层 41”，在第 420 帧插入关键帧。

步骤 66：插入“图层 42”，在第 420 帧插入关键帧。将“开车-侧”从“库”面板中拖曳至舞台。在第 423、425、427 帧插入关键帧。选择第 420 帧，单击“选择工具”按钮将其向右移出舞台并创建补间动画；选择第 423 帧，向右移动图形 8 个像素；选择第 425 帧，向右移动图形 5 个像素。

步骤 67：插入“图层 43”，在第 450 帧插入关键帧。将“文字 2”拖曳至舞台，在第 460 帧处插入关键帧。选择第 450 帧，单击“任意变形工具”按钮将其放大并创建补间动画，在“属性”面板中将“Alpha 数量”设为“0%”。

步骤 68：插入“图层 44”，在第 460 帧插入关键帧，打开“动作-帧”面板，为其添加“stop”函数。

步骤 69：插入按钮元件“重看一遍”，并为其添加如下命令。

```
on (release) {
gotoAndPlay(1);
}
```

7.3　用 Dreamweaver 制作网络课程教学网站

一、制作背景

Dreamweaver 是一款集网页制作和网站管理于一身的网页编辑器，它最大的特点即“所见即所得”。它将可视布局工具、应用程序开发功能和代码编辑支持组合在一起，使得各个层次的开发人员和设计人员都能快速创建元素丰富、基于标准的网页。

本实例以《现代教育技术》网络教学平台为例，介绍使用 Dreamweaver 完成页面布局设计的过程。

二、制作内容

本实例利用 Dreamweaver CS6 制作“《现代教育技术》网络教学平台”网站，主要用到的相关知识有 div 层、表单、超链接、项目列表、CSS 属性等。

另外，制作网站之前，需要读者利用 Photoshop 等图片处理软件制作网站所需的图片素材。

三、制作步骤

步骤 1：新建站点，并在站点目录下创建 CSS 和 images 文件夹，分别用来存放 CSS 样式文件和图片素材；新建 index.html，作为网站的首页。

步骤 2：去除页面元素之间的间距。新建 CSS 规则，选择器类型为“复合内容”，选择器名称为“*”，新建样式表文件，保存到站点根目录下的 CSS 文件夹，文件名为 style.css。在“*的 CSS 规则定义”对话框中，设置“方框”选项中的 Padding 全部为“0px”，Margin 全部为“0px”。如图 7-69 所示。

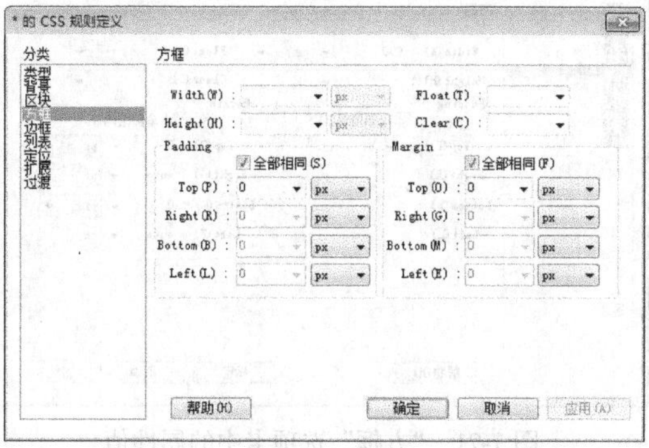

图 7-69　“方框”选项中的属性值

对应的 CSS 代码如下。

```
* {
    margin: 0px;
    padding: 0px;
}
```

步骤 3：设计网页整体布局，如图 7-70 所示。

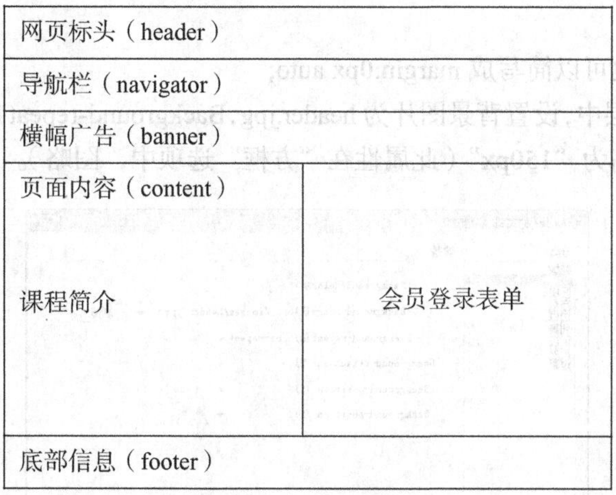

图 7-70　页面整体布局

把网页划分为五个部分，依次插入五个 div 层，对应的 HTML 代码如下。

```
<div id="header">此处显示  id "header" 的内容</div>
<div id="nav">此处显示  id "nav" 的内容</div>
```

```
<div id="banner">此处显示  id "banner" 的内容</div>
<div id="content">此处显示  id "content" 的内容</div>
<div id="footer">此处显示  id "footer" 的内容</div>
```

其中，页面内容（content 层）分为左右两部分，在制作该层具体内容时再进行划分。设计五部分占据 950px 宽，且居中，使用 CSS 群组选择器，先让五个 div 层居中。

新建 CSS 规则，选择器类型为“复合内容”，选择器名称为“#header, #nav, #banner, #content, #footer”。“方框”选项中的设置，如图 7-71 所示。

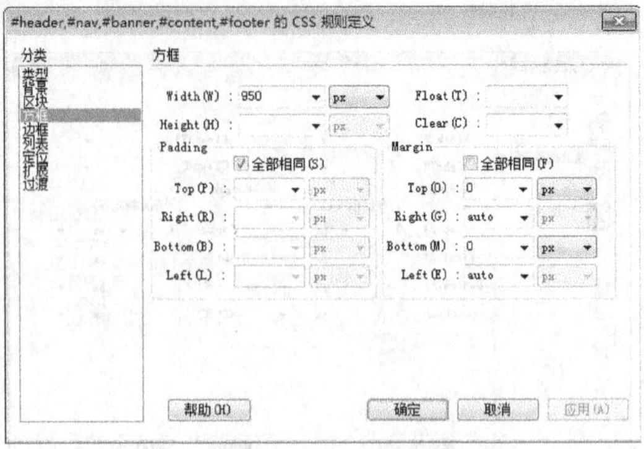

图 7-71 “方框”选项卡中的属性值

对应的 CSS 代码如下。

```
#header,#nav,#banner,#content,#footer {
width: 950px;
 margin-top: 0px;
 margin-right: auto;
 margin-bottom: 0px;
 margin-left: auto;
 }
```

其中 margin 属性也可以简写成 margin:0px auto;

步骤 4：在#header 层中，设置背景图片为 header.jpg，Background-repeat 属性设置为“no-repeat”，如图 7-72 所示。该层高为“150px”（此属性在“方框”选项中，图略）。

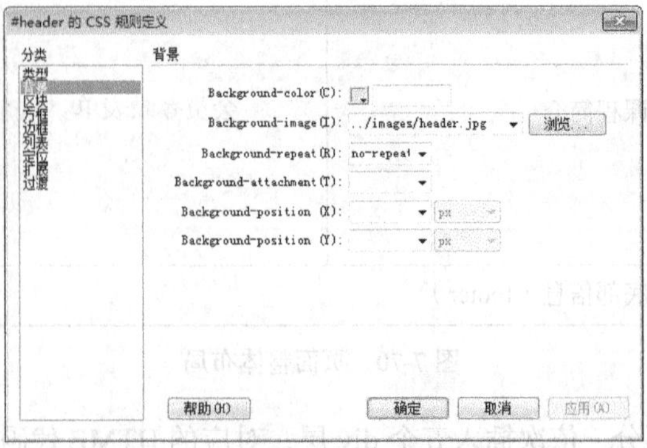

图 7-72 设置 header 层的背景图片

对应 CSS 代码如下。

```
#header {
 background-image: url(../images/header.jpg);
 background-repeat: no-repeat;
 height: 150px;
}
```

将光标定位在 header 层中，插入一个新的层，id 为“linker”，设置该层的样式，如图 7-73、图 7-74 所示。

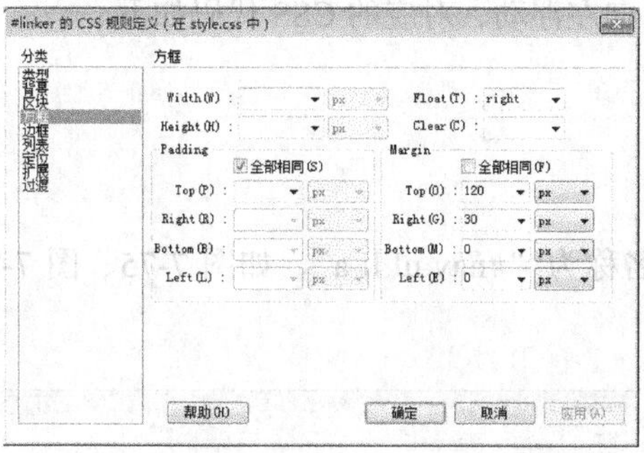

图 7-73　linker 层的“方框”选项

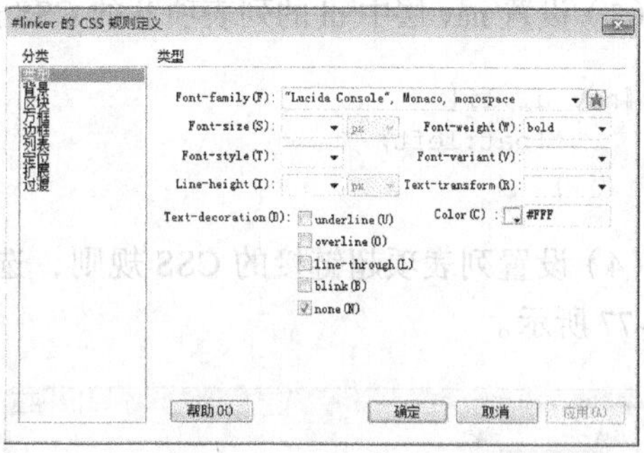

图 7-74　linker 层的“类型”选项

在 linker 层中，输入文字：设为首页 | 联系我们 | 加入收藏，将其设置为超链接，可以暂时不必添加确切的链接目标位置，即<a href="#">设为首页</a>。

为超链接添加 CSS 规则，选择器类型为“标签”，选择器名称为“a”，设置文字颜色为白色，Text-decoration 为“none”。

步骤 5：在 nav 层中，单击“插入”/“HTML”/“文本对象”/“项目列表”，列表的内容：网站首页、课程简介、教学队伍、教学成果、课程建设、教学视频、互动教学，将每个列表项设置为超链接。对应的 HTML 代码如下。

```
<div id="nav">
  <ul>
    <li><a href="#">网站首页</a></li>
    <li><a href="#">课程简介</a></li>
    <li><a href="#">教学队伍</a></li>
    <li><a href="#">教学成果</a></li>
    <li><a href="#">课程建设</a></li>
    <li><a href="#">教学视频</a></li>
    <li><a href="#">互动教学</a></li>
  </ul>
</div>
```

无序列表默认的排列方式是竖直排列，我们可以利用 float 属性将其设置为 left，来实现列表项的水平排列。具体操作如下。

（1）设置 nav 层的 CSS 规则，背景颜色为“#FC6”，高为“32px”，填充的 top 值为“3px”，对应的 CSS 代码如下。

```
#nav{
   padding-top: 3px;
```

```
    background-color: #FC6;
    height: 32px;
    }
```

（2）设置 nav 层中 ul 的 CSS 规则，列表项无项目符号，对应的 CSS 代码如下。

```
#nav ul{
    list-style-type:none;
    }
```

（3）设置 nav 层中 ul 的列表项 li 的 CSS 规则，向左浮动，对应的 CSS 代码如下。

```
#nav ul li{
    float:left;
    }
```

（4）设置列表项超链接的 CSS 规则，选择器名称为“#nav ul li a”，如图 7-75、图 7-76、图 7-77 所示。

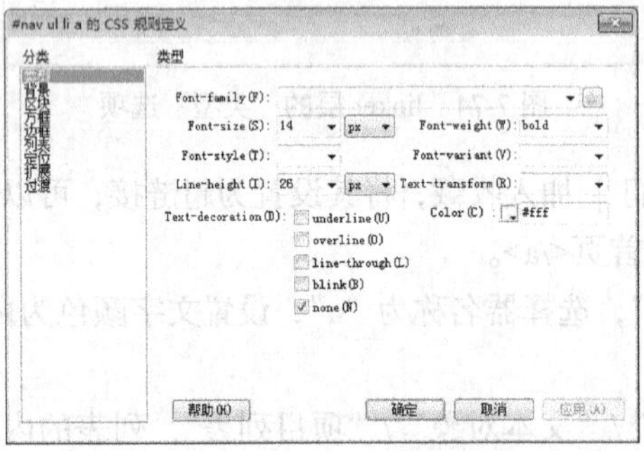

图 7-75　超链接样式的“类型”选项

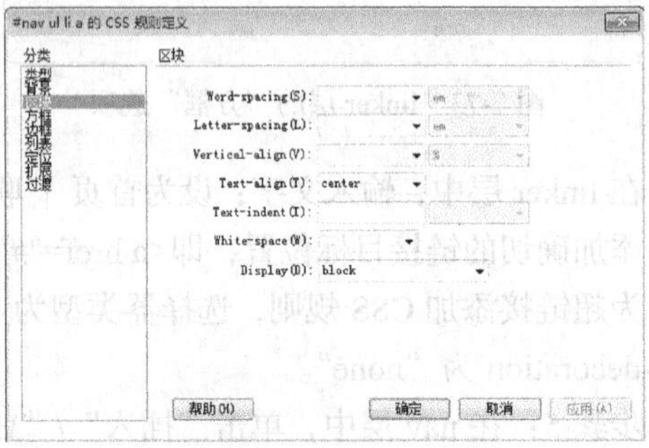

图 7-76　超链接样式的“区块”选项

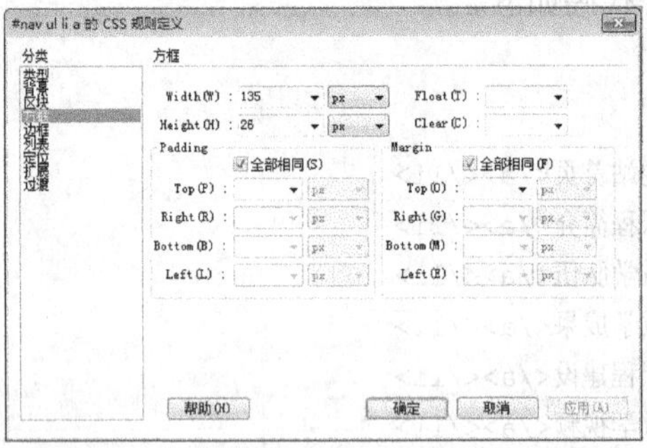

图 7-77　超链接样式的“方框”选项

对应 CSS 代码如下。

```
#nav ul li a{
    display: block;
    line-height: 26px;
    color: #fff;
    text-align: center;
    text-decoration: none;
    font-size: 14px;
    font-weight: bold;
```

```
    height: 26px;
    width: 135px;
}
```

（5）设置鼠标悬停在超链接时的样式，新建 CSS 规则，选择器类型为“复合内容”，选择器名称为“#nav ul li a:hover”，设置背景颜色为“#177cb7”，对应的 CSS 代码如下。

```
#nav ul li a:hover{
background:#177cb7;
}
```

步骤 6：banner 层，一般为网站的宣传图片，通常使用 js/jQuery 特效或者是 Flash 动画。这里就放置一个图片。在 banner 层中插入图片文件 banner.jpg。对应的 HTML 代码如下。

```
<div id="banner"><img src="images/banner.jpg" width="950" height="127" /></div>
```

步骤 7：制作主题内容区域。

（1）将 content 层分成左右两部分，左侧放置课程简介相关图片和文字，右侧为会员登录界面。content 层分割情况如图 7-78 所示。

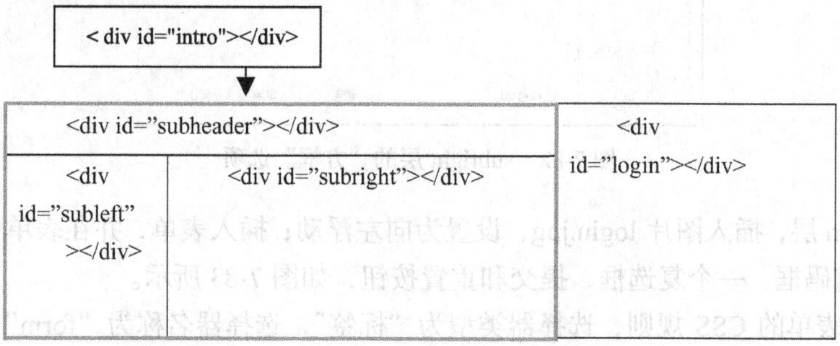

图 7-78　content 层的分割情况

Content 层宽为“950px”，高为“350px”，边框选项设置如图 7-79 所示。

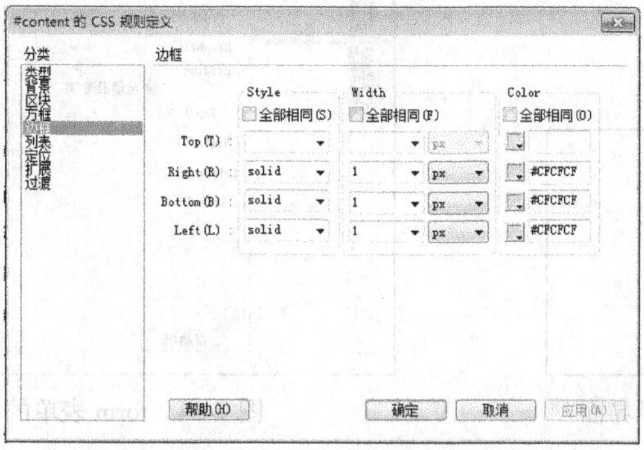

图 7-79　content 层的“边框”选项

其中，intro 层宽 600px，高 350px，向左浮动；login 层宽 346px，高 350px，向左浮动，设置左侧边框为 3px 的 dotted 点状线，颜色为#c60；subheader 层宽 600px，高 40px，向左浮动，插入课程简介的图片文件 kcjj.jpg；subleft 层宽 217px，高 310px，向左浮动，插入图片 book.jpg；subright 层插入课程介绍的文字，具体设置如图 7-80、图 7-81、图 7-82 所示。

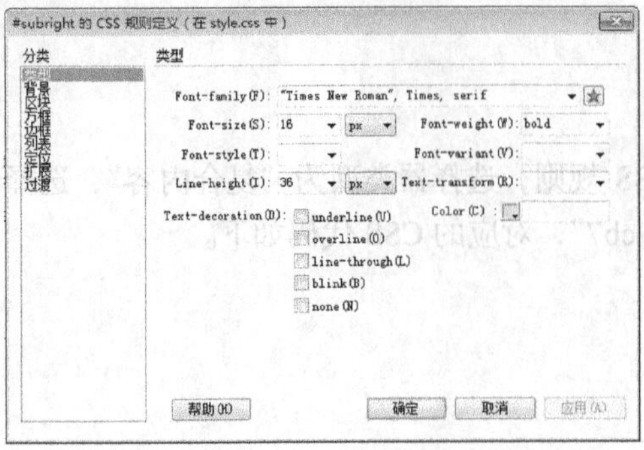

图 7-80 subright 层的“类型”选项

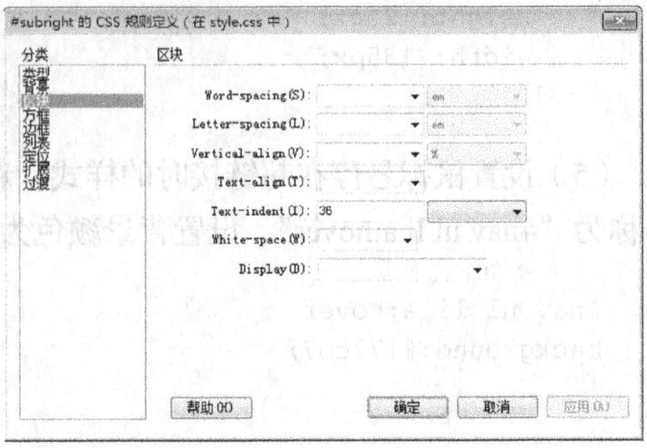

图 7-81 subright 层的“区块”选项

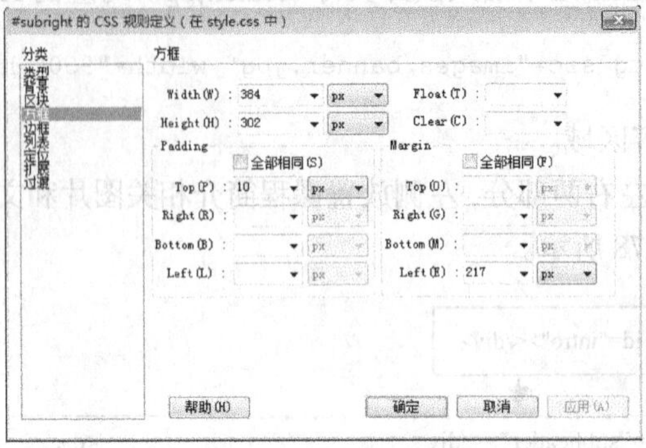

图 7-82 subright 层的“方框”选项

（2）在 login 层，插入图片 login.jpg，设置为向左浮动；插入表单，并在表单中插入一个文本输入框、一个密码框、一个复选框、提交和重置按钮，如图 7-83 所示。

设置 form 表单的 CSS 规则，选择器类型为“标签”，选择器名称为“form”，设置其边距如图 7-84 所示。

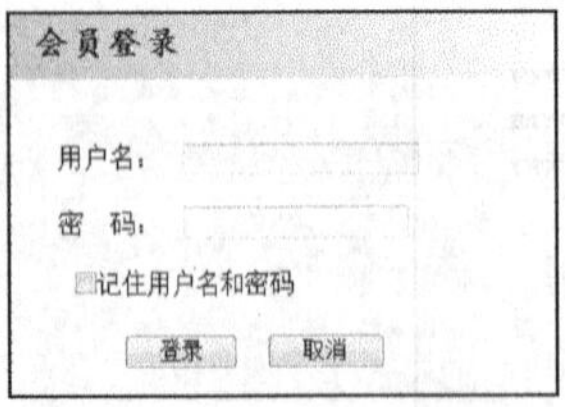

图 7-83 会员登录界面

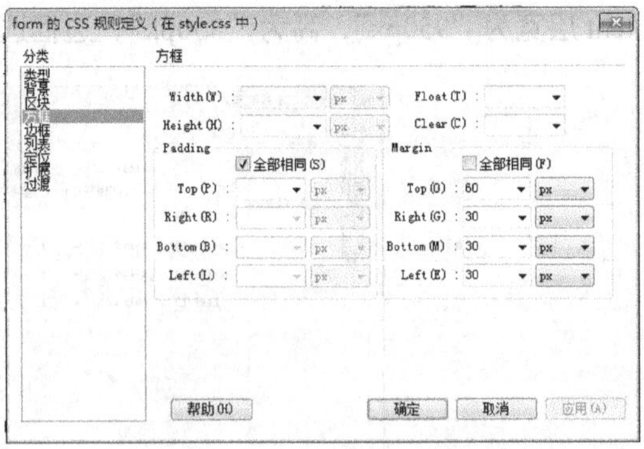

图 7-84 form 表单的“方框”选项

设置 input 表单元素的边距，如图 7-85 所示。登录按钮和取消按钮的字号为 14，边距和填充的设置如图 7-86、图 7-87 所示。

步骤 8：在 footer 层插入水平分割线，宽 950px，高 2px，插入文字，并设置 footer 层的文本对齐方式（Text-align）为 center。

网页效果图如图 7-88 所示。

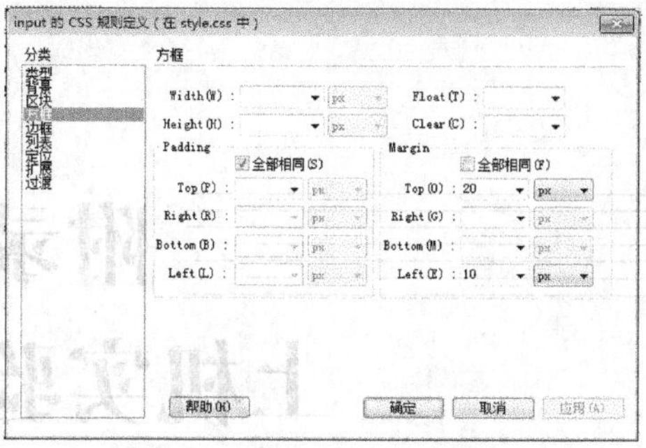

图 7-85　input 表单元素的“方框”选项

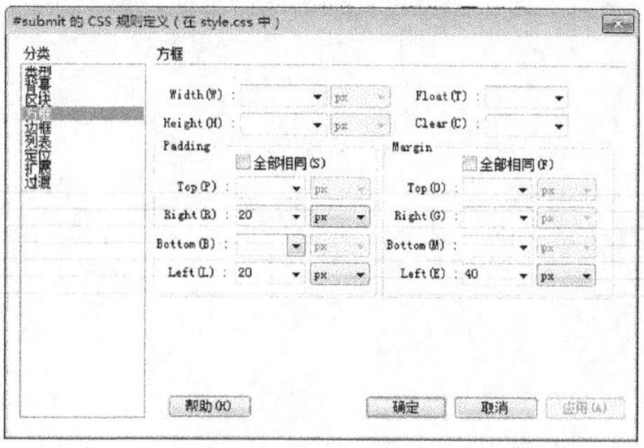

图 7-86　提交按钮的“方框”选项

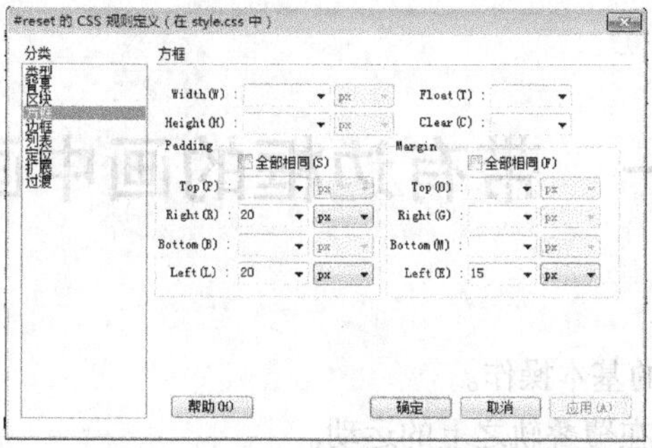

图 7-87　重置按钮的“方框”选项

图 7-88　网站首页效果图

附录
上机实验

实验一　带有边框的画中画效果

一、实验目的

（1）掌握会声会影 X5 的基本操作。

（2）掌握图片或者视频在覆叠轨之上的运动。

（3）掌握覆叠轨选项色度键的运用。

二、实验内容

使用遮罩和色度键按钮添加覆叠素材带有颜色（如绿色）边框。使用暂停区间前旋转制作覆叠素材动画效果。

三、实验操作过程和步骤

步骤 1：启动会声会影 X5 软件。选择【开始】/【程序】/【会声会影 X5】命令，即可进入会声会影 X5 主界面，如图 A-1 所示。

图 A-1　会声会影启动界面

步骤 2：新建文件夹，便于素材管理（可选）。如图 A-2 所示，单击“媒体”按钮，然后单击“添加”按钮，对文件夹进行命名。

步骤 3：导入素材到新建的文件夹。单击加载视频，把素材库中文件为“会声会影 X5”的文件导入到新建的文件夹中。

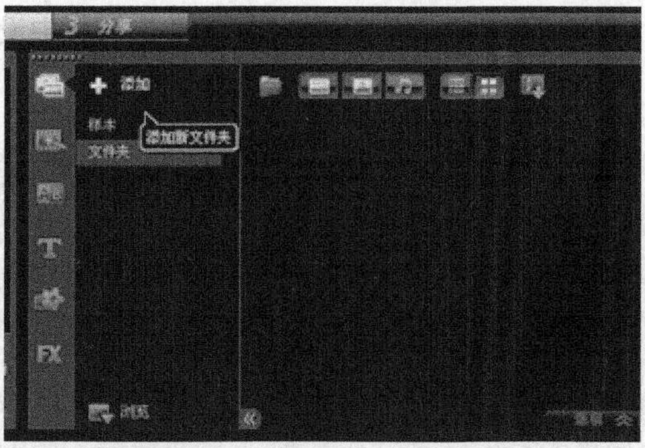

图 A-2 新建素材文件夹

步骤 4：把素材插入到时间线上。单击“时间轴”面板中的“时间轴视图”按钮，切换到时间轴视图。在素材库中选择“wm01.wmv”，按住鼠标左键将其拖曳至“视频轨”上，释放鼠标。在素材库中选择“wm02.wmv”，按住鼠标左键将其拖曳至“覆叠轨”上，释放鼠标，移动素材到时间线的 5 秒处。在素材库中选择“need you now.mp3”，按住鼠标左键将其拖曳至“音乐轨”上，释放鼠标，移动素材到时间线的 6 秒处，效果如图 A-3 所示。

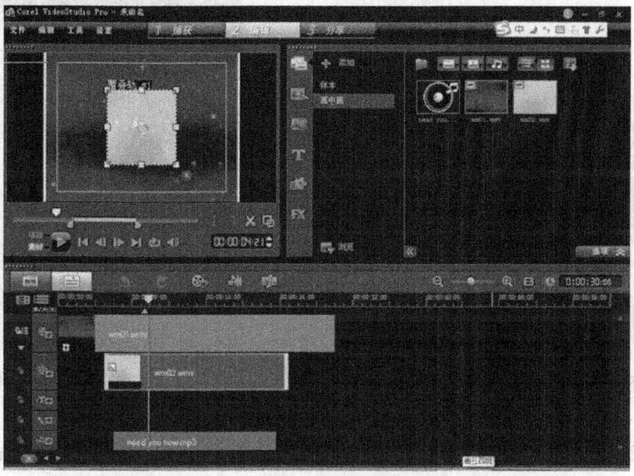

图 A-3 素材插入到时间线后的效果图

步骤 5：制作覆叠素材动画效果。

（1）单击覆叠轨，如若想对覆叠轨的素材进行调整，如图 A-3 所示，素材会有 8 个控制柄，可对素材进行调整以及变形。

（2）单击“属性”面板中的“遮罩和色度键”按钮，打开“覆叠选项”面板，将“边框色彩”选项设为“绿色”，边框设置为“3”，如图 A-4 所示。

图 A-4 边框的颜色以及大小设置

（3）单击折叠按钮，关闭“覆叠选项”面板。在“属性”面板中设置覆叠素材“方向/样式”，如图 A-5 所示。

图 A-5 “方向/样式”属性设置

（4）进入设置：在“属性”面板中单击“暂停区间前旋转”按钮，给覆叠素材添加暂停区间前旋转效果；退出设置：在“属性”面板中单击“淡出动画效果”按钮，给覆叠素材添加淡出的效果，如图 A-6 所示。在预览窗口拖动飞梭栏滑块，在预览窗口中观看效果，如图 A-7 所示。

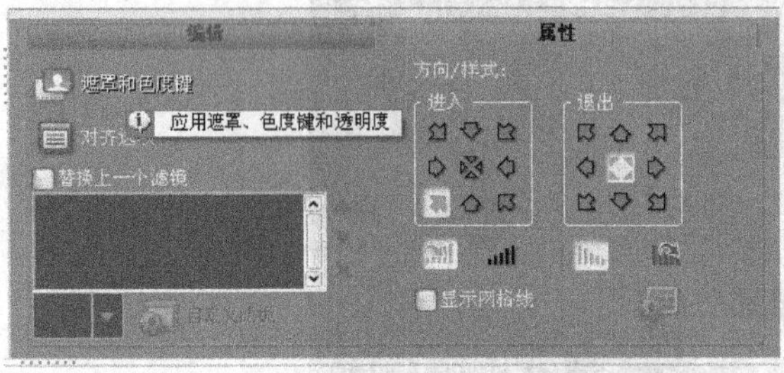

图 A-6 覆叠素材进入退出属性设置

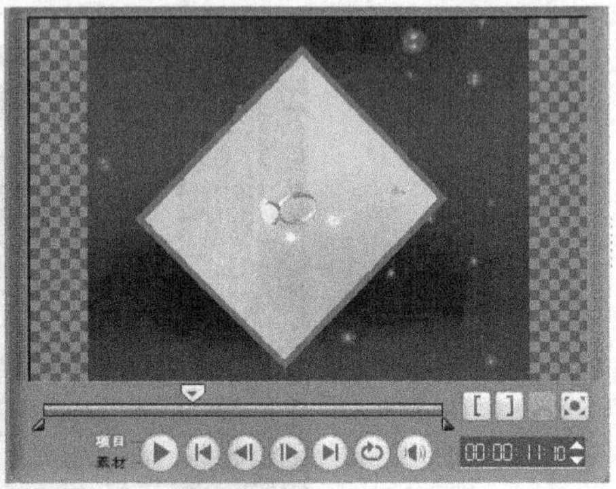

图 A-7 预览效果截图

步骤 6：音频设置。可对音乐进行一些效果设置。比如淡出/淡入，单击音频轨，然后在“音乐与声音”面板上单击“淡入”与“谈出”按钮，如图 A-8 所示。

图 A-8 音频淡出/淡入设置

步骤 7：输出分享。单击“步骤”选项卡中的“分享”按钮，切换至“分享”面板。在选项面板中单击“创建视频文件”步骤，在弹出的列表中选择“DVD/VCD/SVCD/MPEG> PAL MPEG2(270*576,25fps)”选项，在弹出的“创建视频文件”对话框中设置文件的名称和保存路径，单击“保存”按钮。渲染完成，输出的视频文件自动添加到“视频”素材库中。

备注：会声会影 1 素材中的“画中画.vsp”为制作完成的项目文件，“画中画.mpg”为输出视频文件。

实验二 制作音乐 MTV

一、实验目的

（1）掌握会声会影 X5 的基本操作。

（2）掌握图片或者视频在覆叠轨之上的运动。

（3）掌握标题的设置以及字幕文件的使用。

（4）掌握“LRC 歌词文件转换器”的使用。

（5）画中画视频滤镜的调整。

二、实验内容

使用“居中”命令将色彩素材于屏幕居中显示；使用“边框/阴影/透明度”选项卡添加文字的黑色阴影；使用飞行动画制作滚动字幕。

三、实验操作过程和步骤

步骤 1：下载歌曲。去百度音乐或者其他网站下载你想要制作的歌曲。

步骤 2：下载 LRC 字幕。LRC 字幕是一种字幕格式，它的特点是歌词与歌曲一致，比会声会影所支持的 UTF 字幕更加流行以及常见，因此先下载容易找的 LRC 字幕，再将它转换为会声会影支持的 UTF 字幕。（提示：若不想去网站上下载歌词 LRC 字幕，可用本地软件打开歌曲，它会自动搜索歌词，可以到默认的歌词存放处直接找到。如若未修改，其地址为 C:\Program Files\TTPlayer\Lyrics\）

步骤 3：转换字幕格式。

（1）运行软件“LRC 歌词文件转换器”，如果未安装该软件，先去相关网站下载。

（2）打开“LRC 歌词文件转换器”，首先是在源文件处，单击后面的“浏览”按钮，找到 LRC 格式的歌词字幕，然后直接单击目标格式里面的“UTF 字幕文件”即可。当然也可以修改输出文件的地址，如图 B-1 所示。

图 B-1 LRC 歌词转换为 UTF 歌词格式

（3）单击软件界面的中“转换”按钮，即可完成操作。

步骤 4：启动会声会影 X5 软件。选择【开始】/【程序】/【会声会影 X5】命令，即可进入会声会影 X5，在启动界面中选择“会声会影编辑器”选项，如图 B-2 所示，进入会声会影程序主界面。

图 B-2　会声会影启动界面

步骤 5：打开字幕文件。

（1）单击“时间轴”面板中的“时间轴视图”按钮，切换到时间轴视图。

（2）单击“步骤”选项卡中的“标题”按钮，切换至“标题”面板，单击“选项”面板中的“打开字幕文件”按钮，在弹出的“打开”对话框中选择刚才转换完成的 UTF 文件。（按照图 B-3 进行设置。）在该对话框的下方设置字体颜色为“黄色”，并设置字体为“Arial”、字体大小为“25”以及其他属性，单击“光晕阴影”颜色块，在弹出的列表中选择“Windows 色彩选取器”选项，在弹出的对话框中进行设置，如图 B-4 所示，设置完成后返回“打开”对话框，单击“确定”按钮。

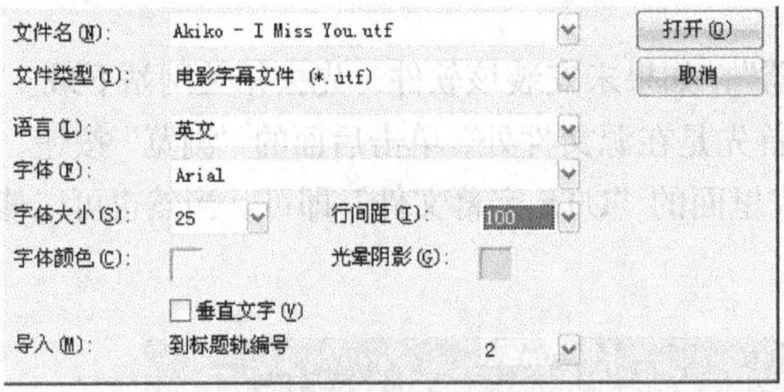

图 B-3　字体设置

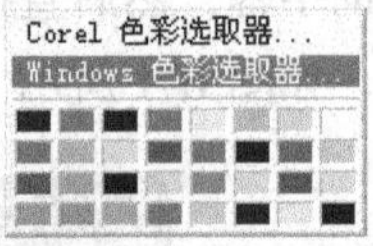

图 B-4　色彩选取器

步骤 6：制作标题文字。

（1）在“标题”素材库中选择“show time”标题，将其拖曳到“标题轨”上，释放鼠标。

（2）在“编辑”面板中将“区间”选项设置为 7 秒，如图 B-5 所示。双击“标题轨”，在预览窗口中显示文字。

图 B-5　“编辑”面板

（3）在预览窗口选取不同的英文字母，将它们分别改为合适的中文，如美丽赫本。在“编辑”面板中，对属性进行相应的设置，得到理想的效果。

步骤 7：添加素材并制作出相应的效果。

把素材文件会声会影 5 里面的文件添加到相应的素材库中，分别放到视频轨和覆叠轨以后，进行一些转场设置以及视频滤镜设置，还可以设置遮罩以及其他装饰。也可以将笔者制作好的“赫本相册.avi”直接导入视频轨。

备注：赫本相册的制作可参见会声会影 5 素材中“赫本相册.vsp”。

步骤 8：添加音频素材。在素材库中找到刚才加载进来的音乐“I miss you.mp3”，按住鼠标左键将其拖曳至“音频轨”上，释放鼠标。

步骤 9：输出分享。单击“步骤”选项卡中的“分享”按钮，切换至“分享”面板。在“选项”面板中单击“创建视频文件”步骤，在弹出的列表中选择“DVD/VCD/SVCD/MPEG> PAL MPEG2(270*576,25fps)”选项，如图 B-6 所示。在弹出的“创建视频文件”对话框中设置文件的名称和保存路径，单击“保存”按钮。渲染完成，输出的视频文件自动添加到“视频”素材库中，效果截图如图 B-7 所示。

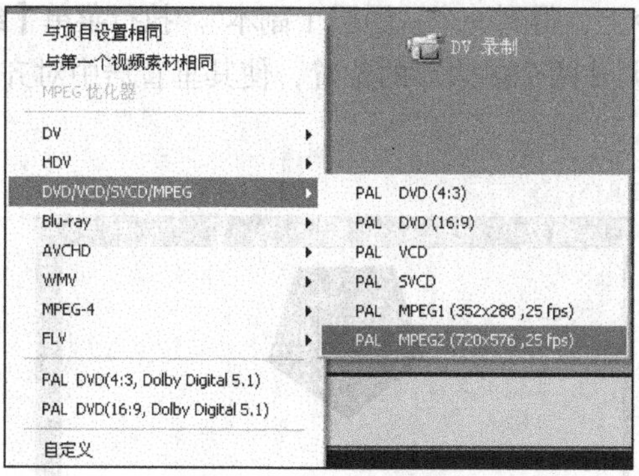

图 B-6 创建视频文件

图 B-7 部分效果截图

实验三 用 Photoshop 制作足球图片

一、实验目的

（1）掌握 Photoshop 的基本操作。

（2）掌握 Photoshop 基本绘图工具的使用。

（3）掌握 Photoshop 自定义动画设置。

二、实验内容

制作图 C-1 所示的足球，使用工具：形状工具、画笔工具、渐变工具、参考线、图层及“图层”面板等，球面化滤镜的使用，旋转复制、变换的高级操作。

图 C-1 立体的球体效果

三、实验操作过程和步骤

步骤 1：按【Ctrl + N】组合键，新建一个 RGB 空白文件。

步骤 2：新建图层 1，选择“多边形工具”，属性栏的设置如图 C-2 所示。

图 C-2　多边形工具

步骤 3：设置前景色为“黑色”，按住【Shift】键，拖动鼠标画出正五边形，如图 C-3 所示。

步骤 4：将当前图层拖动到“新建图层”命令上，得到一个“图层 1 副本”。执行菜单【编辑/变换】/【垂直翻转】命令。使用“移动工具”，调整两个多边形的位置，使其垂直居中对齐，如图 C-4 所示。

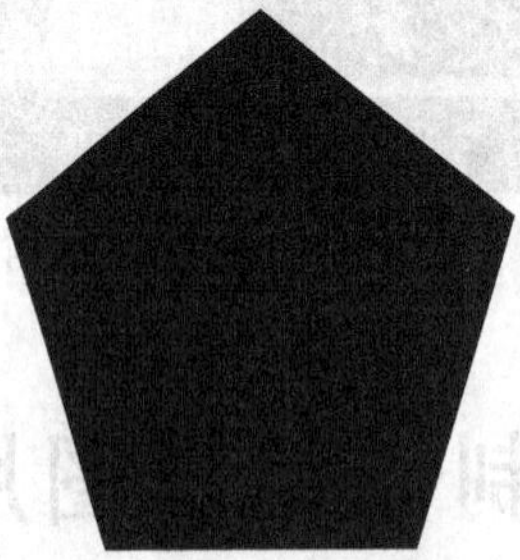

图 C-3　绘制正五边形

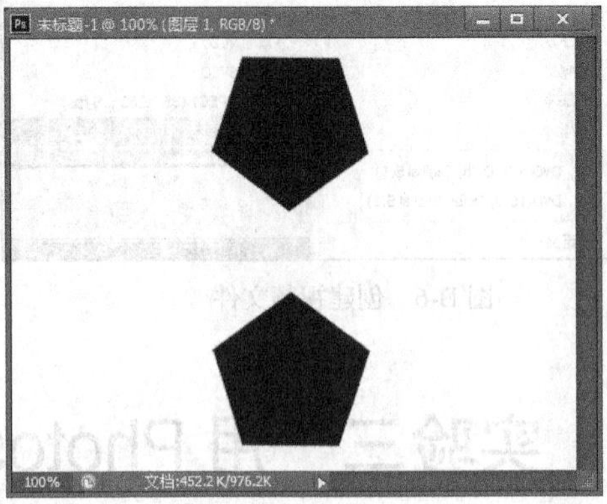

图 C-4　复制正五边形

步骤 5：执行菜单【视图】/【标尺】命令，调出标尺。选择“图层 1”为当前可操作图层，按【Ctrl + T】组合键，调出变换控制框，其旋转中心确定为该多边形的中心点。拖出水平及垂直参考线，交叉于变换控制框的旋转中心上，如图 C-5 所示。

步骤 6：按【Esc】键，取消变换操作。选择“图层 1 副本”为当前可操作图层，按【Ctrl + Alt + T】组合键，调出变换控制框，将旋转中心移到步骤 5 确定的旋转中心上，如图 C-6 所示。将属性栏的“旋转角度”设置为 72 度。按两次【Enter】键，确定，效果如图 C-7 所示。

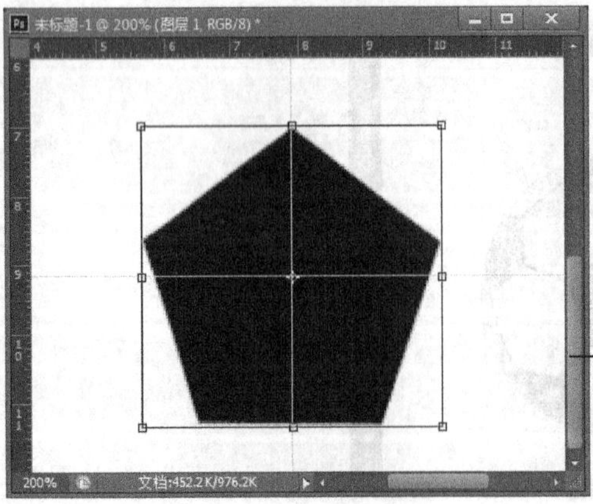

图 C-5　绘制参考线

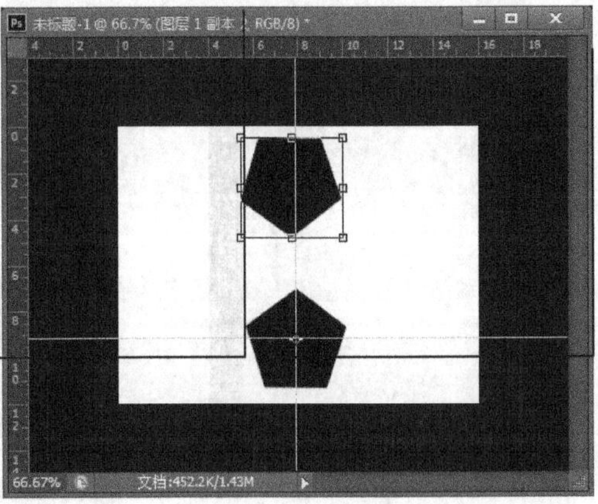

图 C-6　移动中心点

步骤 7：多次应用旋转复制，最终效果如图 C-8 所示。

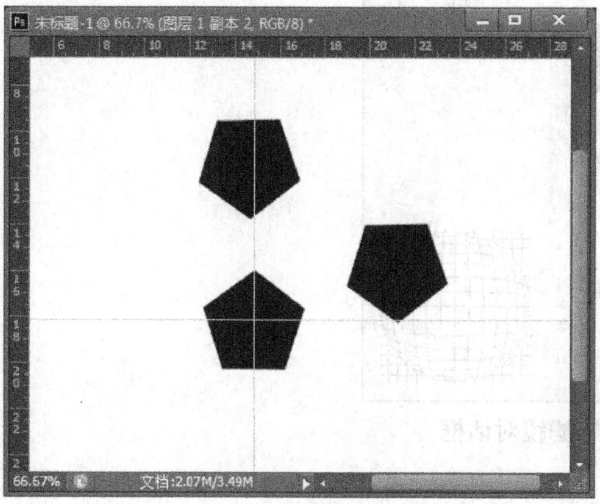

图 C-7　旋转复制

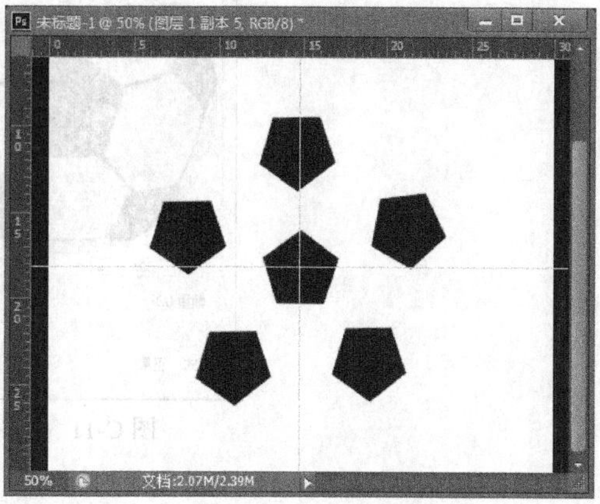

图 C-8　多次旋转复制

步骤 8：将所有多边形所在图层链接，按【Ctrl + E】组合键，合并图层。

步骤 9：将前景色设为“黑色”，选择“直线工具”，在属性栏中选择“像素”，输入合适的“粗细”参数值，分别用直线连接多边形，如图 C-9 所示。

步骤 10：选择“椭圆选框工具”，按住【Alt + Shift】组合键，将十字光标放到辅助线交叉点，画一个适合足球外形的选区。新建图层，放置到多边形图层的下面，选择“渐变工具”，设置颜色为深灰色到白色渐变，“类型”设置为“径向渐变”，“方向”设置为“反向”，在选区中进行填充，如图 C-10 所示。

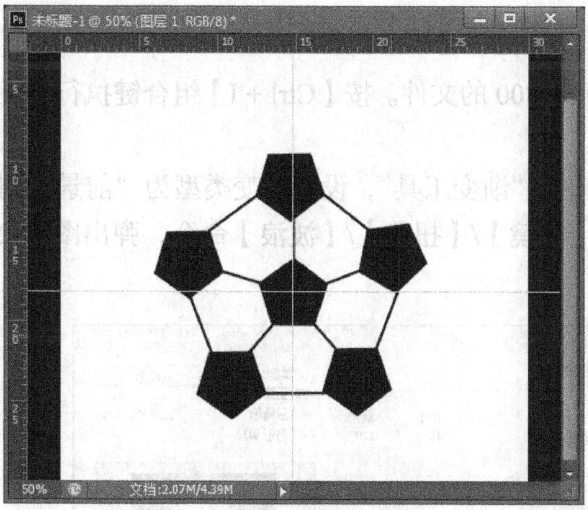

图 C-9　直线连接多边形

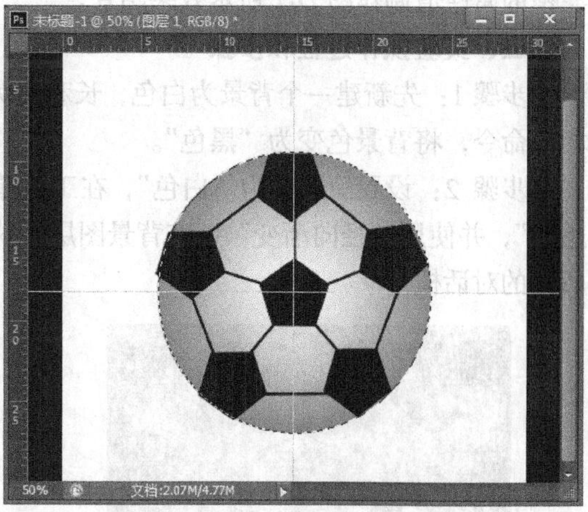

图 C-10　绘制渐变的圆

步骤 11：取消选区，合并多边形与渐变图层。将辅助线拖到绘图窗口外边，删除。

步骤 12：当前仍然显示着选区，执行菜单【滤镜/扭曲】/【球面化】命令，打开“球面化”对话框，如图 C-11 所示，设置其参数。单击“确定”按钮，使足球成为立体的球体。按【Ctrl + D】组合键，取消选区，完成设置。

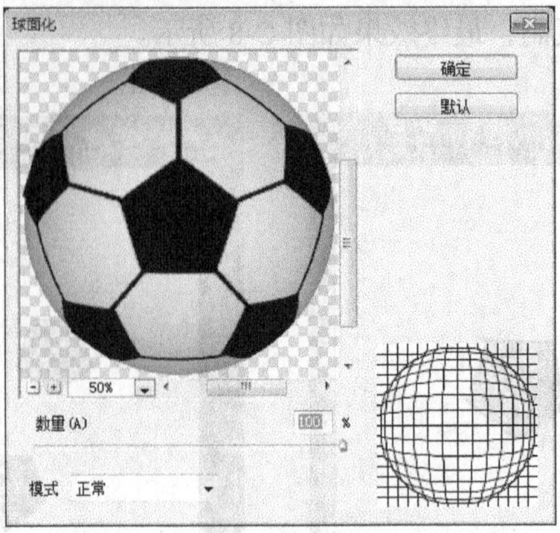

图 C-11 “球面化”滤镜对话框

实验四 用 Photoshop 制作渐变图案

一、实验目的

（1）掌握 Photoshop 的基本操作。
（2）掌握 Photoshop 滤镜工具的使用。
（3）掌握 Photoshop 滤镜属性的设置。

二、实验内容

掌握用 Photoshop 提供的各种滤镜制作各种形状及颜色的图形，以修饰相关作品图片。利用滤镜的属性值制作图 D-1 所示效果图片。

三、实验操作过程和步骤

步骤 1：先新建一个背景为白色，长和宽为 800 × 800 的文件。按【Ctrl + I】组合键执行“反相”命令，将背景色变为“黑色”。

步骤 2：设置前景色为“白色”，在工具箱中选择“渐变工具”，设置渐变类型为“前景色到透明”，并使用“径向渐变”填充背景图层。执行【滤镜】/【扭曲】/【波浪】命令，弹出图 D-2 所示的对话框。

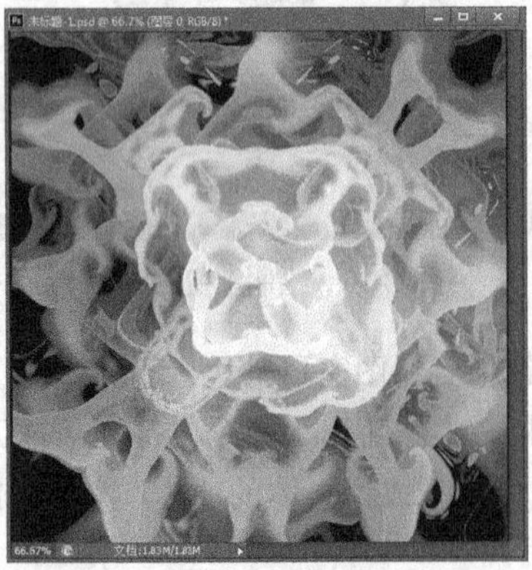

图 D-1 图案效果图

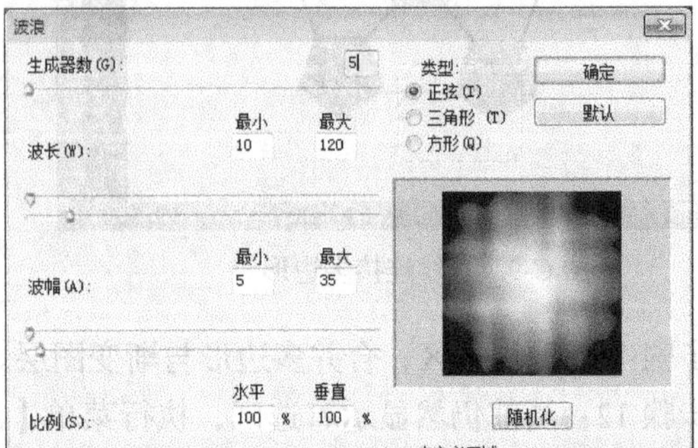

图 D-2 波浪滤镜

按【Ctrl + F】组合键，重复使用【波浪】命令 9 次，得到图 D-3 所示效果。

步骤 3：复制图层，按【Ctrl +T】组合键，在变形框内单击鼠标右键，在弹出菜单中选择【旋转 90 度（顺时针）】命令，按回车键确认操作。将该图层混合模式设为“变亮”，如图 D-4 所示。

图 D-3　重复波浪滤镜

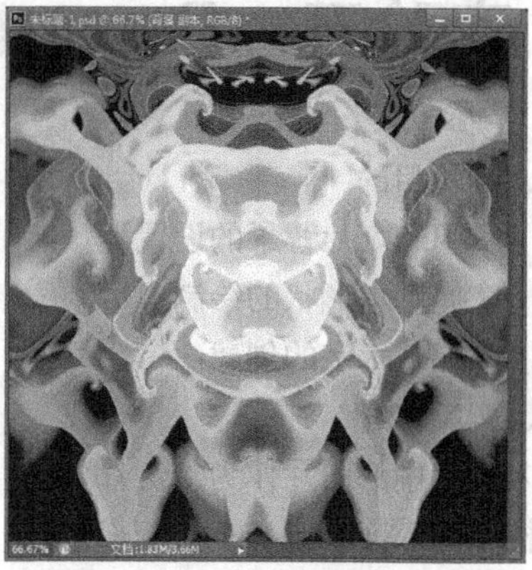

图 D-4　旋转后设置图层模式

步骤 4：连续复制并变换操作 2 次，得到“背景副本 2”和“背景副本 3”图层，效果如图 D-5 所示。

步骤 5：合并所有图层，并双击解锁图层，得到“图层 0”，在“图层”面板中单击“添加图层样式”按钮，在弹出菜单中选择“渐变叠加”命令，弹出图 D-6 所示对话框。

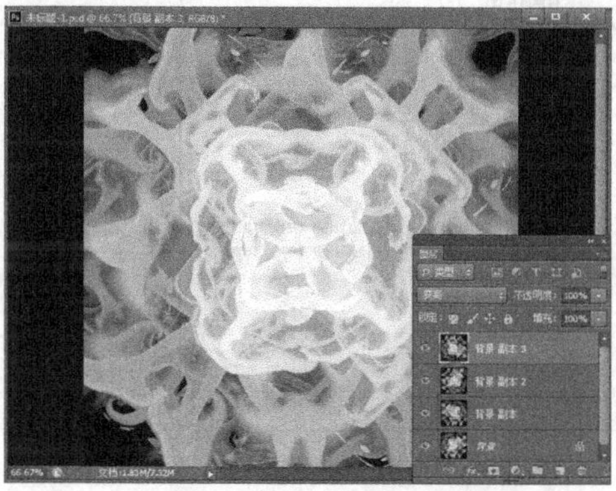

图 D-5　重复副本及变换

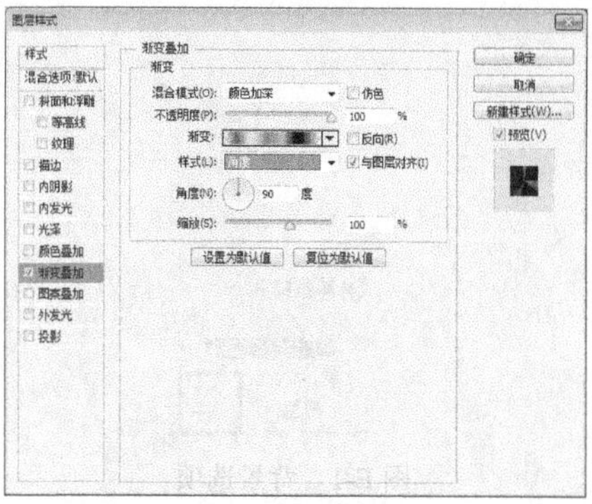

图 D-6　图层样式

步骤 6：将混合模式设为“颜色加深”后，得到图 D-7 所示效果。

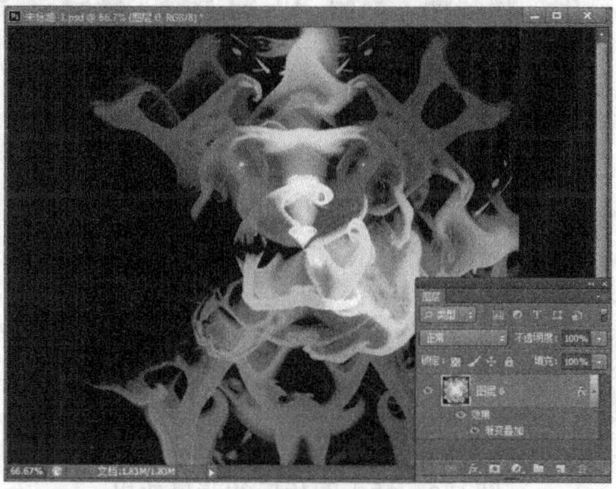

图 D-7　水平翻转及图层模式

步骤 7：改变混合模式，可以得到不同的效果。

实验五　PowerPoint 制作个人简历封面

一、实验目的

（1）掌握幻灯片背景的设置。

（2）掌握基本形状的绘制。

（3）掌握艺术字的创建。

二、实验内容

插入文件中的图片作为幻灯片背景，插入艺术字并进行属性设置，使用形状工具绘制心形，在文本框中输入文字。

三、实验操作过程和步骤

步骤 1：启动 PowerPoint 2010，创建一个空白演示文稿。

步骤 2：选择“设计”选项卡中的【背景】，单击其右下角的下拉三角，如图 E-1 所示，打开“设置背景格式”对话框，插入来自文件的图片，如图 E-2 所示。

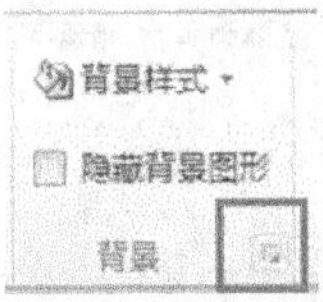

图 E-1　背景选项

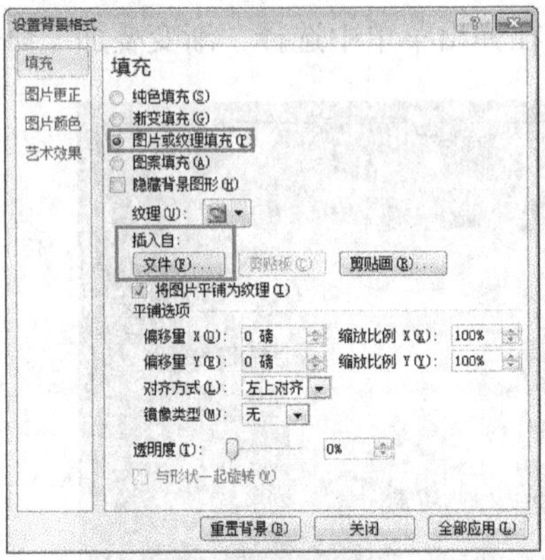

图 E-2　设置背景格式

步骤 3：选择好来自文件的图片，单击“确定”后效果幻灯片背景效果如图 E-3 所示。

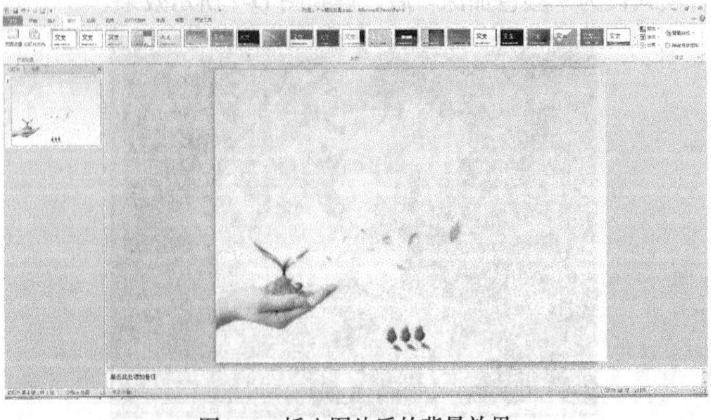

图 E-3　插入图片后的背景效果

步骤 4：选择“插入”选项卡中【文本】命令中的“艺术字”，在弹出的艺术字字库中选择其中的一种，如图 E-4 所示。

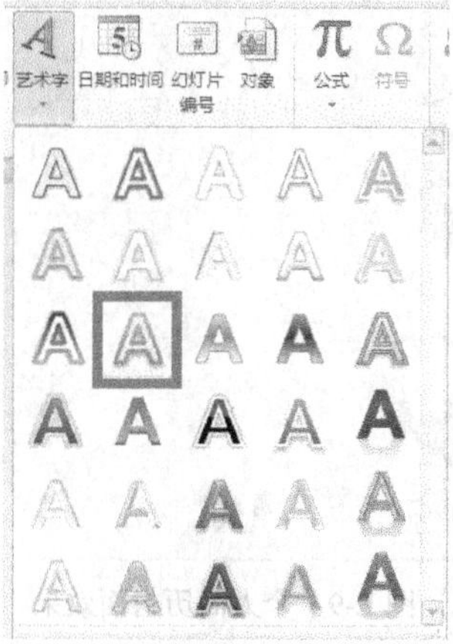

图 E-4 选择艺术字样式

步骤 5：在弹出的文本框中输入文字“个人简历”，然后在“艺术字样式”选项卡中对文本的填充、文本轮廓、文本效果进行相应设置，如图 E-5 所示，设置完成后，艺术字效果如图 E-6 所示。

图 E-5 设置艺术字样式

图 E-6 艺术字效果

步骤 6：选择“插入”选项卡【形状】命令中的“基本形状”之“心形”，在幻灯片的适当位置画出一个心形形状，并利用【格式】命令进行相应设置，再复制一个设置好的心形形状，改变大小后将两个心形组合并旋转，效果如图 E-7 所示。

步骤 7：选择“插入”选项卡中的【文本框】，输入文字，并进行相应调整，如图 E-8 所示。

图 E-7 心形形状

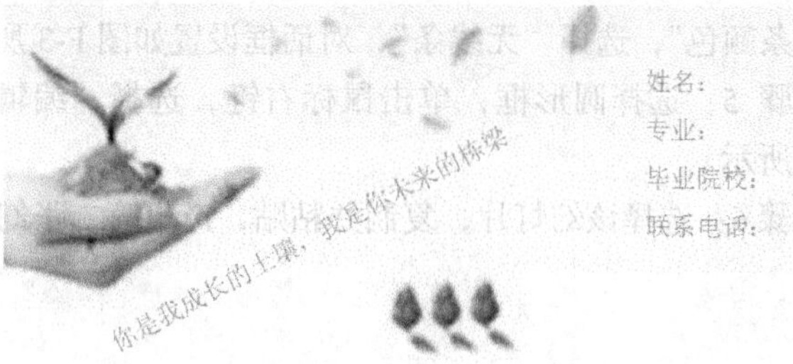

图 E-8 输入文字

步骤 8：保存，制作完成。最终封面效果如图 E-9 所示。

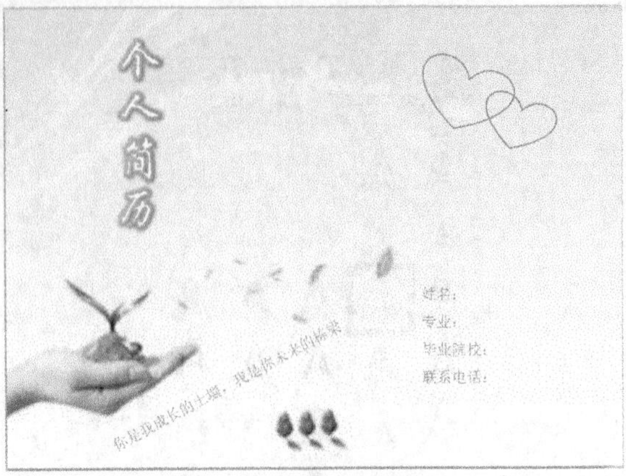

图 E-9　个人简历封面效果

实验六　PowerPoint 制作动感按钮

一、实验目的

（1）掌握基本形状的绘制。

（2）掌握图片属性的设置。

（3）掌握超链接的设置。

二、实验内容

使用形状工具绘制圆形按钮，并对圆形按钮进行颜色等的属性设置，再为其添加超链接，完成动感效果的按钮制作。

三、实验操作过程和步骤

步骤 1：启动 PowerPoint 2010，创建一个空白演示文稿，并选择一种主题。

步骤 2：选择“插入”选项卡中的【形状】命令，再选择“基本形状”中的椭圆，按住【Shift】画一个正圆形。

步骤 3：选择正圆形，单击鼠标右键，选择“设置形状格式”命令，打开其对话框，在“填充”项中选择“渐变填充”，类型为“射线”，方向为“从右下角”，在“渐变光圈”选项里，选择颜色 1 为“白色”，颜色 2 为“紫色”，如图 F-1 所示，单击“关闭”后图形效果如图 F-2 所示。

步骤 4：为了使这个按钮看起来像一个立体球，必须去边，在“设置形状格式”对话框中选择“线条颜色”，选择“无线条”，对话框设置如图 F-3 所示，效果如图 F-4 所示。

步骤 5：选择圆形框，单击鼠标右键，选择“编辑文本”，输入文字“按钮”两个字，如图 F-5 所示。

步骤 6：选择该幻灯片，复制并粘贴，产生第二张幻灯片，如图 F-6 所示。

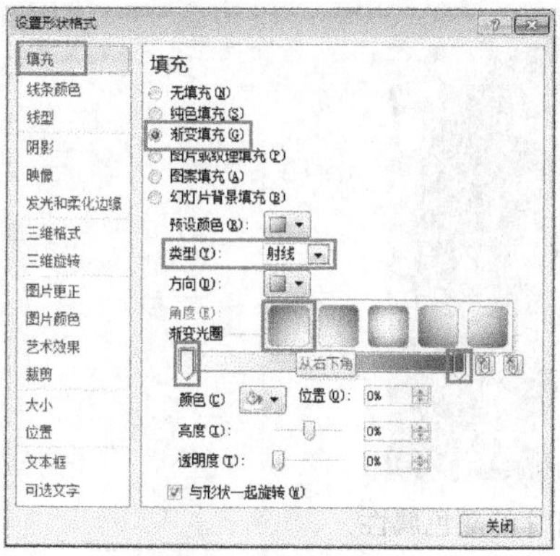

图 F-1 填充设置

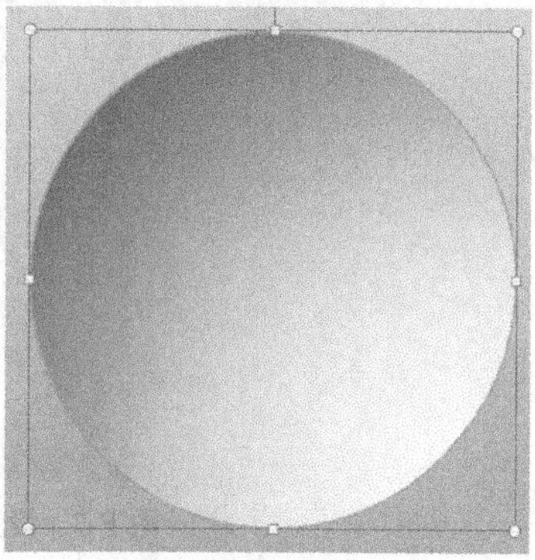

图 F-2 填充效果

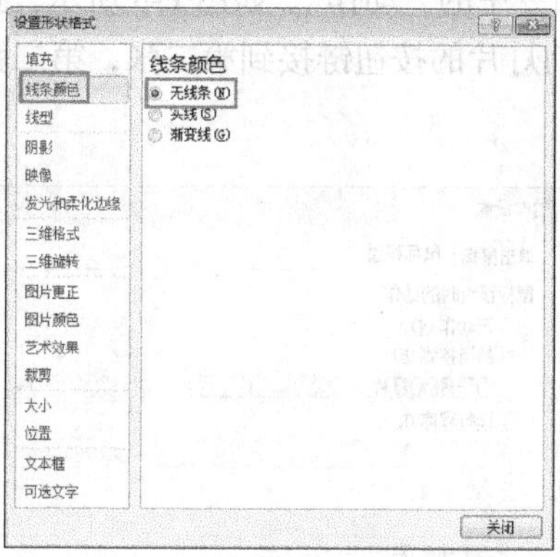

图 F-3 线条颜色设置

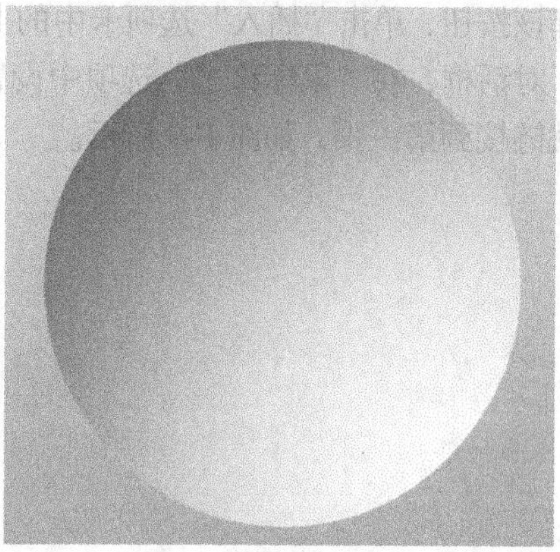

图 F-4 线条颜色效果

图 F-5 编辑文字

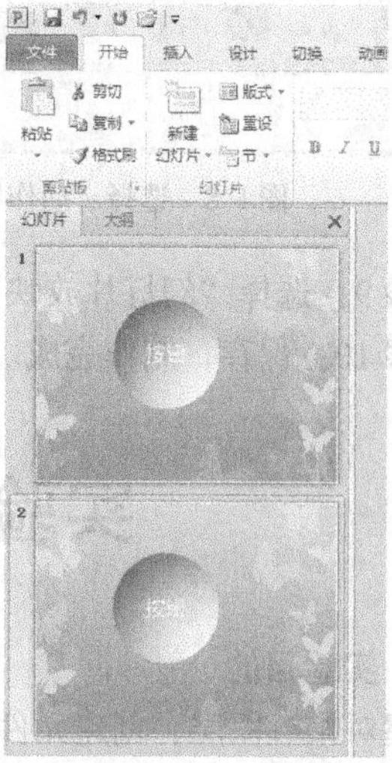

图 F-6 复制幻灯片

步骤 7：修改第二张幻灯片的按钮图案，方向为“从左下角”，其他属性与步骤 2 第一张幻灯片的设置相同，修改完成后，按钮图案效果如图 F-7 所示。

图 F-7　设置第 2 张幻灯片的颜色属性

步骤 8：对每个按钮设置鼠标移过的超级链接。

选择该按钮，单击“插入”选项卡中的【链接】命令中的“动作”，如图 F-8 所示，打开“动作设置”对话框，在“鼠标移过”选项中设置第一张幻灯片的按钮链接到第二张，第二张幻灯片的按钮就链接到第一张，如图 F-9 所示。

图 F-8　选择“动作”

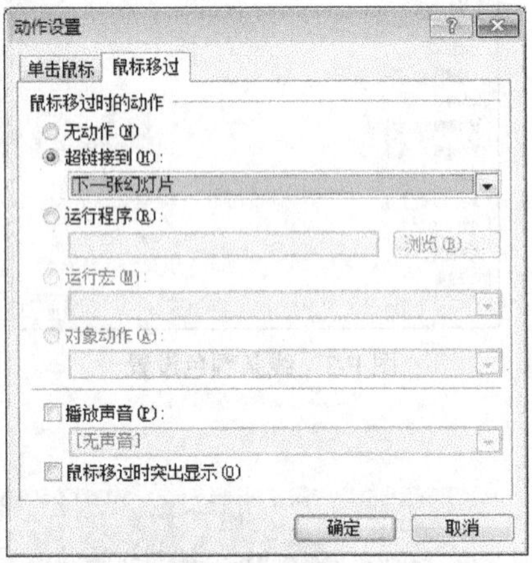

图 F-9　动过设置

步骤 9：选择“幻灯片放映”，当鼠标经过按钮时，按钮闪烁。

步骤 10：保存，制作完成。

实验七　Flash 基本操作

一、实验目的

掌握对帧、图层、创建元件的操作方法。

二、实验内容

对帧与图层的创建、编辑和复制方法，创建图形元件、按钮和影片剪辑的基本技术。

三、实验操作过程和步骤

1. 帧操作（创建帧、创建空白关键帧、创建过渡帧、编辑帧、复制与粘贴帧的方法）；图层操作（新建图层、编辑图层、删除图层）。

对照教材学习帧操作和图层操作。

2. 创建元件操作（图形元件、按钮、影片剪辑）。

（1）新建图形元件

在制作一个动画中，如果某一个图形对象要在不同的地方重复使用，为了避免重复操作，就可以把它以图形元件的形式存放，这样在要用到它的时候直接从【窗口】/【库】里面拖出它即可。

单击【插入】/【新建元件】命令，在弹出的对话框中选择“图形”，如图 G-1 所示，进入图形编辑界面，在这里可以设计我们的图形或者导入外部图片，使得它以图形元件的形式存在。

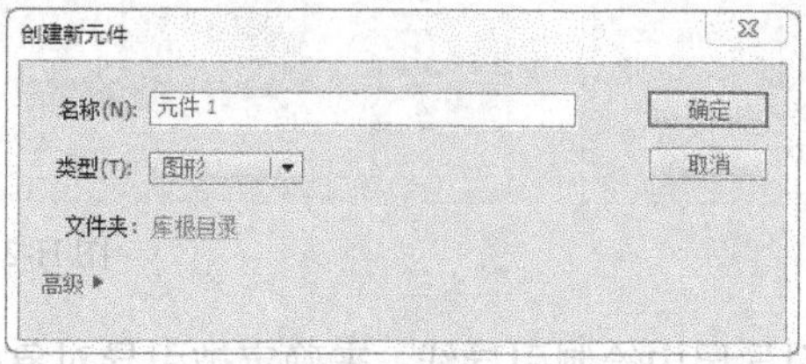

图 G-1　新建图形元件

（2）新建按钮

单击【插入】/【新建元件】命令，在弹出对话框中选择“按钮”，如图 G-2 所示。

进入按钮编辑界面后，在时间轴位置出现四个帧，“弹起”“指针经过”“按下”“点击”，如图 G-3 所示。

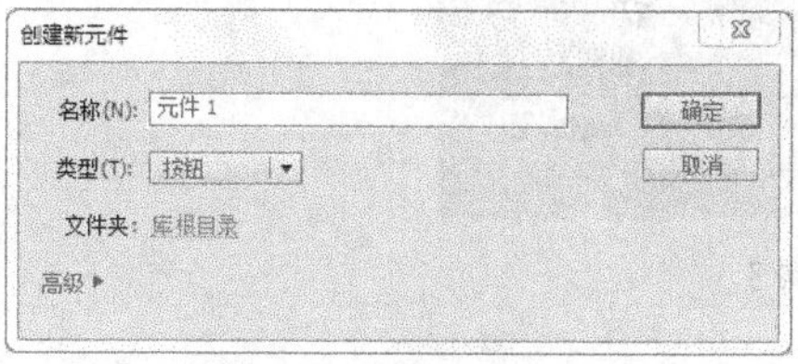

图 G-2　新建按钮元件

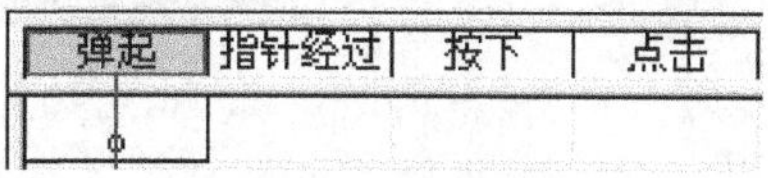

图 G-3　按钮的状态

（3）新建一个影片剪辑

在图 G-2 中，选择“影片剪辑”项，就可以进入影片剪辑的编辑界面。影片剪辑的功能是把要重复用到的一小段动画单独存储起来，影片剪辑元件不管在什么位置都将以动画的形式存在。

实验八　球体的运动动画制作

一、实验目的

1. 掌握 Adobe Flash CS6 的基本操作。
2. 掌握用 Flash 制作简单动画的综合技能。

二、实验内容

制作一个带按钮，并且沿着特定路线运动的小球。

三、实验操作过程和步骤

（1）执行【文件】/【新建】命令，新建一个 Flash 文档。选择【修改】/【文档】，在弹出对话框中将背景改成“绿色”，尺寸改成“300*200”，如图 H-1 所示。

（2）右键单击图层 1（被引导层），在弹出的快捷菜单上选择【添加传统运动引导层】命令，添加一个引导层，如图 H-2 所示。

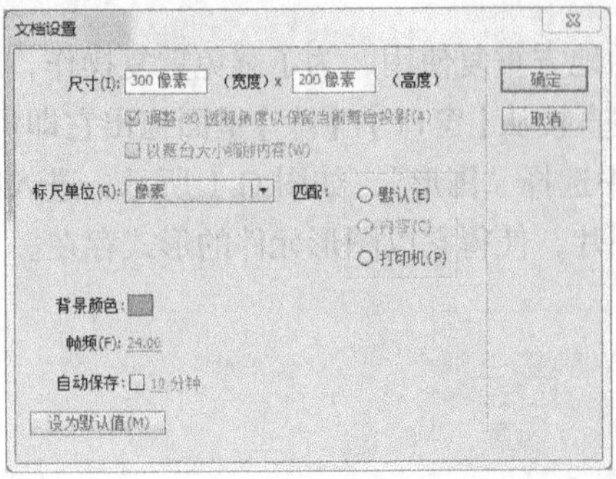

图 H-1　步骤 1

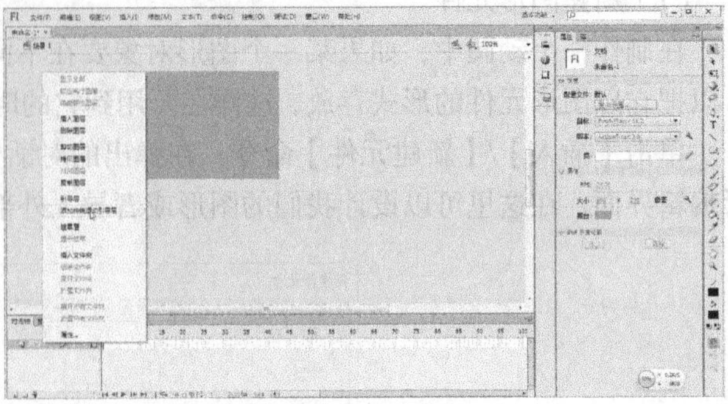

图 H-2　步骤 2

（3）利用铅笔工具，在引导层中绘制引导线，来确定被引导对象的运动轨迹，如图 H-3 所示。

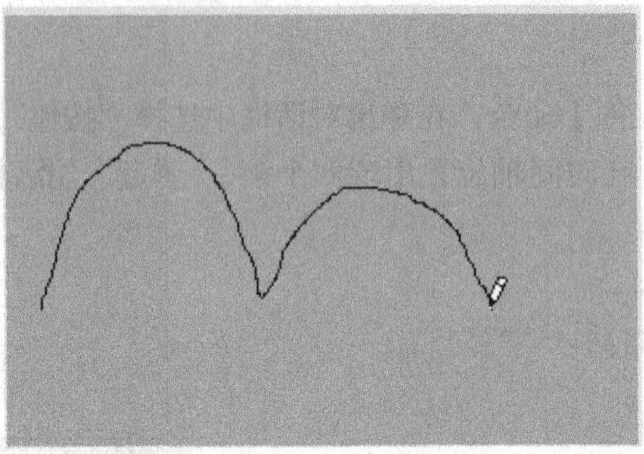

图 H-3　步骤 3

（4）在被引导层中，利用椭圆工具，在舞台中画一个椭圆，填充为灰色，执行【修改】/【转换为元件】命令，在第 40 帧处单击鼠标右键，在弹出菜单中选择“插入关键帧”，在第一帧上右击鼠标，弹出菜单中选择“创建补间动画”，如图 H-4 所示。

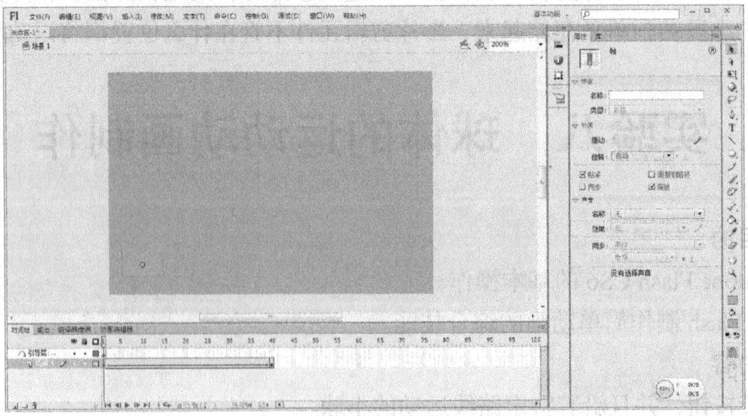

图 H-4　步骤 4

（5）选中动画开始帧即第 1 帧中的被引导对象，把对象的中心移动吸附到引导线的一端作为引导层动画的开始；同样选中动画结束帧即第 40 帧的被引导对象，把对象的中心吸附到引导线的另一端，如图 H-5 所示。这样，被引导对象就会按照引导线运动。

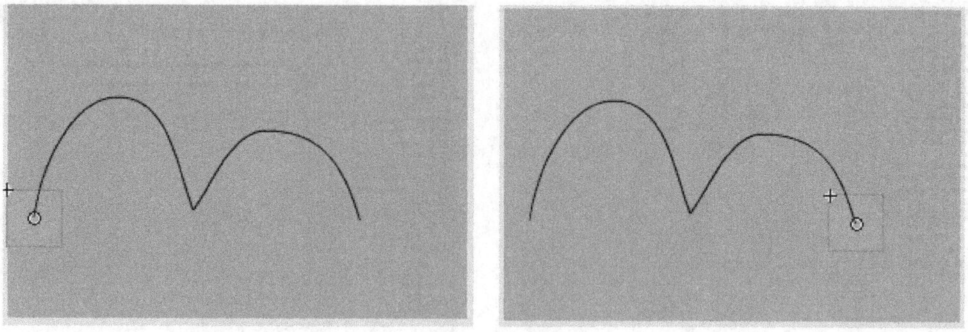

图 H-5　步骤 5

（6）选择【插入】/【新建元件】，在弹出对话框中选择“按钮”，如图 H-6 所示。

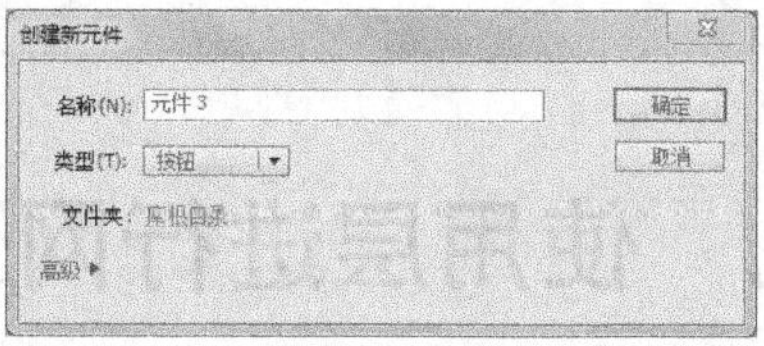

图 H-6　步骤 6

（7）按照创建元件操作的步骤提示中创建按钮的方法，设置按钮的四种状态如图 H-7 所示。

图 H-7　步骤 7

（8）然后单击左上角的 场景 1，回到舞台中。

（9）打开库面板，将刚才制作的按钮元件拖到第 1 帧上，如图 H-8 所示。

（10）在第 2 帧插入一个关键帧，则补间动画现在从第 2 帧开始，如图 H-9 所示。

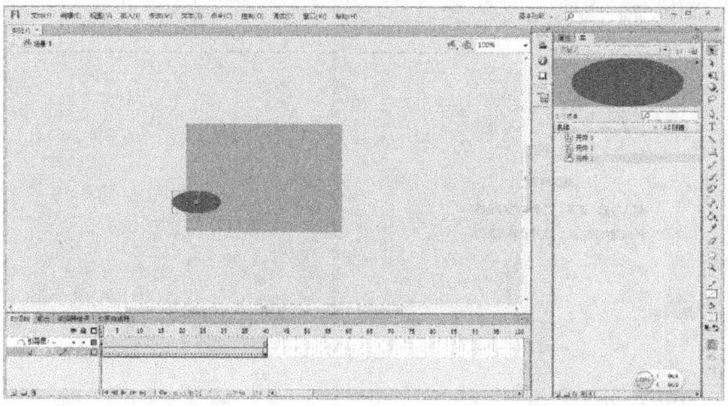

图 H-8　步骤 9

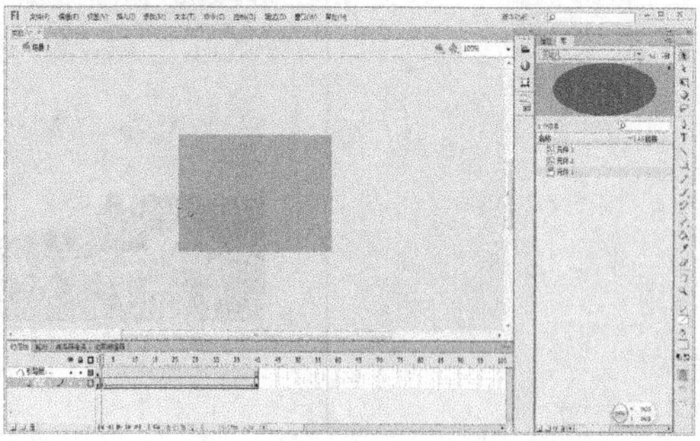

图 H-9　步骤 10

（11）在第 1 帧上右击鼠标，在弹出菜单中选择“动作”，在弹出动作面板中输入“stop();”，如图 H-10 所示。

（12）在第 1 帧中，用鼠标右键单击按钮，在弹出菜单中选择“动作”，在“动作”面板中单击“ 代码片断”，在“代码片段”面板中双击“Mouse Click 事件”，输入图 H-11 所示的语句。

（13）按下【Ctrl+Enter】组合键，就可以看到这个动画的执行结果。

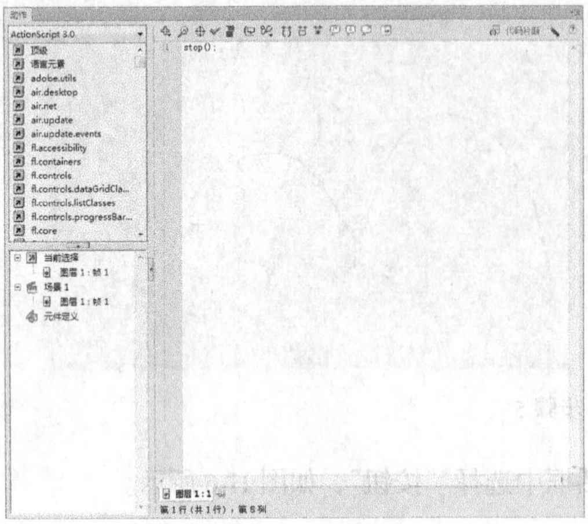

图 H-10　步骤 11

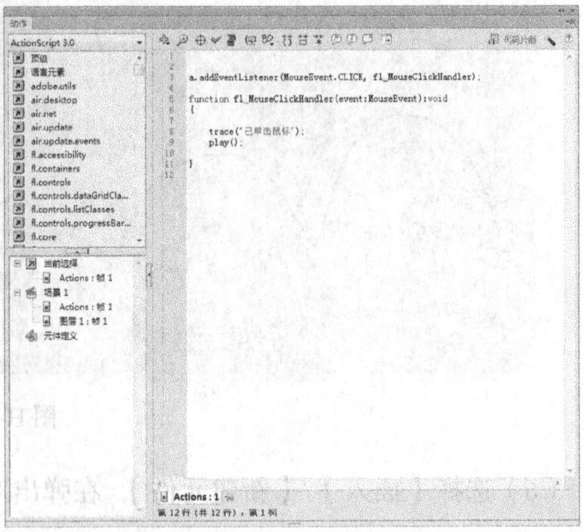

图 H-11　步骤 12

实验九　使用层进行网页布局

一、实验目的

（1）掌握新建站点。

（2）掌握使用层进行布局。

（3）掌握插入图片。

（4）掌握插入标题、文字、水平线、特殊符号。

（5）掌握使用样式表创建样式。

二、实验内容

制作一个网页，包含文字和图片等内容，利用层对页面进行布局，通过样式表设置元素的属性。通过本实验，完成图 I-1 所示页面。

图 I-1　完成效果

三、实验操作过程和步骤

步骤 1：新建站点 test 及 images，CSS 文件夹。

步骤 2：在当前站点下新建 HTML 文件，命名为 div.html。并设置 title、meta 等头信息。

步骤 3：使用层进行布局，在设计视图，单击布局“插入 Div 标签”按钮，将该层的 ID 设置为“main”，新建 CSS 样式表文件“div.css”，单击“新建 CSS 规则”按钮，将选择器设置为“#main”，在“#main 的 CSS 规则定义”对话框中，“方框”选项的设置为：“宽”为“400px”，“Padding（填充）”为“10px，10px，10px，50px”，“Margin（边距）”为“50px，auto，auto，20px”，“Float（浮动）”为“left”。

步骤 4：在 main 层中插入图片，并设置属性：

```
<img src="images/wel.jpg" width="396" height="272" />
```

步骤 5：继续插入 Div 标签，将该层的 ID 设置为“right”，单击“新建 CSS 规则”按钮，将选择器设置为“#right”，单击“确定”按钮，在“#right 的 CSS 规则定义”对话框中，“方框”选项的设置为：“宽”为“300px”，“Margin（边距）”为“Top100px，Left80px”，“Float（浮动）”为“left”；“区块”选项的设置为：“Text-align（文本对齐）”为“center（居中）”；“类型”选项的设置合适的字体、字形、颜色等属性。

步骤 6：插入水平线，新建 CSS 规则，选择器名称为“hr”，选择器类型为“标签”，单击“确定”按钮。在“hr 的 CSS 规则定义”对话框中，“方框”选项中将“Clear”设置为“both”。

步骤 7：插入 footer 层，中插入文字“版权所有 © 邢台学院”，其中“©”为特殊字符。

div.html 文件的参考源代码如下。

```
<!DOCTYPE html PUBLIC "-//W3C//DTD XHTML 1.0 Transitional//EN" "http://www.w3.org/TR/xhtml1/DTD/xhtml1-transitional.dtd">
<html xmlns="http://www.w3.org/1999/xhtml">
<head>
<meta http-equiv="Content-Type" content="text/html; charset=utf-8" />
<title>无标题文档</title>
<link href="css/div.css" rel="stylesheet" type="text/css" />
</head>

<body>
<div id="main"><img src="images/wel.jpg" width="396" height="272" /></div>
<div id="right">
<h2>咏 柳</h2>
<h5>[唐]贺知章</h5>
<p>碧玉妆成一树高，万条垂下绿丝绦。</p>
<p>不知细叶谁裁出，二月春风似剪刀。</p>
</div>

<hr />
<div id="footer">版权所有 &copy; 邢台学院</div>
<p> </p>
</body>
</html>
```

div.css 样式文件代码如下。

```
@charset "utf-8";
#main {
    width: 400px;
    margin-top: 50px;
    margin-right: auto;
    margin-bottom: auto;
    margin-left: 20px;
```

```
    float: left;
    padding-top: 10px;
    padding-right: 10px;
    padding-bottom: 10px;
    padding-left: 50px;
}

#right {
    float: left;
    width: 300px;
    margin-top: 100px;
    margin-left: 80px;
    text-align: center;
}
hr {
    display: block;
    clear: both;
}
#footer {
    font-size: 16px;
    font-weight: bold;
    color: #930;
    text-align: center;
}
```

实验十　使用 Dreamweaver 制作登录页面

一、实验目的

（1）掌握使用表格进行布局。

（2）掌握使用表单及表单元素。

二、实验内容

采用会员制度的网站，往往需要用户登录才能进行进一步的操作。通过本实验，完成图 J-1 所示登录页面。

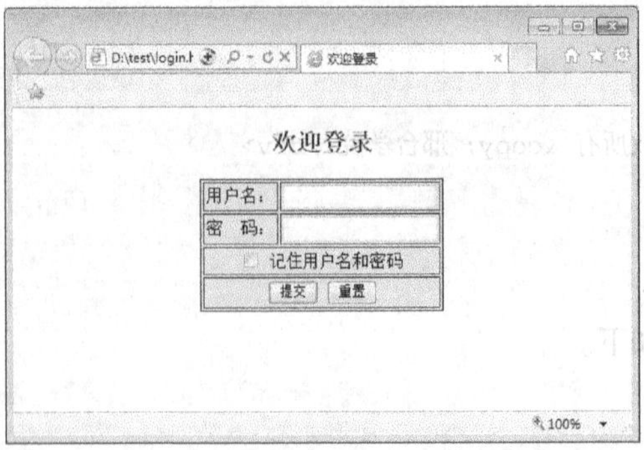

图 J-1　登录页面

三、实验操作过程和步骤

步骤 1：插入一个二级标题“欢迎登录”，并设置属性：“文本颜色”为“#660066”，“字体”为“隶书”，“水平居中对齐”。

步骤 2：插入表单，在表单中插入一个四行两列的表格，并设置属性：

<table border = "1" align = "center" cellpadding = "10" cellspacing = "4" bgcolor = "#FF97FF">。

步骤 3：在第一行第一个单元格输入文字“用户名”，在第二个单元格插入单行文本域。

步骤 4：在第二行第一个单元格输入文字“密码”，在第二个单元格插入密码文本域。

步骤 5：合并第三行第一个和第二个单元格，插入复选框，并输入“记住用户名和密码”

步骤 6：合并第四行第一个和第二个单元格，插入提交按钮、重置按钮。

login.html 文件的参考源代码如下。

```
<!DOCTYPE html PUBLIC "-//W3C//DTD XHTML 1.0 Transitional//EN" "http://www.w3.org/TR/xhtml1/DTD/xhtml1-transitional.dtd">
<html xmlns="http://www.w3.org/1999/xhtml">
<head>
<meta http-equiv="Content-Type" content="text/html; charset=gb2312" />
<title>欢迎登录</title>
<style type="text/css">
<!--
.STYLE1 {
    color: #660066;
    font-family: "隶书";
}
-->
</style>
</head>
<body>
<h2 align="center" class="STYLE1">欢迎登录</h2>
<form id="loginForm" name="loginForm" method="post" action="login">
<table border="1" align="center" cellpadding="2" cellspacing="2" bgcolor="#FFD39B">
  <tr>
    <td align="right">用户名： </td>
    <td><input name="userID" type="text" id="userName" /></td>
  </tr>
  <tr>
    <td align="right">密  码：</td>
    <td><input name="userPWD" type="password" id="userPWD" /></td>
  </tr>
  <tr>
     <td colspan="2" align="center">
          <input type="checkbox" name="checkbox" value="checkbox" />
      记住用户名和密码</td>
  </tr>
  <tr>
    <td colspan="2" align="center"><input type="submit" name="Submit" value="提交" />
      <input name="Reset" type="reset" id="Reset" value="重置" /></td>
  </tr>
</table>
</form>
</body>
</html>
```

习题答案

第1章 习题答案

1. 多媒体课件的概念：多媒体课件是根据教学大纲的要求和教学的需要，经过严格的教学设计，以多种媒体的表现方式和超文本结构制作而成的课程软件。

2. 多媒体课件设计与制作的主要步骤：一般来说，多媒体课件的开发主要有：选择课题、教学设计、文字稿本编写、制作稿本编写、素材制作编辑合成、调试打包、试用评价与修改、应用与推广等步骤。

3. 多媒体课件制作的环境：多媒体课件开发包括软件和硬件环境。多媒体硬件系统由计算机的所有物理设备组成，它主要包括高速的CPU、大容量的存储器、高分辨率的彩色显示器、大容量的硬盘存储器、光盘驱动器CD-ROM、高性能的显示卡和声卡等。还可以配置图形扫描仪、数字照相机、视频采集卡和摄像头等。多媒体课件制作软件环境包括操作系统和著作工具。通常，PC机采用微软公司的Windows 7或Windows 10等操作系统。多媒体著作工具有以下几种类型：基于卡片或页的多媒体著作工具、基于时间的多媒体著作工具、基于图标的多媒体著作工具和基于程序设计语言的多媒体著作工具。

第2章 习题答案

一、概念题

1. 键盘录入、手写录入、语音录入
2. 单轨波形界面、多轨波波形界面
3. 25、256
4. 语音、音效、配乐
5. 44.1kHz、22.05kHz、11.025kHz
6. 彩色模式、灰度模式和黑白模式
7. MPKG-1、MPKG-2

二、问答题

1.（1）采样（取样或抽样）：在模拟图像上按一定规律采用一定数量的点的数据的过程。

具体过程：以一定间隔将图像在水平方向和垂直方向上分割成若干个小区域，每个小区域即是一个采样点，即对每一小区域只采用一组数据，每一个采样点对应于计算机屏幕上的一个像素，采样的结果将使整幅图变成每行有 M 个像素，每列有 N 个像素，全图是 $M \times N$ 个像素点的集合。

（2）量化（数量化）：用一定的数据来表示每个采样点的颜色、亮度等信息。

图像经量化后会丢失大量信息，但是，由于人眼的局限性，如果选择适当的采样间隔和量化的灰度级数，误差可以忽略不记。

2. 矢量图形：利用数学原理中段的描述为起点、方向和长度而呈现的图像。

特点：图片由对象组成，每个对象为独立实体，每个实体都有自己的属性（色彩、形状、外框、尺寸以及其呈现在屏幕上的位置等），可控制修改。分辨率是独立的，即输出设备以其最高分辨率呈现。文件所占容量小，易放大、缩小、旋转，且不失真。图像精度高，可制作 3D 图像，适于美工插图与工程绘图。但无法精确地描写自然界景象，也不易在不同的软件间交换文件。

位图图像：由一连串排列好的像素创建出来的图像。

特点：图像由个别的独立点——像素组成。由于每个像素都个别着色，图像效果好。但是，像素之间是连续的，所以无法独立控制。位图图像适合于表现比较细致、层次和色彩比较丰富、包含大量细节的图像，常常用在照片或绘图图像中，但无法制作真正的 3D 图像，且占用较多的存储空间。

3. 软件工作流程为：

捕获——图片、声音、视频，可以通过 DV、摄像头等。对于一个好的视频，素材很重要。

编辑——对视频、图片等添加效果，比如转场、滤镜、装饰等。

覆叠——画中画效果，使作品不会太单调。

标题——添加字幕。

音频——配上音乐或者解说等。

分享——输出、存储。

三、上机练习

1. 用 COOL 3D 软件制作动画标题“飞扬的青春”，如图 K-1 所示。

（1）单击“图像”/“尺寸...”，在弹出的设置对话框中设置动画画面尺寸为 8cm 宽，3cm 高。

（2）单击百宝箱中的“工作室”/“组合”分类名称，调出组合图形样式库，双击样式库中欲选用的组合样式。

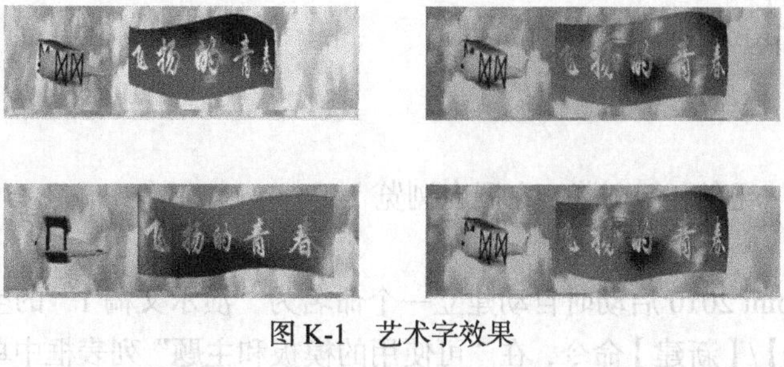

图 K-1　艺术字效果

（3）单击“查看”/“对象管理器”，在对象列表区看到，导入到演示窗口中的组合由三个部分构成，单击其中的“ULEAD SYSTEMS”对象。也可以在标准工具栏的对象列表框中选择该对象。

（4）单击对象工具栏的“编辑文字”按钮，在弹出的对话框中将“ULEAD SYSTEMS”改为“飞扬的青春”，并设置恰当的字体，如“华文行揩”（如图K-2所示），然后单击“确定”按钮。

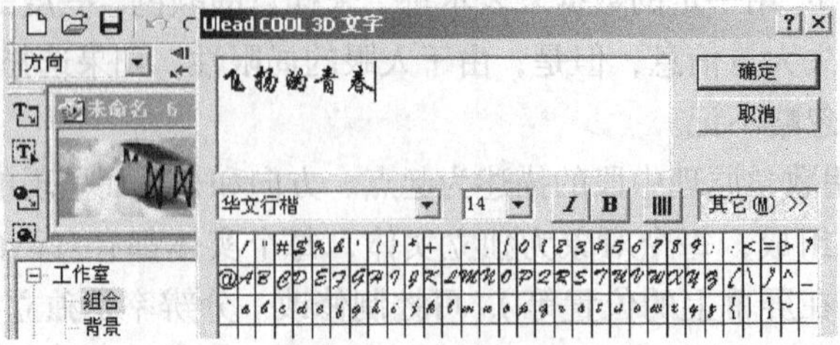

图K-2 艺术字效果

（5）在画工具栏设置帧速为15fps，单击“播放”按钮观看动画效果，图K-1所示是其中的四幅效果画面。

（6）单击“文件”/“创建动画文件”/“GIF 动画文件...”，在弹出的对话框中输入文件名和保存位置，其他选项取默认值，单击“确定”按钮。

2. 答案略。

3.（1）选择【开始】/【程序】/【百度音乐】命令。

（2）在“百度音乐”中添加所要转换的音频文件。

（3）选择要转换的文件，单击鼠标右键，选择【格式转换】命令。

（4）在弹出的“格式转换”对话框中，选择输出格式为“wmv 输出文件”，并可对相应的输出比特、采用频率以及输出位置等做出相应的设置。

（5）设置好以后，单击“开始转换”按钮即可。

4. 答案参见实验部分“制作音乐mtv”。

5. 答案参见实验部分。

第3章 习题答案

一、填空题

1. 演示文稿、.pptx

2. Esc

3. Shift

4. 能

5. 演讲者放映、观众自行浏览、在展台浏览

二、简答题

1.（1）PowerPoint 2010启动时自动建立一个命名为“演示文稿1”的空白演示文稿。

（2）选择【文件】/【新建】命令，在“可使用的模板和主题”列表框中单击“空白演示文稿”图标，再单击“创建”按钮，即可创建一个新的空白演示文稿。

（3）按快捷键【Ctrl+N】组合键可创建空白演示文稿。

2. 主要有两类动画形式，一种是幻灯片的切换效果，第二种是为幻灯片中的对象添加动画。

三、上机练习

1. 操作步骤

（1）启动 PowerPoint 2010 软件，新建一空白演示文稿。

（2）选择【插入】/【形状】命令，从“矩形”中选择矩形工具，画出 3 个上下连接的小矩形，分别填充红、黄、绿色。用鼠标右键单击小矩形，选择【设置形状格式】/【线条颜色】命令，从中选择“无线条”，取消矩形的边框线，如图 K-3 所示。

图 K-3　去除边框

（3）选中这 3 个矩形色块，选择右键菜单中的【组合】命令，将它们组合成一个整体。

选中组合好的新对象，按下【Ctrl】键用鼠标向旁边一拖，复制出第二个对象。选中第二个对象，用前面的方法填充其颜色为幻灯片的背景色。

（4）再选中第一个组合后的对象，单击鼠标右键，在弹出菜单中选择“大小和位置”命令，打开“大小和位置”对话框。进入“位置”选项卡，用笔记下“水平”和“垂直”输入框中的两个数字备用，如图 K-4 所示。选中第二个对象，仍在右键菜单中选择“大小和位置”命令，然后将记下的两个数字分别填写到打开对话框“位置”选项卡中相应的输入框中，使两个对象的位置重合。

（5）选中上层的第二个对象，在“动画”选项卡中选择进入的动画形式为“擦除”，为此对象添加“擦除”的动画。

（6）打开“擦除”对话框“效果选项”选项卡，在“方向”下拉列表中选择“自顶部”选项，进入“计时”选项卡，在“速度”输入框中输入倒计时的时间“20”（即为 20 秒），如图 K-5 所示。确定后就可以看到倒计时的效果了。

（7）保存，制作完成。

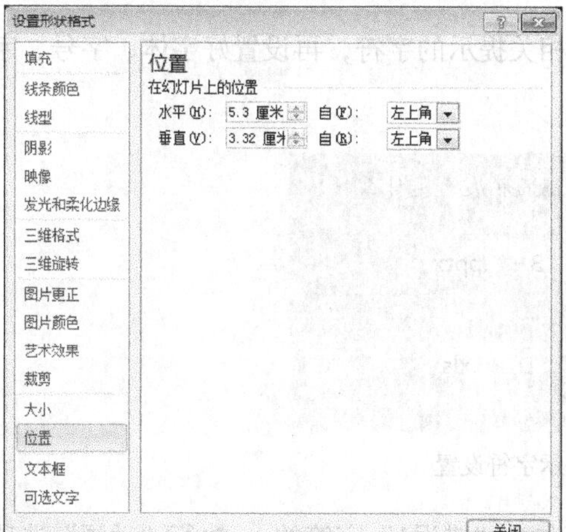

图 K-4　对象位置

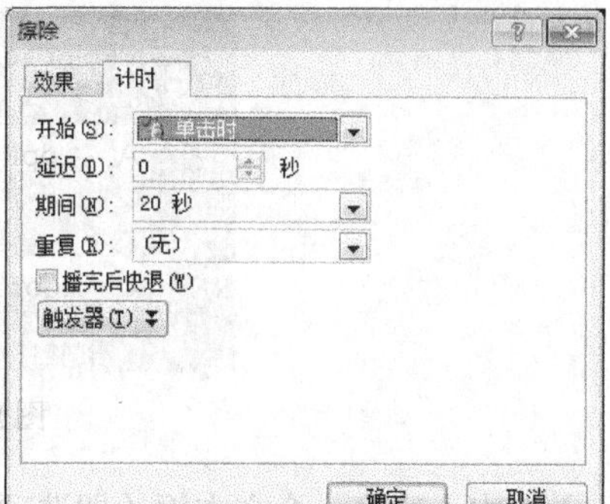

图 K-5　效果设置

2. 操作步骤

（1）启动 PowerPoint 2010，打开一个新的空白演示文稿。

（2）利用文本框，输入题干内容，如图 K-6 所示。

（3）在“插入”/“形状”/“动作按钮”选项卡中选择“自定义”按钮。然后在幻灯片中拖拉出一个按钮来，如图 K-7 所示。

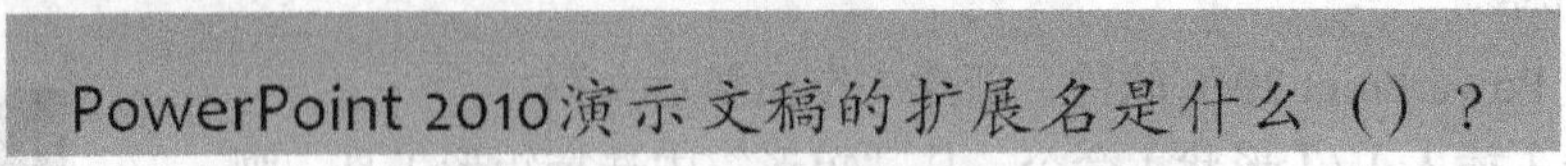
PowerPoint 2010演示文稿的扩展名是什么（）？

图 K-6 题干内容

（4）选中插入的按钮，用鼠标右键单击，在随后弹出的快捷菜单中选择“添加文本”选项，在“动作按钮”上添加第一个备选答案字符（如 A.ppt），并设置好字体、字号、字符颜色等，如图 K-8 所示。

图 K-7 动作按钮

A .ppt

图 K-8 选项设置

（5）调整好“动作按钮”的大小，并将其定位在幻灯片的合适位置上。

（6）同理，设置其他的 3 个答案选项，如图 K-9 所示。

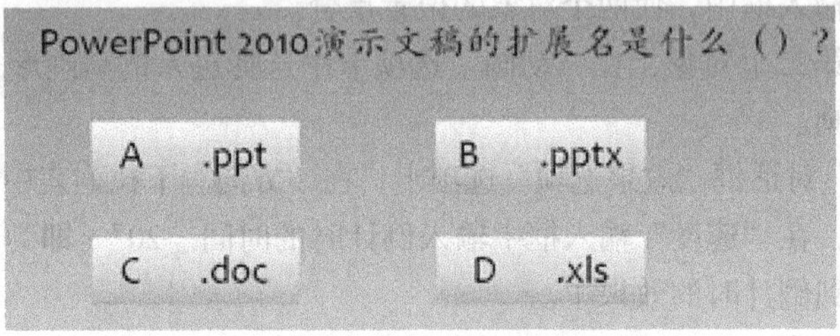
PowerPoint 2010演示文稿的扩展名是什么（）？
A .ppt
B .pptx
C .doc
D .xls

图 K-9 各选项设置

（7）插入文本框，并输入“正确、错误”及相关提示的字符，再设置好字体、字号、字符颜色等，如图 K-10 所示。

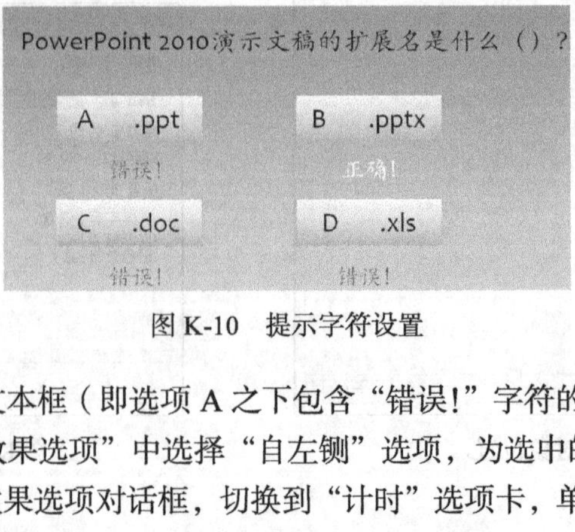
PowerPoint 2010演示文稿的扩展名是什么（）？
A .ppt
错误！
B .pptx
正确！
C .doc
错误！
D .xls
错误！

图 K-10 提示字符设置

（8）选中上述第一个文本框（即选项 A 之下包含“错误!”字符的），执行“动画”选项卡中的“飞入“选项；再在”效果选项”中选择“自左铡”选项，为选中的文本框添加动画。

（9）打开“飞入”的效果选项对话框，切换到“计时”选项卡，单击其中的“触发器”按钮，展开下面的选项，选中“单击下列对象时启动效果”选项，然后单击其右侧的下三角按钮，在随后出现的下拉列表中选择“动作按钮：自定义 2……”选项（即第一个备选答案对应的“动作按钮”选项），单击“确定”按钮返回，如图 K-11 所示。

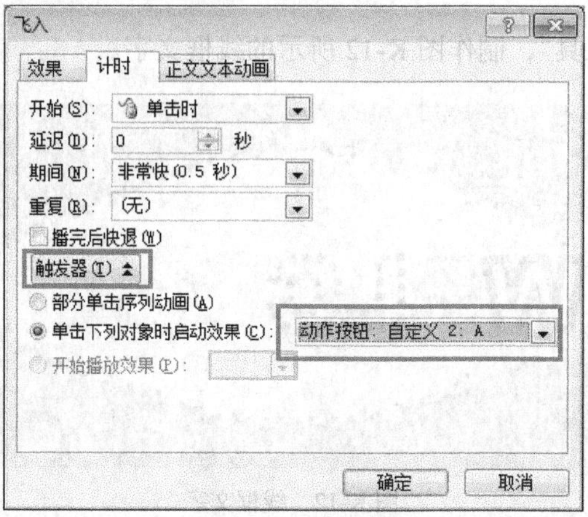

图 K-11　效果设置

（10）同理，按照步骤 9 的方法设置其他 3 个选项的“动画触发器”。

（11）保存，制作完成。

第 4 章　习 题 答 案

一、概念题

1. 面板
2. 线条、铅笔、钢笔
3. Flash CS6 文档、Flash CS5 文档、Flash CS5.5 文档
4. 墨水瓶、颜料桶、滴管
5. 时间轴
6. 传统补间、创建补间动画
7. 图层
8. 引导层
9. 遮罩层、被遮罩层
10. 投影、模糊
11. ActionScript

二、问答题

1. 创建新文档有两种常用的方法：一种是执行菜单中的【文件】/【新建】命令，在“常规”选项卡中，选择“Flash 文件（ActionScript 2.0）”或者“Flash 文件（ActionScript 3.0）”选项，单击“确定”按钮；第二种是在“开始”页里的“创建新项目”中，单击“Flash 文档”按钮。

2. 逐帧动画是一种常见的动画形式，其原理是将动画动作分解在“连续的关键帧”中，也就是在时间帧上逐帧绘制不同的内容，使其连续播放形成动画。

3. 补间形状动画，可以实现从一个矢量图形到另一个矢量图形的变化，还可以对形状的位置、大小和颜色进行渐变。制作的过程只需要在起始帧绘制一个图形，然后在终止帧改变图形形状或者绘制其他形状，最后由软件直接生成中间的过渡帧，完成动画的制作。

三、上机练习

1. 利用“影墨水瓶工具”，制作图 K-12 所示的线框文字。

图 K-12　线框文字

（1）执行【文件】/【新建】命令，创建一个新电影文件。

（2）在舞台右侧的“属性”面板中，设置舞台背景颜色为“#9999FF”。

（3）选择“工具箱”中的“椭圆工具”，在“属性”面板中把线条颜色设置为“红色”，线条宽度设置为“7”，不使用填充颜色。在舞台中绘制一个椭圆，利用“部分选取工具”，调整线条的形状。

（4）执行【窗口】/【颜色】命令，设置类型为“放射状”，把左侧手柄拖到中间，颜色设置为“#FFFF99”，利用“油漆桶工具”进行填充。

（5）单击舞台中的空白区域，执行【插入】/【新建元件】命令，新建一个名为“文字”的图形元件。

（6）选择工具箱中的“文本工具”，在工作区中单击，在文本框中输入文字“WELCOME”，选中文字，将文字类型设置成“Arial Black”，字体大小设置为“40”。

（7）单击文字，执行【修改】/【分离】命令，把矢量文字打散为图形。

（8）在空白处单击鼠标，选择工具箱中的“墨水瓶工具”，通过“属性”面板设置线条颜色、样式，依次对字母进行描边。

（9）按住【Shift】键，依次单击文字中央黑色部分，执行【编辑】/【清除】命令，文字的填充部分将被删除。

（10）回到场景，从库窗口向椭圆中央拖入文字图片。

2. 利用遮罩层动画制作图 K-13 所示的探照灯效果

图 K-13　探照灯动画

（1）执行【文件】/【新建】命令，创建一个新电影文件。

（2）选择工具箱中的“文本工具”，在工作区中单击鼠标，在文本框中输入文字“春江花月夜”。

（3）制作探照范围。新增一个图层“circle”，并把它拖至最下方。同时，把第一层改名为“text”。

（4）执行【插入】/【新建元件】命令，新建一个名为“圆”的影片剪辑元件。利用“椭圆工具”，绘制一个圆形。

（5）回到场景，选中“circle”图层的第 1 帧，从库中将“圆”影片剪辑元件拖到舞台中。把圆放到文本上，同时将实体名设置为“circle”。

（6）新建一个图层，名为“action”，选中第 1 帧，执行【窗口】/【动作】命令，打开“动作”面板，在其中输入 startDrag("/circle ",truK);。

（7）利用鼠标右击图层“text”，在弹出的菜单中选择【遮罩层】命令。

（8）执行【控制】/【测试影片】命令，移动鼠标，即可以观看探照灯的动画效果。

第 5 章 习 题 答 案

一、简答题

1.（1）在本地硬盘上新建文件夹，网站的网页及相关资源都放在这个文件夹下。

（2）启动 Dreamweaver 后，选择菜单【站点】/【新建站点】命令，使用基本标签向导建立站点。

2.
```
<!DOCTYPE html PUBLIC "-//W3C//DTD XHTML 1.0 Transitional//EN" "http://www.w3.org/TR/ xhtml1/DTD/xhtml1-transitional.dtd">
<html xmlns = "http://www.w3.org/1999/xhtml">
<head>
<meta http-equiv = "Content-Type" content = "text/html; charset = gb2312" />
<title>无标题文档</title>
</head>
<body>
</body>
</html>
```

3. 可以使用 Div + CSS 的方式以及表格的方式。

4. 段落：<p></p>

标题：<h1></h1>--<h6></h6>

超链接：<a href = " "></a>

5. 选择菜单【插入】/【图像】命令，或者单击“插入”工具栏中常用选项卡的“图像”按钮，出现“选择图形源”对话框，选择图片，可以设置宽、高、替换文本等属性，如图 K-14 所示；也可以新建 CSS 样式，设置图片的边框，边距，填充等样式，如图 K-15 所示。

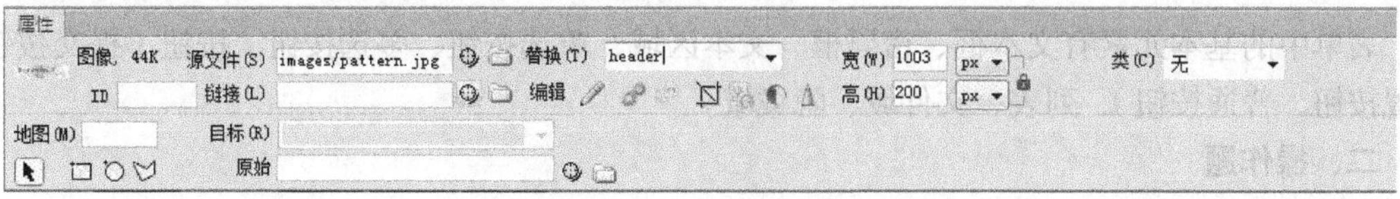

图 K-14　图像属性设置

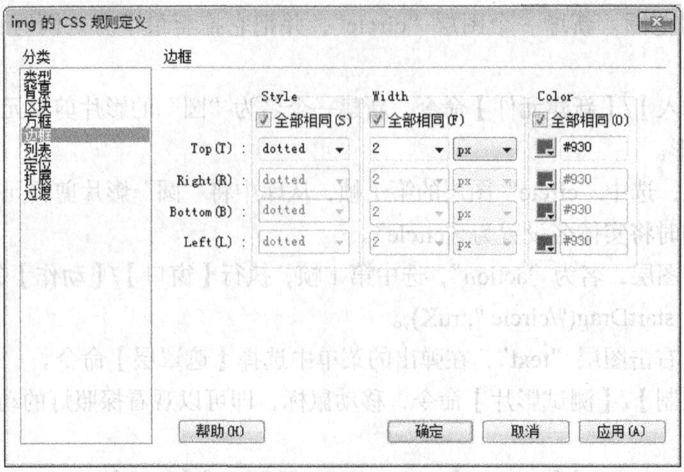

图 K-15　图像的 CSS 属性

6. 选择菜单【插入】/【媒体】/【swf】命令，在“选择文件”对话框中选择 Flash 文件，可以设置宽、高、背景颜色、是否自动播放等属性，如图 K-16 所示。

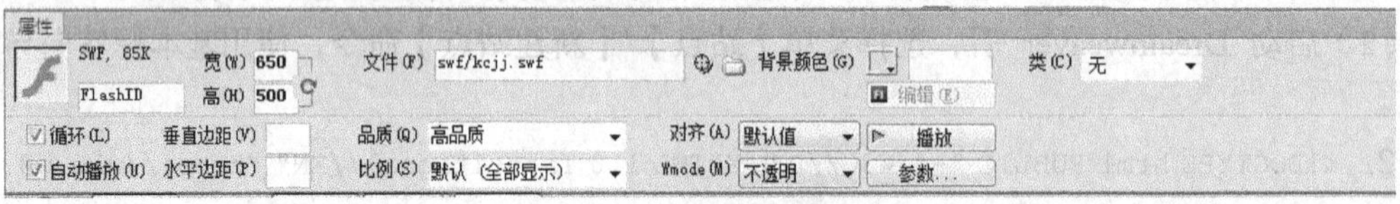

图 K-16　flash 属性设置

7. 表格的基本结构如下：

```
<table width = "100" border = "1" cellspacing = "4" cellpadding = "10">
  <tr>
    <td> </td>
    <td> </td>
  </tr>
  <tr>
    <td> </td>
    <td> </td>
  </tr>
</table>
```

对表格进行行合并使用 rowspan 属性，列合并使用 colspan 属性。

8. 表单的基本结构如下：

```
<form id = "form1" name = "form1" method = "post" action = "">
</form>
```

表单中的基本元素有文本框、密码框、文本区域、单选按钮、多选按钮、按钮（提交按钮、重置按钮、普通按钮）、列表、文件域、隐藏域。

二、操作题

1. 网页文字制作

参考代码：

```
<!DOCTYPE html PUBLIC "-//W3C//DTD XHTML 1.0 Transitional//EN" "http://www.w3.org/TR/xhtml1/DTD/xhtml1-transitional.dtd">
<html xmlns="http://www.w3.org/1999/xhtml">
<head>
<meta http-equiv="Content-Type" content="text/html; charset=utf-8" />
<title>无标题文档</title>
<style type="text/css">
body {
    font-size: 14px;
    line-height: 28px;
    font-weight: bold;
    color: #900;
    background-image: url(images/bg.bmp);
    background-repeat: repeat-y;
}
hr {
    width: 800px;
    text-align: left;
}
h1 {
    font-size: 36px;
    margin-left: 20px;
}
ul li {
    list-style-position: inside;
    list-style-type: circle;
}
ol li {
    list-style-position: outside;
    list-style-type:lower-alpha;
}
</style>
</head>
<h1>望庐山瀑布</h1>
<p>日照香炉生紫烟，遥看瀑布挂前川。</p>
<p>飞流直下三千尺，疑是银河落九天。</p>
<hr/>
<h4>一个无序列表：</h4>
<ul>
  <li>咖啡</li>
  <li>茶</li>
  <li>牛奶</li>
</ul>
<hr/>
<h4>一个有序列表</h4>
<ol>
  <li>咖啡</li>
  <li>牛奶</li>
  <li>茶</li>
</ol>
<body>
</body>
</html>
```

页面效果如图 K-17 所示。

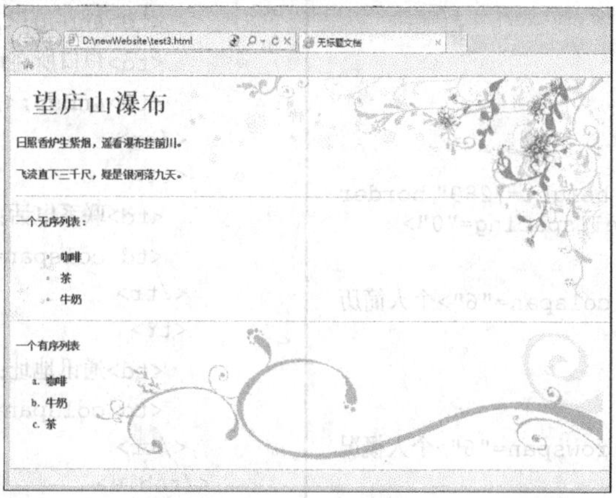

图 K-17　页面效果图

2. 图像的插入与制作

参考代码：

```
<!DOCTYPE html PUBLIC "-//W3C//DTD XHTML 1.0 Transitional//EN" "http://www.w3.org/TR/xhtml1/DTD/xhtml1-transitional.dtd">
<html xmlns="http://www.w3.org/1999/ xhtml">
<head>
<meta http-equiv="Content-Type"
```

```
content="text/html; charset=utf-8" />
    <title>无标题文档</title>
    <style type="text/css">
    #image1 {
        margin: 10px;
        padding: 5px;
        border: 2px dotted #930;
        position: absolute;
        top: 40px;
    }
    </style>
    </head>

    <body>
    <img src="images/pattern.jpg" alt=
"header" name="image1" width="1003"
height="200" id="image1" />
    </body>
    </html>
```

3. 表格的制作

参考代码：

```
<!DOCTYPE html PUBLIC "-//W3C//DTD
XHTML 1.0 Transitional//EN"
    "http://www.w3.org/TR/xhtml1/DTD/xht
ml1-transitional.dtd">
    <html xmlns="http://www.w3.org/1999/
xhtml">
    <head>
    <meta          http-equiv="Content-Type"
content="text/html; charset=utf-8" />
    <title>无标题文档</title>
    <style type="text/css">
    #grjl {
        font-size: 24px;
        font-weight: bold;
        text-align: center;
    }
    #picture {
        text-align: center;
    }
    </style>
    </head>

    <body>
    <table width="600" height="289" border
="1" cellpadding="2" cellspacing="0">
      <tr>
        <td id="grjl" colspan="6">个人简历
</td>
      </tr>
      <tr>
        <td width="69" rowspan="6">个人概况
</td>
        <td height="33" colspan="5">求职意
向：</td>
      </tr>
      <tr>
        <td width="80" height="31">姓名：
</td>
        <td width="119"> </td>
        <td width="91">出生日期：</td>
        <td width="112"> </td>
        <td id="picture" width="91"
rowspan="3"> 照片</td>
      </tr>
      <tr>
        <td height="37">性别：</td>
        <td> </td>
        <td>专业：</td>
        <td> </td>
      </tr>
      <tr>
        <td height="37">民族：</td>
        <td> </td>
        <td>户口所在地：</td>
        <td> </td>
      </tr>
      <tr>
        <td>联系电话：</td>
        <td colspan="4"> </td>
      </tr>
      <tr>
        <td>通讯地址：</td>
        <td colspan="4"> </td>
      </tr>
    </table>

    </body>
    </html>
```

第6章 习题答案

一、填空题

（1）存储格式、频率和深度

（2）课件运行速度的优化，多媒体课件表现艺术的优化

（3）根据图片的类型选择不同的图片格式，根据图片的使用场所选择不同的分辨率，较大图形分块显示

（4）课件的程序设计不合理，从而形成了冗余操作；课件出错而形成的速度减慢

二、选择题

（1）A （2）B （3）D （4）D （5）A

三、问答题

（1）多媒体课件页面布局通常情况下有初始化界面、内容界面、结束界面。最重要的是内容界面。在编排时应注意主次分明，中心突出，大小搭配，图文并茂，相得益彰；页面上文字多少与文字大小之间的关系要适宜。

（2）在使用声音效果时，需要注意下面几个方面的问题，如在播放欢迎界面时，可能需要观众等待一段时间才能进入课件内容，这时可以根据课件内容播放一段优美的音乐，让观众在观看具体内容前不至于无所适从；在进入课件的正式内容后，不宜立即播放音乐，即使在进入课件后播放背景音乐，也应该制作一个按钮，让用户来选择是否播放背景音乐；当在课件中有部分解说词时，需要控制背景音乐的音量，其音量大小以不影响听清楚解说词为限；为了增加课件的交互性和界面友好性，在课件中单击按钮或单击超链接时，应该发出一些特定的操作声，以通知用户这是一个操作，当用户操作错误时，也可以通过发出特定的声响来通知用户操作错误；一般不要选择动感强的音乐作为背景音乐，以免破坏课件的授课效果，应该选择那些平缓、有一定周期的背景音乐。

（3）加快页面下载速度的优化，即尽量缩小课件的尺寸，缩短用户的等待时间；尽量使用流媒体技术实现一边下载一边播放，如采用预读取技术，或显示下载进度条。

（4）课件使用了大量的多媒体素材；课件的程序设计不合理，从而形成了冗余操作；课件出错而形成的速度减慢。

四、操作题

（1）练习为一个制作好的网页课件添加背景音乐。

略。

（2）打开一个制作完成的课件，找出课件中还有哪些对象经过转换可以减小其文件大小，并根据优化处理原则对该课件进行进一步优化。

略。

（3）练习对一个 Flash 课件进行打包处理。

略。

参考文献

[1] 于冬梅，多媒体 CAI 课件制作基础教程（第四版）. 北京：清华大学出版社，2012

[2] 陈桂芳. 计算机辅助教学与课件制作技术. 北京：人民邮电出版社，2011

[3] 缪亮. Flash 多媒体课件制作实用教程. 北京：清华大学出版社，2011

[4] 方其桂. PowerPoint 多媒体课件制作实例教程. 北京：清华大学出版社，2012

[5] 蔡永华、张琪、尚宇辉、曹雪峰. 计算机辅助教学多媒体课件设计制作与应用. 北京：清华大学出版社，2013

[6] 潘红艳，李小杰，严良达. Photoshop 图形图像处理实用教程. 北京：清华大学出版社，2010

[7] 陈承欢. 网页设计与制作任务驱动式教程（第 2 版）. 北京：高等教育出版社，2013

[8] 胡雪林. 网页设计与制作. 北京：高等教育出版社，2013

[9] 安小龙. Flash 动画艺术设计案例教程. 北京：清华大学出版社，2010

[10] 朱丽兰，郭磊，刘德强，赵海霞，张贞梅. Flash 动画设计与制作项目教程. 北京：清华大学出版社，2012

[11] 李洪发. Photoshop 图形图像处理标准教程（CS4 版）. 北京：人民邮电出版社，2011

[12] 房爱莲、塔维娜. 多媒体作品设计与制作. 北京：清华大学出版社，2013

[13] 杨凯澜. 多媒体应用技术. 北京：清华大学出版社，2010

[14] 张凡. Photoshop CS6 中文版基础与实例教程第 6 版. 北京：机械工业出版社，2013

[15] 王玿萩. 平面动画设计与制作. 北京：中国铁道出版社，2010

[16] 朱艳丽. 网页设计案例教程. 北京：清华大学出版社，2012

[17] 文杰书院. Dreamweaver CS6 网页设计与制作基础教程. 北京：清华大学出版社，2014

[18] 梁瑞仪，梁斌，曾亦琦，孔维宏. Flash 多媒体课件制作教程. 北京：清华大学出版社，2011

[19] 袁磊，陈伟卫. 网页设计与制作实例教程（第 2 版）. 北京：清华大学出版社，2013

[20] 杨帆. 网页设计与制作教程. 北京：人民邮电出版社，2011